이 책의 한국어판 저작권은 EYA(Eric Yang Agency)를 통해 케임브리지대학교 출판부(Cambridge University Press)와 독점계약한 (주)소와당에 있습니다. 저작권법에 의하여 보호를 받는 저작물이므로 무단전재와 복제를 금합니다.

Korean translation copyright © 2021 by SOWADANG
Korean translation rights arranged with Cambridge University Press through EYA(Eric Yang Agency)

CAMBRIDGE WORLD HISTORY: Volume VI(PART 1)
Copyright © Cambridge University Press 2015

세계화의 시대 2
세계 제국과 문명의 교차로

제리 벤틀리·산자이 수브라마니암·메리 위스너-행크스 편집 / 류충기 옮김

기원후 1400년 – 기원후 1800년

Cambridge World History
VOL. VI Part 1 Ch.11-18

소와당

케임브리지 세계사 시리즈 소개

케임브리지 세계사 시리즈는 활발한 연구가 펼쳐지고 있는 세계사 분야를 새롭게 개괄하는 권위 있는 개론이다. 세계사 및 지구사의 최근 연구 경향을 반영함으로써 포괄하는 시간적 범위를 확대했으며, 문헌 기록 이후의 역사뿐 아니라 인류의 전체 역사를 대상으로 했다. 국제적으로 다양한 분과 학문에서 선도적인 연구 업적을 내는 필자들을 섭외했고, 200명 이상의 저자들이 참여하여 오늘날까지 인류의 과거를 종합적으로 설명했다. 세계사는 다양한 방법론을 통해, 그리고 다양한 시공간적 범위에서 검토되어야 한다는 인식이 성장하고 있음을 감안하여, 시리즈의 각 권에서는 지역별 연구, 주제별 연구, 비교 연구의 성과를 수록했으며, 사례 연구를 더하여 넓은 시각의 연구를 깊이 있게 들여다볼 수 있도록 기획했다. 바로 이런 점이 케임브리지 세계사 시리즈의 특징이라 하겠다.

시리즈 편집 총괄
메리 위스너-행크스(Merry E. Wiesner-Hanks)
- Department of History, University of Wisconsin-Milwaukee

편집위원회
그레이엄 바커(Graeme Barker)
- Department of Archaeology, Cambridge University

크레이그 벤저민(Craig Benjamin)

- Department of History, Grand Valley State University

제리 벤틀리(Jerry Bentley)

- Department of History, University of Hawaii

데이비드 크리스천(David Christian)

- Department of Modern History, Macquarie University

로스 던(Ross Dunn)

- Department of History, San Diego State University

캔디스 가우처(Candice Goucher)

- Department of History, Washington State University

마니 휴스-워링턴(Marnie Hughes-Warrington)

- Department of Modern History, Monash University

앨런 캐러스(Alan Karras)

- International and Area Studies Program, University of California, Berkeley

베냐민 케다르(Benjamin Z. Kedar)

- Department of History, Hebrew University

존 맥닐(John R. McNeill)

- School of Foreign Service and Department of History, Georgetown University

케네스 포메란츠(Kenneth Pomeranz)

- Department of History, University of Chicago

베린 셰퍼드(Verene Shepherd)

- Department of History, University of the West Indies

산자이 수브라마니암(Sanjay Subrahmanyam)

- Department of History, UCLA and Collège de France

스기하라 가오루(杉原 薫)

- Department of Economics, Kyoto University

마르설 판 데르 린던(Marcel van der Linden)

- International Institute of Social History, Amsterdam

에드워드 왕(Q. Edward Wang)

- Department of History, Rowan University

노먼 요피(Norman Yoffee)

- Departments of Near Eastern Studies and Anthropology, University of Michigan; Institute for the Study of the Ancient World, New York University

한국어판 영어판 분권 대조표

케임브리지 세계사 시리즈 영어판은 7권 9책으로 구성되어 있지만, 번역본 한국어판은 18권으로 출간한다. 그 이유는 분량 때문이다. 분량이 워낙 많은 데다 번역하는 과정에서 페이지 수가 더욱 늘어나 때로는 1000페이지가 넘는 경우가 생기므로, 부득이 영어판 각 1권을 한국어판 2권으로 나눴다. 다만 세계사 서술에서는 시대구분 문제가 중요한 주제 중 하나이며, 영어판의 구성 자체가 시리즈 기획자들의 의도를 담고 있으므로, 페이지 분량 문제로 한국어판에서 부득이 분권을 하더라도 영어판의 구성을 최대한 존중하고자 했다. 그리하여 각 권의 표지에서 영어판의 분권 체제를 명시했으며, 또한 아래와 같이 한국어판과 영어판의 분권 구성과 시대구분을 정리했다. ― 옮긴이

영어판		한국어판
Cambridge World History Vol. I (to 10,000 BCE)	Part 1	케임브리지 세계사 01
	Part 2	케임브리지 세계사 02
Cambridge World History Vol. II (12,000 BCE~500 CE)	Ch.1~7	케임브리지 세계사 03
	Ch. 8~23	케임브리지 세계사 04
Cambridge World History Vol. III (4000 BCE~1200 CE)	Part 1~3	케임브리지 세계사 05
	Part 4~6	케임브리지 세계사 06
Cambridge World History Vol. IV (1200 BCE~900 CE)	Part 1	케임브리지 세계사 07
	Part 2	케임브리지 세계사 08

영어판		한국어판
Cambridge World History Vol. V (500~1500 CE)	Part 1~3	케임브리지 세계사 09
	Part 4~5	케임브리지 세계사 10
Cambridge World History Vol. VI (1400~1800 CE)	Part I Ch. 1~10	케임브리지 세계사 11
	Part I Ch. 11~18	케임브리지 세계사 12
	Part II Ch. 1~12	케임브리지 세계사 13
	Part II Ch. 13~18	케임브리지 세계사 14
Cambridge World History Vol. VII (1750~Present)	Part I Ch. 1~10	케임브리지 세계사 15
	Part I Ch. 11~23	케임브리지 세계사 16
	Part II Ch. 1~11	케임브리지 세계사 17
	Part II Ch. 12~21	케임브리지 세계사 18

케임브리지 세계사 VOL. Ⅵ 소개

1400~1800년은 생물학적 교류, 상업적 교류, 문화적 교류가 활발했던 시기다. 그 결과 당시 세계는 전례 없이 긴밀하게 연결되었다. 이번 책(한국어판 11~14권)은 이 시기의 중요한 변화를 살펴보았다.

한국어판 11~12권에서는 환경, 질병, 기술, 도시의 문제를 전 지구적 관점에서 검토했다. 아울러 동반구와 서반구의 제국들, 인도양과 중앙아시아 및 카리브해 등의 교차로, 그리고 동남아시아, 아시아, 아프리카, 지중해 등 경쟁과 분쟁 지역을 구체적으로 살펴보았다.

한국어판 13~14권에서는 변화의 패턴에 초점을 맞추었다. 기독교와 이슬람의 팽창, 이주, 전쟁을 비롯하여 세계적 차원으로 일어난 사건을 분석했다. 또한 콜럼버스의 교환, 노예제, 은, 무역, 기업, 아시아의 종교, 법적 충돌, 플랜테이션 경제, 초기 산업화, 역사 서술 등의 문제를 세부적으로 검토했다.

책임 편집 / 제리 벤틀리(Jerry H. Bentley)
하와이대학교(Univ. of Hawaii, Manoa) 역사학과 교수 역임. 저서로 Old World Encounters: Cross-Cultural Contact and Exchange in Pre-Modern Times와 Traditions and Encounters 등이 있다.

책임 편집 / 산자이 수브라마니암(Sanjay Subrahmanyam)
캘리포니아대학교(UCLA) 역사학과 석좌교수, 어빙앤진스톤 명예교수, 콜레주드프랑스(Collège de France) 초기근대 세계사 교수. 약 30권의 학술서를 편집했으며, 대표작으로는 The Portuguese Empire in Asia, 1500-1700: A Political and Economic History, The Career and Legend of Vasco da Gama(Cambridge, 1997), Indo-Persian Travels in the Age of Discoveries(Cambridge, 2007) 등이 있다.

책임 편집 / 메리 위스너-행크스(Merry E. Wiesner-Hanks)
위스콘신-밀워키대학교(University of Wisconsin-Milwaukee) 석좌교수, 역사학과 학과장. 저서로는 A Concise History of the World(Cambridge, 2015)(《케임브리지 세계사 콘사이스》, 소와당, 2018), Early Modern Europe 1450-1789(Cambridge, 2nd edn 2013), Women and Gender in Early Modern Europe(Cambridge, 3rd edn 2008), Christianity and Sexuality in the Early Modern World: Regulating Desire, Reforming Practice, 그리고 Gender in History: Global Perspectives(Routledge, 1999) 등이 있다.

11권 저자 목록

산자이 수브라마니암(Sanjay Subrahmanyam), University of California, Los Angeles, Collège de France

로버트 마크스(Robert B. Marks), Whittier College

제임스 웹(James L. A. Webb, Jr.), Colby College

프란체스카 브레이(Francesca Bray), University of Edinburgh

피터 버크(Peter Burke), University of Cambridge

메리 위스너-행크스(Merry E. Wiesner-Hanks), University of Wisconsin-Milwaukee

토머스 알슨(Thomas T. Allsen), University of Oregon

요스 호만스(Jos Gommans), Leiden University

매튜 리스톨(Matthew Restall), Penn State University

레이 키(Ray A. Kea), University of California, Riverside

12권 저자 목록

조르즈 플로레스(Jorge Flores), Brown University

로라 호스티틀러(Laura Hostetler), University of Illinois at Chicago

지안카를로 카살레(Giancarlo Casale), University of Minnesota

모리스 로사비(Morris Rossabi), Columbia University

마이클 라판(Michael Laffan), Princeton University

앨런 캐러스(Alan L. Karras), University of California, Berkeley

필리포 데 비보(Filippo de Vivo), University of London

잭 골드스톤(Jack A. Goldstone), George Mason University

케임브리지 세계사 시리즈 서문

케임브리지 역사 시리즈는 오래전부터 역사학의 특정 주제를 선정하여 권위 있는 개론을 제공해왔다. 전문가들이 각 장별로 집필을 맡아서 여러 권으로 구성된 시리즈를 제작하는 방식이었다. 이런 방식으로 만들어진 첫 번째 시리즈는 〈케임브리지 근대사〉였다. 액턴 경(Lord Acton)이 기획을 맡았는데, 그가 사망한 직후 1902년부터 1912년까지 14권으로 출간되었다. 이는 이후 시리즈 구성의 모범이 되었다. 후속 시리즈로는 7권으로 구성된 〈케임브리지 중세사〉(1911~1936), 12권으로 구성된 〈케임브리지 고대사〉(1924~1939), 13권으로 구성된 〈케임브리지 중국사〉(1978~2009) 등이 있었다. 이외에도 국가별, 종교별, 지역별, 사건별, 주제별, 장르별로 전문화된 시리즈가 있었다. 이러한 시리즈들은 〈케임브리지 중국사〉가 표방했듯이 해당 주제에 대해서 영어로 된 "가장 방대하고 가장 종합적인" 역사서였고, 〈케임브리지 정치사상사〉가 주장했듯이 해당 분야의 "주요 주제를 모두" 포괄하고자 했다.

　〈케임브리지 세계사〉 시리즈는 위대한 선배들의 업적을 본받았지만 동시에 차이도 있다. "가장 방대하고 가장 종합적인" 세계사 시리즈로서 "주요 주제를 모두" 포괄하려면 적어도 300권 규모가 필요할 것이다(시간은 100년쯤 걸리지 않을까?). 그 대신 이번 시리즈는 세계사 중에서 활발히 논의되는 분야를 개괄하고자 했으며, 전체는 7권(volume) 9책(book)으로 구성되었다. 시간 범위는 문자 기록이 발달한 이후로 한정하지 않고 인류의 역사 전체를 포괄했다. 이러한 범위 설정은 최근 세계사 연구 경향을 반영한 것이다. 이처럼 폭넓게 시간 범위를 설정하면 고고학과 역사학의 경계가 모호해지고, 인류의 과거를 밝혀내기 위해 두 학문이 서로 보충적 관계에 놓이게 된다. 그래서 시리즈 각 권의 책임 편집에는 역사학자뿐만 아니라 고고학자도 참여했다. 이들은 미국, 영국, 프랑스, 오스트레일리아, 이스라엘 등지의 대학교에 재직하는 학자다. 또한 저자들의 연구 분야 역시 지역 범위 못지않게 폭이 넓다. 역사학, 미술사, 인류학, 고전학, 고고학, 경제학, 언어학, 사회학, 생물학, 지리학, 지역학 전문가가 참여했다. 이들은 오스트레일리아, 영국, 캐나다, 중국, 에스토니아, 프랑스, 독일, 인도, 이스라엘, 이탈리아, 일본, 네덜란드, 뉴질랜드, 폴란드, 포르투갈, 스웨덴, 스위스, 싱가포르, 미국 등지의 대학교에 재직하는 학자다. 연구를 통해 세계사 분야를 형성하는 데 기여한 원로 학자도 포함되어 있으며, 중견 및 소장 학자는 앞으로 세계사 분야를 만들어갈 사람들이다. 저자들 중 일부는 독립된 학문 분과이자 교육 분과로서의 세계사를 구축하는 데 긴밀한 노력을 기울였다. 학계에서는 이들의 활동을 지구사(global history), 초국사(transnational history), 국제사(international history), 비교사(comparative history) 등으로 일컬었다. (이들 분야는 서로 겹치거나 얽혀 있고 때로는 경쟁 관계에 놓여 있다. VOL. I 에 이 분야의 발전을 추적하는 글이 몇 편 수록되었다.) 대부분의 저자는 자기 분야의 전문가일 뿐이라고 생각하지만, 편집자들이 보기에는 폭넓은 대중에게 해당 분야를 가장 잘 설명할 수 있는 전문가, 혹은 자신에게 익숙한 영역을 넘어 새로운 영역으로 나아갈 수 있는 학자다.

세계사에 접근하는 길은 여러 갈래가 있고, 시공간적 범위를 다양하게 설정해야 한다는 인식이 날로 심화되고 있다. 이를 반영해서 각 권에는 다양한 분야의 글이 수록되었다. 지역 연구, 주제 연구, 비교 연구뿐만 아니라 사례 연구도 포함되었다. 사례 연구는 세계사 특유의 폭넓은 시야에 깊이를 부여해줄 것이다.

　VOL. I(한국어판 01~02권)에서는 핵심적인 분석의 틀을 소개한다. 시대를 관통하는 세계사를 어떻게 서술할 것인지, 가장 중요한 접근 방법과 주제는 무엇인지 등에 대한 내용이다. 그리고 인류 역사의 95퍼센트를 차지하는 구석기 시대부터 기원전 1만 년까지를 다룬다. 이후로 각 권이 포괄하는 시간 범위는 갈수록 줄어들 것이며, 각 권별로 시간 범위가 다소 겹칠 수도 있다. 여기에는 복잡한 시대구분 문제가 반영되어 있다. 진정으로 글로벌한 역사를 다루려면 시대구분 문제가 복잡할 수밖에 없다. 편집자들은 겹치는 시간 범위를 억지로 조정하지 않았고, (예컨대 고전기, 근대 등의) 전통적 시대구분에 얽매이지 않았다. 이는 기존의 시대구분에 도전하고자 하는 의미도 있다. 또한 각 권별로 시간 범위를 조금씩 겹치게 함으로써 다양한 지역 간의 고립과 불균형, 서로가 서로에게 영향을 미치는 방식을 강조할 수 있었다. 각 권은 고유의 주제, 혹은 일정한 범위 내의 주제에 집중한다. 주제 선정은 편집자들이 맡았는데, 각 권에서 포괄하는 시대의 핵심인 동시에 세계사 전체를 이해하는 데 기본이 되는 주제들이 선정되었다.

　VOL. II(한국어판 03~04권) "농업과 세계사(1만 2000 BCE~500 CE)"는 신석기 시대 이전부터 시작해서 이후 농업의 기원과 세계 여러 지역의 농경 공동체를 살펴본다. 더불어 유목 경제와 사냥·어로·채집 경제 관련 이슈들도 검토한다. 농업을 통해 형성된 더욱 복합적인 사회 구조 및 문화 양식의 공통점을 추적하고, 세계 여러 지역을 개관하며, 해당 지역의 사례 연구를 제시한다.

VOL. III (한국어판 05~06권) "고대의 도시들(4000 BCE~1200 CE)"은 초기 도시에 초점을 맞춘다. 도시는 인류 사회 변화의 원동력이었다. 도시 및 공통 이슈 비교 연구를 통해 행정 및 정보 기술의 탄생과 전승, 의례, 권력의 분배, 도시와 그 배후지의 관계를 추적한다. 세계 여러 지역을 대상으로 도시의 발전과 일부 도시가 제국의 수도로 전환되는 과정을 살펴보기 때문에, VOL. III이 포괄하는 시간 범위는 매우 폭넓다.

VOL. IV (한국어판 07~08권) "제국과 네트워크(1200 BCE~900 CE)"는 대규모 정치 단위와 상호 교환 네트워크가 형성되는 과정을 분석한다. 여기에는 "고대 문명"이라고 일컬어지던 내용이 포함된다. 그러나 세계의 다른 지역까지 포함하다 보니 시간 범위가 더 넓어졌다. 노예, 종교, 과학, 예술, 성차별에 대한 장을 포함해 사회·경제·문화·정치·기술 발전의 공통점을 분석한다. 또한 지역별 개관을 제시하는데, 지역별로 한두 군데 사례 연구도 포함되어 있다. 이는 해당 지역을 보다 깊이 있게 들여다보도록 하기 위함이다.

VOL. V (한국어판 09~10권) "교역과 분쟁(500~1500 CE)"은 당시 1000년 동안 특징적으로 나타났던 무역 네트워크 및 문화 교류의 확장을 조명한다. 여기에는 경전 중심 종교의 확장과 과학, 철학, 기술의 전파도 포함된다. 사회 구조, 문화 제도, 환경, 전쟁, 교육, 가족, 법정 문화 같은 의미 있는 주제들이 전 지구적 차원 혹은 유라시아 차원에서 논의된다. 그리고 아시아, 아프리카, 유럽, 아메리카의 정치 및 제국 연구에서는 VOL. Ⅳ에서 시작된 국가 형성에 관한 논의가 계속 이어진다.

이상 VOL. Ⅰ~Ⅴ는 모두 각 1책(book)이다. 그러나 VOL. Ⅵ~Ⅶ은 각 2책이다. 기존의 시대구분으로 보면 근현대에 해당하는 부분이다. 최근 500년에 해당하는 이 시대의 특징은 갈수록 복잡해졌다는 데 있다. 전례 없는 세계화가 진행되었기 때문이다. 뿐만 아니라 그리 멀지 않은 과거이기 때문에 자료도 풍부하고 연구 성과도 많이 남아 있다.

VOL. Ⅵ(한국어판 11~14권) "세계화의 시대(1400~1800 CE)"는 갈수록 확대되는 생물학적·상업적·문화적 교류를 추적하고, 정치·문화·지성의 발달을 살펴본다.

VOL. Ⅵ 제1책(한국어판 11~12권)은 갈수록 상호 의존성이 심화되는 세계가 어떻게 만들어지게 되었는지 그 기초를 살펴본다. 여기에는 환경이나 기술 혹은 질병 등의 주제, 카리브해나 인도양 혹은 동남아시아처럼 특히 교류가 집중되었던 지역, 해양 제국이나 러시아 같은 육지 중심의 제국, 이슬람 제국, 대륙과 해양 모두 진출한 이베리아반도의 제국(포르투갈과 스페인) 같은 대규모 정치 체제 등이 연구 대상에 포함된다.

VOL. Ⅵ 제2책(한국어판 13~14권)은 전 세계적 혹은 지역적 이주와 서로의 만남을 검토한다. 이주를 일으킨 경제·사회·문화·제도적 구조를 살펴보고, 또한 이주를 통해 이러한 구조가 어떻게 바뀌었는지 검토한다. 여기에는 무역 네트워크, 법, 생필품 유통, 생산 과정, 종교 체제 등의 논의가 포함된다.

VOL. Ⅶ(한국어판 15~18권) "생산, 파괴, 접속(1750~현재)"은 세계가 화석 연료 사용 단계로 접어드는 과정을 추적하고, 인구 폭발과 세계화 과정을 통한 활발한 교류의 시대를 다룬다.

VOL. Ⅶ 제1책(한국어판 15~16권)은 인구 과잉의 지구가 만들어진 물질적 조건에 대해 논의한다. 여기에는 환경, 농업, 기술, 에너지, 질병 등의 주제와, 국가주의, 제국주의, 탈식민화, 공산주의 등 현대 사회를 만든 정치적 흐름, 그리고 몇몇 핵심 지역 연구가 포함된다.

VOL. Ⅶ 제2책(한국어판 17~18권)은 앞에서 논의된 주제들을 다시 검토한다. 가족, 도시화, 이민, 종교, 과학 등의 주제뿐만 아니라 스포츠, 음악, 자동차 등 이 시대에 특징적으로 나타난 글로벌한 현상, 냉전과 1989년 같은 변화의 특별한 계기 등에 대한 연구가 포함된다.

〈케임브리지 세계사〉 시리즈에는 모두 200여 편의 논문이 수록된 만큼 종합적이라고 할 수 있다. 그러나 결코 충분하지 않다. 각 권별 책임 편집자는 무엇을 포함하고 무엇을 배제할지 고심을 거듭했다. 이는 세계사 연구자라면 누구나 맞닥뜨리는 문제다. 2000년도 더 지난 과거에 헤로도토스(Herodotos)도 그랬고, 사마천(司馬遷)도 마찬가지였다. 각 권에서 논문의 배열 순서는 해당 시대의 특성을 고려하여 책임 편집자(들)가 판단했다. 그래서 각 권의 구성이 조금씩 다르다. 권별로 시대도 조금씩 겹치므로 어떤 주제는 여러 권에 걸쳐서 등장하기도 한다. 이는 각 권의 역사적 흐름을 이해하는 데 모두 중요하다고 판단되는 주제였기 때문이다. 특히 시리즈 편집자들은 중요한 요소의 발전 과정을 각기 다른 관점에서 살펴보는 것이 세계사 연구에 가장 적합한 방향이라고 생각했다. 각주는 다른 케임브리지 역사 시리즈들과 마찬가지로 상대적으로 가볍게 달았고, 처음 이 분야에 주목하는 독자들을 위한 배려로 각 장이 끝날 때마다 "더 읽어보기" 목록을 제시했다. 또한 이 시리즈는 이전의 시리즈들과 달리 전권이 한꺼번에 출간되었다(영어판의 경우 ― 옮긴이). 시리즈를 출간하는 데 10여 년씩 걸리던 출판계의 여유로운 속도가 21세기 디지털 시대에 이르러 달라진 것인지도 모르겠다.

다시 말해 〈케임브리지 세계사〉 시리즈는 책이 기획 및 생산되는 시점의 시대상을 반영하고 있다. 〈케임브리지 근대사〉 시리즈도 이와 다르지 않았다. 케임브리지대학교 출판부의 설명에 따르면, 액턴 경이 기획한 것은 "세계사"였다. 그러나 실제로 그 시리즈에 수록된 수백 편의 글 중에서 주인공이나 사건 혹은 정치 단위가 유럽과 북아메리카를 벗어난 경우는 손에 꼽을 정도에 불과했다. 〈새로운 케임브리지 근대사〉(1957~1979) 시리즈도 마찬가지로 세계사를 자처했지만 지역 편중은 별로 개선되지 않았다. 이는 놀라운 일이 아니다. 1957년, 심지어 시리즈의 마지막 권이 출간된 1979년에도 유럽은 곧 "세계"였고, 근대의 모든 것은 유럽에서 비롯되었다고 믿었다. 이런 관점을 우리는 "유럽 중심주의"라 부른다. (다른 언어권에서도 세계사가 집필되는 해당 지역을 중심으로 세계를 바라보는 관점이 없지 않았다.) 20세기 중반에도 유럽 중심은 지속되었고, 세계사와 지구사 분야는 미약했다. 강연회, 학회, 학술지 등 신생 분야를 형성해간 주역들은 1980년대에 이르러서야 등장했다. 그중에는 시작된 지 10년도 안 지난 것들도 있다. 가령 〈세계사 저널(Journal of World History)〉이 1990년 처음 출간되었고, 〈지구사 저널

〈Journal of Global History〉〉이 2005년, 〈뉴 글로벌 스터디즈(New Global Studies)〉가 2007년 시작되었다.

세계사 혹은 지구사의 발전은 다른 모든 학문 분과에서 치열한 자기반성이 이루어지던 시대와 맥을 같이했다. 자신의 존재를 돌아보지 않고는 어떤 연구도 불가능했고, 기존의 모든 범주가 혼란스러워졌다. 포함과 배제, 다양성에 대한 우려가 역사학의 하위 분야에서 기본으로 자리 잡았고, 이러한 분위기에서 역사학 관련 교육이 이루어졌다. 그래서 이 시리즈의 편집자들은 균형을 추구하려고 노력했다. 전통적으로 세계사 분야에서 중점을 둔 것은 거대 규모의 정치·경제적 과정이었고, 정부나 경제 엘리트들이 주체가 된 역사였다. 이것과 문화적 요인, 사고방식, 의미 등 새로운 관심 주제들의 균형을 고려해야 했다. 뿐만 아니라 우리는 세계 여러 나라의 역사에서 중요한 주제들도 포함시키고자 노력했다. 저자의 구성에서도 지역적 안배와 세대별 안배를 고려했다. 〈케임브리지 근대사〉와 비교하자면 저자군의 지역적 범위가 훨씬 더 넓고, 저자의 성별도 더 균형이 맞는다. 그러나 우리가 원한 만큼 글로벌하지는 못했다. 현재 세계사와 지구사 연구는 영어권에서 압도적으로 많이 진행되고 있다. 그래서 학자들의 분포 또한 영국과 미국의 대학교에 편중되어 있다. 현대 세계의 여러 가지 불평등한 현실도 그렇지만, 세계사 연구의 이 같은 격차는 그야말로 이 시리즈에서 서술하는 세계사의 결과다. 그중 어느 시대가 핵심 요인이었는가, 그리고 어느 정도 비중으로 기원의 문제를 다룰 것인가 하는 문제는 저자마다 의견이 다를 수 있다.

나는 다만 이 시리즈가 액턴 경의 시리즈만큼 편차가 크지 않기를 바랄 뿐이다. 가능하면 2권으로 구성된 〈케임브리지 인도 경제사〉(1982) 정도였으면 좋겠다. 〈케임브리지 인도 경제사〉의 편집자들(Tapan Raychaudhuri, Irfan Habib)은 서문에서 이렇게 말했다. "우리는 감히 우리의 노력이 새로운 지식을 형성하는 데 촉매가 되기를 바랄 뿐이다. 그래서 머지않아 새로운 지식이 이 책에 수록된 내용을 대체할 수 있기를 기원한다." 세계사와 지구사는 활발한 분야라서 머지않아 틀림없이 새로운 지식이 등장할 것이다. 다만 우리의 시리즈가 21세기 초라는 시점에 한해서나마 세계사 분야로 들어가는 문이 되고 전체를 조망할 수 있는 유용한 개론이 되기를 기대해본다.

메리 위스너-행크스(Merry E. Wiesner-Hanks)

In honor and memory of Jerry Bentley (1949–2012)

케임브리지 세계사 12 차례

케임브리지 세계사 시리즈 소개   4
한국어판 영어판 분권 대조표   7
케임브리지 세계사 VOL. VI 소개   9
케임브리지 세계사 시리즈 서문   12

PART 3 대규모 정치 단위의 형성

CHAPTER 11   이베리아반도의 제국들, 1400~1800년   27
CHAPTER 12   유라시아 제국의 경쟁: 러시아 대 중국   73
CHAPTER 13   초기 근대 세계의 이슬람 제국들   117

PART 4 교차로 지역

CHAPTER 14   세계의 교차로, 중앙아시아   153
CHAPTER 15   세계의 교차로, 동남아시아   197
CHAPTER 16   카리브해, 근대 세계사의 도가니   233
CHAPTER 17   세계의 교차로, 지중해   267

PART 5 개요

CHAPTER 18   수많은 정치적 여정, 비교 연구   323

케임브리지 세계사 11 차례

CHAPTER 1   서론

PART 1 세계의 환경

CHAPTER 2   지구 고갈: 초기 근대 세계의 환경과 역사

CHAPTER 3   질병의 세계화, 1300~1900년

CHAPTER 4   과도기의 기술 변화

CHAPTER 5   도시화의 패턴, 1400~1800년

CHAPTER 6   젠더와 섹슈얼리티

PART 2 거대 지역 단위

CHAPTER 7   몽골 이후의 유라시아

CHAPTER 8   인도양 연안의 변화와 연속성

CHAPTER 9   아메리카 원주민 제국의 시대

CHAPTER 10   세계사 속의 아프리카, 1400~1800년

그림 목록

12-1. 시베리아 지도 개관, 세묜 레메조프의《시베리아 아틀라스》수록   88
12-2. 〈황여전람도(皇輿全覽圖)〉, 1721년   93
12-3. 캄차카 탐험 지도(1729), 표트르 차플린   103

지도 목록

11-1. 이베리아의 제국들, 1598년   35
13-1. 오스만, 사파비, 무굴 제국   124
14-1. 17~18세기의 중앙아시아   157
15-1. 남아시아와 동남아시아   207
16-1. 카리브해 지역, 1800년경   249
17-1. 유럽과 지중해, 1400년경   275
17-2. 유럽과 지중해, 1750년경   277
18-1. 1700년의 세계   354

그림 출처

〔그림 12-1〕 MS Russ 72 (6), Houghton Library, Harvard University. 〔그림 12-2〕 ⓒ The British Library Board. 〔그림 12-3〕 Cod. Ms. Asch 246, Lower Saxonian State and University Library, Göttingen.

PART 3

대규모 정치 단위의 형성

CHAPTER 11

이베리아반도의 제국들, 1400~1800년

조르즈 플로레스
Jorge Flores

대혜의 간화선 연구
1400~1390노

1601년 공연된 포르투갈의 연극 〈코메디아 드 디우(Comédia de Dio)〉는 제1차 디우(Dio) 포위 공격 사건(1538)을 배경으로 한다. 작가 시망 마샤두(Simão Machado, 1557~1634)는 작품에 파격적 장치를 집어넣었다. 즉 포르투갈인으로 등장하는 인물은 모두 포르투갈어를 사용했지만, 힌두교도나 무슬림 등장인물(특히 튀르크로 귀화한 이탈리아인 "코조소파르Cojosofar" 혹은 Hoja Safar)은 모두 스페인어를 사용하도록 했다.[1] 이런 식의 언어적 장치는 상징성을 가득 담아서 차이와 분리를 강조하는 방식이었다. 당시 포르투갈에서 이런 기법을 사용한 작가가 시망 마샤두만 있었던 것은 아니지만, 그렇지 않은 다른 작가들도 있었다. 연대기 작가 디오구 두 코투(Diogo do Couto, 1542~1616)에 따르면, 시망 마샤두의 시대에 포르투갈인과 스페인인을 "같은 법칙에서 나온, 그래서 본성이 워낙 단단하게 결합되어서 거의 하나인 것처럼 연결되어 있는" 사람들로 취급하는 작가도 많았다.[2] 현실은 이보다 더 복잡했다. 앤서

---

1 Simão Machado, *Comédia de Dio*, Paul Teyssier (ed.) (Rome: Edizione dell'Ateneo, 1969).
2 Diogo do Couto, *Ásia. Dos feitos que os Portugueses fizeram no descobrimento dos mares, e conquistas das terras do Oriente*, Década IV, 2nd part, book 6, ch 11 (Lisbon: Livraria Sam Carlos, 1973), p. 106.

니 셜리 경(Sir Anthony Sherley, c. 1565~1636)은 펠리페(Felipe) 3세(재위 1598~1621)와 펠리페 4세(재위 1621~1665)를 위해 복무한 잉글랜드인 모험가로, 포르투갈인이 결코 좋아하지 않은 인물인데, 그가 남긴 1622년의 저술에 이런 글이 있다. "포르투갈은 카스티야 왕국에 반대하며 맞서 싸웠다. 그들은 언어도 달랐고, 옷차림이든 관습이든 가능한 어떤 식으로든 스스로를 구별하려 애썼다. 그들은 오래된 적이자 불안정한 속국이었다. 그들은 신념을 금세 바꾸고, 심지어 속국일 때조차 극도의 증오심을 감추지 않았다."[3]

시망 마샤두, 디오구 두 코투, 앤서니 셜리 경의 입장은 초기 근대(early modern) 포르투갈과 스페인의 관계가 얼마나 복잡했는지를 보여준다(이것이 바로 이번 장에서 논의할 주제로, 그들의 해외 제국도 논의에 포함된다). 이베리아반도의 제국들은, 특히 이베리아 연합(Unión Ibérica, 1580~1640) 60년 동안 두 제국이 단일한 왕관 아래 통치되었기 때문에, 동일성과 차이의 문제가 존재하는 것이다. 그들은 서로 현저히 다른 라이벌 제국이었을까, 아니면 서로 연관된 비슷한 제국이었을까? 그들은 서로를 무시하거나 적대시했을까, 아니면 부지불식간에 서로가 "전염"되거나 서로를 동경했을까? 이와 같은 의문을 비롯한 여러 가지 문제에 대해서, 지난 수십 년 동안 그래왔던 것처럼 일국사 내지 민족사의 획일적이고 본질주의적 관점으로 대답하기는 어렵다. 그보다는 히스패닉 군주정(Hispanic Monarchy)의 맥락에서 문제를 살펴보아야 할 것이다. 실

---

3 Sir Anthony Sherley, *Peso de todo el mundo (1622); Discurso sobre el aumento de esta monarquía (1625)*, Ángel Alloza et al. (eds) (Madrid: Polifemo, 2010), p. 90.

제로 히스패닉 군주정은 "합성적(composite)"이며 "다원적(polycentric)"인 군주국들을 특징으로 하는, 다양한 정치 단위의 총합이었다.⁴ 포르투갈과 스페인, 두 제국의 다국적 및 다대륙적 성격을 고려할 때, 그들을 "합성 제국(composite empire)"의 일종으로 보아야 할 것이다. 그들은 글로벌 세계의 출현에 직접적 역할을 담당한 당사자였다. 이후의 글로벌 세계에서는 유럽은 물론 유럽 이외의 지역에서도 여러 제국이 등장해서 그들의 상호 작용이 이어지게 된다.⁵

초기 근대 이베리아의 제국들(개관)

이베리아반도와 유럽의 맥락에서 볼 때 포르투갈은 지리적으로 주변부였고 규모도 작았지만, 제국 체제를 통해 이런 단점을 극복할 수 있었다. 나라도 작았고 대륙으로 가는 길은 카스티야 왕국이 가로막고 있었으므로, 포르투갈의 입장에서는 바다에서 관문을 찾을 수밖에 없었다. 고메스 이아느스 드 주라라(Gomes Eanes de Zurara)와 주앙 드 바후스(João de Barros) 같은 당시의 연대기 작가도 이 점을 빼놓지 않고 강조했다. 지정학적 관점에서 포르투갈은 대서양 연안의 자치권 보호를 노리는 동시에, "대양의 뒷마당(maritime backyard)"을 자처했다. 16세기의

---

4 John Elliot, 'A Europe of Composite Monarchies', *Past and Present* 137 (1992), 48-71; Pedro Cardim et al. (eds), *Polycentric Monarchies. How Did Early Modern Spain and Portugal Achieve and Maintain Global Hegemony?* (Eastbourne: Sussex Academic Press, 2012).
5 "합성 제국(composite empire)"은 산자이 수브라마니암이 제안한 개념이다. 다음을 참조. Sanjay Subrahmanyam, 'Holding the World in Balance: The Connected Histories of the Iberian Overseas Empires, 1500-1640', *American Historical Review* 112(5) (2007), 1359-85.

작가 동 주앙 드 카스트루(Dom João de Castro, 1500~1548)는 포르투갈인이 바다에서 "쟁기질"한다고 칭송했다. 여기서도 잘 드러나듯이 포르투갈은 기본적으로 바다와 밀접한 관계였다. 그러나 그 결과 포르투갈은 유럽의 일반적 관심사와 어느 정도 멀어지게 되었고, 유럽에서 차지하는 비중 또한 극히 미미했다.

해외 진출은 당시 포르투갈 내부적으로도 불가피한 면이 있었다. 1411년 카스티야 왕국과 평화 조약이 체결되자 포르투갈의 귀족들은 더 이상 이베리아반도에서 전쟁 참여로 수입을 기대할 수 없게 되었다. 그런 귀족들이 참여할 수 있는 효과적인 사업이 바로 해외 진출이었다. 포르투갈의 귀족들은 (카스티야의 귀족들과 달리) 손에 쥔 자원이 별로 없었기에 왕국의 바깥 어딘가로 대안을 찾아 나설 수밖에 없었다. 불안정한 특정 개인 혹은 집단과 해외의 영토를 연결해주는 사회적 통로가 바로 제국 체제였다. 그러나 이는 인구학적으로 대단히 불안정한 위기를 초래했다. 16세기 중엽 포르투갈 제국의 백성은 지구상의 모든 대륙에 흩어져 있었으나, 막상 본국에 거주하는 주민은 150만 명을 넘지 못했다. 포르투갈의 인구 부족은 고질적 문제였다. 프란시스쿠 사 드 미란다(Francisco Sá de Miranda, 1481~1558)나 마누엘 세베링 드 파리아(Manuel Severim de Faria, 1584~1655) 같은 주도적 지식인들이 우려의 글을 남기기도 했다. 그들보다 덜 유명한 인사로 프란시스쿠 호드리게스 실베이라(Francisco Rodrigues Silveira, 1558~c. 1634)라는 개혁가는, 포르투갈이 인도에 도착한 뒤 한 세기가 지나서 근본적인 문제 제기를 하기도 했다. "배를 운항하고, 전쟁터에 나가서 싸우고, 인구를 늘리고, 무역을 하고, 또 죽어나가고… 이 모든 일을 할 수많은 사람을 어디 가서 찾아야 한단 말인가? 다른 사람들이 가진 것을 정복하기 위해 우리가 가진 것을 잃어야 하는 것보다 더 큰 모순이 있을까? 경계를 확장함으로써 가진 힘을 분산시켜야 하고, 다른 사람의 것을 빼앗기 위해 나의 피를 잃어야 한다니."[6]

한편 레콩키스타(reconquista) 이후 이베리아반도에서 가장 크고 좋은 자리를 차지한 카스티야 왕국은 경제적으로 훨씬 더 번성했고, 인구 문제가 없지 않았지만 1530년경 약 400만의 주민이 거주했다. 같은 이베리아반도의 이웃 포르투갈에 비해 카스티야 왕국은 해양 제국으로 발돋움하는 일이 그리 급할 것도 없었다. 카스티야 왕국이 이베리아반도의 중심 세력으로 분명히 등장한 시기는 15세기 중후기, 즉 아라곤(Aragon) 왕국(지중해로 통하는 주요 관문)과 합병하고 그라나다(Granada) 무슬림 왕국을 정복(1492)한 뒤였다. 그 무렵 크리스토퍼 콜럼버스(Christopher Columbus, c. 1451~1506)에 의해 가톨릭 군주들이 도저히 개척할 수 없을 것으로 믿었던 대서양 항로가 열렸다. 한편 합스부르크가의 카를(Karl) 5세(재위 1519~1558)는 스페인의 왕(Carlos Ⅰ, 재위 1516~1556)이기도 했는데, 이때부터 히스패닉 군주정은 진정한 유럽 제국으로 발돋움했다.

이와 달리 포르투갈 제국은 그 성격상 진정한 유럽의 제국이 된 적이 없었다. 포르투갈이 제국의 형태를 띠게 된 것은 1415년 세우타(Ceuta)를 정복하면서부터였다. 북아프리카의 도시 세우타는 지브롤터

---

6 Francisco Rodrigues Silveira, *Reformação da milícia e governo do Estado da Índia Oriental,* Benjamin N. Teensma *et al.* (eds) (Lisbon: Fundação Oriente, 1996), pp. 226-7.

해협의 통제 및 지중해-북대서양의 연결과 관련되었을 뿐, 그때까지는 알려지지도 않았던 남대서양의 탐험과 그다지 상관이 없었다. 모로코 문제는 어떤 면에서 레콩키스타의 연장선상에 놓여 있었다. 그래서 모로코 정복 과정에서 전쟁이나 기독교 대 무슬림의 이념적 갈등이 크게 작용하여 제국 체제가 만들어지게 되었다. 그럼에도 불구하고 모로코는 유대인, 포로, 배교자, 기타 중간 지대의 사람들이 활약할 수 있는 사회-문화적 교류의 공간이 되었다. 포르투갈은 한 세기 반이 넘도록 북아프리카 정복을 추진했는데, 귀족에게는 대단한 사회적 체면이 걸린 일이었고, 포르투갈의 왕가 아비스 가문(House of Aviz)에게는 상당한 정치적 영향력을 상징하는 사업이었다. 그러나 1578년 크사르 엘-케비르(Ksar el-Kebir) 전투로 포르투갈의 시도는 완전히 막을 내렸다. 스페인의 경우 북아프리카를 정복하려는 노력은 포르투갈보다 훨씬 미약했다. 물론 1492년 그라나다를 정복한 이후 가톨릭 군주정을 통해 모로코의 지중해 연안 지역을 영향권에 두고자 하는 꿈이 없지는 않았다. 오랑(Oran, 1509)을 비롯하여 몇 군데 제한적으로 스페인 엔클라베가 설정되었을 뿐이다. 그러다가 카를 5세가 튀니지를 정복(1535)하고 유럽에 강한 영향력을 미치게 되면서, 스페인의 북아프리카 정복 사업은 본격적으로 재개되었다.

　남대서양의 여러 섬과 주민이 발견되면서 포르투갈의 남대서양 탐험이 시작되었다. 1420년에서 1480년 사이, 처음에는 유럽에서 가까운 마데이라(Madeira) 제도와 아소르스(Açores) 제도가 발견되었고, 나중에는 더 멀리 떨어진 아프리카 연안의 카보베르데(Cabo Verde)와 상투메(São Tomé)섬도 발견되었다. (같은 시기 카스티야 왕국은 카나리아스 제도

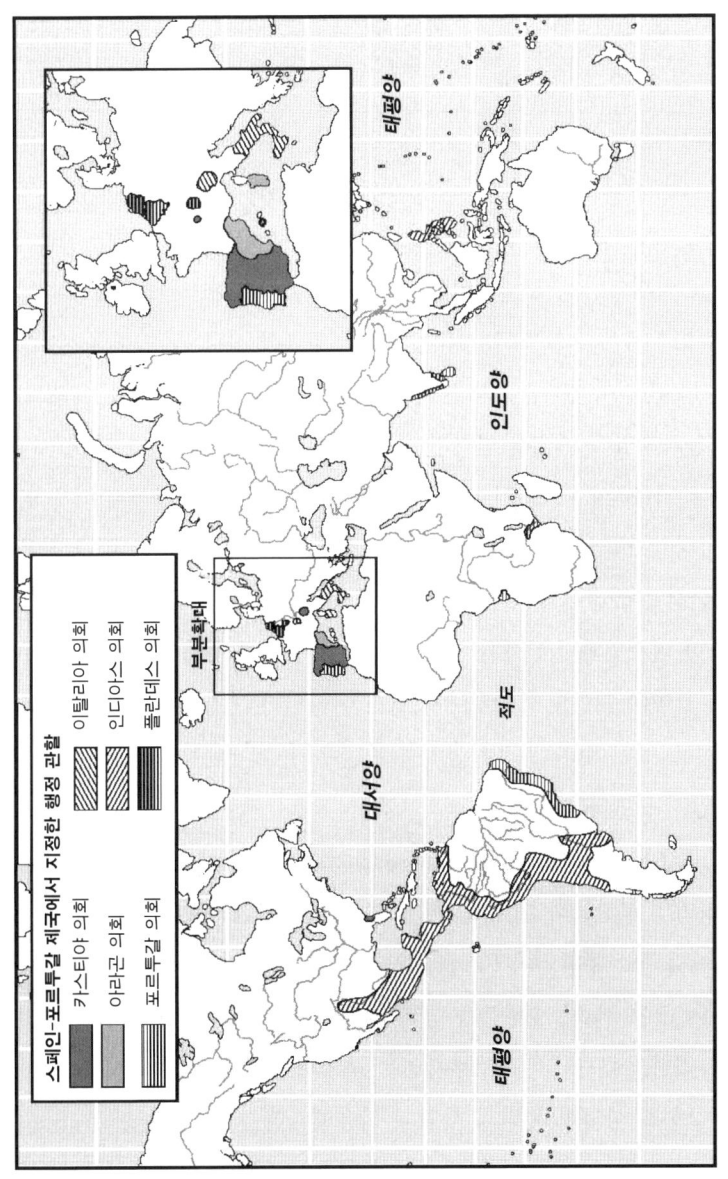

[지도 11-1] 이베리아의 제국들, 1598년

CHAPTER 11 - 이베리아반도의 제국들, 1400~1800년

를 정복하여 식민지로 삼았다.) 이때 발견된 대서양의 섬들은 이후 대양 항해에 필수 불가결한 전진 기지가 되었고, 대서양 권역을 넘어서는 세계적 동식물 및 기술 교류의 중요한 토대가 되었다. 대서양의 섬들을 대상으로 왕실에서는 처음으로 랜드그랜트(land grant, 임대료를 받는 일종의 위탁 통치 – 옮긴이)를 시험해보았다(물론 이베리아반도에서는 선례가 있었다). 카피타니아-도나타리아(capitania-donatária)도 랜드그랜트의 일종이었고(나중에 포르투갈령 브라질과 앙골라에서 시행되었으며, 아시아에서도 시도된 적이 있다), 스페인 왕실이 시행한 엔코미엔다(encomienda)도 마찬가지였다. 엔코미엔다는 특히 중요한데, 카나리아스 제도(Islas Canarias, 카나리아 제도)에서 처음 시도된 뒤 아메리카 대륙에서 더욱 발전되었다. 노예 노동에 기반을 두고 사탕수수를 비롯한 기타 현금 작물을 생산하는 플랜테이션 경제가 최초로 확립된 곳도 대서양의 섬들이었다. 또한 원주민과의 관계를 처음 시험해본 곳도 그곳이었다. 그들은 종교적으로 기독교인도 아니고 무슬림도 아니었다. 카나리아스 제도의 관체인(Guanches)이나 대서양 섬의 원주민 모두 이전에는 기독교나 이슬람을 알지 못했다.

이 최초의 "민족지학 충격(ethnographic shock)"은 아마도 사하라 이남 아프리카의 사람들과 체계적으로 접촉한 포르투갈인이 가장 크게 느꼈을 것이다. 포르투갈인이 1434년 보자도르곶(Cape Bojador)에 도착할 때부터 1487~1488년 희망봉을 통과할 때까지가 지리적 및 연대기적 전환점이었다. 이 시기의 포르투갈인은 초기의 군사적 성격이 점차 약화하며 갈수록 상업적 목적의 사업에 적응해갔다. 페이토리아스(feitorias, 공장+왕립 무역 기지) 설립과, 말라게타 고추(Malagueta pepper) 같은 현금 작물 생산이 그들의 주된 목적이 되었다. 가나에서 발견된 금은 1482년 이래로 상 조르즈 다 미나(São Jorge da Mina)에 설치된 요새를 거쳐 리스본(Lisbon)으로 반입되었다. 당시는 주앙(João) 2세(재위 1481~1495) 때로, 남대서양과 인도양에 특히 정책적 중점을 두고 있었다. 아프리카에서 반입된 금을 통해 포르투갈 제국은 더욱 강력해졌고, 정책의 일관성을 유지할 수 있었다. 한편 같은 시기 콩고 왕국에서는 왕을 비롯하여 일부 정치 엘리트 계층이 가톨릭으로 개종했다. 그래서 포르투갈은 콩고에서 처음으로 "영적 친족"이자 정치적 제후국이라는 개념을 경험하게 되었다. 이 개념은 이후 포르투갈이 겪게 될 수많은 해외 경험의 중심에 위치하게 될 것이었다.

페이토리아스라는 "공장형 요새 모델"은 아시아로 이식되었다. 16~17세기를 거치는 동안 포르투갈 제국은 방대한 해양 네트워크를 건설했는데, 그 범위는 아프리카 동부 해안에서 남중국해까지 이어졌다. 포르투갈령 인도(Estado da Índia)는 1505년 건설되고 1510년 고아(Goa)에 수도를 세웠다. 그러나 포르투갈령 인도 식민지의 근본적 영토는 바다 위에 있었다. 포르투갈령 아시아 제국과 리스본을 연결하는 항로 카헤이라 다 인디아(Carreira da Índia)가 있었고, 향신료 무역을 통해서도 본국과 아시아가 연결되었지만, 포르투갈령 아시아 제국은 어디까지나 아시아 내부 무역에 중점을 두었고, 인도양의 주요 무역로를 장악하고자 했다. 경우에 따라서는 주권을 차지하는 사업도 벌였지만, 또한 상황에 따라 단지 무역 기업으로서만 활동하기도 했다. 포르투갈령 아시아 제국은 느슨한 네트워크의 형태였다. 관련 항구 도시, 예컨대 호르무즈(Hormuz), 고아(Goa), 믈라카(Melaka), 마카오(Macau) 등지를 통제하는 데 주력했을 뿐 단일한 공간의 점령을 추구하지 않았다. 그래서 산자이 수브라마니암(Sanjay Subrahmanyam)은 이를 "물 위에 국경선을 그은 나라(political body written on water)"라고 표현했다.[7]

1610~1660년대에 포르투갈은 지리적 요충지를 잇달아 상실했다. 유럽 주요국의 기업들뿐만 아니라 아시아의 여러 나라가 압력을 가했기 때문이다. 결국 포르투갈령 아시아 제국의 네트워크는 점차 약화되었고, 영토는 단절된 채 동아프리카, 서부 인도(고아, 다만Daman, 디우), 티모르, 마카오 등 곳곳에 흩어져 있었다. 아시아의 일부 포르투갈령 거점이 살아남기도 했고, 또 일부는 18세기 중엽에 다시 세력을 모으기도 했지만, 분명한 것은 당시 리스본의 관심이 대서양에 있었다는 사실이다. 16세기 말엽, 그때까지 "잠자는" 식민지로 여겨지던 브라질이 등장했다. 그곳은 설탕 생산을 기본으로 하는 식민지 공간으로, 수백 명의 세뇨르스 드 인제뉴(senhores de engenho, 사탕수수 농장주)와 수천 명의 노예로 구성된 식민지 사회가 만들어졌다. 사회학자 질베르투 프레이르(Gilberto Freyre)는 이러한 사회를 카자 그란드(Casa Grande, 대저택)와 센잘라(Senzala, 노예 농막)의 관계로 설명했다.[8] 포르투갈령 남대서양 세계는 서아프리카의 노예 노동력에 크게 의존했고, 결과적으로 루안다

---

7 Sanjay Subrahmanyam, 'Written on Water: Designs and Dynamics in the Portuguese *Estado da Índia*' in Susan E. Alcock et al. (eds), *Empires: Perspectives from Archaeology and History* (New York: Cambridge University Press, 2001), pp. 42-69.
8 Gilberto Freyre, *Casa Grande e Senzala. Formação da família brasileira sob o regime da economia patriarcal* (Rio de Janeiro: Maia e Schmidt, 1933), Eng. trans. Samuel Putnam, *The Masters and the Slaves: A Study in the Development of Brazilian Civilization* (New York: Alfred A. Knopf, 1946).

(Luanda)에 1576년 도시가 건설된 이후 앙골라(Angola) 식민지의 가치가 높게 평가되었다. 불과 한 세기가 지나서 브라질의 기반은 설탕에서 금으로 바뀌었다. 그러나 브라질의 노예 수요는 변함없이 지속되었다.

브라질은 같은 시기 스페인령 아메리카 세력에 비하자면 출발이 늦었다. 포르투갈 제국의 이른바 "대서양 선회(Atlantic turning)"(동시에 육지 선회)는 1570년경의 일이었다. 당시 멕시코와 페루에는 이미 확고한 식민지 체제가 들어서 있었다. 그때는 정복자들이 사업을 주도한 초기 단계가 이미 지나고 왕실이 직접 사업을 챙기는 시기였다. 콜럼버스의 탐험으로 시작된 첫 단계는 카리브해 지역의 정복과 정착이 특징이었고, 스페인어 세력과 도시 산토도밍고(Santo Domingo)가 중심이 되었다. 아메리카 대륙에 대한 관심은 몇 년 뒤에 일어났다. 1519~1521년 에르난 코르테스(Hernán Cortés, 1485~1547)의 멕시코 정복과 1531~1533년 프란시스코 피사로(Francisco Pizarro, 1475~1541)의 페루 정복뿐만 아니라 아즈텍과 마야 제국의 쇠락 및 인구 재앙이 겹친 뒤의 일이었다. 총독(viceroy, 부왕)이 처음으로 아메리카에 부임했고(뉴스페인 1535년, 페루 1542년), 스페인 사람들의 도시가 건설되었다(베라크루스, 멕시코시티, 푸에블라 데 로스 앙헬레스, 리마). 동시에 원주민의 도시는 소멸되거나(테노치티틀란), 약탈당하거나(쿠스코), 혹은 보존된 경우도 있었다(틀락스칼라). 스페인 식민지는 대토지를 임대받은 엔코멘데로스(encomenderos, 엔코미엔다 소유주)가 주축이 되었다. 그들은 아메리카에서 대대적인 개척 사업에 나섰고, 원주민을 상대로 조공을 뜯어냈다. 초기 단계에서는 귀금속 광산에 관심이 몰려 있었기에, 농업 및 가축 사육의 사정은 잘 알려지지 않은 편이다. 특히 포토시(Potosí)와 사카테카스

(Zacatecas)의 은광이 유명했다. 그곳에서는 16세기만 하더라도 약 1만 7000톤의 은이 생산되었다. 브라질의 설탕 생산과 마찬가지로 스페인 식민지 경제 또한 아프리카 노예의 육체노동에 크게 의존했다. 그러나 원주민 인구에게 부과한 강제 노역의 비중 또한 상당히 컸다.

18세기 들어 스페인령 아메리카와 포르투갈령 아메리카의 차이는 줄어들었고, 19세기에는 양측 모두 막을 내렸다. 과거 식민지에 새로운 독립 국가가 들어섰기 때문이다. 스페인령 아메리카에서 부르봉(Bourbon) 왕가의 개혁 노선에 따른 식민 통치의 변화는 1750년대부터 시작되었다(스페인을 통치하는 왕실이 합스부르크 가문에서 1700년 부르봉 가문으로 바뀌었다. 새로운 왕실은 여러 가지 개혁을 추진했지만, 특히 식민지와 관련해서 위탁 통치가 아니라 직접 통치로 노선을 바꾸었다. — 옮긴이). 그에 따라 계몽주의에 입각한 정부의 통치를 추구했는데, 이는 포르투갈의 총리 폼발(Pombal) 후작(재임 1750~1777)의 노선에 따라 브라질에서 실시된 식민지 정책과도 비슷했다. 그에 따르면, 구체적으로 국가는 경제와 자원 관리를 직접 지휘하고, 사회 규율을 관리하며, 법적 질서를 유지한다. 그리고 토지 권리를 확인하고 정착을 권장하며, 영토와 국경을 확정하고, 도시 공간을 조직화하며 자연 세계를 관리하는 역할을 맡는다. 또한 국가는 기독교를 "길들이는" 역할도 해야 한다. 이미 예수회는 추방되었고 한동안 해체된 상태였으므로, 기존에 성직자들이 맡았던 아메리카 원주민 관리 업무를 국가 공무원이 대신했다. 원주민도 이제는 황제의 백성으로 간주되었다.

이와 같은 새로운 질서 아래 남북 아메리카에서는 농업, 무역 회사의 독점, 인구 증가, "제국의 변방"으로서의 식민지 건설 등이 정책의 중점이 되었다. 과학, 자연사, 지도 제작은 곧이어 제국의 기둥으로 간주되었다. 아메리카 대륙을 대상으로 대규모 학문적 탐험(과학적-철학적 여행)을 위한 투자가 조성되었다. 예를 들면 알레한드로 말라스피나(Alejandro Malaspina, 1754~1809), 알레샨드르 호드리게스 페헤이라(Alexandre Rodrigues Ferreira, 1756~1815)가 주도한 탐험이 있었다. 포르투갈의 경우 탐험의 규모가 좀 더 작았다. 18세기 후반기에 브라질에서 제국주의 프로그램들이 시행되었다. 이외에도 유사한 사업으로 앙골라(Angola)에서 "우수한 정부" 건설을 위한 프로젝트가 있었고,[9] 모잠비크(Mozambique)에 소개된 개혁 프로그램, 고아(Goa)에서 시행된 노바스 콩키스타스(Novas Conquistas, 새로운 정복), 마카오의 주권 획득 시도 같은 사업이 있었다.

"모순과 차이", 닮음과 얽힘

포르투갈의 예수회 수도사 루이스 프로이스(Luís Fróis)는 1585년 유럽과 일본의 관습을 보고 몇 가지 모순과 차이에 관해 간단명료한 글을 쓴 적이 있었다. 이베리아반도의 두 제국 포르투갈과 스페인의 관계를 설명할 때도 이 글은 좋은 출발점이 될 수 있겠다.[10] 루이스 프로이스의

---

9 Catarina Madeira Santos, 'Um governo "polido" para Angola: Reconfigurar dispositivos de domínio (1750-c.1800)', unpublished PhD thesis, Lisbon and Paris, Universidade Nova de Lisboa and École des Hautes Études en Sciences Sociales (2005).
10 Luís Fróis, *Tratado em que se contêm muito sucinta e abreviadamente algumas contradições e diferenças de costumes entre a gente de Europa e a desta província do Japão*, Joseph F. Schütte, S. J. (ed.) (Tokyo: Sophia University, 1955).

글에서는 "우리", 즉 유럽인과 "그들", 즉 일본인을 극명히 대립시켰다. 이와 같은 체계적이며 근본적인 비교 방식은 오래도록 해외 제국을 일구었던 포르투갈과 스페인을 비교할 때 매우 쉽게 적용될 수 있을 것이다. 그러나 양자 사이에 분명하게 존재했던 "모순과 차이"와 함께, 유사성과 연결 고리도 같이 들여다보아야 할 것이다. 즉 최근 역사학에서 관심을 가지는 것처럼, 불신과 반목의 표현과 동시에 "감응(contagion)"과 상호 매혹의 순간을 함께 고려해보는 것이 분석에 도움이 될 것이다.

1430~1530년경 두 제국 사이에 중대한 마찰이 빚어진 적이 있다. 포르투갈은 카나리아스(Canarias) 제도를 차지하려 시도했지만 실패했고, 스페인의 카스티야 왕국은 보자도르곶(Cape Bojador) 너머의 서아프리카와 대서양에서 거점을 구축하려 했다. 그들의 갈등은 교황의 중재로 해결되었다. 결과적으로 톨레도(Toledo) 조약(1480)과 토르데시야스(Tordesillas) 조약(1494)이 체결되었다. 일정한 위도와 경도선을 기준으로 포르투갈과 카스티야 왕국의 활동 범위를 제한하는 조약이었다. 그로부터 사반세기가 지난 뒤 스페인은 말루쿠(Maluku) 제도에 관심을 가졌는데, 토르데시야스 경도선을 태평양에서 적용하는 문제 때문에 다시 사라고사(Zaragoza) 조약(1529)이 체결되었다. 그러나 스페인의 필리핀 정착과 1571년 마닐라 건설로, 이번에는 무대를 남중국해로 옮겨 양국의 긴장은 계속되었다. 1640년 이베리아반도에서 연합 왕국 체제(Unión Ibérica, 1580~1640, 카스티야, 아라곤, 포르투갈의 연합)가 막을 내리자, 아메리카 대륙에서 다시 포르투갈과 스페인의 갈등이 시작되었다. 새크라멘토(Sacramento)와 리오데라플라타(Río de la Plata)의 식민지가 논란이 되었다(1680). 결국 아마존에서 스페인령 아메리카와 포르투갈령 아메

리카의 경계선을 확정하면서 갈등도 마무리되었다(1750년 마드리드 조약, 1777년 산일데폰소San Ildefonso 조약).

　이렇게 이야기하는 것이 양 제국의 관계를 가장 쉽게 설명하는 방식이다. 즉 논의의 중심에 권력의 문제를 놓고, 문제의 발생 원인과 해결책은 정치와 제도적 요소를 중심으로 설명하는 것이다. 그러나 더욱 흥미로운 이야기는, 초기 근대 이베리아반도(와 유럽)의 정치로 유럽이 아닌 다른 지역의 상황을 설명하는 방식이 아니라, 양 제국의 형성 과정에서 만들어진 DNA를 분석함으로써 두 가지 제국 모델이 가지고 있는 경직성 내지 상호 침투성에 무게를 두고, 정치 대신 "비교" 및 "연결"과 함께 "충돌"의 문제를 살펴보는 것이다. 분명 스페인 제국은 주로 육지에 중점을 두었고, 지리적으로 상당히 응집된 지역을 장악했다. 그래서 아메리카 대륙에서 상당히 괜찮은 땅덩어리를 식민지화해서 식민지 지배의 대명사가 되었다. 땅을 차지하고, 자원과 막대한 강제 노역을 이끌어내는 것이 그들의 특징이었다.

　식민지 브라질에서도 이와 같은 패턴이 분명하게 드러났다. 그러나 또한 분명한 사실은, 포르투갈 제국이 모든 대륙에 거점을 마련했으며, 그들이 추진한 사업의 특성상 그들의 거점은 분산되어 있었고, 해상 무역에 친화적이었고, 바다를 장악하는 방향으로 경도되어 있었다. 포르투갈령 아시아(Ásia portuguesa)는 "조밀하고 탄력적인 인구와, 강제 노역이 아닌 세금에 기초한 재정 국가들과 마주하고 있었다." 아시아에서 노예의 관습은 대서양과 확연히 달랐고, 당연히 스페인령 아메리카와도 달랐다.[11] 그럼에도 불구하고 포르투갈 제국은 재산권에 대한 성찰이나 실천을 등한시하지 않았다.[12] 포르투갈령 인도(Estado da Índia)에서 가장 두드러진 경험은 토지의 식민화였다. 프라조(prazo), 즉 왕의 소유 토지를 임대하는 방식이었다. 같은 방식이 인도 서북부(Província do Norte)와 아프리카의 잠베지강 유역(Zambezi river valley)에서도 시행되었다. 그러나 16세기 말엽부터는 스리랑카를 장악하려는 계획과 시도가 있었고, 같은 시기에 (어느 정도 비슷한 방식으로) 앙골라(Angola) 내륙을 장악하려는 시도도 있었다. 당시 앙골라에는 은이 상당히 풍부하게 매장되어 있다고 믿었다. 같은 시기 대륙동남아나 중국에서도 땅을 차지하기 위해 이상적인 사업들이 전개되었다. 인도 및 아프리카의 경우와는 그 성격이 달랐지만 맥락은 다르지 않았다.

물론 이베리아 연합(1580~1640, 포르투갈과 스페인 공동 왕국)이 성립하기 훨씬 전부터 포르투갈을 영토 제국으로 만들고자 하는 아이디어가 있었겠지만, 포르투갈이 스페인의 대륙 장악에 상당한 매력을 느낀 시기는 분명 이베리아 연합 성립 이후였다. 포르투갈의 부러움은 브라질 식민지 체제에 뚜렷이 반영되어, 심지어 교회 조직도 스페인의 페루 식민지 시스템을 따르고자 했다. 프란치스코회 수도사 비센트 두 살바도르(Vicente do Salvador)의 저서에도 같은 생각이 분명하게 나타난다. 그는 《브라질의 역사(História do Brasil)》(1629)에서, 포르투갈 사람들의 내륙 진출이 미약했으며 그저 꽃게처럼 해안을 조금 긁다가 말았다는 한탄을 남겼다. 암브로지우 페르난드스 브란당(Ambrósio Fernandes Brandão)의 저서에도 같은 맥락이 엿보인다. 그는 《브라질이 가진 위

---

11 Subrahmanyam, 'Holding the World in Balance', 1383.
12 다음 연구 프로젝트를 참조. 'Lands Over Seas: Property Rights in the Early Modern Portuguese Empire': http://landsoverseas.wordpress.com/english-2/.

대한 것들에 관한 대화(Diálogos das Grandezas do Brasil)》(c. 1618)에서, 포르투갈인의 정복자 자질을 거론했다. 이 책의 등장인물인 알비아누(Alviano, 가상의 대화를 나누는 두 인물 중 하나)는 헤이누(Reino), 즉 대도시에서 방금 식민지로 건너온 사람이다. 그는 포르투갈인이 "시골로 뚫고 들어가지는 않고" 그저 "설탕 만드는" 일에만 몰두한다는 사실을 지적했다. 그의 대화 상대 브란당(Brandão)은 브라질 식민지에 거주하는 사람으로, 인제뉴(engenho, 사탕수수 가공 공장)의 주인이다(당시 브라질의 농장주들은 수확한 사탕수수를 모두 공장에 가져가서 가공했으므로, 인제뉴의 주인이면 지역 유지였다. ─옮긴이). 그는 스페인 사람들보다 포르투갈 정복자들의 관습이 훨씬 더 좋다고 말하면서, 식민지 사탕수수 농장 주인만 하더라도 마드리드 궁정의 사람들보다 옷을 더 잘 차려입는다고 말했다.[13]

이베리아 출신의 양 제국이 아메리카 대륙에서 초래한 긴장 관계는 대(對)아시아 관계에서도 그대로 드러났다. (셜리 경은 이 긴장 관계에 대해 서인도 제도를 "정복"하고자 했던 스페인과, 브라질에서 "탐욕스럽게 개척과 이익을 추구했던" 포르투갈의 대립이라고 풍자했다.[14]) 포르투갈인이 느낀 필리핀의 매력은, 프란시스쿠 호드리게스 실베이라(Francisco Rodrigues Silveira)와 조르즈 핀투 드 아제베두(Jorge Pinto de Azevedo)가 스페인령 섬을 돌며 선교 여행을 성공적으로 마친 뒤 기록해둔 찬사에

---

13 Ambrósio Fernandes Brandão, *Dialogues of the Great Things of Brazil*, Frederick Holden Hall et al. (eds and trans.) (Albuquerque, NM: University of New Mexico Press, 1987), pp. 19, 146.
14 Sherley, *Peso de todo el mundo*, pp. 90-1.

잘 나타나 있다. 그곳은 포르투갈령 인도(Estado da Índia)에서 "영혼의 정복"이 보잘것없었던 결과와는 뚜렷이 대비되었다.[15] 더욱이 (이베리아 반도에서와 마찬가지로 대서양과 인도양에서도) 스페인과 포르투갈의 군사력이 비교되는 경우가 종종 있었다. 양국의 직접적 관계에 따라 군사력을 평가했지만, 해외에서 얼마나 힘겨운 전투를 이겨냈는지에 따라 순위가 매겨지기도 했다.[16]

스페인 제국이 포르투갈 해양 제국과 근본적으로 달랐는지는 불분명하다. 스페인령 대서양도 궁극적으로는 항구 도시, 상인, 상품, 사업가들의 네트워크였다. 그들은 카리브해를 "대서양 건너편의 지중해"로 만들었다.[17] 지구 반대편에 있는 필리핀도 이른바 "동남아시아 지중해"의 핵심이 되는 무역권 및 영향권으로 편입되기까지 그리 오랜 시간이 걸리지 않았다. 필리핀은 뉴스페인 총독령 소속이어서 지리적으로 카리브해 외곽으로 간주되었다. 마닐라 갈레온(Manila Galleon)이라고 하는 무역 선단의 정기 운항이 뉴스페인과 필리핀을 더욱 단단하게 묶어주었다.[18] 육지에 중점을 두었던 스페인 제국의 성격으로 되돌아와서, 18세

---

15 Silveira, *Reformação*, pp. 146-7; Artur Teodoro de Matos, 'Advertências e Queixumes de Jorge Pinto de Azevedo a D. João IV, em 1646, sobre a Decadência do Estado da Índia e o Proveito de Macau na sua Restauração', *Povos e Culturas* 5 (1996), 474.
16 다음 책에 사례가 언급되어 있다. Paulo Pinto, 'No *Extremo da Esfera Redonda*: Relações luso-castelhanas na Ásia, 1565-1640. Um Ensaio sobre os impérios ibéricos', unpublished PhD thesis, Lisbon, Universidade Católica Portuguesa (2010), pp. 53-63.
17 David Abulafia, 'Mediterraneans' in H. V. Harris (ed.), *Rethinking the Mediterranean* (Oxford and New York: Oxford University Press, 2005), pp. 64-93.
18 Denys Lombard, 'Une autre "Mediterranée" dans le Sud-Est asiatique', *Hérodote*

기 말엽까지도 "스페인령 아메리카의 최소한 절반 이상은 스페인에 복속되지 않은 독립적 원주민 세력이 장악하고 있었다."[19] 이 점을 고려해 보면, 브라질에 대한 1629년 수도사 비센트 두 살바도르의 게 비유가 스페인령 아메리카의 경우에도 그리 틀린 말은 아니었다.

이베리아반도의 제국들은 여러 가지 측면에서 공통점이 있었다. 거대 도시인 그들의 수도는 매우 비슷했다. 그들의 해외 영토는 온갖 방법과 제도, 사상과 관습, 사람과 사업, 언어와 독자 등 상당히 폭넓은 교류의 무대였다. 두 제국은 역사적으로 같은 줄기에서 뻗어나왔고, 각자에게는 중세 이래로 이베리아반도의 사회들 간에 서로 스며든 영향이 반영되어 있었다. 이베리아 연합 왕국(1580~1640)은 이른바 "세계를 대표하는(planetary hat)" 가톨릭 군주정으로, 세계화의 초기 형태를 이끄는 선구자를 자임했다. 두 제국의 합성은 수많은 결과물을 만들어냈다.[20] 그러나 그중 일부는 이미 1580년 이전부터 존재했고, 또 일부는 1640년 이후에도 지속되었다.

이베리아반도의 제국들은 가족적 유대, 사회 집단적 친밀감, 경제적 이해관계로 상당히 긴밀하게 연결된 사회로부터 출현했다. 본국에서도 그랬듯이 제국의 식민지에서도 "공동의" 백성이 있었다. 예를 들어 포르

---

88 (1998), 184-93. Abulafia('Mediterraneans', pp. 85-90)는 이와 달리 "일본의 지중해"라는 개념으로 설명했다.
19 Gabriel B. Paquette, *Enlightenment, Governance, and Reform in Spain and Its Empire, 1759-1808* (London: Palgrave Macmillan, 2011), p. 98.
20 See Serge Gruzinski, *Les quatre parties du monde. Histoire d'une mondialization* (Paris: Éditions de La Martinière, 2004), 여기서는 "globalization(英)"보다 "mondialization(佛)"이라는 용어를 선호한다.

투갈령 인도에서 거주하는 스페인 사람들이 상당히 많았다. 또한 세비야(Sevilla)에서 리마(Lima) 혹은 리오데라플라타(Río de la Plata)에 이르기까지, 스페인 제국에 속하는 지역에서 활동하는 포르투갈인의 수도 그에 못지않았다. 그러한 인구의 비중은 적지 않았고, 그중에는 상인이나 사업가뿐만 아니라 군인, 탐험가, 선교사까지 포함되어 있었다. 포르투갈령 아메리카와 스페인령 아메리카를 자유롭게 넘나든 그들은 분명 양대 제국에 관해 내밀하고도 "종합적인" 지식을 가지고 있었을 것이다.

유명한 다른 많은 사례 가운데 《동인도와 서인도 항해(Viaje de las Indias Orientales y Occidentales)》(1606)를 저술한 미겔 데 하케(Miguel de Jaque de los Ríos de Manzanedo)의 의견을 참조할 필요가 있다. 시우다드로드리고(Ciudad Rodrigo) 태생인 미겔 데 하케는 14년 동안 "동양에서 서양으로, 다시 서양에서 동양으로 오가며 볼 수 있는 모든 것을 본" 인물이었다. 그는 "우리 스페인 제국이 낳은 용감한 인물"로 콜럼버스 및 코르테스와 더불어 (포르투갈 출신의) 바스쿠 다가마(Vasco da Gama, 1469~1524)와 아폰수 드 알부케르크(Afonso de Albuquerque, 1453~1515)를 주저 없이 지목했다.[21] 더욱 흥미로운 인물은 푸에르토리코(Puerto Rico) 출신의 목수 알론소 라미레스(Alonso Ramírez)일 것이다. 그는 1687년 아카풀코(Acapulco)와 마닐라(Manila)를 오가며 여행하다가 필리핀 연안에서 잉글랜드의 포로로 잡혔다. 이후 그는 희망봉을 돌아 아메리카의 멕시코시티로 가기 위해 다시 인도양을 건넜고, 그

21 Miguel de Jaque de los Ríos de Manzanedo, *Viaje de las Indias Orientales y Occidentales (año 1606)*, Ramón Clavijo Provencio et al. (eds) (Seville: Espuela de Plata, 2008), pp. 49, 225.

곳에서 1690년 파란만장한 일대기를 책으로 출간했다.²² 그의 이야기에는, 물론 이베리아반도의 제국에만 국한된 경우는 아니겠지만, 이베리아의 제국들과도 관련이 없지 않은 요소들이 포함되어 있었다. 구체적으로 말하자면 개인 모험가와 그의 자서전적 서술, 포로와 난파선 경험 등이다.²³ 이런 측면에서, 17세기 말엽에 라미레스의 인생 이야기를 책으로 읽은 포르투갈 사람들은 페르낭 멘드스 핀투(Fernão Mendes Pinto)가 저술한 유명 작품《순례(Peregrinação)》(1614)를 떠올렸을 것이다.²³ 한편 17세기에《순례》의 스페인어 번역본은 5종이 출간되었는데, 그중 하나를 접한 스페인 사람이라면 누구나《나의 인생 이야기(Discurso de mi Vida)》를 떠올리지 않을 수 없었을 것이다. 선장이자 모험가였던 알론소 데 콘트레라스(Alonso de Contreras, 1582~1641)의 저서였다. 로페 데 베가(Lope de Vega)는 어느 희극의 서문에서 그를 극찬하며, 그에게 "왕국이 없는 왕(El Rey sin Reino)"이라는 호칭을 선사했다.²⁴

제국의 경제, 세계 제국의 군주, 세계적 종교

이베리아 제국의 경제는 해상 네트워크에 의존하고 있었다. 본국의

---

22 Fabio López Lázaro (ed.), *The Misfortunes of Alonso Ramírez. The True Adventures of a Spanish American with 17th Century Pirates* (Austin, TX: University of Texas Press, 2011).
23 Lisa Voigt, 'Naufrágio, cativeiro, e relações ibéricas: A *História trágico-marítima* num contexto comparativo', *Varia Historia* 24(39) (2008), 201-26.
24 Rebecca Catz (ed. and trans.), *The Travels of Fernão Mendes Pinto* (Chicago and London: University of Chicago Press, 1989); and Philip Dallas (ed. and trans.), *The Adventures of Captain Alonso de Contreras: A 17th Century Journey* (New York: Paragon House, 1989).

수도와 해외의 여러 시장, 그리고 시장과 시장 사이가 모두 해상 네트워크로 연결되었다. 해상 네트워크의 주요 동맥은 카헤이라 다 인디아(Carreira da Índia, 포르투갈-인도 연결)와 카레라 데 인디아스(Carrera de Indias, 스페인-아메리카 대륙 연결)였다. 이들 두 해상 네트워크의 핵심은, 포르투갈의 인문학자 다미앙 드 고이스(Damião de Góis, 1502~1574)가 "바다의 여왕"이라 일컬은 리스본(Lisbon, 포르투갈어 Lisboa)과 세비야(Sevilla, 스페인, 1640년경 이후로는 Cadiz)였다. 당연히 이들 두 도시에는 이베리아 제국들의 해외 무역을 관장하는 기관이 있었다. 리스본에는 포르투갈 왕실의 독점적 이익을 대변하는 기관, 즉 카자 다 인디아(Casa da Índia)가 있었다. 이는 과거의 카자 드 세우타(Casa de Ceuta)와 카자 다 기네(Casa da Guiné)를 계승한 기관이었다. 카헤이라 다 인디아 노선은 독점 정책이 적용되었다. 수도에서 출발하여 이 노선을 운항하는 선박은 언제나 왕의 감시를 받아야 했다. 또한 인도양 현지의 일부 노선에서도 운항 면허가 요구되었다. 대서양에서 리스본 이외에 다른 항구들(예컨대 오포르투Oporto나 비아나Viana)도 참여하는 수익의 기회가 생겨날 경우 등 사무역도 카자 다 인디아가 관장했다. 여기에는 갈수록 더 많은 민간인, 사탕수수 플랜테이션 농장주, 상인, 운송대리업자 등이 참여하게 되었다. 스페인의 카사 데 라 콘트라타시온(Casa de la Contratación, 포르투갈의 선례에 따라 세비야에서 1503년 설립)은 카레라 데 인디아스(스페인-아메리카 대륙) 노선 운항을 조직하고, 경제 활동을 감독하며, 사무역 주도 영역에서 왕실의 관심 사항(밀수 금지, 세금 징수, 이주 통제)을 안정적으로 관리하는 임무를 맡았다.

카헤이라 다 인디아(포르투갈-인도) 노선과 카레라 데 인디아스(스페인-아메리카 대륙) 노선 이외에도 이베리아반도의 제국들은 수많은 대륙 간, 지역 간, 지역 내 무역로를 만들었다. 뿐만 아니라 인도양에서 흔히 그랬듯이 기존 무역로에 슬쩍 편승하는 방식도 있었다. 그들이 "만들어낸" 가장 주목할 만한 업적은 브라질의 설탕과 금을 운송하는 무역선이었다. 그에 따라 남대서양의 항로와 무역 구조가 만들어졌다. 인도양에서는 그와 비슷한 나우 두 트라투(Nau do trato)라는 무역선이 운항되었다(포르투갈의 갈레온선으로 1200~1600톤의 화물을 적재했다. 선체를 검게 칠했기 때문에 일본에서는 구로후네, 즉 흑선黑船이라 했다. 영어로는 Great ship from Amacon – 옮긴이). 인도의 고아에서 출발해 믈라카에 들른 다음 마카오와 일본의 나가사키까지 운항하는 정기 무역선이었다(비단과 은銀 거래). 이 배가 일본인에게 깊은 인상을 남겨, 화가들이 이를 그림으로 기록한 남만(南蠻, 난반) 미술이라는 장르가 생겨날 정도였다. 이에 못지않게 중요한 무역선이 마닐라 갈레온(Manila Galleon)이었다. 1560~1570년대에 운항된 이 무역선은 아메리카의 아카풀코(Acapulco)에서 출발해 태평양을 건너 필리핀 마닐라까지 갔으며, 포토시(Potosí)에서 생산된 은을 실어 날랐다. 마닐라 갈레온 운항 항로가 확립되면서 세계화가 구체적으로 시작되었다는 주장도 있었다(Flynn and Giráldez). 아메리카와 아시아 무역의 직접 연결을 상징하는 사건이 바로 글로벌 은(銀) 시장의 탄생이었고, 동시에 그것은 세계가 진정한 글로벌 시대로 접어들었음을 알리는 신호탄이었다.[25]

---

25 Dennis O. Flynn and Arturo Giráldez, *China and the Birth of Globalization in the 16th Century* (Aldershot: Ashgate Variorum, 2010). 우리 시리즈 13권 9장 참조.

더불어 마닐라 갈레온에는 간과할 수 없는 또 한 가지 차원이 있었다. 바로 사회-문화적 측면으로, 마닐라 갈레온은 최초의 세계화가 초래한 사회-문화적 변화를 극명하게 보여주는 사례이기도 했다. 예컨대 "제국"의 상품(특히 직물, 초콜릿, 담배, 보석, 도자기)이 가져온 "사회적 일상생활"의 변화, 혹은 초기 근대 사회의 소비 활동에 이들 상품이 미친 영향의 분석은 매우 흥미로운 주제다. 은이 아시아에 큰 영향을 미쳤던 것처럼, 그래서 세계 경제가 "은본위(銀本位, silverization)"로 바뀌었던 것처럼, 마닐라 갈레온은 막대한 양의 비단과 도자기를 아메리카의 항구 아카풀코에 내려놓았고, 이러한 상품들이 뉴스페인이나 안달루시아에서 수많은 사람의 일상생활을 바꾸어놓았다.[26]

이베리아반도 양대 제국의 경제는 지리적으로(대서양과 인도양) 혹은 국경선으로(스페인령 아메리카와 포르투갈령 아메리카) 나뉘어 있었던 것처럼 보이지만, 사실 그러한 구분선은 얼마든지 넘나들 수 있는 것이었고, 역사적 인물들도 양대 제국에 모두 연결되어 있었다. 무역과 사회적 영향력의 네트워크는 종횡으로 연결되어 있었고, 일부 상업 활동은 흔히 제국의 한계를 넘어서는 차원을 필요로 했다. 대서양 항로의 상인들은 포르투갈령 인도(Estado da Índia)에서도 경제적 이익을 유지했고, 그 반대의 경우도 마찬가지였다. 강력한 포르투갈인 공동체가 세비야에 있

---

[26] José Luis Gasch Tomás, 'Asian Silk, Porcelain and Material Culture in the Definition of Mexican and Andalusian Elites, c. 1565-1630' in Bartolomé Yun Casalilla and Bethany Aram (eds), *American Products in the Spanish Empire: Globalization and Diversity, 1492-1824* (London: Palgrave Macmillan, forthcoming).

었고, 아메리카 대륙에 정기적으로 노예를 공급하는 상인들(asientistas, 혹은 contractors)은 대개 포르투갈 출신자였다. 부에노스아이레스의 포르투갈 상인들은 대개 스페인 가문에 소속되어 생활했다. 그들은 상파울루, 리우데자네이루, 마드리드, 리스본, 암스테르담과 연결되어 있었다. 결과적으로 마카오와 마닐라에 거주한 사람들의 경우, 이베리아 양대 제국의 무역 제한 조치보다 훨씬 강력했던 서로 간의 유대를 맺고 있었다.

한편 이른바 "포르투갈 민족"의 일원으로 포함되었던 유대인과 프로테스탄트 신자들은 암스테르담과 이스탄불 사이를 자유롭게 오갔다. 물론 코친(Cochin, 인도)과 마카오 사이, 리오스다기네(Rios da Guiné)와 부에노스아이레스 사이, 리보르노(Livorno, 이탈리아)와 고아(Goa, 인도) 사이도 자유롭게 드나들었다. 그들은 17세기 리마(Lima, 페루)에 살던 부유한 상인 마누엘 바우티스타 페레스(Manuel Bautista Perez) 같은 사람들로, 페레스의 서재에는 포르투갈, 스페인, 그리고 양대 제국에 관한 수많은 책이 보관되어 있었다.[27] 그들과 손잡고 활동한 이탈리아, 독일, 기타 유럽의 상인들이 이베리아반도의 무역에 뛰어들었다. 그 속에서 사업과 문화, 후추와 인쇄 서적, 시나몬과 페르시아 러그, 설탕과 종교 회화가 쉽게 뒤섞일 수 있었던 현실을 상상하기란 어렵지 않다.

---

27 Daviken Studnicki-Gizbert, *A Nation upon the Ocean Sea: Portugal's Atlantic Diaspora and the Crisis of the Spanish Empire, 1492-1640* (Oxford and New York: Oxford University Press, 2007); Francesca Trivellato, *The Familiarity of Strangers: The Sephardic Diaspora, Livorno, and Cross-Cultural Trade in the Early Modern Period* (New Haven, CT and London: Yale University Press, 2009).

이베리아반도의 무역은 전 세계와 연결되어 있었고, 이는 또한 세계적 규모의 행정 및 제도적 구조와 일치했다. 스페인과 포르투갈 모두 수도와 해외 영토가 멀리 떨어져 있었고, 그래서 신속한 정치적 의사소통이 쉽지 않았다. 결국 총독부(viceroyalty, 부왕령)를 설치하게 되었는데, 총독(부왕)과 총독부가 본국의 정치를 바꾸어놓았다. 유럽의 왕국에서 군주정이 시행되는 가운데 스페인령 아메리카에 수많은 총독부가 설치되자, 본국의 군주정에는 제국의 성격이 부가되었다. 포르투갈의 경우 일찍이 인도 총독부(Estado da Índia)를 설치했다(1505). 그러나 같은 모델을 브라질에 설치하기까지는 거의 한 세기 반이 걸렸다(1640). 거리(distance)가 폭군(tyranny)을 만들었다. 정보의 수집, 의사 결정, 자문, 사법 행정에서 거리는 큰 문제였다. 거리의 문제를 완화하려면 기본적으로 왕을 "복제"해야 했다. 뿐만 아니라 대도시와 해외 영토에서 의회와 재판소도 늘려야 했다.

식민 도시는 이베리아반도 양대 제국의 핵심 구성 요소였다. 당시의 화가들이 그린 식민 도시를 보면, 스페인의 경우 내륙이든 해안이든 도시는 대개 엄격한 격자 구조를 채택했다. 포르투갈 제국은, 주로 항구 도시에서만 격자 구조를 보였는데 좀 더 자연스러운 느낌이었고, 식민지 브라질의 내륙 도시에서는 18세기 후반까지만 하더라도 계획된 도시 구조를 전혀 볼 수 없었다. 포르투갈과 스페인의 식민 도시를 관리하는 정부(포르투갈은 câmara, 스페인은 cabildo)는 권력과 정치 네트워크, 사회·경제적 영향력의 중심이었다. 포르투갈인의 시의회는 자선 기구와 결합되었는데(Santa Casa da Misericórdia, 즉 성스러운 자비의 집), 이는 또 하나의 중요한 권력 기관이었다.

16~17세기 이베리아반도에서는 세계 전체를 포괄하는 정치적 사상이 자주 등장했다. 이를 대표하는 개혁가들의 정치 사상을 아르비트리스모(Arbitrismo)라 하는데, 당시 스페인의 정치를 주도했던 사상이며, 포르투갈에서는 연합 왕국(Unión Ibérica) 시기에 널리 확산되었다. 당시 마드리드를 가득 메운 개혁가들은 수많은 현실적 및 공상적 문제에 대한 "처방"을 자처하며, 세계적 차원에서 제국의 정치·경제적 해결책을 제시했다. 대표적 사례로는 포르투갈인 마노엘 드 안드라다 카스텔 블랑쿠(Manoel de Andrada Castel Blanco, c. 1590)가 쓴 《지식(Instrucción)》이나, 1620년대에 앤서니 셜리 경이 저술한 보다 더 현학적인 책(《세계적 세력과 군주제Peso de todo el mundo and Discurso sobre el aumento de esta monarquía》)을 들 수 있다.[28]

물론 이베리아반도의 제국들은 이념적 기반을 가지고 있었다. 종류는 다양했고 시기에 따라 양태도 달랐지만, 모두가 세계 전체를 포괄하려는 포부를 가지고 있었다. 다른 서유럽의 사상이나 당시의 시대적 틀을 완전히 배제한 것은 아니었지만, 세계를 지향한 제국의 이데올로기는 로마의 유산과 중세 후기 과학의 발달에 바탕을 두고 있었다. 현세적 권력과 영적 권위의 긴장, 혹은 기독교 공화국과 이슬람의 대립이 이념의 전선이었다. 이베리아반도의 제국들이 가진 세계(보편)의 개념이 논의의 핵심이었고, 스페인의 경우 카를(Karl) 5세(자신을 세계의 지배자

---

28 *Instrución que a V. Magestad se da para mandar fortificar el mar Oceano . . .*, ed. and trans. P. E. H. Hair, *To Defend Your Empire and the Faith. Advice offered c. 1590 to Philip, King of Spain and Portugal, by Manoel de Andrada Castel Blanco* (Liverpool University Press, 1990); and Sherley, *Peso de todo el mundo*.

로 만드는 데 모든 정책의 초점을 맞춘 인물)부터 "나에게 세상은 아직 충분하지 않다(NON SUFFICIT ORBIS)"는 명제로 유명했던 펠리페 2세에 이르기까지(재위 당시인 1583년 주조된 동전 앞뒷면에 황제의 초상과 함께 유명한 명제가 새겨져 있다. – 옮긴이), 또한 토마소 캄파넬라(Tommaso Campanella, 이탈리아의 사상가 – 옮긴이)의 저서에 이르기까지 지겹도록 같은 논의가 이어졌다. 이와 같은 세계의 군주라는 개념은 곧바로 멕시코와 페루까지 확산되었고, 원주민의 정치 사상과도 결합되었다.

포르투갈에서 이러한 이념의 기원은 십자군 전쟁까지 거슬러 올라갈 수 있다. 당시 세우타를 정복할 때 "정의의 전쟁"이라는 개념이 형성된 바 있었다. 세계 제국이라는 관념에 초점을 맞춘 담론은 주앙(João) 2세의 해외 사업과 함께 모습을 드러내기 시작해 "바다의 제왕" 마누엘(Manuel) 1세(재위 1495~1521) 치하에서 결실을 거두었다. 왕의 칭호와 왕의 상징에도 예언자적 구세주의 내용이 포함되어 마누엘 1세의 제국적 이념을 뒷받침했다. 이는 초기 근대(early modern)에 특징적으로 나타난 세계적 천년왕국이라는 개념에 걸맞은 내용이었다. "기독교 신앙"에 따른 통치라는 명분도 포르투갈 제국의 수사법이었다. 이는 비-유럽권 왕들과 정치적 동맹을 맺을 때 유리하게 작용했는데, 그들의 개종을 중심에 두고 영적인 친족 관계를 강화하는 방식이었다. 이를 통해 상상 속의 정치적 및 종교적 형제 관계가 형성되었고, 세계적 규모의 가톨릭 정치 공동체가 만들어졌다. 콩고에서 말루쿠 제도에 이르기까지 군주와 왕실과 엘리트 계층을 통합하는 이념이었다. 카를 5세도 이와 비슷한 명분을 내세워 멕시카(아즈텍) 귀족들을 그의 왕실로 받아들였다.

이베리아반도의 맥락에서 세계 제국의 이슈는 한 세기 남짓 지난 후

세계주의적(보편주의적) 색채가 강한 섭리주의(providentialism)로 이어졌다. 대표적인 예가 예수회 선교사 안토니우 비에이라(António Vieira, 1608~1697)의 주장과 그의 "제5제국(Quinto Império)" 이론이었다(고대 그리스-로마-기독교-유럽에 뒤이어 다섯 번째로 세계를 지배하게 될 제국이 제5제국이다. 포르투갈 제국이 곧 지리적 공간뿐만 아니라 영적으로 세계를 이끌 제5제국이 될 것이라는 예언이다. – 옮긴이). 비에이라의 세계주의는 결국 포르투갈의 왕 아폰수(Afonso) 6세(재위 1656~1683)와, 예수회 수도사 동료인 발렌틴 스탄셀(Valentin Stansel) 등 예상치 못한 인물들에게 투영되었다. 모라바(Morava)의 수도사 발렌틴 스탄셀은 포르투갈의 통치자에게 자신의 저서 《별자리 혹은 천궁도(Orbe Affonsino ou Horoscopo Universal)》(1658)를 바쳤다. 이 책에는 "동반구와 서반구를 막론하고 지극히 위대한 군주의 제후국에서 모두 볼 수 있는 시계"에 대한 이야기가 나온다.[29] 스페인의 입장에서는 발렌틴 스탄셀의 시계에 대응할 만한 대안이 곧 지도였다. 한 세기가 지난 뒤의 마닐라에서, 이 또한 예수회 수도사의 손으로 제작되었다. 비센테 데 메미헤(Vicente de Memije)가 1761년 제작한 그 지도책의 제목은 《히스패닉 세계의 상징적 측면(Aspecto Symbólico del Mundo Hispánico)》이었다. 여기서 스페인은 독신 여왕(Virgin Queen)으로 등장한다. 여왕의 모습은 히스패닉 세계 전체를 뒤덮고 있다. "몸 전체가 하나의 통일된 정치 단위를 상징하며,

---

29 Pedro Cardim and Gaetano Sabatini, 'António Vieira e o universalismo dos séculos XVI e XVII' in P. Cardim and G. Sabatini (eds), *António Vieira, Roma e o universalismo das monarquias portuguesa e espanhola* (Lisbon: CHAM, 2011), pp. 21-3.

스페인 왕국의 왕관을 머리에 쓰고, 망토를 인도와 태평양에 드리운 채, 비센테 데 메미혜가 고향이라고 부르는 섬에 발을 딛고 있다."[30]

이베리아반도의 세계 군주 이념은 뒤이어 정치-법률 사상과 신학에도 영향을 미쳤을 뿐만 아니라, 통치권과 종주권, 정복과 지배, 상업적 독점과 바다의 소유권, 정당한 전쟁과 보복, 조공과 제후, 언어와 제국 등의 개념 혹은 주제와 관련된 집단적 기억(collective memory)을 만들어냈다. 또한 이베리아반도의 제국들은 특히 자유(원주민의 자유, 노예의 자유) 문제와 재산권에 관한 논리적 근거를 만들었다. 제국을 비난하는 지식인들이 중점적으로 제기하는 문제가 이 문제였기 때문에, 그에 대한 해결책을 제시하려는 시도였다. 제국은 법을 통해 제국에 포함되는 지극히 다양한 사회와 이를 장악하는 힘의 관계를 설정하고자 했다. 그러한 방식이 논란의 중심에 놓여 있었다. 이베리아반도에서 법의 통치란 세계적 규모의 제국이 맞닥뜨리는 도전, 다양성의 분류, 인류 다양성의 법제화, 계급 사회, 공동체 규정, 정체성의 분류, 누가 속국이며 누구에게 시민의 자격을 부여할 것인지 등의 문제에 답해야 했다. 그 과정은 역동적이며 긴장감이 넘쳤고 불안정했다. 언제나 예측 가능한 결과만 나타나는 것도 아니었다. 초기 근대 스페인과 스페인령 아메리카에 대하여, 역사학자 타마르 헤르조그(Tamar Herzog)는 이렇게 말했다. "충분히 기독교화되고 충분히 문명화된 인디언은 스페인 사람으로 간주될 수 있었고, 충분히 기독교화되지 못하고 충분히 문명화되지 못한 스페

---

30 Ricardo Padrón, *The Spacious Word: Cartography, Literature, and Empire in Early Modern Spain* (Chicago and London: University of Chicago Press, 2004), pp. 232-4.

인 사람은 인디언으로 취급될 수 있었다."[31]

올바른 종교(기독교와 가톨릭)를 갖는 것은 포르투갈 및 스페인 제국의 근본 조건이었다. 이는 로마 교회와 이베리아반도 군주들 사이의 협정 때문이었다. 포르투갈은 그 협정을 파드로아두(Padroado), 스페인은 파트로나토(Patronato)라 했다. 양대 제국은 예전부터 이 협정에 근거를 두고 있었다(심지어 양 제국 서로의 관계 또한 이 협정에 의거했다). 이베리아반도의 제국들은 정치 조직인 동시에 수도원과 교회, 신부와 수녀, 주교와 재판관으로 구성된, 방대하고 복잡한 가톨릭교회 조직이기도 했다. 거대한 교회 조직이자 종교 조직인 이들 제국은 신도들의 "영적 건강"을 통제하고자 했다. 그래서 신앙이 없는 자들의 "영혼을 정복"하는 일을 중시했다. "원주민"의 개종, 그리고 새로운 종교와 정치 공동체로 그들을 성공적으로 편입시키는 일은 수많은 종교 조직과 그 담당자들의 역할에 달린 문제였다. 1534년 창설된 예수회는 이베리아 제국의 맥락에서 선교 활동이 무엇을 의미하는지 분명하게 보여주었다. 즉 예수회 회원들의 국제적 면모(민족적 다양성), 고도로 활발한 이동성, 대륙을 넘나드는 수도회의 조직과 정보 교환 메커니즘, 지식 체계와 실천을 종합하는 면모 등이었다. 그러나 종합적으로 예수회의 이념은 전 세계의 복음화와 세계 선교였다. 그 전략은 로마와 선교 현장에서 동시에 만들어가는 것이었다. 그 당시 "구원"과 "세계화"는 동시에 함께 가는 문제였다. 여기에 가장 크게 기여한 주역이 바로 이베리아반도의 제국들이었다.[32]

---

31 Tamar Herzog, 'Can You Tell a Spaniard When You See One? "Us" and "Them" in the Early Modern Iberian Atlantic' in Cardim *et al.* (eds), *Polycentric Monarchies*, p. 149.

그렇다 하더라도 선교사들(예수회든 아니든)이 개종에 관해 가진 인식이 개종한 당사자의 생각과 항상 일치했던 것은 아니다. 로마, 리스본, 마드리드에서는 모두 개종을 "완벽한" 것으로 보았다(보고자 했다). 그러나 고아(Goa)에서, 바이아(Bahia)에서, 푸에블라(Puebla)에서, 토착화 과정에서 혹은 의도적 변형에 따라 무수히 많은 다양한 신앙이 생겨났다. 포르투갈인과 똑같은 포르투갈어를 구사하는 원주민 가톨릭 신도의 출현을 기대하는 가운데 이와 다른 목소리도 없지 않았다. 예를 들면 고아의 가톨릭 브라만(Catholic Brahmin) 마테우스 드 카스트루(Mateus de Castro, 1594~1677) 같은 인물이었다. 포르투갈어로 쓰인 그의 저서 《브라만의 거울(Espelho dos Brâmanes)》(1653)은 "통합 군주"란 무엇인가에 대한 분명한 지식을 담고 있을 뿐만 아니라("스페인의 왕을 비롯하여 수많은 군주가 각자 수많은 왕국을 소유하면서, 동시에 그들의 나라에서 생산되는 모든 상품을 서로 향유하는 것"), 당시 정치에 관한 세계적 규모의 인식을 반영하고 있다. 남아시아와 유럽을 자주 여행한 마테우스 드 카스트루 같은 사람에게 이는 자연스러운 인식이었다. 이 책은 예수회에 격렬히 반대하는 선언문이었고, 포르투갈의 왕이라고 해서 예외가 될 수 없었다. 그가 통치하는 땅에서 "원주민은 노예가 아니라 신하로" 대접받아야 한다는 주장이었다.[33]

---

32 Luke Clossey, *Salvation and Globalization in the Early Jesuit Missions* (Cambridge University Press, 2008).
33 See Giuseppe Sorge, *Matteo de Castro (1594-1677). Profilo di una figura emblematica del conflitto giurisdizionale tra Goa e Roma nel secolo XVII* (Bologna: Clueb, 1986), 여기에 《브라만의 거울(Espelho dos Brâmanes)》 포르투갈어 원문뿐만 아니라 이탈리아 번역문도 수록되어 있다(pp. 73-81).

마지막으로 거시적 관점에서 초기 근대 세계 가톨릭의 구조뿐만 아니라, 이베리아반도 제국들의 선교에 따라 이루어졌던 신앙생활의 일상적인 면도 간과해서는 안 된다. 특히 성 안토니우스(St. Antonius de Padua)에서부터 산 베네데토(San Benedetto)에 이르기까지, "세계의 성인"이나 "식민지의 성인" 혹은 "메스티소 성인" 숭배에 뿌리를 둔 영성의 유행 및 변화에 주목해볼 필요가 있다(로마 교황청에서는 이들을 흔히 임의적 신앙이자 "이단"으로 평가하는 경우가 많아 언제나 환영했던 것은 아니다). 푸에블라(Puebla de Los Angeles) 출신의 신비주의자 카타리나 데 산 후안(Catarina de San Juan, c. 1606~1688)이 좋은 사례다. 알론소 라모스(Alonso Ramos)가 철저한 고증을 거쳐 그녀의 전기를 기록했는데, 그 내용이 논란을 불러일으켰다. 카타리나 데 산 후안은 동시에 여러 곳에 존재하는 능력을 가진 인물이었다. 그녀는 스페인 제국 전역을 날아다닐 수 있었고, 펠리페 4세 치하의 가톨릭 신도들을 보살폈으며, 동시에 제국의 방어와 이념적 기반에 관심을 기울였다고 한다.[34] 또한 브라질, 아프리카, 아시아 등지에서 가톨릭으로 개종한 현지인이 자신들의 사정에 맞게 기독교의 상징물을 변화 및 토착화한 사실을 빼놓을 수 없다. 콩고의 비극적 인물 킴파 비타(Dona Beatriz Kimpa Vita, 1684~1706)가 바로 그런 사례다. 18세기로 접어들 무렵 킴파 비타는 자신이 성 안토니우스

---

[34] Alonso Ramos, S. J., *Primera [Segunda, Tercera] Parte de los Prodigios de la Omnipotencia, y Milagros de la Gracia en la Vida de la Venerable Sierva de Dios Catharina de S. Joan, natural del Gran Mogor, difunta en esta imperial ciudad de la Puebla de Los Angeles en la Nueva España*, 3 vols, (Puebla: Diego Fernández de León, 1689, 1690, 1692).

(St. Antonius de Padua)의 화신이라고 믿었다. 그녀는 결국 처형당했지만, 그녀가 기초를 닦은 예언적 종교 운동은 이후 영향력을 크게 미쳤으며, 아프리카 왕국의 정치·사회·종교적 지형을 흔들어놓았다.[35]

이베리아 제국의 사회-문화 세계

카타리나 데 산 후안(Catarina de San Juan)이나 킴파 비타(Kimpa Vita)의 사례는 이베리아반도의 제국들이 독특한 여성들의 활동에 어떤 무대를 제공했는지를 잘 보여준다. 이러한 여성들은 정열적으로 활동했고, 대개 옮겨 다니는 경우가 많았다. 예를 들어 카탈리나 데 에라우소(Catalina de Erauso, 1585~c. 1650)는 1603년 스페인의 산 세바스티안(San Sebastian) 수녀원을 탈출해서 아메리카로 여행을 떠났다. 페루와 칠레를 오가며 방랑하던 그녀는 남장을 하고 다니며 손에 검을 들고 결투를 했다. 이자벨 헤이고타(Isabel Reigota)는 마카오에 거주한 포르투갈계 일본인이었는데, 거기서 사업을 하며 단향목(檀香木, sandalwood) 무역에 상당한 영향력을 발휘했던 인물이다.[36]

이베리아반도의 제국들은 오늘날의 역사학자들이 보기에도 사회적으로 대단히 풍요로웠다. 당시 제국의 중심부였던 리스본이나 마드리드에서 보기에는 그런 상황이 매력적이기보다는 혼란스럽게 느껴졌을 것

---

35 John K. Thornton, *The Kongolese Saint Anthony: Dona Beatriz Kimpa Vita and the Antonian Movement, 1684-1706* (Cambridge University Press, 1998).
36 *Lieutenant Nun. Memoir of a Basque Transvestite in the New World. Catalina de Erauso*, Michele Stepto et al. (trans.) (Boston: Beacon Press, 1996); and Elsa Penalva, *Mulheres em Macau. Donas honradas, mulheres livres e escravas (séculos XVI e XVII)* (Lisbon: CHAM and CCCM, 2011), pp. 115-42.

이다. 짐작건대 제국의 개념을 설정하고 제국을 운영해야 하는 사람들의 입장에서는, 아무리 멀리 떨어진 곳이라 할지라도 사회 구조는 "본국"에서처럼 질서정연하기를 원했을 것이다. 그들이 생각하는 기존의 이상적 도시는 본국의 도시였으므로, 그들은 그와 비슷한 규율과 위계가 갖추어진 식민지 사회를 꿈꾸었다. 이런 관점에서 스페인령 아메리카는 전사와 지주로 구성된 귀족들의 손에 넘어갔으며, 귀족 경제에 따른 과도한 관료 체제가 구성되었다. 그들은 관직과 특권을 얻기 위해 자신의 능력(méritos y servicios)을 증명해야 했다. 포르투갈 제국에서도 사정은 비슷했다. 이상적으로는 지휘관과 군인, 감독관과 사무관, 재판관과 심문관, 성직자와 선교사로 구성되었다. 브라질에서 마카오까지 어디서나 마찬가지였다. 스페인과 포르투갈 제국의 시각에서 "바바리언"과 "야만인"은 개종해야 할 대상이었고, "무어인"은 싸워야 할 대상이었으며, 유대인과 모리스코(Morisco, 레콩키스타 이후 스페인에 숨어 살던 무슬림)는 추방의 대상이었다. 한편 연대기 작가들은 양대 제국의 역사적 기억을 때로는 서로 연결된 제국의 경험으로 엮어갔다. 예를 들면 안토니우 갈방(António Galvão, c. 1490~1557)이 쓴 《예정된 발견의 시대(Tratado dos Descobrimentos)》(1563)가 그런 경우였다. 이와 같은 연대기뿐만 아니라 다른 많은 서적이 읽히고 해외로 퍼져나갔지만, 당국이나 무역관리청(Casa de Contratación)에 의해 배포와 독서가 금지된 책들도 있었다.

해외의 제국령에서는 어느 정도 신분 이동의 기회가 있었다. 상인들은 해상 무역을 통해 귀족이 될 수 있었다. 15세기 리스본의 상인 페르낭 고메스(Fernão Gomes)가 그런 사례였다. 또한 브라질의 미나스제라

이스(Minas Gerais)에 거주한 많은 사람도 광산이나 금 무역을 통해 귀족의 지위를 얻었다. 양대 제국의 핵심부에서는 사회 구조 조정 및 인구 정책을 추진할 필요성을 강하게 느끼고 있었다. 그 정책이란 구체적으로, 그들이 원치 않는 사람은 제국에서 축출하여 인력이 부족한 다른 지역으로 재배치할 것, 국가 및 식민지 체제를 구축하는 도상에 있는 지역으로 고아들을 보내 그곳에 파견된 포르투갈 군인과 결혼시킬 것(17~18세기 모잠비크에서 그러한 사례가 있었다), 18세기 포르투갈의 도시를 본떠 아마존에 도시를 만들고 원주민을 거주하게 함으로써 제후국을 만들 것(물론 리스본에서 생각하는 제후국), 이른바 카스타 페인팅(casta paintings, 인종 및 혼혈의 종류와 구분을 구체적인 인물화로 표현한 그림 — 옮긴이)을 통해 스페인령 아메리카에서 인종 간 결혼 규범을 명확히 할 것 등이었다.[37]

그러나 세계는 리스본과 세비야의 부둣가에서 보던 것보다 훨씬 더 복잡했다. 특히 양대 거대 도시에서 인종과 사회의 풍경은 제국의 "무질서"를 그대로 반영하고 있었다. 리스본과 세비야에 거주한 아시아인, 메스티소, 특히 아프리카인 인구수만 생각해보더라도, 이들을 (당시의 흔한 비유처럼) 체스판의 말이라고 하면 사태가 어떠했을지 짐작이 갈 것이다. 포르투갈 제국의 수도는 "흑인종의 어머니(Villalba y Estaña)"였다. 이름을 알 수 없는 작가가 남긴 1570~1580년경의 그림(《Chafariz d'El Rey》)에 그러한 풍경이 잘 남아 있다. 리스본에 거주하는 아프리카인은

---

37 Ilona Katzew, *Casta Painting: Images of Race in Eighteenth-century Mexico* (New Haven, CT and London: Yale University Press, 2005).

초기 근대에 지속적으로 증가했다. 그들은 때로 포르투갈인과 가톨릭을 본받아 사회적 및 영적 조직을 만들었지만(예컨대 형제애), 때로는 아프리카식 숭배와 의례를 실천함으로써 그에 저항하기도 했다(예컨대 볼사드 만딩가bolsas de mandinga. 서아프리카에서 유래한 부적으로 이슬람 기도문과 코란 구절이 적혀 있다. - 옮긴이).[38] 인종 구성의 변화 없이 원래부터 이베리아반도에서 살아온 공동체에서도, 예를 들면 바스크(Basque) 지방의 오이아르춘(Oiartzun) 지역 같은 경우 제국 체제 아래에서 분명 경제적 이득을 얻었지만 사회적 혼란은 불가피했다.[39]

제국의 수도에서 바란 이상대로 세상이 흘러가지 않는 경우도 심심찮게 발생했다. 대서양의 상투메(São Tomé) 군도로 강제 이주된 사람들은 브라질로 탈출했고, 멕시코에서 필리핀으로 쫓겨난 사람들은 마닐라에서 문제를 일으키기도 했다. 유대인과 모리스코는 이베리아반도에서 쫓겨나 양대 제국의 해외 거점에 뿌리를 내렸다. 히우스드세나(Rios de Sena, 아프리카의 잠베지강 유역)의 포르투갈 군인들은 리스본에서 보내준 고아들과 결혼하지 않으려 했다. 포르투갈령 인도(Estado da Índia)에서는 인종 간 결혼 사례가 많았다. 총독 아폰수 드 알부케르크(Afonso de Albuquerque, 재임 1509~1515)가 이를 권장했기 때문이다. 그들을 카

---

38 Jorge Fonseca, *Escravos e Senhores na Lisboa Quinhentista* (Lisbon: Edições Colibri, 2010), pp. 79-109; and Daniela Buono Calainho, *Metrópole das Mandingas. Religiosidade negra e Inquisição portuguesa no Antigo Regime* (Rio de Janeiro: Garamond, 2008).
39 Juan Javier Pescador, *The New World inside a Basque Village. The Oiartzun Valley and Its Atlantic Emigrants, 1550-1800* (Reno, NV: University of Nevada Press, 2003).

자두(casado, 결혼 정착민)라 했는데, 인도양 전역에서 첩을 두는 무역상을 일컫는 말로 알려졌다. 멕시코와 페루에서 많은 스페인 사람은 스페인에 있을 때처럼 옷을 입거나 음식을 먹거나 행동하지 않게 되었고, 앞에서 강조했듯 "진정한" 스페인 사람들로부터 같은 스페인 사람으로 취급받지 못했다. 펠리페 4세의 충직했던 신하 돈 기옌 롬바르도 구스만(Don Guillén Lombardo Guzmán, 스페인식 이름을 가진 아일랜드인으로, 마드리드에서 올리바레스Olivares 백작의 보호 아래 머물던 빈객)처럼, 일단 대서양을 건넌 사람들은 근본적 변화를 경험했다. 구스만은 "뉴스페인의 왕"을 사칭하며 반란을 이끌었다는 죄목으로 1642년 멕시코 당국에 체포되었다.[40]

이베리아반도의 양대 제국은 분명 사람들의 이동, 사회 계급의 변화, 새로운 정체성 획득의 무대를 제공했다. 한편으로 양대 제국은 지역적으로, 또한 "국가 이전 단계"로 정체성의 창설 내지 축적을 허용했다. 마침내 스페인령 아메리카와 포르투갈령 아메리카에서 크리올(Creole, 혼혈인)도 애국자가 되었다. 다른 한편으로 양대 제국은 복합적 정체성을 가진 개인 내지 집단의 등장을 강화했다. 그들의 활동, 장소, 타인의 시선에 따라 정체성이 만들어졌다. 이런 측면에서 유대인과 개신교도는 가장 흥미로우면서도 연구가 가장 많이 된 사례에 속한다. 그러나 이들 외에도 서아프리카의 란사두스(lançados)나 인도양의 알레반타두스(alevantados)를 쉽게 떠올릴 수 있다. 란사두스(추방자들)는 아프리카 문

---

[40] Ryan Dominic Crewe, 'Brave New Spain: An Irishman's Independence Plot in Seventeenth-Century Mexico', *Past and Present* 207(1) (2010), 53-87.

화를 받아들이면서 고향 포르투갈과의 인연이 끊어진 사람들이며, 알레반타두스(반역자들)는 고아(Goa, 인도)에서도 보이지 않는 머나먼 인도양에서 반란의 무리에 가담한 사람들이다. 아시아의 여러 사회에서는 알레반타두스에게 금세 집단 정체성을 부여하여, 그들을 "포르투갈족"으로 인식했다.[41] 아프리카인 노예와 "대서양의 크리올"의 정체성은 아프리카와 아메리카와 유럽 사이 어디쯤에서 결정되었다. 이 문제가 또 하나의 논점이다. 18세기 중엽 서아프리카, 브라질, 포르투갈을 오간 도밍구스 알바르스(Domingos Álvares)처럼 다양한 정체성을 가졌던 사람이 대표적인 경우다. 또한 루소-아프리카인(Luso-Africans, 서아프리카 지역 포르투갈-아프리카 혼혈의 후손) 같은 공동체가 있는데, 이들은 카르타헤나(Cartagena, 콜롬비아) 혹은 아바나(Havana, 쿠바) 등지에서 활발히 활동했다.[42]

복합적 정체성을 가진 사람들의 세계에서 지성의 맥락도 다양하게 만들어졌고, 다양한 저술과 시각적 표현을 통해 이베리아반도의 문화적 패러다임과 여러 가지 다양한 모델 및 관습이 연결되었다. 이는 유럽과 기독교 모델에 비추어서는 다소 낯선 결과가 아닐 수 없었다. 이

---

41 Stefan Halikowski Smith, *Creolisation and Diaspora in the Portuguese Indies. The Social World of Ayutthaya, 1640-1720* (Leiden and Boston: Brill, 2011).
42 James H. Sweet, *Domingos Álvares, African Healing and the Intellectual History of the Atlantic World* (Chapel Hill, NC: University of North Carolina Press, 2011); Linda M. Heywood and John K. Thornton, *Central Africans, Atlantic Creoles, and the Foundation of the Americas, 1585-1660* (Cambridge University Press, 2007); and David Wheat, 'The Afro-Portuguese Maritime World and the Foundations of Spanish Caribbean Society, 1570-1640', unpublished PhD thesis, Nashville, TN, Vanderbilt University (2009).

러한 결과물은 언어권과 지적 문화권을 쉽게 넘나들 수 있는 작가나 통역가, 두 언어를 구사하거나 다문화를 체험한 작가에게서 자주 나타났다. 유명한 "메스티소" 저자들, 예컨대 페루의 펠리페 과만 포마 데 아얄라(Felipe Guáman Poma de Ayala)나 포르투갈계 말레이인 마누엘 고디뉴 드 이레디아(Manuel Godinho de Erédia, c. 1558~1623)가 그런 작가였다. 이외의 다른 작가들로 카보베르데(Cabo Verde)의 안드레 알바레스 데 알마다(André Álvares de Almada), 멕시코의 도밍고 치말파인(Domingo Chimalpahin), 싱할라인 시인 무카베티(Alagiyavanna Mukaveti, 1552~1622년 이후)도 있었다. 무카베티는 기독교로 개종한 뒤 제로니모(Jerónimo)라는 이름을 사용했으며, 포르투갈 제국의 관료주의와 불교 시문학을 어떻게 조화시킬지를 연구했다.[43]

그들만큼 유명하지는 않지만(잘 드러나지 않아서 연구하기가 상당히 어렵지만) "스페인어"로 뉴스페인의 지도를 제작한 원주민 지도 제작자들이 있었다. 나우아(Nahua) 전통에 따라 주로 식민지 시기 푸에블라(Puebla)의 연대기를 저술한 원주민 저술가들도 같은 맥락이었다.[44] 또한 리마(Lima)의 흑인 노예와 원주민 라디노족(ladinos), 고아(Goa)의 카브라족(cabras), 바이아(Bahia)의 원주민 서기들도 있었다. 그들 중 누구

---

43 Stephen C. Berkwitz, *Buddhist Poetry and Colonialism. Alagiyavanna and the Portuguese in Sri Lanka* (Oxford and New York: Oxford University Press, 2013). 기독교(가톨릭) 군주 치하의 메스티소 작가들에 관해서는 다음을 참조. Gruzinski, *Les quatre parties du monde*.
44 Barbara Mundy, *The Mapping of New Spain: Indigenous Cartography and the Maps of the Relaciones Geograficas* (Chicago and London: University of Chicago Press, 2000); and Camilla Townsend (ed.), *Here in this Year. Seventeenth-Century Nahuatl Annals of the Tlaxcala-Puebla Valley* (Stanford University Press, 2010).

도 세르반테스나 카몽이스(Luís de Camões)의 작품을 읽어보지 못했겠지만, 그들이 이베리아반도의 제국들을 위해 일했던 것은 분명한 사실이며, 스페인어나 포르투갈어로 기록된 수많은 문서와 책을 옮겨 적는 일을 했을 것이다.

결론

1400년에서 1800년 사이 이베리아반도의 양대 제국은 많은 특성을 공유했다. 그러나 동시에 그들 사이에 분명한 차이도 있었다. 가까우면서도 먼 두 제국의 관계는 상호 관찰과 모방의 과정뿐만 아니라 대립과 갈등의 상황에도 반영되었다. 무엇보다 우리는 이베리아반도에서 대양을 향해 뻗어나갈 수밖에 없었던 두 왕국의 동일성과 차이를 생각해보아야 한다. 이외에도 당시의 시대적 상황, 지리적 여건, 각 제국이 소유한 해외 영토의 특수한 맥락도 함께 고려해야 한다. 바스쿠 다 가마가 마주친 인도와 에르난 코르테스가 만난 멕시코는 서로 달랐고, 폼발 후작(포르투갈의 총리)이 생각한 인도는 더더욱 달랐다. 이베리아반도의 제국들은 반석 위에 지은 나라, 변함없이 굳건하게 수 세기를 버틴 제국이 아니었다. 사실은 정반대였다. 끊임없이 흔들리고 파도를 넘었으며, 변화했고, 갈수록 복잡해졌다. 때로는 그들이 서로 뒤얽혔다가 또 때로는 멀어졌다. 시간과 공간, 이웃 나라들뿐만 아니라 멀리 떨어진 나라들까지 양대 제국에 영향을 미쳤다. 그들에게는 특히 유리한 지점이 있었다. 앞의 논의에서는 이를 강조하고자 했고, 그래서 이베리아반도의 양대 제국이 가진 공통의 구조와 진화 과정을 검토했다. 그러나 공통적 측면만 강조한다면 그 또한 위험한 일이 아닐 수 없다. 결과적으로 하나의 이베리아반도에 세워진 두 민족(주의)의 이야기가 될 수도 있기 때문이다. 그렇게 되면 기존 유럽의 역사 서술이 그랬던 것처럼 다른 주체들을 도외시하는, 그래서 비교와 연결이 특히 중요한 우리 논의의 장점을 제한하는 경향을 내포하게 될 것이다. 그 성격이나 지리적 범위로 보아 이베리아의 제국들이 초기 근대 세계의 주역이었던 것은 부정할 수 없지만, 그렇다고 그들이 유럽의 다른 나라들에 비해 크게 다를 바는 없었다. 그러므로 이베리아의 제국들 또한 중국의 명-청 제국에서부터 오스만 제국에 이르기까지, 세계의 수많은 제국 가운데 하나의 제국으로 보아야 그들의 실상을 제대로 이해할 수 있을 것이다.

더 읽어보기

Bethell, Leslie (ed.), *Colonial Brazil* (Cambridge and New York: Cambridge University Press, 1987).

Cardim, Pedro, Tamar Herzog, José Javier Ruiz Ibáñez and Gaetano Sabatini (eds), *Polycentric Monarchies. How Did Early Modern Spain and Portugal Achieve and Maintain Global Hegemony?* (Eastbourne: Sussex Academic Press, 2012).

Costa, Leonor Freire, *Império e grupos mercantis. Entre o Oriente e o Atlântico (século XVII)* (Lisbon: Livros Horizonte, 2002).

Delgado Ribas, Josep Maria, *Dinámicas imperiales (1650-1796). España, América y Europa en el cambio institucional del sistema colonial español* (Barcelona: Bellaterra, 2007).

Disney, A. R., *A History of Portugal and the Portuguese Empire* (Cambridge and New York: Cambridge University Press, 2009), vol. 2.

Elliott, John H., *Empires of the Atlantic World: Britain and Spain in America, 1492-1830* (New Haven, CT and London: Yale University Press, 2007).

Gruzinski, Serge, *Les quatre parties du monde. Histoire d'une mondialization* (Paris: Éditions de La Martinière, 2004).

Herzog, Tamar, *Defining Nations. Immigrants and Citizens in Early Modern Spain and Spanish America* (New Haven, CT and London: Yale University Press, 2003).

Kamen, Henri, *How Spain Became a World Power, 1492-1763* (New York: Harper Perennial, 2004).

Marcocci, Giuseppe, *A consciência de um império. Portugal e o seu mundo (sécs. XV-XVII)* (Imprensa da Universidade de Coimbra, 2012).

Pagden, Anthony, *Lords of All the World: Ideologies of Empire in Spain, Britain and France, c. 1500-c. 1800* (New Haven, CT and London: Yale University Press, 1998).

Paquette, Gabriel B., *Enlightenment, Governance, and Reform in Spain and Its Empire, 1759-1808* (London: Palgrave Macmillan, 2011 (1st edn 2008)).

Studnicki-Gizbert, Daviken, *A Nation upon the Ocean Sea. Portugal's Atlantic Diaspora and the Crisis of the Spanish Empire, 1492-1640* (Oxford and New York: Oxford University Press, 2008).

Subrahmanyam, Sanjay, 'Holding the World in Balance: The Connected Histories of the Iberian Overseas Empires, 1500-1640', *American Historical Review* 112(5) (2007), 1359-85.

, *The Portuguese Empire in Asia 1500-1700. A Political and Economic History* (West Sussex: Wiley-Blackwell, 2012 (1st edn 1993)).

Thomaz, Luís Filipe, *De Ceuta a Timor* (Lisbon: Difel, 1995).

Yun, Bartolomé, *Marte contra Minerva. El precio del imperio español, c. 1450-1600* (Barcelona: Crítica, 2004).

CHAPTER 12

유라시아 제국의 경쟁 : 러시아 대 중국

로라 호스티틀러
Laura Hostetler

로마노프 왕조 시기의 러시아 제국과 중국의 청 제국은 영토, 국경 민족의 통제권, 제국의 지위를 두고 서로 경쟁하는 관계였다. 외교적 주도권 다툼도 치열해서, 다른 나라들과 동맹을 확대하며 다양한 방식으로 외교 무대에서 입지를 강화해나갔다. 중국의 관심사는, 러시아와 준가르(Zunghar) 몽골이 어떤 식으로든 협력 관계를 맺지 못하도록 하는 것이었다. 러시아에게 동맹은 평화를 의미했지만, 동시에 시베리아의 모피를 내다 팔 시장을 의미하기도 했다.

초기 근대(early modern) 시기 중국과 러시아는 저마다 제국을 수립하는 과정에서 비슷한 도전 과제에 직면했고, 나름대로 문제를 해결해갔다. 예를 들면 국경 지역 민족들과의 관계 개선, 신규 정복지에 통치 체제 수립, 영토의 지도 제작, 다양한 주민의 등록, 국내외적 제국 체제 과시를 위한 문학-예술의 창작 지원 등이었다. 요컨대 두 제국은 같은 게임을 하고 있었기 때문에 경쟁 상대가 되었던 것이다. 팽창의 과정에 발생한 두 제국의 경쟁을 세계사적 맥락에서 보면, 1600년경부터 18세기 말엽까지 초기 근대를 거치는 동안 게임의 법칙이 어떻게 확립되어갔는지, 그리고 세계 속에서 스스로의 입지를 어떻게 만들어갔는지를 추적해볼 수 있다.

제국의 성장

동북아시아 만주(Manchuria) 지역에서 홍타이지(Hong Taiji)가 청(淸) 왕조를 처음 선포한 때는 1636년이었다. 그러나 제국의 토대를 쌓은 인물은 그의 아버지 누르하치(Nurhaci)였다. 누르하치는 여진족 추장이었는데, 그의 지휘 아래 다양한 부족을 모아내는 데 성공했다. 처음에 그는 명(明)나라의 제후로 인정받았으나, 1610년부터 공식적으로 명 왕조에 도전했고, 1616년 금(金)나라를 세워 명 왕조의 경쟁 상대가 되었으며, 이후 1626년 사망할 때까지 지속적으로 세력 기반을 강화해나갔다. 그는 나름의 선견지명이 있었고 제국을 수립하고자 하는 야망도 있었다. 이를 위하여 그는 여진 문자의 개발을 후원했으며, 8기군(八旗軍)이라고 하는 독특한 군사 체제를 수립했다. 그의 지휘 아래 모인 군사 동맹 세력은 모두 8기군 체제로 편제되었다. 후대에 약간의 변형이 없지 않았지만, 8기군 체제는 1911년 청 제국이 막을 내릴 때까지 제국의 핵심으로 유지되었다.

누르하치의 여덟 번째 아들 홍타이지는 아버지가 쌓은 업적을 이어받았다. 형제들과 경쟁하는 가운데 자신의 입지를 다진 그는 국경 지역 출신의 중국인에게 조언을 구했고 중국식 관료 체제를 도입했다. 1636년 그는 아버지가 제정한 금(金)이라는 국호를 청(淸)으로 바꾸었다. 이는 보다 큰 야망의 표현이었으며, 여진족 출신이라는 자신의 태생과 거리를 둠으로써 기반 세력의 민족적 구성을 확장하려는 의도였다. 홍타이지의 추종 세력은 이제 여진족이 아니라 만주족으로 일컬어졌다. 만주란 "행운"을 뜻하는 신조어로, 더욱 폭넓은 지지를 얻는 이름이었다. 국호를 청으로 바꾼 뒤 10년이 채 못 되었을 때 명나라에서 내전이 발생했고, 그 여파로 빚어진 권력의 공백을 틈타 청나라가 1644년 명나라로 진입하는 데 성공했다. 홍타이지는 (중국과 만주의 국경 지대인) 요동 출신의 (이중 언어와 이중 문화 환경에서 성장한) 중국인과 긴밀한 관계를 맺었고, 덕분에 그의 후손들은 새로운 왕조를 중국에서 성공적으로 안착시킬 수 있었다.

과거 명나라의 영토에 청나라가 확고하게 자리 잡은 뒤로 제국의 판도는 점차 확장되어 대만(1681), 중국 남서부(1683), 할하부 몽골(1691)까지 흡수했다. 1721년 청나라의 군대는 티베트로 진출했고, 그 뒤로 티베트는 1911년 청 제국이 멸망할 때까지 그 영향권 아래 놓여 있었다. 1759년 마침내 준가르 몽골과 계속되던 전쟁이 막을 내렸고, 신강(新疆) 지역이 청나라에 편입되었다. 이로써 한 세기 남짓 사이 청나라는 과거 명나라에 비해 2배나 큰 영토를 차지하게 되었다. 성장과 팽창의 과정에서 청나라는 러시아와 마주치게 되었다. 당시 러시아 제국은 동쪽으로 팽창을 거듭한 뒤 시베리아에 식민지를 구축하고 남쪽으로 뻗어가던 참이었다.

러시아 제국은 모스크바 공국을 기반으로 세력을 키웠다. 1480년까지 금장 칸국의 조공국이었던 모스크바 공국은 금장 칸국이 멸망한 뒤 세력을 모았고, 추가적으로 영토를 확보해나갔다. 1503년 이후로 이반(Ivan) 3세는 가끔 차르(tsar)라는 호칭을 사용하기 시작했고, 자신의 지위와 지역의 위상을 높여나갔다. 공식적으로 차르에 취임하여 일관되게 차르 호칭을 사용한 군주는 이반 4세(공포의 황제)가 처음이었다. 러시아의 시베리아 탐험은 1580년대에 시작되었는데, 적어도 부분적으로는 모피를 획득하여 이윤을 추구하려는 욕망이 동기로 작용했다. 1613

년부터 권력을 장악한 로마노프 왕조 치하에서도 러시아 제국의 팽창은 계속되었고, 마침내 1639년 러시아의 탐험가들이 태평양에 도달했다. 1640년대에 러시아 탐험가들은 아무르강 유역에서 처음으로 청나라와 분쟁을 일으켰다. 이후 수십 년 동안 몇 차례 접전이 벌어졌지만, 1670년대 이전까지는 청나라도 러시아도 당시의 분쟁이 거대 제국의 식민지 개척과 관련되어 있다는 사실을 눈치채지 못했다.

양대 제국의 국경 관리는 일종의 조공 체제에 따라 이루어졌는데, 선물 공여가 가장 중요한 역할을 담당했다. 조공 체제의 미덕, 혹은 최소한 지속성의 비결은 유연성에 있었다. 양측 모두 이익을 챙길 수 있었을 뿐만 아니라 양측의 관계를 각자 유리한 대로 해석할 수 있었다. 거대 제국에서 조공 관계는 표면상 가부장적 위계질서의 속성을 지녔지만, 실제로는 동맹을 강화하여 평화를 보장(매수)하는 수단이었다. 이러한 관계는 때로 수탈의 측면을 동반했다. 러시아 제국에서는 모피를 요구했고, 청 제국에서는 각종 지역 토산품을 요구했다. 그러나 그보다는 대가를 지불하고 평화를 사는 실용적 측면이 더 컸다. 명목상 복종 관계에 놓여 있는 국경 지역의 공동체에게 그 대가가 지불되었다.

러시아 제국이 국경 지역의 조공국에 요구하는 방식으로 셰르트(shert'), 야사크(yasak), 아마나트(amanat) 등이 있었다. 이런 관행은 모두 금장 칸국 후기부터 전해오는 스텝 지역의 정치적 유산이었다. 셰르트란 동맹의 맹세 같은 것으로, 그 구체적 내용은 현지 언어로 만들어지는 경우가 많았다. 야사크란 현물세였는데, 시베리아의 경우 대개는 모피로 납부했다. 아마나트란 대개 "인질"이라고 번역되는데, 충성을 보장하기 위한 현실적 수단이었다. 대개 추장의 가족 범위에서 주로 아들이나 조카가 동맹의 보증인으로 선택되었다. 모스크바 공국에서는 동맹의 대가로 다양한 보상을 했고, 총독이 현지 부족장들을 위해 연회를 베풀고 선물을 제공하도록 권장했다. 이러한 협정은 배타적이지 않았다. 물론 모스크바에서는 좋아하지 않았지만, 부족의 입장에서는 동시에 여러 세력을 상대로 동맹을 맺는 경우가 많았다.

시간이 지나면서 인질 시스템은 일종의 문명화를 위한 소명으로 인식되기 시작했다. 국경의 민족들을 변화시키고자 했던 과거 중국의 태도를 떠올리게 하는 언급이, 1775년 아스트라한(Astrakhan, 볼가강 하류의 도시 – 옮긴이) 총독의 의견으로 보고서에 등장한다. "인질들에게 러시아어를 가르치고, 그들을 문명화시켜 야만적 풍습을 멀리하도록 한다면, 머지않아 더 이상 인질 같은 것은 필요 없어질 것이고, 그들은 기독교로 개종하게 될 것이다."[1] 이는 후대에 다른 맥락에서 언급된 이야기지만, 제국의 우월적 태도로 가득한 이 짧은 글에서 우리는 문명화의 소명에 대한 그들의 확신을 엿볼 수 있다. 18세기 초엽 문명화의 의미가 과거 모스크바 차르국의 표준에서 그와는 조금 다른 국가 개념에 근거를 둔 제국 체제로 바뀌던 때에도, 표트르 대제는 국경 지역 귀족 자제를 포함하는 교육의 사명을 염두에 두고 그들에게 다양한 언어와 더불어 국가 건설에 매우 중요한 새로운 과학을 가르치고자 했다. 18세기 말엽 상트페테르부르크에서 공부한 국경 지역 부족장(칸)의 아들들은 궁정에서 생활하며 교육을 받았고, 나중에 군대에 들어가서 일정한 지위

---

1 Quoted in Michael Khodarkovsky, *Russia's Steppe Frontier: The Making of a Colonial Empire, 1500-1800* (Bloomington, IN: Indiana University Press, 2002), p. 56.

를 하사받았다. 그들이 러시아의 귀족으로 발돋움하는 경우도 드물지 않았다. 당시 국경 지역 하급 귀족의 자제들도 오렌부르크(Orenburg)의 학교를 다니며 러시아 주류 사회의 방식으로 사교 교육을 받았다.[2]

청나라의 조공 제도는 러시아와 달랐지만 그래도 비슷한 방식으로 작동했다. 주요 요구 사항에 공물이 포함되었으며, 공식적으로 조공 사절의 임무를 띤 사람이 직접 황제에게 공물을 전달해야 했다. 공물을 바치는 행사에는 방대한 의례가 포함되었는데, 주로는 선물을 교환하고 황제가 조공국에 직위를 하사했다. 조공으로 바치는 선물은 대개 지역의 대표 특산물이었는데, 이는 러시아의 야사크와 매우 비슷했다. 황제가 답례로 주는 선물은 사실상 충성의 대가에 해당하는 하사품이었다.

청 제국의 사절로 토르구트(Torghut, 土爾扈特)를 방문한 툴리센(Tulišen, 圖理琛)은 러시아 국경 지역의 구체적 사례를 기록해두었다. 그 내용은 러시아 측에서 주는 보상 및 현금과 매우 흡사했다. 그의 저서 《異域錄》에 다음과 같은 내용이 등장한다. "위대하신 황제 폐하께서는… 이미 아라브주르(Arabjur, 阿拉布珠兒)를 받아들이셔서 패자(貝子, 왕실 종친의 제4등 지위 – 옮긴이)에 임명하시고… 매년 녹봉으로 은전을 내리셨고, 이외에 비단과 가축을 하사하시어, 이제 그는 부유하고 안락한 처지가 되어 있다(大皇帝, 仁育萬方, 務使天下人民, 無一夫不得其所. 所以將阿拉布珠兒, 封為貝子於嘉峪關外, 黨色爾騰地方安置. 每歲賞給俸銀, 緞

---

[2] 수 세기에 걸쳐 러시아 제국의 기획이 어떻게 바뀌었는지 개괄적인 내용은 다음을 참조. Willard Sunderland, *Taming the Wild Field: Colonization and Empire on the Russian Steppe* (Ithaca, NY: Cornell University Press, 2006).

疋生畜, 今甚股實)."³ 이러한 공통점은 러시아와 청 제국 국경 지역의 공동체가 어느 한편에 서서 반대 측과 협상하는 과정에서 서로 영향을 미쳤기 때문일 수도 있지만, 그보다는 러시아와 청 제국의 관습이 모두 과거 스텝의 관습, 특히 몽골의 유산에서 파생되었을 가능성이 더 크다.

    청 제국에서도 궁중에 인질을 잡아두었던 사례가 확인된다. 1759년 청 제국이 준가르 몽골을 정복하는 과정에서 여러 중앙아시아 민족이 청나라 궁정에 충성을 맹세했다. 그 뒤에는, 조공 민족을 그림으로 기록한 《황청직공도(皇清職貢圖)》에 나온 대로, 그들이 군주의 아들 혹은 조카를 청나라 궁정으로 보냈다고 한다. 공식 체제는 아니었지만 북경에 있는 아들 혹은 조카 들은 분명 머나먼 제후국의 충성을 보장하는 비공식적 담보로 작용했을 것이다. 또한 그들은 황실에서 짧은 기간에 승진하는 혜택을 누리기도 했을 것이다. 양측의 신뢰가 깨지지 않는 한 이런 관습은 무리 없이 유지되었을 것이다.

    시간이 흐르면서 러시아 및 청 제국은 국경의 민족들을 상대로 점차 세력을 키워나갔고, 그들은 보상으로 더 이상 과거와 같은 선물을 요구하기 어렵게 되었다. 19세기에 이르러 그들은 제국이 강요하는 변화를 거부할 수 없었다. 제국은 이제 새로운 방식으로 직접적 병합을 원했다. 시대는 바야흐로 초기 근대(early modern period)에서 근대(modern era)로 흘러가고 있었다.

---

3 Tulišen, *Narrative of the Chinese Embassy to the Khan of the Tourgouth Tartars, in the Years 1712, 13, 14, & 15* (Arlington, VA: University Publications of America, 1976), pp. 99-100.

서로에 대한 지식

1650년경 러시아와 청 제국은 서로를 거의 알지 못했다. 그래도 1644년 만주족이 중국을 정복했다는 소식이 아마도 러시아에 전해졌던 것 같다. 동방에서 모피 시장을 찾아내서 더 많은 수입을 얻고자 하는 욕심과, 동방의 이웃을 알아보고자 하는 욕망이 더해져서 1654년 러시아 정부는 중국에 사절단을 파견했다. 의사소통의 장벽을 넘지 못하고 외교 의전 문제에 발목이 잡힌 외교 사절은, 적어도 외교의 관점에서는 완벽한 실패였다. 대사로 파견된 표도르 바이코프(Fyodor Isakovich Baykov)는 북경에서 어떠한 선물이나 편지도 받지 못했다. 그러나 북경이라는 도시와 그 주민들을 관찰하고 기록으로 남겼으며, 그곳의 시장에서 거래되는 상품들도 살펴볼 수 있었다. 바이코프의 실패한 외교 사절단 이후 몇 차례 무역 사절단이 이어졌다. 그들은 예전보다는 우호적인 영접을 받았다.

1654년 러시아의 사절단이 청 제국을 방문했음에도 불구하고 러시아는 동부 시베리아의 사정을 잘 알지 못했다. 1670년 러시아의 탐험가들이 청나라의 백성을 접촉한 뒤에야, 기존에 러시아에서 극동 지역의 여러 민족을 일컬었던 다양한 명칭이 사실은 정치적으로 단일한 하나의 실체, 즉 청 왕조를 의미한다는 사실을 깨달을 수 있었다.[4] 외교 문제가 불거지자 사태는 더욱 분명해졌다. 한때 청 제국의 종주권을 인정한 퉁구스 족장 간티무르(Gantimur)가 부족민과 함께 러시아로 귀의했고, 청

---

4 Eric Widmer, "Kitai and the Ch'ing Empire in the 17th Century Russian Documents on China," *Ch'ing-shih Wen-t'i* 4 (1970), 26-35.

제국은 이를 받아들일 수 없었다.[5] 토볼스크의 총독이 이 문제를 논의하기 위해 북경에 사신을 파견하자 사건은 외교 문제로 비화되었다. 토볼스크 총독의 사신 이그나티 밀로바노프(Ignatii Milovanov)가 들고 간 편지에는 청나라 황제가 러시아 차르의 종주권을 인정하고 조공을 바치라는 내용이 적혀 있었다! 당시 이 편지를 번역할 수 없었다는 것이 양측 모두에게 다행이라면 다행이었다. 한편 사신의 방문을 계기로 북경의 궁정에서는 기존에 아무르강 유역에서 일어난 소소한 분쟁들이 러시아 정착촌 보호 문제 때문에 전개된 일이었다는 사실을 알게 되었다. 더 이상 분쟁을 단순히 국경 지역의 무질서한 백성의 소행으로 치부할 수 없게 되었다. 심각한 조치가 필요했다. 이제는 양대 세력의 접촉과 협상을 피할 수 없었다.[6]

이제 누구를 상대해야 할지 감을 잡은 모스크바에서 1674년 다시 북경으로 니콜라이 밀레스쿠(Nikolai Milescu, 때로는 Spafarii로 불리기도 한다)를 사신으로 파견했다.[7] 이번에는 무역을 주요 안건으로 들고 갔다. 그러나 청 제국에서는 배신자 간티무르를 돌려보낼 것, 그리고 아무르강 지역의 정착촌을 비우고 철수할 것을 전제 조건으로 내세우며 어떠

---

5 시베리아에 거주하던 대부분의 퉁구스족과는 다른 "기마퉁구스족(horse-mounted Tungus)"이 있었고, 간티무르(Gantimur)는 그들의 수장이었다. 역사적으로는 몽골과 연결된 민족이었다.
6 러시아 사신에게 하달된 지침과 러시아의 시베리아 팽창 관련 자료의 영어 번역은 다음을 참조. Basil Dmytryshyn, E. A. P. Crownhart-Vaughan and Thomas Vaughan (eds.), *Russia's Conquest of Siberia 1558-1700: A Documentary Record* (Portland, OR: Oregon Historical Society, 1985), vol. i.
7 밀레스쿠는 파나리오테스(Phanariotes), 즉 파나리(Phanari)에 있던 그리스인 공동체 출신이었다. 그들은 오스만 제국 치하 루마니아 공국의 엘리트 계층이었다.

한 협상에도 응하지 않았다. 러시아는 이 문제를 논의하려 하지 않았고 의전 문제로 갈등을 빚었으며, 결국 밀레스쿠는 아무런 합의점도 도출하지 못한 채 북경에서 추방되었다.[8] 그러나 추방되기 전에 그는 청 제국의 궁정에서 일하는 예수회 수도사 페르디난트 페르비스트(Ferdinand Verbiest)와 몇 차례 대화를 나눌 기회를 얻었고, 유용한 정보를 얻을 수 있었다.

밀로바노프도 밀레스쿠도 모두 양측 제국의 목적을 달성하지 못했다. 그럼에도 불구하고 적어도 명목상으로는 국경 지역 코사크인(Cossacks) 침략 행위의 책임이 러시아 측에 있다는 것만큼은 분명해졌다. 그래서 청 제국은 해당 지역에 군대를 파견했다. 1685년과 1686년 두 차례에 걸쳐 청 제국은 알바진(Albazin)을 공격했다. 그곳은 1640년대에 조성된 아무르강변의 정착촌으로, 때로는 일림스크(Ilimsk) 혹은 네르친스크(Nerchinsk)에 주재한 모스크바 파견 총독을 피해 도망친 자들의 은신처가 되기도 했다. 청 제국의 군대는 알바진의 정착민을 남김없이 몰아냈다. 아무르강 유역의 분쟁 문제에 양대 제국의 조공 관계가 걸쳐 있다는 사실이 다시 한 번 분명해졌다. 쉽지 않았지만 양측은 국경선을 획정해서 좀 더 쉽게 이동을 통제하고 국경 지역 주민의 충성심을 분명히 하고자 했다.

예수회 수도사들이 통역과 협상을 도와서 1689년 공식적으로 국경, 무역, 주권 문제에 합의를 보았다. 이를 네르친스크 조약(Treaty of

---

8 그가 명예롭지 못한 추방을 당하게 된 것은 어쩌면 과거 밀로바노프의 지침이 청 제국에 발각되었기 때문일 수도 있다. See Michel N. Pavlovsky, *Chinese-Russian Relations* (New York: Philosophical Library, 1949), pp. 141-4.

Nerchinsk)이라 한다. 조약에 따라 양측 제국은 국경에 확고한 경계선을 설정했고, 국경의 주민을 제거하지는 않았지만 어느 한쪽을 위해 충성하도록 제한을 가했다. 주민의 조공과 노역은 주거지 관할 제국에 따라 확정되었다. 더욱이 새로운 조약에 따라 통제 없이 국경을 넘을 수 없었다. 러시아 측에서는 평화를 원했다. 그들이 바라는 것은 무역 관계를 통한 수익이었기 때문이다. 청나라의 입장에서는 러시아와 몽골이 어떤 식으로든 동맹을 맺지 않는 것이 중요했다. 당시 청나라는 몽골과 어떠한 협정도 맺지 않았고 치열한 분쟁이 계속되는 중이었다. 청나라가 힘겹게 상대한 적은 바로 갈단(Galdan) 칸이었다. 이와 같은 더 정교한 내용을 포함하여 확대된 조약이 1727년 체결되었다. 캬흐타 조약(Treaty of Kiakhta)이었다.[9]

네르친스크 조약이 체결된 뒤에도 러시아 사절단이 청나라의 궁정을 방문했다. 러시아만 사절단을 보낸 것은 아니다. 청나라에서도 러시아로 사신을 파견했다. 앞에서 잠깐 언급했지만, 1712년 툴리셴(Tulišen, 圖理琛)이라는 이름의 중국 사신은 (러시아에서 칼미크Kalmyks라는 이름으로 알려진) 토르구트를 방문했다. 그들은 준가르 몽골에 의해 러시아의 볼가강 유역으로 밀려났던 민족이다. 청나라의 황제 강희제(康熙帝)는 툴리셴이 러시아의 차르 표트르 대제를 만날 수도 있다는 사실을 잘 알고 있었다. 그래서 혹시 러시아의 차르를 만나게 되면 무슨 말을 하고 어떻게 행동해야 할지 상세한 지침을 하달해두었다. 옹정제(雍正帝)도

---

9 조약문의 영어 번역은 다음을 참조. Ting Tsz Kao, *The Chinese Frontiers* (Palatine, IL: Chinese Scholarly Publishing Company, 1980).

1729년과 1730년 두 차례에 걸쳐 사신을 파견했다. 청나라와 준가르 몽골의 전쟁에 러시아가 중립을 지킨다는 확답을 받기 위해서였다. 옹정제는 또한 토르구트의 청나라 복귀 문제에도 관심이 있었다. 마침내 1771년 건륭제(乾隆帝) 재위 시기에 토르구트는 청나라의 영토로 들어왔다.

피터 퍼듀(Peter Perdue)가 지적했듯이, 초기 근대에 청나라와 러시아는 분명 경쟁 상대였지만, 양측 모두 유목 세력을 약화시키고 정주 농경민의 세력을 강화하는 정책 노선을 채택했다. 청나라와 러시아 모두 제국의 안정과 번영을 위해서는, 기존에 스텝 유목 사회가 의존한 약탈 행위를 종식시키는 것이 필수였다. 네르친스크 조약과 캬흐타 조약은 이와 같은 세력 전환의 핵심적 계기가 되었다.

국경 지도 제작

네르친스크 조약을 체결할 당시에는 국경선을 체계적으로 그린 지도가 없었다. 그러나 이후 상황은 빠르게 변해갔다. 양측 제국 모두 정확한 지도를 가진 쪽이 유리하다는 사실을 깨달았기 때문이다. 지도의 변화를 통해 우리는 당시 양측 제국이 당면했던 탐험과 팽창의 과정을 좀 더 자세히 들여다볼 수 있다. 구체적으로 말하자면, 거의 같은 시기에 러시아 제국과 청 제국에서 비슷한 변화가 일어났다. 궁중 차원에서 지도 제작을 지원하기 시작했던 것이다. 공식적 국경 획정은 17세기 말엽부터 시작되었다. 이때부터 논란이 되는 지역을 두고 어떤 주장을 하거나 상대방의 주장을 방어할 필요가 생겨났고, 그러한 수요가 지도 제작에 박차를 가했다. 궁정 관료들은 처음에는 기존의 지도에 근거를 두었으나, 곧이어 최신 지도 기술이 이를 보충했다. 초기 근대의 최신 기술은 축척 지도(to-scale mapping)였다. 양측 궁정에서는 국제적으로 영유권을 인정받기 위해 초기 근대 축척 지도의 국제적 문법을 지지했다. 그러나 전반적으로 축척 지도를 지원하는 경향을 띠었다고 하지만, 그것은 어디까지나 보조적 역할이었을 뿐 제국별로 기존의 지도 제작 관행이 완전히 대체된 것은 아니었다.

국경 지도와 관련해서 당시 청 제국과 러시아 제국이 어떤 활동을 펼쳤는지를 개괄하기 위해 엄선한 3장의 지도책을 살펴보고자 한다. 오늘날 남아 있는 가장 오래된 시베리아 지도는 세몬 레메조프(Semyon Remezov)가 그린 지도다. 레메조프의 《시베리아 아틀라스》에는 24장의 지도가 포함되어 있는데, 대개는 강줄기를 따라 구성되었다(그림 12-1). 레메조프가 시베리아 지도를 언제 처음 작성했는지는 분명하지 않지만, 아마도 1677년 직후에 제작되었을 가능성이 크다. 당시 차르가 시베리아 총독 페트르 고두노프(Petr Ivanovich Godunov)에게 시베리아 지도를 그리라는 명령을 내렸다. 레메조프가 제작한 아틀라스는 1701년에 출간되었다. 아틀라스에 수록된 첫 번째 지도는 전체 지역을 개괄적으로 보여준다. 이 지도는 남쪽이 위를 향하고 있는데, 북경이 만리장성 너머 상단 왼편에 위치해 있다. 주요 강줄기 및 도시의 이름과 함께 남쪽의 국경을 따라 거주하는 민족의 명칭도 적혀 있다. 또한 더욱 확대된 시베리아 지도와, 북쪽이 위를 향하도록 그려지고 중국 전 지역을 표현한 지도도 같은 아틀라스에 수록되어 있다. 중국 지도에서는 남쪽의 해남(海南, 하이난)과 남동부 해안선 모두를 볼 수 있다. 한국도 분명하게 명칭이 수록되어 있다. 레메조프는 분명 시베리아 지도 제작을 위해 현지 조

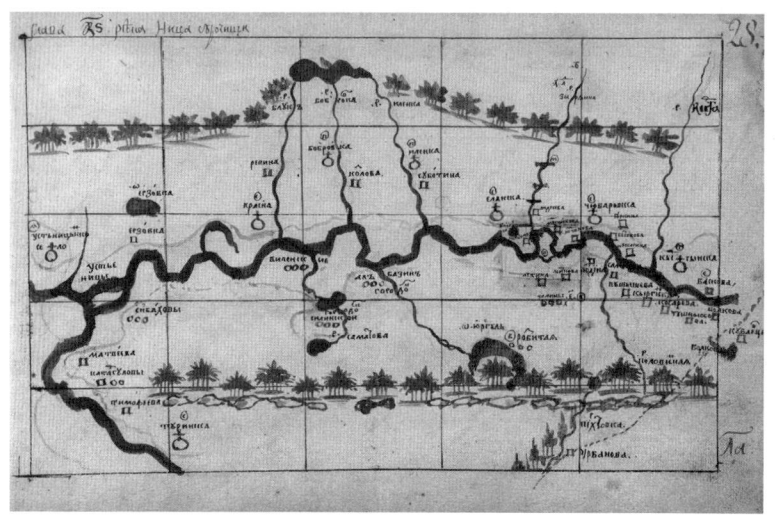

[그림 12-1] 시베리아 지도 개관, 세몬 레메조프의 《시베리아 아틀라스》 수록

사를 했겠지만, 이외에도 중국 지도를 비롯하여 직접 조사할 수 없는 다른 지역 지도 정보를 추가로 입수했을 것이다. 이 지도는 시베리아 지역에 관한 러시아의 관심과, 그 너머의 만리장성에 대한 당시의 지식 수준을 명확히 보여준다. 지도에는 시베리아의 주요 도시와 중심지가 수록되었지만, 아직 미지의 땅이 많이 남아 있었다.

1706년에 출간된 〈타타르 지도(La Carte de Tartarie)〉는 루이 14세 치하에서 일한 지리학자 기욤 드 릴(Guillaume de l'Isle)의 작품으로, 제작 시기는 레메조프의 지도와 크게 차이 나지 않지만 스타일 차이는 컸다. 레메조프 지도와 달리 기욤 드 릴의 지도는 북쪽이 위로 가도록 그렸고, 경도선과 위도선에 근거하여 각각의 위치를 표시했다. 강줄기도 표시되었지만 레메조프의 지도처럼 그렇게 부각되지는 않았다. 기욤 드 릴은 1692년 출간된 니콜라스 비천(Nicolaas Witsen)의 《동북 지역 타타르(Noord en Oost Tartarye)》에 수록된 정보를 일부 참조했던 것으로 추정된다. 니콜라스 비천은 네덜란드의 행정관으로, 모스크바를 두 차례 방문했으며, 시베리아를 여행하는 동안 많은 러시아인을 만났다. 기욤 드 릴의 지도는 축척을 이용한 지도로, 초기 근대 당시로서는 최신의 지도 제작 기법을 보여준다. 나중에는 러시아 제국의 표트르 대제(재위 1689~1725)도 이와 같은 지도 기법을 후원하게 되는데, 기욤 드 릴과는 형제지간인 조제프 니콜라 드 릴(Joseph Nicholas de l'Isle)을 차르의 궁전으로 초청하여 임무를 부여했다.[10] 청 제국의 황제 강희제(康熙帝, 재위 1661~1722) 또한 유럽인 예수회 선교사들을 그의 궁정에 머물게 하며 같은 지도 기법을 후원했다.

러시아를 그린 세 번째 지도는 〈차르의 나라(Etats du Tsar)〉라는 제목으로 출간되었다. 이는 1692~1694년 러시아에서 북경으로 파견된 사절단의 여행에서 비롯된 결과물이었다. 지도의 내용에 따르면, 이 지도는 1692년 에베르하르 이데스(Eberhard Isbrand Ides, 덴마크 출신 상인이자 외교관 ― 옮긴이) 사절단의 북경 방문을 기록한 아담 브란트(Adam Brand, 사절단의 기록관, 독일 출신 상인이자 외교관 ― 옮긴이)의 설명, 그리고 니콜라스 비천과 아브릴 신부(Père Avril)라고 하는 사람의 관찰을 토대로 제작되었다. 1722년 제작된 이 지도는 여러 측면에서 레메조프의

---

10 그의 이복형제 루이 드릴(Louis De L'isle, 혹은 Louis De L'isle de la Croyère)도 러시아에서 일자리를 얻었다. 그러나 제2차 캄차카 탐험에 참가했다가 목숨을 잃었다.

지도와 기욤 드 릴의 지도의 종합판으로 볼 수 있다. 방향은 북쪽이 위를 향하도록 했지만, 만리장성 너머에 위치한 북경 표시는 레메조프의 지도를 떠올리게 한다. 기욤 드 릴의 지도보다 후대에 출간되었음에도 불구하고 위·경도선이 표시되지 않았다. 다만 지도 제작 당시 위·경도선을 염두에 둔 것은 분명하다. 이 지도에서 강조하는 내용은 모스크바에서 북경에 이르는 여행 경로다. 이데스 사절단이 실제로 거쳐 갔던 경로가 지도에 두 줄로 표시되었을 뿐만 아니라, 경로 주위의 지명이 지도의 오른편 네모 상자 안에 목록으로 정리되어 있는데, 그 자체로도 텍스트로 된 경로 지도라 할 수 있다. 지명 목록의 소제목에 무역 관련 내용이 등장하는 것으로 보아, 러시아 측에서 사절단에게 무역 관련 특혜를 주었고, 북경과 지속적인 관계를 맺도록 장려했음을 짐작할 수 있다. 콘스탄티노폴리스, 모스크바, 북경의 경우 위도와 경도가 수치로 표시되어 있다. 이는 모스크바와 북경이 제국의 수도일 뿐만 아니라 국제적으로도 중요한 도시라는 사실을 강조한 것이었다. 또한 지도에는 모스크바, 폴란드, 우크라이나에서 사용되는 도량형 단위의 목록, 도시 간 거리와 예상 이동 시간의 목록도 수록되어 있다. 이로 보아 다국적 독자들이 볼 것으로 예상하고 무역상들이 편리하게 이용할 수 있도록 이 지도를 제작했음을 알 수 있다.

국경 지역의 지도를 그리고자 하는 열망은 청-러시아 국경 이남에서도 매우 강렬했다. 1710년대 툴리센 사절단이 토르구트를 만나기 위해 러시아를 여행했을 때, 그들은 "러시아 영토 내의 주민, 자연 상품 및 인공적 생산품"뿐만 아니라 "지리와 형세"에 대해서도 세심한 주의를 기울이라는 지시를 받았다(皇上侍近之臣此役俄羅斯國人民生計地理形勢).[11]

실제로 툴리셴 여행기(《異域錄》)의 전반적 내용은 방문지의 지리적 환경과 함께 정착지의 특성에 주의를 기울였다. 즉 인구 규모, 물길의 상황, 숲이 있는지 여부, 얼마나 많은 교회 건물이 있는지, 군사 주둔지가 있는지, 있다면 병력은 얼마나 되는지를 상세히 기록했다. 그들의 여정은 어렵지 않게 지도에 표시할 수 있을 정도이며, 실제로 툴리셴은 여정을 문자로 기록하는 중간에 "지나온 언덕과 강줄기의 대강을 그림으로" 덧붙여두었다.[12] 그들의 여행은 강희제가 지도 제작을 위해 현지 측량 사업을 실시하기 수년 전의 일이었고, 지도의 북쪽 범위를 넘어서는 여정이었다.

예수회 선교사들은 비록 소수이긴 하지만 명나라 후기부터 중국의 궁정에 머물렀다. 좌표 지도를 중국에 소개한 사람들도 그들이었다. 강희제(재위 1661~1722)는 좌표 지도의 장점을 금세 알아보았다. 1710년대에 강희제는 청 제국 전체의 축척 지도 제작을 지시했다. 그 범위와 규모 면에서 전례가 없던 측량이 시행되었다. 예수회 수도사들이 측량 기사로 참여한 몇 개 팀이 운영되었고, 청 제국의 관리들이 행정 지원 업무를 담당했다. 측량은 제국의 모든 지방을 포괄했다(티베트와 한국도 가능한 만큼 포함시켰다). 결과는 여러 가지 형태로 출간되었다. 한문본 지도 몇 종, 프랑스에서 출간된 장 밥티스트 당빌(Jean Baptiste D'Anville)의 프랑스어 번역본, 뒤 알드(J. B. Du Halde)가 저술한 여러 권으로 구성된 《중국에 관한 서술(Description geographique, historique, chronologique,

---

11 Tulišen, *Narrative of the Chinese Embassy*, p. 20.
12 Tulišen, *Narrative of the Chinese Embassy*, pp. 209-10.

politique et physique de l'Empire de la Chine et de la Tartarie Chinoise)》에 포함된 지도 등이었다. 뒤 알드의 지도가 다시 여러 유럽 언어로 번역되었는데, 그중에는 러시아어 번역본도 있었다.[13] 이는 초기 근대의 그야말로 혁신적인 성과였다. 중국, 중국령 달단(韃靼, Tartary), 티베트를 포함하는 완벽한 지도가 프랑스나 러시아의 국가적 조사에 앞서 먼저 출간되었던 것이다. 강희제 지도(《皇輿全覽圖》)의 1721년 목판본은 위도와 경도에 기초한 축척 지도로, 청 제국의 국경선이 정확히 표시되어 있다(그림 12-2).

당시 지도 제작의 돌풍과 거기서 드러난 기술적 진보를 기존에는 "세계적 공간 통합"이라고 일컬었는데, 이는 대체로 군주의 후원에 힘입은 바 크다.[14] 예를 들면 청 제국의 황제 강희제, 러시아 제국의 황제 표트르 대제, 프랑스 제국의 황제 루이 14세(재위 1643~1715) 등이었다. 그들은 자신이 통치하는 영역과 그 주변을 지리적으로 보다 분명히 기록하는 것이 유용하며, 나아가 꼭 필요하다는 사실을 인식하고 있었다. 실제로 표트르 대제와 강희제는 모두, 이른바 검증 가능한 방법론으로 자연 세계를 관찰하고 설명하는 실용적 지식과 과학적 방법론에 개인적으로 특별히 관심을 가졌던 인물들이다. 표트르 대제는 1697~1698년

---

[13] 이 중에서는 첫 권만 러시아어로 번역되었는데, 두 부분으로 나뉘어 각각 1774년과 1777년에 출간되었으며, 전체 지도와 지역 지도는 번역본에 수록되지 않았다. 이 번역서에 관한 상세한 논의는 다음을 참조. Boris Szczesniak, "A Russian Translation of J. B. Du Halde's Description De l'Empire De La Chine," *Monumenta Serica* 17 (1958), 373-6.

[14] Charles H. Parker, *Global Interactions in the Early Modern Age, 1400-1800* (Cambridge University Press, 2010).

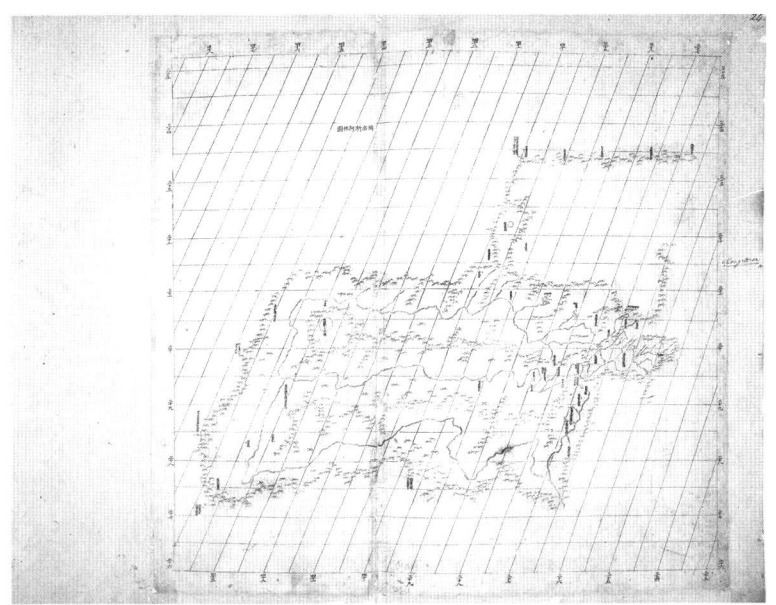

[그림 12-2] 〈황여전람도(皇輿全覽圖)〉, 1721년

유럽 순회 여행을 하면서 네덜란드의 조선소를 방문하여 선박 건조에 대한 구체적인 지식을 얻고자 했고, 심지어 거기서 잔담의 목수 페터르 (Peter, de timmerman van Zaandam)라는 이름으로 목수 일을 경험하기도 했다. 이후에도 몇 차례 서유럽을 다시 방문한 그는 1717년 파리에서 어린 루이 15세를 만났다. 그때의 여행에서 일찍부터 지도에 대해 가졌던 그의 관심이 극대화되었고, 러시아 제국 지도 제작을 발주하기로 결심을 굳혔다. 그의 프로젝트는 1726~1747년 러시아에 복무한 조제프 니콜라 드 릴(Joseph Nicholas de l'Isle)에 의해 1745년 완성되었다. 표트르 대제는 또한 과학 지식의 확산에 깊은 관심을 가졌다. 그는 제국 건

설을 보좌할 핵심 인력 집단을 중심으로 근대적 방법론을 교육시키고자 했다. 그래서 러시아 과학 아카데미 설립을 지시했으며, 그의 사망 직후인 1725년에 아카데미가 설립되었다.

강희제 또한 자연 세계 지식에 대한 갈증이 컸고, 이를 더 잘 이해할 수 있는 수단으로 과학에 대한 관심이 높았다. 그는 경험과 직접 관찰을 통해 검증하지 않고 기존 서책의 내용을 맹목적으로 받아들이는 것에 회의를 품었고, 신중한 계획의 중요성을 신뢰했다. 북방으로 사냥을 떠날 때면 그는 스스로 천문학적 계산에 따라 위치를 파악했다. 또한 중국의 리(里, 약 500미터) 단위를 천문 측정으로 정확히 보정했다. 강희제는 러시아의 표트르 대제와 마찬가지로 널리 여행을 다녔다. 청 제국의 가장 부유한 지방이자 문화적 엘리트 지역인 강남을 무려 6차례나 여행했고, 양자강 수리 사업을 직접 감독하기도 했다. 여행의 범위가 국제적이지는 않았지만, 문화 및 경제의 중심지를 방문했다는 측면에서 그의 여행은 표트르 대제의 유럽 방문 경험과 다르지 않았다.

근대 제국의 두 군주가 비슷한 관심을 보였다는 점은 놀라운 일이지만, 그것이 단지 우연은 아니었다. 두 사람 모두 당시 그들이 국내적으로 혹은 국제적으로 활용할 수 있는 여러 가지 방법론과 기술을 동원하여 초기 근대 국가 체제 수립에 시급하게 필요한 과정을 따랐을 뿐이다. 두 사람 모두 자신이 통치하는 제국의 성장과 통합을 우선시했다. 그들은 비슷한 과제에 직면했고, 비슷한 방식으로 이를 해결하고자 했다. 그들의 정당성은 제국의 성장과 번영에 달려 있었다. 이를 위해서는 예술과 과학의 융성을 도모해야 했고, 제국의 건설에 부합한다면 외부 세계의 기술에 대해 비교적 개방적인 태도를 취해야 했다. 그들의 통치 기간에 두 제국에서 과학적 지도 제작이 같은 시기에 발달했다는 사실은, 이런 의미에서 어쩌면 당연한 일일 수도 있었다.[15]

세계를, 그리고 다양한 제국령의 공간을 지도로 표현하려면 국제적 협력이 필요했다. 그러나 제국들 사이의 경쟁 때문에 협력의 요구는 일정한 제한을 받게 되었다. 시기별로 달라지는 상황에 따라 협력과 경쟁의 범위 또한 달라졌다. 지도상에 표시된 영토를 주장하고 지도의 전문성을 인정받으려면 어느 정도 개방적인 태도가 필요했다. 학자들의 교류와 국제 협력은 측량 및 지도 작업에 많은 도움이 되었다. 파리, 북경, 모스크바 등 학문의 중심지에서 활동한 학자들 가운데 두 나라 이상의 아카데미에 회원으로 등록된 경우가 있었다. 또한 궁정과 궁정 사이의 공식적 정보 교환도 있었다. 강희제는 청 제국에서 발간된 최신 지도책을 1721년 러시아의 표트르 대제에게 보내주었다. 그로부터 몇 년 뒤 러시아 사절단은 요한 호만(Johann Homann)이 제작한 1725년판 지도책(아틀라스)을 답례로 가져왔다. 뉘른베르크(Nürnberg)에서 인쇄된 이 책에는 카스피해는 물론, 청 제국의 관심이 높았던 캄차카반도까지 포함되어 있었다. 강희제의 지도는 판화(인쇄판) 제작을 위해 프랑스 파리로 전달되었고, 여기서 파생된 여러 가지 판본이 유럽 전역으로 전파되었다.

---

15 러시아의 표트르 대제가 지도에 관심을 가졌던 것이 단지 유럽 기술을 수입하는 문제에 국한된 것이 아니라, 러시아 국가 건설의 과정에서 그 필요성이 제기되어 이미 오랜 시간에 걸쳐 형성되었던 러시아 고유의 지도학 전통에서 비롯된 것이라는 주장도 있다. Denis J. B. Shaw, "Mapmaking, Science and State Building in Russia before Peter the Great," *Journal of Historical Geography* 31 (2005), 409-29.

이와 같은 몇몇 사례를 제외하면, 비밀과 불신이 대부분의 시기를 지배했다. 중국과 유럽의 관계는 논쟁에서 시작되었다. 중국 내 가톨릭 신앙생활, 중국 내 유럽 선교사들의 소속 기관이 논란거리가 되었다.[16] 청 제국은 자유 계약에 따라 유럽 선교사들을 과학자로 고용했다. 그러나 외국의 어느 단체라도, 선교사에 대한 교황의 감독 혹은 외교적 거주자 신분 요구 등의 이유로 중국 내에서 대표성을 요구하는 경우, 중국은 이를 인정하지 않았다. 1706년 이후 강희제는 중국에 있는 모든 예수회 성직자가 황제의 허가 없이 유럽으로 돌아가지 않겠다는 문서에 서명하도록 했다. 지도 제작은 이와 같은 긴장 관계 속에서 진행되었다. 그러나 이와 관련해서 점점 더 많은 비밀이 생겨났다. 옹정제(雍正帝, 1722~1735)와 건륭제(乾隆帝, 1735~1796) 통치 기간에도 궁정에서 일하는 예수회 선교사들은 여전히 지도 제작 업무를 맡고 있었지만, 역할은 제한적이었으며 지리 정보에 접근하려면 더욱 엄격한 통제를 거쳐야 했다.

예수회 선교사 앙투안 고빌(Antoine Gaubil)은 강희제가 사망한 직후 북경에 도착했다. 그는 곧바로 옹정제의 궁정에 들어가 지도 업무에 참여했다. 그가 모아둔 고문서는 청나라 궁정과 관련해서 매우 귀중한 자료를 제공하는데, 특히 유럽과 청 제국의 관계를 알려주는 자료와 지속적인 지리 정보 수집 내용이 포함되어 있다. 그는 특히 중국 북부 지역에 관심을 두었다. 당시 그곳에서는 러시아의 탐험이 진행되고 있었다. 1726년 가을에 그가 쓴 편지에는 기욤 드 릴이 제작한 지도 두 장을 얻

---

16 북경의 러시아 정교회는 별도의 합의에 따라 운영되었다.

었다는 언급이 있다.[17] 그리고 카스피해 동쪽의 호수와 관련해서 그가 수정한 내용이 중국 예수회 선교사의 발견과 부합한다는 의견도 피력되어 있다. 또한 북경 궁정에서 일한 또 다른 예수회 선교사가 청나라 궁정에서 알게 된 칼무크 타르타르(Kalmuk Tartars, 즉 칼미크 혹은 토르구트) 관련 내용을 프랑스 파리로 전달할 것이라는 사실도 기록해두었다.[18]

아마도 캬흐타 조약(1728년 비준) 준비 때문에 청 제국의 궁정에서 지리에 대한 관심이 촉진되었던 것 같다. 앙투안 고빌의 기록에 따르면, 1727년 1월에 일군의 예수회 선교사들이 궁정으로 불려 가서 지리 지식에 관한 시험을 보았다고 한다. 문답을 마친 뒤 장소를 옮겨 4대륙의 지도책을 펼쳐두고 심화된 질문을 이어갔다. 이후 그들은 아무르강과 북해-발트해 사이에 위치한 나라들의 지도를 그리는 임무를 부여받았다. 임무 수행의 일환으로 그들은 궁중에 보관되어 있는 다양한 지도를 보았고, 해당 지역을 여행한 사람들을 면담할 기회를 얻었다. 아마도 이 임무 때문에 앙투안 고빌이 러시아 관련 지도 정보를 입수하려 했던 것 같다. 그가 정보를 구한 상대는 프랑스에 있는 예수회 수도사들 아니면 러시아에 있는 조지프 니콜라 드 릴이었을 것이다.

조약의 협상 준비 과정에는 추가적으로 외교적 활동도 포함되어 있었다. 1725년 모스크바에서는 북경으로 또 한 차례 사절단을 파견했

---

17 문맥상 그가 파리의 기욤 드 릴(Guillaume De L'Isle)을 말하는 건지, 아니면 같은 해에 러시아로 이주한 그의 형제 조지프 니콜라(Joseph Nicholas)를 말하는 건지는 분명하지 않다. 다만 앙투안 고빌은 이후 몇 년 동안 러시아에 있는 조지프 니콜라와 방대한 서신을 주고받았다.

18 Antoine Gaubil, *Correspondance de Pékin, 1722-1759* (Geneva: Libraire Droz, 1970) pp. 116-17. 프랑스어본을 인용했다.

다. 그들의 방문을 계기로 청 제국의 궁정에서는 당시 북경에 있는 예수회 선교사들에게 수많은 질문을 던졌다. 특히 그들은 러시아 사절단이 예수회 선교사들과 무슨 얘기를 나누었는지, 단지 종교 이야기였는지, 아니면 다른 주제가 있었는지를 알고 싶어했다. 러시아인이 바타비아(Batavia)에서 네덜란드인의 행동에 대해 물어보더라는 답변을 얻은 청 제국의 관리는 만족하지 못하여 질문을 반복했다. "대사로 온 사바(Sava)씨는 유럽인이었고, 50명의 유럽인 수행원을 데리고 왔다. 나는 그 사람들이 여기에 장사를 하러 온 것이라 생각한다. 그래서 물정을 알아보려 했던 것이다."[19] 다시 말해 청 제국의 관리는 그들이 무역에 관심이 있어서 온 것까지는 알겠는데, 그 이상 무슨 정보를 원했는지가 궁금했던 것이다. 관리의 질문을 받은 앙투안 고비는 예술과 학문에 대한 러시아의 지원을 설명할 기회를 얻었다. 이는 아마도 이중적인 포석이었을 것이다. 즉 러시아 제국의 학문 및 예술적 성취를 설명하고, 이 분야에서 청 제국의 궁정도 경쟁에 나서기를 촉구하고자 했다. 이는 그의 글에 구체적으로 기록되어 있다.

나는 이야기를 시작했다. 우선 공통의 관심사로 러시아가 예술가들에게 제공하는 보호 조치를 언급했다. 그래서 유럽의 많은 예술가가 러시아로 몰려들고 대우도 잘 받는다는 점을 설명했다. 그리고 러시아인이 상트페테르부르크에 천문대를 건설하려 한다는 것과, 현재 유럽의 학자들도 러시아에서 좋은 대접을 받고 있다는 사실도 이야기했다. 더불어 내가 알고

19 Gaubil, *Correspondance de Pékin*, p. 173.

있는 프랑스의 뛰어난 천문학자 두 사람이 있는데, 그들이 최근 러시아 황후의 초청으로 상트페테르부르크를 방문했다고 알려주었다.

같은 글의 뒷부분에서 그는 이런 말을 덧붙였다. "러시아 사절단은 황제에게 아무런 즐거움을 선사하지 못했다. 나중에 알고 보니 관리는 우리를 통해 파악한 러시아에 관한 모든 것을 황제에게 보고했다고 한다."[20] 이런 내용을 통해, 당시 제국 간의 경쟁이 치열해지고 불신이 커져간 상황을 분명하게 알 수 있다.

러시아와 청 제국의 경쟁은 같은 해에 쓴 다른 편지에도 등장한다. 앙투안 고빌은 가이야르(Gaillard) 신부에게 보내는 연례 편지에서, 3월 16일에 러시아 사절단의 대표자들을 만났다는 이야기를 전한다. 그러면서 개인적으로 캬흐타 조약 때문에 그들과 일정한 거리를 유지하는 것이 좋겠다는 생각을 밝혔다. 특히 앙투안 고빌은 사절단과 같이 여행하지 않으려 했고, 청 제국의 궁정에서 일하는 다른 예수회 수도사들도 복귀할 때 러시아 사절단과 같이 가지 말아야 한다는 입장이었다.

그러나 앙투안 고빌은 국경 지역에서 러시아가 어떤 활동을 펼치고 있는지 자세히 알아보고자 했다. 특히 캄차카반도(프랑스어 제소Jesso)와 관련된 정보에 관심이 많았다. 그래서 러시아의 캄차카 탐험 계획에 대해서 파악한 사실을 폭로했다. "차르는 제소(Jesso)의 해안에서 선박 장비를 갖추라고 지시했습니다. 그 배에는 일본, 한국, 중국 해안 정찰 임

---

20 Gaubil, *Correspondance de Pékin*.

무가 부여되었습니다." 그리고 "선원, 항해사, 목수, 지리학자, 장교 등이 이미 필요한 장비를 갖추고 에르구스코이(Erguskoy, 즉 이르쿠츠크)에 도착했습니다."[21] 이후에 보낸 다른 편지에서 그는 이렇게 말했다.

제소(Jesso, 캄차카)와 타르타리(Tartarie, 만주) 사이의 해협을 대형 선박이 과연 지나갈 수 있을지는 모스크바 사람들이 하는 것을 보면 알 수 있을 것입니다. 실제로 제소의 북쪽, 서쪽, 동쪽 해안의 지리적 위치와, 캄차카해에서 제소, 일본, 한국, 중국까지의 항로는 그들을 통해서 알게 되었습니다. 러시아 당국이 선박을 비롯해 항해에 필요한 물품을 제작할 수 있었다면, 제소와 타르타리 사이의 해협을 통과해서 중국의 항구에 도달하는 일이 그리 어렵지는 않았을 것입니다. 만약 그곳을 통과하지 못했더라도, 제소의 동쪽을 거쳐 류큐 열도를 지나 중국의 항구에 도달하는 방법도 있습니다.[22]

앙투안 고빌은 중국 측으로부터 얻을 수 없었던 정보를, 프랑스든 러시아든 어딘가로부터 획득하려 노력했다. 청 제국의 궁정에서도 그 정보를 원했다. 그래서 예수회 선교사들에게 무엇인가를 알아보도록 압박했다.

1729년 중국 사절단이 러시아 방문을 준비할 때 예수회 선교사들에게 러시아와 그 주변국에 관한 정보를 알아보라는 요구는 더욱 높아졌다. 앙투안 고빌은 러시아 국경과 그 주변 지역의 지도 정보를 요청받았

---

21 Gaubil, *Correspondance de Pékin*, p. 176.
22 Gaubil, *Correspondance de Pékin*, pp. 222-3.

다. 특히 러시아와 어떤 식으로든 관련이 있는 정보가 중요하다는 이야기를 들었다고 한다. 청 제국의 궁정에서 특히 관심을 가진 정보는 페르시아의 혁명, 튀르크와 러시아의 관계, 러시아와 스웨덴의 전쟁(당시 이미 종료), "러시아 군대에 소속된 수많은 유럽인, 예술과 학문 연구를 위해 러시아로 간 사람들, 무엇보다도 러시아인과 다른 유럽인의 관계" 등이었다. 같은 편지에서 앙투안 고빌이 언급한 바에 따르면, 당시 중국에서는 페르시아나 오스만튀르크, 혹은 심지어 스웨덴이 러시아를 상대로 승리하기를 원하는 사람들도 있었다고 한다. 이는 분명 거대 세력을 견제하려는 심리였을 것이다.[23]

한편 그사이 러시아와 청 제국에서는 지도 제작이 활발하게 지속되었다. 1717년 표트르 대제는 경도와 위도 좌표를 바탕으로 제국 전체를 축척 지도로 그리는 사업을 지원했다. 그에 따라 제작된 지도가 1734년 키릴로프(I. K. Kirilov)에 의해 출간되었고, 보다 공식적으로 1745년 조지프 니콜라 드 릴이 주관하여 편찬한 《아틀라스 루시쿠스(Atlas Russicus)》에도 포함되었다.[24] 한편 청 제국의 황제 옹정제도 지도 제작을 지시했고, 중국 전역뿐만 아니라 북쪽으로 러시아 제국 전체와 서쪽으로 지중해 지역까지 포함하는 지도가 1735년경 완성되었다. 앙투안 고빌이 1732년 조지프 니콜라 드 릴에게 보낸 편지가 있는데, 러시아

---

23 Gaubil, *Correspondance de Pékin*, p. 235.
24 이 지도의 완성본이 출간되기 직전인 1930년, 필리프 요한 폰 스트랄렌베르크(Philipp Johann von Strahlenberg, 독일 태생의 스웨덴군 장교)가 제작한 지도도 스웨덴에서 출간되었다. 그는 1709년에서 1721년 사이 전쟁 포로로 러시아에 억류된 적이 있었다(스웨덴에서 출간한 지도는 러시아 억류 시기에 연구한 시베리아의 지리와 민속 관련 내용을 담고 있다. - 옮긴이).

지도와 함께 몇몇 장소(아르한겔스크, 아스트라한, 토볼스크, 바이칼호, 레나강 하구, 캄차카)의 좌표를 부탁하는 내용이었다. 이로 보아 당시에도 옹정제 지도 제작이 진행 중이었던 것 같다.[25] 그러나 옹정제 지도는 러시아에서 편찬된 《아틀라스 루시쿠스》와 달리 궁정에만 보관되었고 대중적으로 출판되지 않았다.

러시아 제국의 탐험과 팽창

지도 제작은 물론 탐험과 밀접한 관련이 있었다. 그러나 탐험의 여파로 지도뿐만 아니라 여러 가지 형태의 문학 작품도 등장했는데, 18세기 러시아와 청 제국이 모두 마찬가지였다. 사절단도 그들이 지나는 지역의 정보를 수집하여 기록했다. 에베르하르 이데스(Eberhard Isbrand Ides)와 아담 브란트(Adam Brand)는 1692~1694년 러시아의 사절단으로 북경을 방문한 여정에 기초하여 여행기를 출간했다. 삽화가 수록된 책의 내용에는 단지 여정이나 지형뿐만 아니라 시베리아의 사람들과 그들의 생활상도 담겨 있었다. 사절단 여행 이후 불과 몇 년 뒤인 1697년 코사크인 집단이 캄차카 지역을 탐험했고, 1711년 탐험대가 쿠릴 열도를 방문했다. 1719년 또다시 캄차카 항해가 실시되어 쿠릴 열도 지도 제작에 진전이 있었다. 그러나 모든 러시아 지리학자가 시베리아에 관심을 집중했던 것은 아니다. 1710년대의 주된 관심은 인도로 가는 더 좋은 항로를 찾는 쪽이었다.

1725년 러시아 과학 아카데미가 설립되면서 육로와 해로를 막론

---

25 Gaubil, *Correspondance de Pékin*, p. 306.

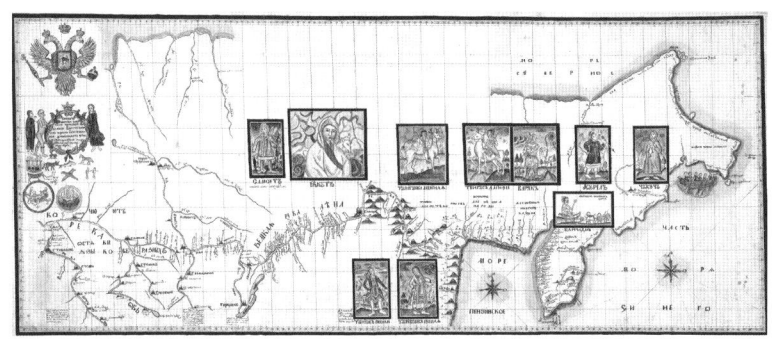

[그림 12-3] 캄차카 탐험 지도(1729), 표트르 차플린
"토볼스크에서 캄차카까지 제1차 캄차카 탐험의 경로를 민족지학적 삽화와 함께 표시한 지도."

하고 보다 체계적이고 확대된 탐험을 지원할 수 있게 되었다. 앞에서 말한 앙투안 고빌의 편지에서도 언급되었듯이, 제1차 캄차카 탐험은 1725~1730년 실시되었다. 탐험대장은 비투스 베링(Vitus Bering) 선장이었다. (탐험대의 일원인) 표트르 차플린(Pjotr Awraamowitsch Tschaplin)은 1729년 메르카토르 도법의 지도 위에 세부 사항을 기록했다. 구체적 여정, (강과 주거지를 포함한) 지리적 특징, 해안선, 마주친 사람들의 민족학적 특성을 담은 인물화가 담겼고, 탐험대가 가장 멀리 진출한 지점에는 바다에 떠 있는 배와 그 배에 타고 있는 탐험대원들의 모습을 삽화처럼 그려두었다(그림 12-3). 탐험의 성과는 국제적 관심을 모았다. 1737년 출간된 당빌(Jean Baptiste Bourguignon D'Anville)의 《신판 중국 지도(Nouvelle Atlas de la Chine)》에도 토볼스크에서 캄차카까지 진출한 베링의 탐험 지도가 수록되었다.

제1차 캄차카 탐험에서는 동북아시아와 북아메리카가 연결되었는지 확인하지 못했다. 그래서 제2차 탐험이 기획되었다. 제2차 탐험도 베링 선장이 이끌었다. 탐험 기간은 1733년에서 1743년까지 10년을 꽉 채웠다. 제2차 탐험은 이전의 탐험보다 더욱 야심 차게 세 가지 목표를 설정했고, 각각의 목표를 전담하는 하위 조직이 탐험대 내부에 편성되었다. 첫 번째 목표는 시베리아 탐험 및 해안 지도 작성이었고, 두 번째 목표는 오호츠크에서 쿠릴 열도와 일본에 이르는 항로를 찾는 일이었고, 세 번째 목표는 북아메리카 해안까지 실제로 항해를 해보는 것이었다. 또한 탐험대에는 과학 아카데미 소속 학자가 파견되어 있었다. 그의 임무는 시베리아의 민족, 자연환경, 역사 조사였다. 탐험의 성과로 지도 제작은 물론이고 식물학, 자연사, 민족학적으로도 풍성한 결실이 있었다. 게르하르트 뮐러(Gerhard Friedrich Müller)와 요한 게오르크 그멜린(Johann Georg Gmelin)은 육로로 탐험하며 시베리아의 지리, 식물과 야생 동물의 생태, 주민을 조사했다. 이 정보는 (현지 문헌들과 함께) 뮐러와 그멜린이 출간한 저서의 기초가 되었다. 뮐러는 러시아어로 된 《시베리아 민족(Beschreibung der sibirischen Völker)》(1750)과 《러시아 역사 집성(Sammulung Russischer Geschichte)》(1759)을 출간했다. 그멜린 또한 4권으로 된 책 2권을 출간했다. 《시베리아 여행기(Reise durch Siberien)》(1751~1752)와, 1749년에서 1769년 사이 출간된 《시베리아 식물지(Flora Siberica)》였다. 그들과 함께 제2차 탐험대에 소속된 다른 학자로는 스테판 크라셰닌니코프(Stepan Krasheninnikov, 1711~1755)와 게오르크 빌헬름 슈텔러(Georg Wilhelm Steller, 1709~1746)도 있었다.

예카테리나 2세(재위 1762~1796) 치하의 러시아에서는 과학 아카데미를 통해 더 많은 탐험을 지원했다. 대개 이런 탐험은 제국의 영토를 좀 더 철저히 파악해서 천연자원 개발을 촉진하기 위한 기획이었다. 1760년대와 1770년대에만 최소 5개 이상의 탐험대가 조직되었다. 예를 들면 페터 지몬 팔라스(Peter Simon Pallas)가 지휘한 오렌부르크(Orenburg) 탐험, 자무엘 고틀리프 그멜린(Samuel Gottlieb Gmelin, 게오르크 그멜린의 조카)이 지휘한 아스트라한(Astrakhan) 탐험 등이었다. 페터 지몬 팔라스는 특히 많은 저술을 남겼다. 그의 저서는 러시아어, 독일어, 프랑스어, 영어로 출간되었는데, 제목은 대개 《러시아 제국의 여러 지방 여행》(1771~1776)이었다. 또한 식물에 대한 책 《러시아 식물지(Flora Rossica)》(1784~1788)를 펴냈고, 예카테리나 황제의 명에 따라 모든 언어의 사전을 편찬했는데, 사전에 포함된 단어의 수(273)와 언어의 수(200)가 엇비슷했다. 그멜린은 주로 카스피해와 캅카스 지역을 탐험했다. 그가 팔라스처럼 많은 저서를 남기지 못한 이유는 아크메체트(Ak-Mechet)에서 포로가 되어 감옥에서 사망했기 때문이다.

　과학 아카데미 소속 학자들의 탐험은 민족학 조사로 이어졌다. 팔라스의 오렌부르크 탐험대에 소속된 요한 고틀립 게오르기(Johann Gottlieb Georgi)는 4권으로 구성된 저서를 출간했는데, 여기에는 저자 자신을 비롯한 여러 학자의 관찰에 근거한 시베리아 주민에 대한 설명이 포함되어 있다. 제목은 《러시아 제국에 속한 모든 민족(Beschreibung aller Nationen des Russischen Reichs)》이었다. 이 책은 러시아어, 독일어, 프랑스어에 이어 영어로도 출판되었다. 부제는 "그들의 생활 방식, 종교, 관습, 주거, 의복 및 기타 특성"이었다. 이를 보더라도 그 내용의 범위를 짐작할 수 있다. 삽화가 많이 수록된 이 책은 "러시아 제국 최초의 민족지(民族誌)"라는 평을 얻었다.[26] 또한 러시아 제국의 민족들을 분류하려는 시도는 스웨덴의 식물학자 린네(Linné, 스웨덴 출신으로 네덜란드에서 연구했다. – 옮긴이)의 업적에 비견되었다. 실제로 게오르기는 네덜란드의 분류학자들과 개인적으로 서신을 주고받았다. 폭넓은 그의 연구 범위가 놀랍기도 하지만, 러시아 제국의 민족들을 연구 대상으로 삼고 그들을 분석하고자 했다는 점에서 독특한 면이 있었다. 1780년대와 1790년대에는 추가적으로 탐험대가 조직되었고, 그 성과로 앞선 탐험대와 비슷한 자연학 연구 업적들이 쌓였다. 그중에 1793~1794년 팔라스가 지휘한 탐험도 있었다. 이후 팔라스는 2권으로 구성된 저서를 출간했고, 같은 탐험대 소속의 크리스티안 고트프리트 하인리히 가이슬러(Christian Gottfried Heinrich Geissler)가 삽화를 그렸다. 삽화 중에는 민족 조사 결과로 다양한 민족, 동물, 풍경의 그림과 지도가 포함되어 있었다. 가이슬러도 추가적으로 민족지 시리즈를 출간했다. 1790년대 러시아에 머물 당시에 펴낸 도판 위주의 책이었다.[27]

대개 과학 아카데미 소속 학자들의 탐험은 러시아 제국에 딸린 토지, 민족, 기타 자원에 관련된 지식을 개발하기 위해 기획되었다. 예카테리나 2세의 후원으로 러시아 과학 아카데미에서 수행한 연구의 성과는 매우 풍성했다. 이에 대해 《폴란드, 러시아, 스웨덴, 덴마크 여행기》를 저술한 윌리엄 콕스(William Coxe)는 이런 글을 남겼다. "아마도 그 어떤 나라

---

26 Richard Wortman, "Texts of Exploration and Russia's European Identity" in Cynthia Hyla Whittaker (ed.), *Russia Engages the World, 1453-1825* (Cambridge, MA: Harvard University Press, 2003), p. 99.
27 이 책의 1803년 독일어판 삽화는 HathiTrust의 디지털 라이브러리(http://catalog.hathitrust.org/Record/008633798)에서 온라인으로 확인할 수 있다.

도 그토록 짧은 기간에 내부 상황, 천연자원, 지형, 지리, 역사뿐만 아니라 여러 민족의 풍습, 관습, 언어를 포괄하는 그토록 훌륭한 책들을 그토록 많이 출간하기는 어려울 것이다."[28]

콕스가 같은 시기 청 제국의 업적을 알지는 못했을 것이다. 청 제국 또한 민족 조사 내용을 그림으로 기록했고, 갈수록 상세하고 방대한 지도를 제작했다. 1750년경 청 제국 황제(건륭제)의 명에 따라 300개가 넘는 국경 지역의 민족과 조공국을 수록한 도감(圖鑑)이 제작되었다. 중국에서는 전통적으로 제국의 중심에서 멀리 떨어진 이민족 지역 행정 관리의 편의를 도모하기 위해 그들의 풍습을 그림으로 기록했는데, 이를 백묘도(百苗圖)라고 했다. 청 제국은 이를 전국적으로 확대하여 《황청직공도(皇淸職貢圖)》를 제작함으로써 제국의 세력과 영토의 전성기를 과시했다. 여기에는 러시아-청 제국의 국경 지역에 거주하는 중앙아시아 민족들도 포함되어 있었다. 1759년 책이 완성될 무렵은 준가르 정복 직후에서, 러시아-청 제국의 국경 지대에 거주하는 중앙아시아 민족들이 청 제국에 복속한 상태였다. 또한 토르구트족은 몇 세대 전에 볼가강 유역으로 이주했다가 자발적으로 청 제국의 영토로 복귀해 있었다. 동시에 건륭제는 추가적으로 지도 제작 프로젝트도 지시했다. 여기에는 청 제국뿐만 아니라 북쪽으로 북극해, 서쪽으로 카스피해, 동쪽으로 캄차카 지역에 이르는 러시아 제국 전역을 포함하도록 했다. 이 지도는 널리 배포되지 않았지만 이후 19세기에 율리우스 클라프로트(Julius

---

28 Elena V. Barkhatova, "Visual Russia: Catherine II's Russia through the Eyes of Foreign Graphic Artists" in Whittaker, *Russia Engages the World*, p. 84.

von Klaproth)가 중앙아시아 지도를 제작할 때 밑바탕이 되어주었다. 국경 지역에 관한 지식, 특히 신강(新疆, 즉 "새로운 영토")에 관한 지식은 정치적 이유로 유배 온 중국 지식인들에 의해 더욱 축적되었다. 그들의 학문적 성과는 국경 지역의 상황을 더 많은 사람에게 알리는 데 도움을 주었다. 한마디로 새로운 영토에 관한 지식과 다양한 민족 구성원들의 관리 문제는, 강력한 팽창 시기에 놓인 러시아와 청 제국 모두에게 국가적 성장과 관리 측면에서 핵심적 과제였다.

예술 및 문학 후원

러시아와 청 제국 모두 예술 작품과 학술 연구를 지원했다. 이는 제국의 정통성을 확립하고 지속 가능한 유산을 남기기 위한 선택이었다. 예술과 문학은 국내외적으로 제국을 선전하기에 가장 강력한 방법이었다. 공식적 역사서뿐만 아니라 여러 가지 장르의 문학 작품, 미술과 건축 등은 모두 초기 근대 러시아나 청 제국(또한 프랑스나 오스만 제국)의 이미지를 연출했다. 그래서 본격 러시아의 역사서는 예카테리나 황제 재위 시기에 등장했고, 러시아의 중요한 언어 사전도 그 시기에 만들어졌다. 마찬가지로 건륭제는 위대한 만주족의 역사서뿐만 아니라 다중 언어 사전 편찬을 지원했다. 이 모든 것이 제국의 위엄과 정체성을 과시하고, 작업을 후원한 통치자의 정통성을 더욱 강화하는 데 기여했다.

결론

초기 근대에는 제국 체제 유지를 위해서 많은 것이 필요했다. 일단 여러 민족의 충성심을 확보해야 하고, 제국 내 최고 보물에 접근할 수 있어야 하며, 기존에 알려진 세계 최고의 학문을 보유해야 했다. 그리고 이 모든 것을 통합 지휘할 수 있는 제국의 능력을 보여주어야 했다. 앞에서는 구체적으로 러시아와 청 제국의 사례를 통해 이런 점들을 살펴보았다. 여기서도 원활한 조공 체제 유지와 최신 과학 기술 후원이 반드시 필요했다. 제국의 정통성은 뛰어난 미술 및 건축은 물론 위대한 문학 작품과 고유의 것이라 주장할 수 있는 역사를 통해 입증되었다. 성공적인 제국이라면, 혹은 적어도 그 지도자라면 경쟁자들의 수준을 잘 알고 있었다. 그들의 성공은 언제나, 적어도 부분적으로는 다양한 출신 배경을 가진 개인을 후원하고 그들과 협력함으로써 이룩할 수 있었다. 초기 근대 제국은 다양한 민족의 재능을 이끌어냈고, 그들의 민족적 혹은 국가적 출신 배경은 그 자체로는 그리 중요한 문제가 아니었다.

궁정에 다양한 출신 배경을 가진 전문가들을 초빙하기도 했지만, 동시에 제국이 팽창하는 과정에서 제국 자체 내에도 다양성을 포괄하게 되었다. 제국의 입장에서는 이를 관리하는 문제가 곧 통치의 핵심 과제였다. 특히 국경 지역에서는 제국의 통치 아래 놓인 여러 민족이 각기 다른 여러 가지 언어와 문화적 배경을 가지고 있었다. 러시아 제국과 청 제국은 나름대로 그들을 "문명화"시키려 했다. 다시 말해 그들의 관습, 태도, 가치를 본국과 동화시켜 지배 및 피지배 관계를 영속화하려 했다. 그 바람에 항상적 긴장이 형성되었다. 정치적 통합이 문화적 동질화를 통해 달성될 수 있을 것인가, 아니면 문화적 차이를 인정함으로써 정치적 통합을 유지하고 제국의 영광을 드높일 수 있을 것인가? 이는 언제나 논란이 되는 문제였다. 표면적으로 드러나는 긴장 관계 때문에 그에 못지않게 중요한 문화적 변화가 가려지는 경향이 있었다. 즉 통치 계층은 권력과 정통성을 강화하기 위해 지식의 기반이 되는 인식론적 변화를 받아들여야 했다. 여기서 과학과 측량은 특히 중요한 역할을 했다.

다양성의 관리를 더욱 복잡하게 만드는 문제는 권력층과 대다수 일반 민중의 관계였다. 특권층은 현재의 차이를 유지 및 존속하고자 했다. 그래서 미래에도 정해진 기한 없이 특권을 유지할 수 있도록 보장받는 방법을 찾고자 했다. 이런 경향성 때문에 제국 건설에 유리한 기술적 도구를 제공한 사람들, 혹은 그 후손들은 그들의 성공이 역사적으로 어느 한 시기의 학문, 협력, 제국 차원의 후원에서 비롯된 것이 아니라 그들 자신으로부터 나왔다고 믿게 되었다. 엘리트 계층의 특권을 영속적으로 유지하는 한 가지 방법은, 그것을 후손과 연계시키는 것이었다. 축적된 부를 가문을 통해 상속함으로써 특권을 영속화하는 방식은 오래된 전략적 방편이었다. 그러나 민족적 차이가 갈수록 강조되면서 새롭게 왜곡된 흐름이 나타났다. 그것이 바로 19세기에 더욱 엄격한 색채로 등장한 인종 차별 개념이었다. 예컨대 만주족의 특권은 청나라 황제가 재정 압박 때문에 한족 팔기(八旗)를 해체하면서 더욱 강화되었다. 그들은 만주족이 중국을 정복하기 전부터 청나라에 충성한 한족이었다. 국가의 녹봉을 받던 한족 팔기군이 스스로 생계를 해결해야 하는 "자유민"이 되었을 때 만주족 팔기군의 특권 상속은 그대로 유지되었다. 러시아에서도 18세기를 거치면서 민족 정체성을 강조하는 차이의 담론이 점차 강화되었다.

유럽에서는 민족 의식이 다른 방향에서 일어났다. 정치적 정당성은 민족(nation)과 국가(state)의 동일성 이데올로기와 밀접하게 연결되어 있었다. 그러나 같은 시기 비-유럽이라는 "타자"에 대응되는 유럽이라는 개념이 형성되면서 제국주의적 맥락과 비슷한 차이의 역학이 형성되었다. 인구수가 많은 민족들을 중심으로 유럽 안에서도 민족 개념이 형성되었지만, 유럽이라는 개념 자체는 비-유럽이라는 상대방에 대응해서 형성된 것이었다. 유럽 내부적으로 민족과 언어를 비롯한 여러 가지 국가적 차이가 존재했지만, 지리적 인접성과 경험의 공유를 통한 어느 정도의 공통성을 근거로 하나로 묶여 있었다. 구체적으로 말하자면, 유럽 국가들의 변화는 18세기에 시작되었으며, 이런 변화는 다른 지역에서 일어난 변화와 별반 다르지 않았는데, 다만 워낙 중요한 변화이고 유럽 내의 공통적 변화여서 스스로를 유럽이라 정의 내리기에 충분한 정도였다. 즉 초국가적 실체로서의 유럽 개념이 형성되었던 것이다. 그 과정이 매우 활발했으므로 청 제국이나 러시아 제국에서도 거의 같은 시기에 통치 기법의 측면에서 비슷한 변화가 있었다는 사실이 가려져 잘 드러나지 않는 편이다. 그러나 러시아와 청 제국 또한 초기 근대 패권 세력으로서 유럽을 주도한 다른 국가들에 못지않았다.

러시아 역사를 언급한 수많은 연구서에서 "위대한" 표트르 대제와 예카테리나 황제를 일컬어 러시아의 유럽화를 이끈 인물로 평가하고 있다. 그러나 세계사적 관점에서, 특히 러시아 제국을 청 제국과 함께 놓고 보면, 그들은 동일한 국가적 전략을 선택했음을 알 수 있다. 그러니까 유럽화 노선 그 자체 때문에 러시아가 그토록 중요한 제국이 되었던 것은 아니다. 그보다는 오히려 초기 근대 기술을 성공적으로 후원 및 획득함으로써 확보한 제국의 통지 수단을 통해 초기 근대의 주도 세력으로서 성공적인 경쟁 관계에 진입할 수 있었다. 이런 관점에서 보면 독일, 스코틀랜드, 덴마크 등 여러 출신 배경을 가진 인물들이 개인 자격으로 러시아 제국의 탐험과 학술 연구에 참여한 사실은 어쩌면 당연한 일이었다. 마찬가지로 만주족이 유럽의 예수회 수도사 인력을 고용해서 청 제국의 지도를 그린 것도 당연한 일이었다. 표트르 대제, 강희제, 예카테리나 대제, 그리고 덧붙이자면 건륭제에 이르기까지, 이들 모두는 당시 새롭게 부상하는 제국의 문법에 숙달했던 인물이고, 이는 그들의 통치가 성공한 비결이었다. 그들이 초기 근대 제국의 유행에 익숙했던 덕분에 초기 근대 세계의 각축전에서 모두 성공적인 주역으로 나설 수 있었던 것이다.

그러나 민족주의는, 적어도 부분적으로는 제국 체제 아래서 민족의 목록을 만들고 차이를 강조함으로써 탄생했는데, 그것이 결국은 청과 러시아의 제국적 비전에 혼란을 초래하게 되었다. 청 제국에서는 한족 민족주의가 일어나 만주족의 특권에 저항했고, 러시아 제국에서는 슬라브족의 반동이 18세기 개혁의 발목을 잡았다. 이런 상황에서 러시아 및 청 제국의 지도자들은 자신의 지위를 유지하기 위해서라도 민족주의에 부응할 수밖에 없다고 느꼈을 것이다. 결국 그들은 내부적으로 다수를 차지하는 민족들을 지원하는 것과, 외부에서 도입된 기술을 사용하는 것을 마주 놓고, 제국 체제의 생존을 위해서 어느 쪽이 더 유리할지 저울질할 수밖에 없었다. 이처럼 제국 체제 아래 시행된 다양한 민족 조사 및 기록, 그리고 이를 통한 민족 정체성의 창조가 제국의 입장에서는 양날의 검이 되고 말았던 것이다.

더 읽어보기

Breyfogle, Nicholas, Abby Schrader and Willard Sunderland (eds.), *Peopling the Russian Periphery: Borderland Colonization in Eurasian History* (New York: Routledge, 2007).

Burbank, Jane and Frederick Cooper (eds.), *Empires in World History: Power and the Politics of Difference* (Princeton University Press, 2010).

Crossley, Pamela Kyle, "Manzhou Yuanliu Kao and the Formalization of the Manchu Heritage," *Journal of Asian Studies* 46 (1987), 761-90.

_____, *A Translucent Mirror: History and Identity in Qing Imperial Ideology* (Berkeley, CA: University of California Press, 1999).

Deal, David M. and Laura Hostetler, *The Art of Ethnography: A Chinese "Miao Album"* (Seattle, WA: University of Washington Press, 2006).

Dmytryshyn, Basil, E. A. P. Crownhart-Vaughan and Thomas Vaughan (eds.), *Russia's Conquest of Siberia 1558-1700: A Documentary Record* (Portland, OR: Oregon Historical Society, 1985), vol. i.

Donnert, Erich, *Russia in the Age of Enlightenment* (Leipzig: Edition Leipzig, 1986).

Fletcher, Joseph, "Sino-Russian Relation, 1800-62" in John King Fairbank (ed.), *The Cambridge History of China* (Cambridge University Press, 1978), vol. x, pt 1.

Glebov, Sergey, "Siberian Middle Ground: Languages of Rule and Accommodation of the Siberian Frontier" in Ilya Gerasimov, Jan Kusber and Alexander Semyonov (eds.), *Empire Speaks Out Languages of Rationalization and Self-Description in the Russian Empire* (Leiden: Brill, 2009), pp. 121-51.

Grumbach, Lutz, Heike Heklau and Thomas Nikol, *Terra incognita Sibirien: die Anfänge der wissenschaftlichen Erforschung Sibiriens unter Mitwirkung deutscher Wissenschaftler im 18. Jahrhundert: eine Ausstellung der Franckeschen Stiftungen zu Halle in Zusammenarbeit mit dem Archiv der Russischen Akademie der Wissenschaften St. Petersburg* (Halle: Verl. der Franckeschen Stiftungen, 1999).

Hempel, Friedrich and Christian Gottfried Heinrich Geißler, *Abbildung und Beschreibung Der Völkerstämme und Völker Unter Des Russischen Kaisers Alexander Menschenfreundlichen Regierung. Oder Charakter Dieser Völker Aus Der Lage und Beschaffenheit Ihrer Wohnplätze Entwickelt und in Ihren Sitten, Gebräuchen und Beschäftigungen Nach Den Angegebenen Werken Der in-und Ausländischen Litteratur* (Leipzig: Industrie-Comptoir, 1803).

Hostetler, Laura, "Contending Cartographic Claims? The Qing Empire in Manchu, Chinese, and European Maps" in James R. Akerman (ed.), *The Imperial Map: Cartography and the Mastery of Empire* (University of Chicago Press, 2009), pp. 92-132.
_____, "Early Modern Mapping at the Qing Court: Survey Maps from the Kangxi, Yongzheng, and Qianlong Reign Periods" in Yongtao Du and Jeff Kyong-McClain (eds.), *Chinese History in Geographical Perspective* (Lanham, MD: Lexington Books, 2013).
_____, *Qing Colonial Enterprise: Ethnography and Cartography in Early Modern China* (University of Chicago Press, 2001).
Hughes, Lindsey, *Russia in the Age of Peter the Great* (New Haven, CT: Yale University Press, 1998).
Kao, Ting Tsz, *The Chinese Frontiers* (Palatine, IL: Chinese Scholarly Publishing Company, 1980).
Khodarkovsky, Michael, *Russia's Steppe Frontier: The Making of a Colonial Empire, 1500-1800* (Bloomington, IN: Indiana University Press, 2002).
_____, *Where Two Worlds Met: The Russian State and the Kalmyk Nomads, 1600-1771* (Ithaca, NY: Cornell University Press, 1992).
Kivelson, Valerie A., *Cartographies of Tsardom: The Land and Its Meanings in Seventeenth-Century Russia* (Ithaca, NY: Cornell University Press, 2006).
Mancall, Mark, *Russia and China: Their Diplomatic Relations to 1728* (Cambridge, MA: Harvard University Press, 1971).
Millward, James A., "Qing Inner Asian Empire and the Return of the Torghuts" in James A. Millward, Ruth W. Dunnell, Mark C. Elliott and Philippe Forêt (eds.), *New Qing Imperial History: The Making of Inner Asian Empire at Qing Chengdu* (New York: RoutledgeCurzon, 2004), pp. 91-105.
Perdue, Peter C., "Boundaries, Maps, and Movement: Chinese, Russian, and Mongolian Empires in Early Modern Central Eurasia," *International History Review* 20 (1998), 263-86.
_____, *China Marches West: The Qing Conquest of Central Eurasia* (Cambridge, MA: Belknap Press of Harvard University Press, 2005).
Quested, R. K. I., *Sino-Russian Relations: A Short History* (Sydney: Allen & Unwin, 1984).
Schimmelpenninck van der Oye, David, *Russian Orientalism: Asia in the Russian Mind from Peter the Great to the Emigration* (New Haven, CT: Yale University Press, 2010).

Shaw, Denis J. B., "Mapmaking, Science, and State Building in Russia before Peter the Great," *Journal of Historical Geography* 31 (2005), 409-29.
Sunderland, Willard, "Imperial Space: Territorial Thought and Practice in the Eighteenth Century" in Jane Burbank, Mark Von Hagen and Anatolyi Remnev (eds.), *Russian Empire: Space, People, Power, 1700-1930* (Bloomington, IN: Indiana University Press, 2008), pp. 33-66.
_____, *Taming the Wild Field: Colonization and Empire on the Russian Steppe* (Ithaca, NY: Cornell University Press, 2006).
Tulišen, *Narrative of the Chinese Embassy to the Khan of the Tourgouth Tartars, in the Years 1712, 13, 14, & 15* (Arlington, VA: University Publications of America, 1976).
Waley-Cohen, Joanna, *Exile in Mid-Qing China: Banishment to Xinjiang, 1758-1820* (New Haven, CT: Yale University Press, 1991).
Whittaker, Cynthia Hyla, *Russia Engages the World, 1453-1825* (Cambridge, MA: Harvard University Press, 2003).

CHAPTER 13

초기 근대 세계의
이슬람 제국들

지안카를로 카살레
Giancarlo Casale

1591년 3월 톤디비(Tondibi)에서 대규모 전투가 벌어졌다. 그곳은 팀북투에서 니제르강을 따라 상류로 올라간 지점에 위치한 무역 중심지였다. 송가이의 통치자 아스키아 이샤크(Askia Ishaq) 2세의 군대는 장비를 철저히 갖추고 충분한 휴식을 취하며 전장의 한쪽 편에서 상대를 기다리고 있었다. 외적의 침입에 맞서 왕국을 수호하기 위해 전투에 참가한 병력은 10만 명이었다(이보다 몇 배 더 많았다는 주장도 없지 않다). 적군은 모로코 원정군으로, 병력은 2500명 이상이었다. 원정군 사령관은 주다르 파샤(Judar Pasha)로, 모로코의 술탄 아흐메드 알만수르(Ahmed al-Mansur, 재위 1578~1603)의 노예였다. 원정군이 사하라 사막을 건너 톤디비에 도착하기까지는 3개월이 걸렸다. 가혹한 행군의 과정에서 병사들은 갈증과 굶주림과 악천후에 노출되어 1마일에 한 명씩 죽어나갔다.

만약 제3자의 입장에서 전투를 관찰했다면, 톤디비 전투가 시작될 때는 송가이 쪽이 훨씬 유리하다고 전망했을 것이다. 전쟁은 한쪽의 일방적인 승리로 끝났다. 이는 유럽 제국의 팽창 과정에서 무수히 반복된 현상과 다를 바가 없었다. 승전의 운명은 토착 왕조 송가이가 아니라 침략자 모로코의 편이었다. 주다르 파샤가 이끄는 원정군은 수적으로 엄청난 열세였고, 지쳐 있었으며, 지리에도 익숙하지 않았다. 그러나 그들은 한 가지 중요한 이점을 가지고 왔다. 그것은 바로 대량의 화약 무기

CHAPTER 13 - 초기 근대 세계의 이슬람 제국들

였다. 그들은 머스킷총을 비롯해서 박격포와 심지어 잉글랜드식 대포까지 끌고 왔다. 침략군에 맞서는 송가이 왕국의 군대는 곤봉을 휘두르고, 화살을 쏘고, 독 바른 창을 던졌다. 그러나 전투 결과는 의심의 여지가 별로 없었다.

모로코의 원정은 당시 스페인, 포르투갈, 네덜란드, 잉글랜드 같은 유럽 제국들의 행태와 여러모로 닮아 있었다. 비단 화약 무기의 뚜렷한 역할뿐만이 아니었다. 유럽 제국들과 마찬가지로 모로코 원정군은 과거에는 접근할 수조차 없었던 굉장히 멀리 떨어진 지역을 공략했다(다만 그들은 바다가 아니라 사막을 가로질러 목적지에 도착했다는 점이 달랐을 뿐이다). 마찬가지로 모로코 원정군의 궁극적 목적은 원거리의 천연자원을 확보하는 것이었다(구체적으로 어디인지 정확히 알지는 못했지만 서아프리카의 금광을 노렸다). 무엇보다 놀라운 점은, 모로코 원정군의 인적 구성이 당시 유럽 제국들의 원정군과 똑같았다는 사실이다. 톤디비 전투에 참여한 모로코 군대에는 스페인과 포르투갈의 포로들, 잉글랜드와 북해 연안 저지대(벨기에, 룩셈부르크, 네덜란드)의 배교자들, 유럽 전역에서 팔려 온 노예 병사들이 포함되어 있었다. 그들은 모두 오스만의 용병이나, 혹은 이베리아반도에서 모리스코(Morisco, 무어인)와 싸우던 지역 출신의 전사였다. 다국적군의 사령관 주다르 파샤 또한 스페인 기독교인 출신이었다.

그렇다면 모로코의 니제르 정복이 초기 근대 제국의 팽창이라는 표준적 세계사 서술에서 전혀 등장하지 않는 이유는 무엇일까? "유럽 중심주의" 때문이라고 생각하기 쉽지만, 문제를 깊이 들여다보면 그렇지 않다. 톤디비 전투를 별로 거론하지 않은 쪽은 오히려 이슬람 역사 전문가들이었다. 이슬람 권역에서 오래도록 형성되어온 전통적 설명 방식에 따라 그들은 초기 근대 무슬림 국가 중에서 "제국"이라는 이름에 걸맞은 나라를 셋으로 꼽았다. 즉 인도의 무굴 제국(혹은 티무르 제국), 이란의 사파비 제국, 동부 지중해의 오스만 제국이 그것이었다.

모로코의 사례를 통해 우리는 이슬람 제국을 논의할 때 기본적으로 만나게 되는 두 가지 난관을 확인할 수 있다. 첫째는 논의의 단순화다. 실제로 이슬람 권역 전체는 세 "제국"의 범위보다 지리적으로 광대했고, 문화적으로 다양했으며, 정치적으로 활발한 과정을 거쳤지만, 권역 전체의 역사가 세 "제국"의 역사적 경험과 워낙 밀접했던 까닭에 권역의 역사를 제국의 역사로 단순화할 위험이 있는 것이다. 둘째는 제국의 특징을 이슬람 권역의 특징으로 등치시킬 위험이다. 세 "제국"을 이슬람 제국으로 규정하면 초기 근대의 여타 제국들과 다른 이슬람 제국 고유의 특징을 거론하게 되는데, 그것을 세 제국을 넘어 이슬람 권역 전체의 근본적이고 예측 가능한 요소로 과장하게 되는 것이다. 이러한 두 가지 주의 사항을 염두에 두고, 이슬람 제국의 세계로 한 걸음 더 들어가보도록 하자. 무엇보다도 우리 논의의 목적은 다른 모든 역사로부터 이슬람 권역을 분리하려는 것이 아니라, 오히려 세계적 차원에서 초기 근대를 결정한 정치·경제적 틀 속으로 그들을 통합하려는 데 있음을 잊지 말아야 할 것이다.

연대기, 지리 및 인구

세계 전체적으로 초기 근대를 규정하는 가장 큰 특징이 제국의 팽창이라고 한다면(물론 이런 주장에 한계는 있지만 그럼에도 불구하고) 이슬람 제국들 또한 그러한 범주의 일환으로 인정할 수 있다. 만약에 초기 근대의 시작 무렵, 그러니까 1450년경에 어느 가상의 여행자가 유럽에서 중국까지 육로 여행을 한다면, 그는 반드시 조그만 교구 단위 정도 되는 수많은 소국을 거쳐 갔을 것이다. 그러므로 그 당시에는 누군가 그런 여행을 시도한다는 것 자체도 대단히 이상한 일이 아닐 수 없었다. 그러나 1600년에 이르면, 지구의 중간 벨트(시점상 신세계까지 포함)는 손에 꼽을 수 있는 몇 개의 제국이 장악하고 있었다. 각각의 제국은 경쟁 상대의 제국적 지위를 이해했고, 많든 적든 서로 간에 직접적 접촉도 이루어지고 있었다.

서양사에서는 16세기로 넘어가는 시기를 이른바 "제국의 시대(Age of Empires)"가 시작된 시점으로 보며, 스페인의 신대륙 최초 정복과, 같은 시기 포르투갈의 인도양 식민지 개척을 시대적 전환을 알리는 대표적 사건으로 간주한다. 그만큼 주목받지는 못했지만, 같은 시기 무슬림 세계에서도 주목할 만한 정치적 변화의 계기가 뚜렷하게 나타났다. 이 시기를 거치면서 사실상 무슬림 권역의 초기 근대를 주도한 주요 국가들이 처음으로 그 모습을 드러냈던 것이다.

예를 들어 이란에서 1501년 샤 이스마일(Shah Ismail)이 10대의 어린 나이로 권좌에 오르면서 사파비 제국의 역사가 시작되었다. 그로부터 불과 3년 뒤인 1504년 바부르(Babur)가 카불(Kabul)을 정복하면서 무굴 제국이 탄생했다. 좀 더 멀리 가면 중앙아시아의 샤이반(Shayban) 카간국, 모로코의 사아디(Sa'adi) 왕조, 섬동남아 지역의 아체(Aceh) 술탄국, 그리고 시선을 더 멀리 옮겨 아프리카 차드(Chad) 호수 지역의 강력했던 카넴-보르누(Kanem-Bornu) 술탄국에 이르기까지, 모두의 기원 연도가 1500년을 전후로 불과 수십 년 사이에 몰려 있다. 오직 오스만 제국만이 꽤 오래된 역사를 가졌는데, 그 기원을 추적하면 14세기까지 거슬러 올라간다. 그러나 오스만 제국 또한 사파비 제국의 샤 이스마일이나 무굴 제국의 바부르와 같은 시대를 살았던 "잔혹(Yavuz)" 군주 셀림(Selim)의 정복 활동 이후에야 진정한 의미에서 제국으로 발돋움할 수 있었다는 주장이 강한 편이다.

그러므로 초기 근대는 진정으로 세계적 의미에서 제국의 시대로 간주될 수 있다. 신세계와 구세계를 막론하고 정치권은, 지역 범위를 초월하는 경쟁 국가들이 서로 활발히 교류하는 시스템으로 재편되었다. 그 과정에서 이슬람은 정치적으로 주변부에 놓여 있지 않았다. 오히려 이슬람은 제국 체제로 재편되는 세계의 활발한 중심지였다. 스페인을 제외하면(그리고 어떤 의미에서 모스크바 공국도 그렇지만), 적어도 17세기 중엽의 경우 영토나 인구의 팽창이 가장 극대화된 사례는 유럽의 제국이 아니라 이슬람 제국인 오스만, 무굴, 사파비였다.

그러나 이들 세 제국은 영토나 인구 규모에서 워낙 차이가 커서, 과연 이들을 하나의 범주로 포괄하는 것이 의미가 있느냐는 의문이 제기되었다. 무굴 제국의 경우, 인구는 17세기 초엽 1억 명을 충분히 넘어 당시 세계 인구의 약 5분의 1을 차지했다. 초기 근대 가장 인구가 많은 나라는 인도의 무굴 제국과 중국의 명나라였다. 오스만 제국은 영토의 규모는 대략 비슷했지만 인구 밀도가 워낙 낮아서 전체 인구는 2500만 내지 3000만 명 정도였다. 이란의 사파비 제국은 반대로 영토도 상당히 작았을 뿐만 아니라 인구 밀도도 낮아서 전체 인구가 약 500만에서 700만 명 사이였다. 인구 규모로 볼 때 이란은 인도의 무굴 제국보다 훨씬

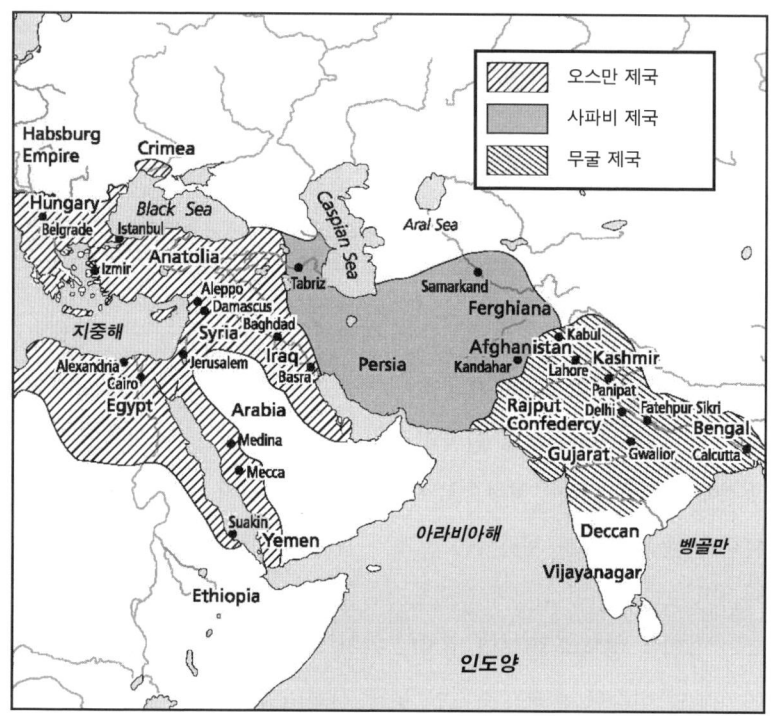

[지도 13-1] 오스만, 사파비, 무굴 제국

작았으며, 모로코나 사마르칸트 같은 무슬림 권역의 소규모 카간국(혹은 그보다 좀 더 작은 잉글랜드 왕국)과 비슷한 정도였다.

이와 같은 현격한 격차는 다른 부문에서도 드러났다. 예를 들면 전체 인구에서 무슬림이 차지하는 비중이 그랬다. 인도의 무굴 제국은 이슬람 제국을 표방했지만 실제 무슬림 인구는 소수에 불과했다. 무슬림은 "힌두교도"라 불리는 여러 이질적 집단의 사람들과 섞여 살았는데, 오히려 이들이 인구의 대다수를 차지했다. 오스만 제국의 경우 대략 16세기까지는 무슬림이 인구 구성상 소수파였다. 당시에는 개종과 영토의 확장이 급속도로 진행되어 인구 균형이 무슬림 쪽으로 많이 기울었지만, 그럼에도 불구하고 정교회와 아르메니아 기독교인이 다수파인 지역이 많았다. 이란의 사파비 제국은 여기서도 예외적이었다. 세 제국 가운데 유일하게 처음부터 무슬림이 다수파를 차지한 나라였기 때문이다. 그러나 사파비 제국이 이어지는 동안에도 유대교인, 조로아스터교인, 아르메니아 기독교인이 유의미한 소수파로 남아 있었다.

마지막으로 이들 세 제국이 아닌 다른 지역의 무슬림은 어땠을까? 이 경우 인구 추정치가 남아 있는 경우도 있고, 아예 자료가 없는 경우도 있다. 그러나 그러한 불확실성을 감안한다 해도 사하라 이남 아프리카, 중앙아시아, 중국, 특히 동남아시아에 거주하는 무슬림 인구의 총합은 아마도 무굴, 오스만, 사파비 제국의 무슬림 인구 총합보다 더 많았을 것이다. 다시 말해 무슬림 제국들이 가장 크게 확장된 시기에도, 전체 인구로 보면 세계 무슬림 인구의 대부분이 제국의 바깥에 거주했고, 마찬가지로 제국 내부에 사는 사람들의 대부분은 무슬림이 아니었다.

그래서 이들 제국의 성공 비결은 이슬람 그 자체라기보다, 이슬람의 기치 아래 신앙의 다양성에 스스로 적응해가고 때로는 다양성을 권장한 그들의 능력이었다. 또한 신앙의 다양성은 아마도, 초기 근대 유럽이나 아메리카 식민지의 경우와 이슬람 제국들이 가장 극명하게 차이가 났던 부분이기도 하다.

토지 보유권, 국가 수입 및 제국 엘리트

이슬람 제국들이 그토록 다양한 인구 구성을 성공적으로 통치할 수 있었던 한 가지 비결이 있다면, 그것은 토지 소유와 관련된 독특한 제도였다. 인구나 영토의 규모는 달랐지만, 이 점에서는 세 제국 모두가 대단히 비슷했다. 제국의 영토 안에서는 모두 이 제도에 기초해서 정치 및 경제 권력이 만들어졌다. 그러나 그것이 어떻게 된 일인지 이해하려면, 먼저 오늘날 우리가 알고 있는 "소유권"이나 "재산" 개념을 잠시 내려놓을 필요가 있다.

오스만, 무굴, 사파비 제국에서 농지 소유권은, 초기 근대 서유럽의 공통적 관행과 달리, 모두가 "층층 케이크" 같은 구조였다. 즉 소유권 시스템이 세 개 층위로 중첩되어 있었다. 그래서 법적 토지 소유권, 임대료 징수권, 실제 사용권, 이 세 가지가 각기 별도로 운영되었다. 층층 케이크의 정점에는 국가가 있었다. 여러 종류의 농지가 국가의 배타적·독점적 소유로 간주되었다. 그러나 역설적이게도 그들의 배타적 소유권에는 토지 매매권이 포함되지 않았다. 이는 일반적으로 다른 나라에서는 소유권에 부수되는 가장 중요한 권리였다. 한편 층층 케이크의 맨 아래층에는 실제로 토지를 점유한 농민이 있었다. 그들은 법적으로 자신이 경작하는 토지의 소유자가 아닌 경우가 많았다. 그들에게는 토지를 사고 팔 수 있는 권리가 없었다. 그들의 권리는 땅에서 일할 수 있는 사용권이었고, 대부분의 경우 영구히 후손에게 물려주었다. 그러니 그들 나름대로는 토지에 대한 일종의 "양도권"을 가지고 있었던 셈이다.

층층 케이크의 중간층은 소유권 시스템에서 가장 얇은 층이었다. 그들이 바로 임대료 징수권자였다. 그들에게는 해당 농지로부터 미리 정해진 잉여 수익(현금 혹은 현물)을 징수할 특권이 주어졌지만, 그것이 소유권은 아니었다. 어떤 면에서 그들의 지위는 지주나 오늘날의 주택 임대업자와 크게 다르지 않았다. 그러나 지주와 달리 그들에게는 실제로 재산권이 전혀 인정되지 않았다. 또한 징수권이 영원하지 않았으며, 그것을 상속할 수도 없었다. 징수권은 통치자 마음대로 부여되었다. 바뀔 수도 있었고, 인상되거나 박탈될 수도 있었다. 통치자로부터 징수권을 부여받은 사람이 죽을 때까지는 권리가 그대로 유지되었다. 그러나 징수권을 부여한 통치자가 사망하는 경우, 후계자가 갱신해주지 않으면 기존의 징수권은 무효가 되었다. 이런 경우가 결코 드물지 않았다.

독특한 소유권 시스템 덕분에 중앙 정부는 농업 소득 분배를 특히 철저하게 장악할 수 있었다. 규모나 생산성 면에서 농업은 세 제국의 독보적 산업이었다. 그러므로 오스만, 무굴, 사파비 제국에서 군인이나 관료, 혹은 국가 기반 시설에 대가를 지급할 때 농업 소득의 분배 시스템을 주로 활용한 것은 너무나 당연한 일이었다.

세 제국 가운데 관련 자료가 가장 잘 남아 있는 오스만 제국의 경우, 토지 분배의 기본 단위는 티마르(timar)였으며 그 작동 방식은 다음과 같았다. 어떤 지역을 처음 정복하면, 엄밀하게 지적 측량을 해서 토지를 나누고, 각각의 티마르는 크기에 따라 명칭이 부여되는데, 그 호칭은 오스만 제국의 급여 등급에 대응하도록 했다. 그다음 각각의 티마르는 여러 사람에게 직급에 따라 분배되었는데, 성과가 좋거나 연공서열이 높으면 좋은 티마르를 받았고, 성과가 낮으면 그 반대였다. 이를 통해 생계를 유지하는 계층의 사람들을 통칭해서 아스케리(askeri), 즉 "군인 계급"이라 했다. 그러나 엄밀한 의미에서 "군대" 소속이라고 보기 어려운 궁정 관료나 기타 전문직 사람들도 아스케리로 불리곤 했다. 그 외 모든 사람, 정부로부터 무언가 내가를 받기보다 세금을 내야 하는 사람들은 레아야(re'aya), 즉 "평민(flock)"이라 했다.

무굴 제국에서도 거의 똑같은 제도가 시행되었지만, 용어는 달랐다. 즉 티마르가 아니라 자기르(jagir)라 했다(그리고 이와 연계된 계급 체계도 더 복잡했다). 자기르를 보유한 사람들을 자기르다르(jagirdar)라 했는데, 이들의 관할 아래 평민이 있었다. 사파비 제국에서도 이와 비슷한 토지 할당의 기본 단위가 있었는데, 이크타(iqta')라 했다. 여기서도 기본적으로 "군인 계급"과 "평민"의 구분이 있었지만, 지위나 지불의 등급이 다른 제국들보다 단순한 편이었고, 전체적으로 제도가 포괄하는 범위도 그렇게 광범위하지 않았다.

다양한 형태에 관계없이 이 시스템의 기본 목적은 어디서나 동일했다. 가장 비옥한 농지를 궁극적으로 국가의 통제 아래 두는 것, 그래서 세습 지주 계급이나 독립 영농 유산 계급이 출현하지 못하도록 하는 것이었다. 이와 같은 목적을 달성하기 위해 각 제국의 중앙 정부는 대단히 의식적인 노력을 기울였다. 세력이 강한 신하의 배당 토지를 정기적으로 순환시키는 방식이었다. 그렇게 하면 지역 패권 세력이나 세습적 혹은 독립적 영지가 형성될 수 없었다. 그것이 자칫 최고 권력에 도전하는 기반이 될 수 있었기 때문이다. 또한 이와 같은 시스템을 통해 물질적 기반을 제공받는 개인은 태생의 민족적·지역적·부족적 연고에서 벗어나 진정한 "제국의" 엘리트가 될 수 있었다. 그들은 전적으로 진화하는 제국의 위계질서에 의존하여 자신의 위치를 인식하게 되었다.

이처럼 독특한 토지 소유 구조는 거대하고 이질적인 제국을 결속하는 데 상당한 역할을 했다. 그렇지 않았더라면 다양한 언어나 신앙을 중심으로 하는 구심점이 형성되었을 것이고, 그 힘으로 제국이 쉽게 갈라졌을 것이다. 제도 운용은 상당히 유연했다. 소수 민족, 비-무슬림, 이방인, 심지어 노예(이후 자세히 논의한다)에게도 수입이 분배됨으로써 모두가 제국의 엘리트로 통합될 수 있었다. 그들은 대개 통치자의 은혜 말고는 별다른 기반이 없는 경우가 많았으나, 오히려 그랬기 때문에 통치자의 신뢰를 얻고 빠르게 승진할 수 있었다.

더욱 놀라운 점은, 내부의 가장 핵심적 기득권층도 이러한 정책을 당연하게 받아들였다는 사실이다. 그들 중에서 이 제도 때문에 국가에 소유권이 지나치게 집중된다거나 지역 엘리트의 뿌리가 사라진다고 불평을 늘어놓는 경우는 극히 드물었다. 오히려 당시의 정치 이론가나 재판관, 혹은 기타 엘리트 평론가 들은 이 체제에서 벗어나는 것을 폭정으로, 최고 통치권자가 분배를 독점하는 것을 "정의로운 통치"의 전형으로 평가하는 경우가 많았다.

제국의 엘리트 문인들이 다 같이 이 제도를 칭송했다는 사실은 오히려 해석을 어렵게 만드는 측면이 있다. 즉 그들의 진술을 액면 그대로 받아들인다면, 실제로 제도가 현실에서 어느 정도로 관철되었는지, 얼마나 통일적으로 집행되었는지 제대로 파악하지 못한 채 이상적 측면만 보게 될 것이다. 현실적으로는 공식적이든 비공식적이든 토지가 국가의 통제에서 벗어나는 방법이 상당히 많았다. 예를 들어 보통은 쟁기로 갈아서 조성한 곡물 재배지까지만 국가의 권리가 적용되었고, 주거지나 상업지, 상당한 자본 소득이 가능한 토지(과수원, 포도밭) 등은 사적 소유로 간주되었다. 심지어 쟁기로 갈아서 조성한 농지도 이슬람의 와크프(waqf) 제도, 즉 자선 단체에 영구적으로 기부하는 등의 방식을 거쳐 국가의 통제에서 벗어날 수 있었다. 이는 어느 제국에서나 (강력한 여성 지주를 비롯해) 부유한 가문에서 세금을 은닉하는 수단으로 사용되는 경우가 많았다.

이와 같은 법적 수단 이외에도 최고 통치자는 우연한 기회에, 혹은 어쩔 수 없이 제후들과 비공식적 협상을 하는 경우가 많았다. 과거의 적대 세력을 받아들이고 그 대가를 지불하거나, 아니면 신하의 권력이 강성해져서 그러한 협상을 해야 하는 경우가 발생했다. 이럴 경우 자치권을 보장해줄 수도 있었고, 다양한 종류의 토지 소유권을 비공식적으로 세습하도록 허용해줄 수도 있었다. 특히 유목 부족이 통제하는 지역에서 이런 관행이 많이 나타났다. 그들의 땅은 농지라기보다 목초지였고, 대개 "국가 소유 토지"의 범위를 벗어나는 경우가 많았기 때문이다.

마지막으로 가장 직접적으로 국가의 통제 아래 놓여 있는 지역이라 할지라도, 수 세기를 거치는 동안 새로운 토지 소유 형태가 나타나는 경향이 있었다. 농업 경제의 현금화도 그중 한 가지 경향이었다. 예컨대 17세기에 이르러 오스만 제국에서는 티마르의 세금을 경매에 부치고, 그 수입으로 군인 혹은 관료에게 직접 현금을 지불하는 것이 일반적 관행이 되었다. 이처럼 오스만, 사파비, 무굴 제국에서 다른 많은 제도도 그랬듯이, 토지 소유 시스템 또한 국가 소유라는 추상적 원칙을 엄격히 고수하기보다는 실용적으로 유연하게 적용한 덕분에 성공을 거둘 수 있었다.

이슬람 율법, 노예 엘리트, "동양적 전제주의"

옛날에는, 그렇다고 아주 옛날도 아니지만, 초기 근대(early modern) 이슬람 제국의 정치사, 사회사, 경제사 등을 다루는 학술적 논의라면 어디서나 "동양적 전제주의(Oriental Despotism)"라는 유령이 출몰한 적이 있다. 특히 마르크스와 베버의 제자들이 소중히 여긴 이 유서 깊은 패러다임에 따르면, 오스만과 무굴 및 사파비 제국은 순전히 최고 권위에 의해 구현된 정치 및 경제 시스템, 즉 "동양적 전제주의"의 원형이었다. 통치자는 아무런 제약을 받지 않았고, 그의 집행 기관은 독립된 사법부나 시민 대의 기관 등 어떠한 외적 존재로부터 견제받지 않았다. 또한 통치자는 어떤 이유로든 백성의 재산과 자유와 심지어 생명까지 마음대로 빼앗을 수 있었다. 그래서 백성은 노예와 다름없는 비참한 처지에 놓여 있었다. 전제 정부의 수많은 직접적 폐해 가운데 가장 치명적인 단점은, 시간이 지나더라도 사유재산 축적이 불가능하다는 점, 그리고 "합리적" 근대 국가 체제에 필요한 제도의 발전을 가로막는다는 점이었다. 그래서 경제는 침체하고 결국에는 붕괴에 이르게 된다는 것이다.

이슬람 제국에 관한 대중적 이미지에는 아직도 그 잔재가 강력하게 남아 있지만, 최근 학계에서는 "동양적 전제주의"의 인기가 다소 시들해졌다. 그보다는 샤리아(shari'a), 즉 이슬람 율법에 대한 관심이 급증했다. 그것이 이슬람 제국의 사회 및 경제적 기본 패턴을 이해하는 핵심이며, 또한 그들이 근대 서구 자본주의로 가는 길에서 벗어난 이유도 거기에 있다고 믿기 때문이다. 새롭게 부상하는 이러한 관점에 따르면, 샤리아는 통치자의 자의적 권력 행사를 법적으로 보완하는 역할을 할 수 있고, 실제로도 그렇게 했다("이슬람의 토지 소유" 시스템이 대표 사례로 꼽힌다). 법적 시스템에 신성성을 부여하면 변화가 불가능해진다. 샤리아 또한 과거의 규칙, 관습, 관행 들을 고수함으로써 온화하면서도 교묘한 방식으로 발전을 방해했고, 자유시장 경제와 근대 관료 체제의 등장에 부정적 영향을 미쳤다. 이와 관련해서 대표적으로 거론되는 세 가지 사례로는 이자 수익 금지, 기업의 법인격 인정 거부, 엄격한 상속 제도에 의한 가족 자산의 해체를 들 수 있다.

이와 같은 논거를 폄하할 생각은 없다(일부 주제는 다음 소절에서 다시 논의하게 될 것이다). 그러나 기본적으로 샤리아가 재산권과 상거래에 적대적이라거나, 더욱이 전제 정치를 옹호하는 법률 체계였다는 식의 해석에 대해서는 신중히 경계할 필요가 있다. 사실은 정반대였다. 초기 근대 시기 사실상 모든 샤리아 해설서에서는 정의로운 통치자가 무슬림과 비-무슬림을 막론하고 백성의 재산을 빼앗는 행위를 엄격히 금지했다. 또한 백성의 수입에 세금을 부과하는 통치자의 권한도 엄격히 제한되었다. 국내 및 국외 상거래의 흐름을 억제할 수 없었고, 샤리아로 정해진 고정 세율 이외에는 어떤 명목으로든 수입 및 통관 관세를 추가할 수 없었다. 형사법 영역에서도 최고 권력자의 한계가 존재했다. 예를 들어 사형은 몇 가지 매우 제한적인 범죄(주로 배교, 간통, 반란) 이외에는 엄격히 금지되었다.

종합적으로 샤리아는 초기 근대 이슬람 제국에서 백성의 생명과 일상을 보장하는 법적 보호 장치를 제공했다. 같은 시기 서유럽이나 동아시아의 경우에 비하자면 샤리아가 여러 측면에서 포괄하는 범위가 훨씬 더 넓었다. 실제로 샤리아는 전제 군주에게 통치의 자유를 주기보다 상당한 법적 제한을 부과했다. 그래서 무슬림 통치자는 다른 제도를 통해 이 문제를 회피하고자 했다. 즉 노예 엘리트에게 의존하는 제도였는데, 오늘날의 관점에서 보기에 아마도 가장 혼란스러운 제도일 것이다.

직관적으로 알기는 어렵지만, 노예 엘리트 제도의 기본 원리는 비교적 간단하다. 노예는 자유민과 동일한 정도의 법적 보장을 받지 못했기 때문에 오히려 통치자의 권위에 절대적으로 복종할 수 있었다. 자유민 남녀와 달리 노예는 최고 통치자의 허락 없이는 정당한 결혼을 하거나 아이를 출산할 수 없었다. 노예는 군주의 마음대로 처벌하거나 즉석에서 처형할 수도 있었다. 도중에 사면되지 않는 한, 노예가 죽으면 노예의 소유물은 모두 군주의 재산으로 귀속되었다.

법적 권리가 보장되지 않는다고 해서 노예에게 부여된 사회적 지위가 낮아지는 것은 아니었다. (황실의 하렘에 거주하는 여성들을 포함해) 통치 가문에 그야말로 "소속된" 개인은 왕실의 노예로서 법적 규정과 상관없이 권력자와 특별히 내밀한 관계를 맺을 수 있었다. 그래서 그들의 지위는 일반인 남성보다 더 높게 인식되었다. 마르크스주의 혹은 베버주의는 동양적 전제주의에 반드시 개인의 권리 부재 혹은 법치의 부재가 포함되는 것으로 이해했는데, 이는 초기 근대 이슬람 국가에서 노예가 맡은 역할을 염두에 둔 데 따른 오해였다.

이와 같은 "독특한 제도"는 샤리아에 연결되어 있었다. 즉 왕실 노예 제도는 이슬람의 토지 소유 제도와 긴밀하게 연결되어 있었다. 앞에서도 언급했듯이 전반적으로는 이방인 혹은 정치적 외부자를 제국의 엘리트로 끌어들이기 위해 법적 정당성을 제공하려 했었다. 특히 쿠란은 어떤 무슬림도, 또한 무슬림 통치자의 지배 아래 놓인 어떤 비-무슬림도 노예로 삼지 못하도록 했다. 이론상 노예 엘리트 제도를 유지하려면, 무슬림 세계의 경계 너머에서 비-무슬림 인구를 데려와서 육체적 및 문화적으로 적응시켜 끊임없이 새로운 인력을 공급해야 했다. 그와 같은 개인의 대표적 인생 역정을, 우리는 스페인 태생의 노예로 모로코 군대를 지휘하여 톤디비 전투를 승리로 이끌었던 주다르 파샤에게서 확인할 수 있다.

인력 조달은 언제나 제한적이고 예측 불가능했지만, 왕실의 노예 수요는 이러한 전제 조건을 넘어서는 경우가 워낙 빈번했다. 결과적으로 통치자들은 제국 운영에 필요한 노예를 안정적으로 공급받기 위해 대안을 모색할 수밖에 없었다. 이는 거대한 역사의 아이러니가 아닐 수 없지만, 그들의 대안은 샤리아 규범에 비추어 불법이었다.

탈법적 관행의 대표적 사례는 아마도 오스만 제국의 데브시르메(devşirme, 문자적 의미는 "모집")였을 것이다. 14세기부터 오스만 제국은 제국 안에서, 주로는 발칸 지역에서 기독교 마을을 지정하여 정기적으로 나이 어린 소년들을 바치도록 했다. 소년들은 미리 정해진 정신적·육체적 건강 기준에 따라 선발되었으며, 이후 가족과 분리되었고 강제로 이슬람으로 개종했다. 대부분은 아나톨리아의 농업 지역으로 이주시켜서 힘든 농장 일에 종사하도록 하는 동시에 튀르크어를 가르쳤다. 그들은 나중에 예니체리(yeniçeri, 문자적 의미는 "새로운 군대")로 편성되었다. 예니체리는 바로 오스만 제국의 엘리트 노예 보병 부대였다. 가장 잘 풀리는 경우에는 전혀 다른 미래가 기다리고 있었다. 또 한 차례의 선발 과정을 거친 몇몇 행운아는 술탄의 궁정으로 보내졌다. 그들은 왕실에 소속되어 자라고 궁정 학교에서 교육받은 다음, 오스만 제국의 고위 계층으로 이어지는 핵심 보직을 거쳤다.

거의 200년 동안, 즉 15세기 중엽부터 17세기 초엽까지 오스만 제국의 총리대신(vizier), 장군, 해군 제독, 심지어 건축가, 기술자, 수공예 장인의 대다수는 이 시스템을 통해 배출된 인사였다. 이런 자리에 누군가를 임명할 때 관행적으로 자유민 무슬림을 배제하고 노예 인력 중에서 인물을 선발했기 때문이다. 그러나 엄격한 법적 관점에서 볼 때 데브시르메는 절대 위반하면 안 되는 쿠란의 법칙 두 가지를 명백히 위반하는 관행이었다. 첫째, 무슬림 통치자의 지배 아래 있는 비-무슬림 백성의 노예화 금지, 둘째, 비-무슬림의 강제 개종 금지 법칙이었다.

그림에도 불구하고 데브시르메는 오스만 제국의 종교적 최고위급에 해당하는 울레마('ulema)에 의해 만들어진 제도였다. 수 세대를 거쳐 제도가 시행되는 동안 제국 내에서 심각한 법적 문제 제기도 없었다. 더욱이 데브시르메 관행이 마침내 사라지자 샤리아를 교조적으로 이해한 새로운 관행이 이를 대체했는데, 이 또한 과거에 못지않게 이상한 구석이 있었다. 17세기부터 오스만 제국의 행정 관료들은 "군인 계급"에 속하는 모든 구성원을 (그 시기에는 주로 무슬림 태생이 대다수였지만) "노예(kul)"로 분류하기 시작했다. 이유는 단지 그들이 국가를 위해 복무한다는 것뿐이었다. 결과적으로 옛날 데브시르메 제도를 시행하던 배경과는 전혀 다른 상황이 펼쳐졌다. 새로운 제도에 따르면 자유민 무슬림 계급의 상속과 재생산에 문제가 없었다. 다만 그들이 오스만 제국의 관료 및 군대 조직을 독점하게 되었고, 특권을 누리는 대신 술탄의 마음대로 몰수나 처형도 가능했다.

흥미롭게도 같은 시기 무굴 제국에서도 국가직에 종사하는 인원, 즉 자기르다르(jagirdar)나 기타 엘리트 계층은 정확히 같은 방식으로 취급되어 몰수나 즉결 처형이 가능했다. 그러나 무굴 제국의 경우 엘리트 계층이 "노예"라는 이름으로 군주에게 절대 충성을 바치며 전적으로 자신을 의탁했다는 사실을 자랑스럽게 여겼지만, 이는 어디까지나 은유적

의미에서만 그렇다는 것이지, 샤리아에 비추어 그들의 시스템을 명확하게 합리화할 필요성은 전혀 느끼지 못했다. 공공연히 이슬람 국가를 표방한 제국에서 어떻게 이런 일이 가능했는지, 이제 좀 더 세밀하게 들여다볼 준비가 되었다.

세력, 통치자, 정통성

샤리아가 엄격한 보수주의적 법체계로 권위주의 통치를 뒷받침하는 버팀목 역할을 했다는 입장은 기본적으로 오해에서 비롯되었다. 이상의 논의를 통해 이 점은 분명하게 밝혀졌을 것으로 기대한다. 특정 시공간에 따라서 만약 샤리아가 그러한 역할을 한 경우가 있다면, 그것은 해당 임무를 맡은 사람이 상당히 큰 폭의 융통성을 발휘해서 그리되었을 뿐이다. 샤리아는 통치권자에 맞서는 이론적 근거가 되기 쉬웠고, 그래서 통치권자의 자율을 제한하는 경우가 많았기 때문에, 통치자는 샤리아 이외의 다른 곳에서 정통성을 찾는 편이 더 유리했다. 다만 그게 잘 안 될 경우에만 하는 수 없이 샤리아에 의존하는 경향이 있었다.

통치자가 선택한 다른 대안 가운데 대표적인 것이 "메시아주의(Messianism)"였다. 다만 초기 근대 이슬람의 메시아는 내세(來世)에서 영원한 구원을 얻도록 하는 것(그리스도 모델)이 아니라, 현세에서 신성한 리더십을 발휘하는 것(예언자 무함마드 모델)과 관련이 있었다. 따라서 메시아주의의 정치적 가능성은 매우 광범위했다. 특히 이스마일(Ismail) 1세가 권좌에 오를 때 그 가능성은 충분히 현실로 드러났다. 그는 수피 계열의 지도자 가문 태생으로, 나중에 사파비 왕조를 건설한 인물이다. 이스마일의 정치 경력은 사실 어린 시절 추종자들이 그를 마흐디(Mahdi), 즉 "진정한 안내자"로 받들면서 시작되었다. 마흐디란 세상의 정의를 회복하기 위해 신께서 보내주신 인물이며, 신의 영감을 받은 그의 통치 아래 영원한 평화와 번영의 새 시대가 도래한다는 믿음이 있었다. 이와 같은 특별한 지위 때문에 이스마일은, 적어도 한 시기에는 샤리아를 구시대의 유물(불완전한 세상을 불완전한 통치자가 지배할 때 필요했던 법률 체계)로 간주하며 이를 초월하는 권위를 확보할 수 있었다.

메시아주의는 본질적으로 강력하지만 불안정한 통치 기반이 특징이었다. 주로 개인의 카리스마에 의존했기 때문에 세대를 거치는 동안 계속 유지되기가 쉽지 않았다(심지어 한 개인의 일생 동안 유지되기도 어려웠다). 이와 같은 변동성 때문에 통치자는 지속적 안정성을 가져다줄 두 번째 대안을 찾아야 했다. 이 대안은 구시대적 유물로 오해받을 위험이 있었는데, 개념을 규정하자면 "세속주의"였다. 이를 선구적으로 적용한 인물은 오스만 제국의 "정복자" 메흐메트(Mehmet)였다. 메흐메트는 1453년 콘스탄티노폴리스를 정복한 뒤 스스로를 "위대한 칸(Khaqan)"일 뿐만 아니라 "로마의 황제(Kayser-i Rum)"로 만들어가고자 했다. 이를 통해 무슬림 이전의 지중해와 중앙아시아 스텝 양쪽 모두의 전통이 자신에게 수렴된다는 주장을 하고자 했다. 이런 이유에서 그는 카눈(Kanun)이라는 새로운 입법을 시작했는데, 왕조의 관습과 왕실의 특권을 합쳐 스스로 만들어낸 세속적 법전이었다. 샤 이스마일의 천년왕국 주장과 마찬가지로, 오스만 제국의 카눈 또한 샤리아의 집행 범위를 제한할 수 있는 초월적 방안이었다. 메시아의 카리스마를 통해 (일시적이나마) 단순히 이슬람의 법체계를 중단시키는 대신, 샤리아와 별도로 새로운 성문법 체계를 구축함으로써 카눈은 보다 영구적인 통치의 형식적 틀을 만들어주었다.

　물론 메시아주의와 세속주의는 서로 배타적인 방식이 아니었다. 양쪽 모두 샤리아와 공존하며 약간의 창의성을 더해 서로를 강화할 수 있는 방법이었다. 보편적 정의에 호소하거나, 혹은 이슬람 이전부터 내려오는 제국의 전통을 표방함으로써 이슬람 신도가 아닌 백성(그리고 외국의 통치자들)에게도 정통성을 입증할 수 있도록 했다(샤리아만으로는 결코 이와 같은 결과를 기대하기 어려웠다). 이런 이유로, 초기 근대의 다른 어느 나라보다 신앙적으로 다양한 백성을 포괄해야 했던 무굴 제국에서는 메시아주의와 세속주의를 결합하여 가장 종합적이고 지속적인 대안을 만들어냈다.

　아크바르 "대제"(Akbar "the Great", 재위 1556~1605) 시기에 완성된 무굴 제국의 통합 시스템에서는 국가 기구의 상당 부분을 경건한 신비주의 질서에 따라 재구성했다. 종교를 막론하고 엘리트 구성원들은 통치자의 하인일 뿐만 아니라 통치자의 영적 원리를 따라야 했다. 즉 신성한 영감을 받은 사람(통치자)을 위해 봉사함으로써 신비주의적 깨달음을 향해 정진해야 했다. 이런 식으로 해서 아크바르는 메시아 통치자와 비슷한 지위를 자처했다. 그의 권위는 이란의 샤 이스마일과 굉장히 비슷했다. 그러나 동시에 아크바르의 천년왕국 카리스마는 정교한 의례와 규칙 및 서열을 통해 더욱 강화되고 관료화되었다. 이 모든 형식적 내용이 "아크바르의 법령(A'in-i Akbari)"이라고 하는 방대한 모음집에 기록되었다. 오스만 제국의 카눈과 비슷한 무굴 제국의 법적 통치 기반을 조성했다는 측면에서, 아크바르는 샤 이스마일보다는 정복자 메흐메트의 뒤를 따랐다고 볼 수 있다.

무굴 제국의 통합 정책은 특히 오래도록 성공을 거두었다. 아크바르와 그의 후손들은 통합주의자라는 명성과 함께 이단이라는 비난도 받고 있다. 그와 달리 오스만과 사파비 제국은 각각 수니파와 시아파의 "정통"을 자처하는 입장이다. 그러나 세 제국에서 신앙의 여정은 사실 모두 다 예측하기 어려운 우여곡절을 겪었다. 다만 후대에 와서 과거를 돌이켜보며 그 과정을 편편하게 순화해 이야기할 따름이다. 그러니 결국 오늘날 표방하는 입장은 선택적 사고 내지 희망적 사유의 결과일 뿐이다. 예를 들어 사파비 제국에서 샤리아를 따르던 후대의 지식인들은 샤 이스마일의 반율법적 천년왕국설을 "시아파"로 규정했다. 마찬가지 이유로 그들은, 샤 이스마일의 손자이자 이스마일의 이름을 그대로 사용한 샤 이스마일 2세가 1570년대 짧은 재위 기간에 수니파를 허용한 사실은 애써 외면했다. 비슷한 맥락에서 사파비 제국과 오래고도 첨예한 대립이 시작되기 전의 오스만 제국을 통치한 초기 술탄들은 모든 종류의 메시아주의와 그들의 신앙생활을 공공연히 허용했다. 그러나 후대의 오스만 제국 종교 당국에서는 그들을 "시아파 이단"으로 규정했다. 무굴이나 사파비 제국과 마찬가지로 오스만 제국 또한 샤리아의 제한을 우회하기 위해서라면 수피 신비주의의 언어와 의례를 사용하는 데 아무런 거리낌이 없었다.

결과적으로 이들 제국은 처음부터 수니파, 시아파, 통합파 등으로 규정되지 않았다. 그러므로 제국의 내부 혹은 제국들 사이에 정당성이 구축되는 과정에서, 그 과정의 처음이 아니라 결과로 그와 같은 성격이 형성되었던 것이다. 이는 초기 근대 서구에서 국가 시스템의 경쟁을 통해 "가톨릭"과 "개신교"가 나뉘는 과정과 매우 비슷했고, 시기 또한 정확히 일치한다. 이슬람 세 제국의 역사적 여정은 놀랍도록 흡사했다. 초기의 다양성과 실험 정신이 후기로 갈수록 점차 보수적 통일성을 강조하는 쪽으로 나아갔다.

그래서 이란의 사파비 제국에서는 결국 샤 이스마일의 열광적 천년 왕국설이 샤 아바스(Shah Abbas)의 법적이고 관료적인 시아파 교리로 바뀌었다. 그 과정에서 이란은 역사상 처음으로 시아파가 주도하는 사회가 되었다. 오스만 제국에서는 정복자 메흐메트의 절충적 "세속주의"가 점차 샤리아를 강조하는 이데올로기에 자리를 내주었고, 시아파의 해악으로부터 샤리아를 보호해야 한다는 명분이 결국 오스만 제국의 존재 이유가 되어버렸다. 인도의 무굴 제국에서는 카리스마 넘치는 세계주의자 아크바르의 통치 스타일이 막을 내리고, 17세기 후반에 이르러 그의 증손자 아우랑제브(Aurangzeb)에 가서는 엄격하게 샤리아를 추종하는 수니파 율법주의가 득세했다.

이처럼 이슬람 문화권에서는 오랜 시간에 걸쳐 국가 주도의 정통성을 향해 나아갔던 공통의 여정이 있었다. 이는 아무리 강조해도 지나치지 않다. (일단 국가 주도의 정통성이 형성된) 이후에는 무슬림의 종교와 정치적 정체성이 영원히 바뀌어버렸지만, 오늘날 그 과정은 거의 완전히 잊혔다. 오늘날 수니파와 시아파의 전방위적이며 극단적인 정치적 대립 양상은 무슬림의 원초적 모습과 거리가 멀고, 근대 서구 식민지 시대에 만들어진 것도 아니다. 그들의 근대적 대립 양상이 최초로 등장한 곳은 바로 초기 근대(early modern)의 이슬람 제국이었다.

화약 제국과 군사 혁명

토지 소유제, 동양적 전제주의, 율법 정도를 제외하면 초기 근대 이슬람 제국과 관련해서 화약만큼 밀접한 주제가 없다. 더욱이 이전 세대의 역사학자들은 화약 무기 기술을 이슬람 제국의 가장 특징적인 성취로 이해했으며, 화약 무기의 성공을 근거로 이들 제국을 "화약 제국(gunpowder empires)"이라고 일컫곤 했다. 그러나 최근에는 화약 무기의 특별한 성과에 의문을 제기하는 학자들이 늘어나고 있다. 그들은 이슬람 제국이 여전히 전통적 군대 편제(중무장 기병)에 의존했을 뿐만 아니라 물류나 보급 같은 일반적 영역에서 고도의 경쟁력을 가지고 있었다는 사실을 강조했다. 그렇다 하더라도 무굴, 오스만, 사파비 제국이 모두 화약 무기를 초기에 열정적으로 수입했다는 사실은 논란의 여지가 없다. 이로써 그들의 세력은 물론 국경 너머 바깥 세계와의 관계 설정도 변화가 불가피했다.

세 제국 가운데 가장 일찍 발달한 오스만 제국이 당연히 새로운 기술의 선구자였다. 오스만의 유명한 군대 예니체리가 15세기 초엽에 이미 기본적으로 화승총을 사용했다는 사실은 명확한 증거를 통해 입증되었다. 그들은 (무슬림과 비무슬림을 막론하고) 초기 근대의 다른 어느 국가보다 먼저 화약 무기로 무장한 상비군 보병이었다. 이후 10여 년 동안 공성전에 포병 시스템을 체계적으로 도입한 것도 같은 맥락이었다. 그래서 그들은 1453년 콘스탄티노폴리스의 성벽을 부수었을 뿐만 아니라 발칸 및 아나톨리아 지역에서 "난공불락"으로 유명했던 요새 수십 곳을 파괴할 수 있었다. 16세기로 넘어갈 무렵, 오스만 제국은 평지 전투용 대포를 무장에 추가했다. 이는 사파비 제국과의 찰디란(Çaldiran) 전투

(1514)와, 뒤이어 벌어진 이집트 맘루크 술탄국 정복전(1517)에서도 궤멸적 효과를 발휘했다.

정복 전쟁의 과정에서 오스만 제국의 동쪽 이웃 나라에 화약 무기가 소개되었다. 이후 놀라울 정도로 빠른 속도로 화약 무기와 화약 무기 부대 편제가 이슬람 세계의 끄트머리까지 전파되었다. 예를 들어 15세기 중엽 헝가리의 전투 사령관 후녀디 야노시(Hunyadi János)는 마차를 원형으로 세워두고 그 뒤에 총병을 배치하여 오스만 기병의 공격을 막아내는 전술을 구사한 것으로 유명했다(후녀디가 직접 오스트리아의 포병 장교들로부터 배운 전술이라고 한다). 반세기 이후 찰디란 전투에서 오스만은 같은 전술을 사용하여 사파비 제국의 기병을 박살 냈다. 찰디란 전투로부터 불과 10여 년 뒤인 1526년, 파니파트(Panipat) 전투에서 무굴 제국의 황제 바부르(Babur)는 정확히 같은 전술을 사용해서 델리 술탄국의 이브라힘(Ibrahim) 칸을 상대로 결정적 승리를 거두고, 인도 북부 지방의 무굴 통치 기반을 확고히 했다.

이 무렵 화약 무기는 세계적으로 널리 확산되고 그 수요도 충분해서, 국제적으로 새로운 종류의 "화약 무기 외교"가 등장했다. 예를 들어 찰디란 전투 패배 이후 사파비 제국은 재빨리 신무기를 도입했다. 처음에는 오스만 제국의 군대에서 배신한 자들의 도움을 받다가 나중에는 포르투갈과 베네치아에 도움을 청했다. 그들의 성공은 경쟁자들을 자극했다. 그들의 북쪽에는 중앙아시아의 우즈베크(Uzbek)와 샤이반(Shayban)이 있었다. 그들도 사파비 제국과 마찬가지로 화약 무기를 구하기 위해 오스만 제국과 직접 동맹을 맺었다. 이는 또다시 사파비 제국을 자극하여 긴장감을 높였다. 사파비 제국은 계속해서 더욱 신뢰할 수 있는 무기와 전문가를 찾고자 했다. 샤 아바스의 재위 시기에 사파비 제국의 외교 상대는 스페인, 잉글랜드, 러시아, 심지어 교황까지 확대되었다.

한편 인도양에서도 비슷한 양상이 펼쳐졌다. 인도양 연안 여러 소국의 통치자들도 포르투갈의 해상 화력이라는 새로운 위협에 대응하기 위해 심지어 상당히 멀리 떨어져 있는 강대국들과 관계를 강화했다. 총포와 사용 기술을 안정적으로 공급받으려는 것이 그들의 목적이었다. 그래서 아프리카의 뿔 지역에 있는 제일라(Zeyla)의 에미르(Emir, 토후)는 1530년대에 이미 오스만의 제후가 되었으며, 이를 통해 에티오피아 느구스(Negus, 왕)와의 지속적 전쟁에 오스만의 머스킷 총병 부대를 지원받을 수 있었다. 인도양 정반대편에 있는 아체 술탄국에서도 동일한 전략을 채택했다. 그들은 1567년 포르투갈령 믈라카를 공격할 때 오스만 총병을 지원받았다. 더욱 극적인 사건은 아프리카 차드호 지역에 있는 카넴-보르누(Kanem-Bornu) 술탄국의 사절단이 1570년대에 이스탄불을 방문한 일이었다. 이후 10여 년 동안 아프리카 사헬 지대 중부 지역으로 화약 무기가 전파되었다. 그래서 총기를 휴대한 유럽인도 19세기 이전까지는 감히 그곳에 발을 들여놓지 못했다.

이 모든 사례에서 보듯이 화약 무기는 완전히 새로운 국제 관계를 만들어냈다. 이전 시대에는 전혀 볼 수 없었던 관계 유형이다. 동남아시아 혹은 사하라 이남 아프리카의 통치자들은 오스만 제국의 수도 이스탄불과 정기적 교류를 한 적이 없었고, 마찬가지로 이란 지역의 어떤 군주도 일찍이 잉글랜드나 스페인에 직접적 군사 원조를 기대한 적이 없었다. 이와 같은 배경을 고려해볼 때, 화약 무기는 전장에서의 용도 못지않게 새로운 세계적 통합을 만들어내는 중요한 촉매제 역할을 했음을 알 수 있다. 우리 논의를 시작하면서 예로 든 사건을 다시 생각해보면, 1591년 톤디비 전투에서 총이 모로코에 승리를 안겨주었지만, 또한 모로코인을 톤디비까지 끌고 간 새로운 세계적 흐름을 만든 것도 바로 총이었다.

이슬람 제국과 세계 경제

화약 무기의 군사적 활용도가 워낙 뛰어나서 각국 정부의 관심이 높아진 덕분에, 우리는 화약 무기를 통해서 이슬람 제국들이 초기 근대에 출현한 글로벌 경제에 어떻게 참여했고, 또한 그로부터 어떤 영향을 받았는지를 분명하게 들여다볼 수 있다. 그러나 화약 무기가 당시 이슬람 권역을 휩쓴 유일한 신상품은 결코 아니었다. 그보다 폭발성은 낮지만 또한 초기 근대에 폭넓게 받아들여져 무슬림 세계뿐만 아니라 더 큰 범위의 세계 전체적으로 심오한 사회·경제적 영향을 미친 상품도 많았다.

예를 들면 옥수수가 그랬다. 16세기 이전까지 옥수수는 아메리카를 제외한 나머지 세계에서 전혀 알지 못하는 작물이었다. 구세계에서 처음 대규모 상업 작물로 옥수수를 재배한 곳은 이집트였고, 대부분의 유럽어에서 옥수수는 "터키 곡물(Turkish Grain)"로 알려졌다. 담배도 또 하나의 신세계 상품이었다. 담배는 일찍부터 이슬람 세계로 전해져 깊이 뿌리를 내렸다. 그로부터 무려 5세기가 지난 뒤인 오늘날에도 미국의 선도적 담배 회사는 "터키"의 상징인 단봉낙타를 상표로 사용할 정도다. 아편은 인도와 중동 지역에서 훨씬 오래전부터 재배된 작물인데, 초기 근대에 전례 없이 폭발적인 대중성을 얻었다. 아편을 피우는 사람들은 담배를 피우는 사람들과 같은 도구(꼬불꼬불한 모양의 새로운 도구)를 사용했고, 또한 마찬가지로 평판이 좋지 못한 장소를 이용했다. 커피의 기원은 중세 시기 홍해 남부 지역의 수피교로, 그들은 신비적 의례를 강화하는 수단으로 브루잉을 시작했다. 이 또한 다른 상품들과 비슷하게 16세기부터 대중적 소비가 시작되었다. 불과 10여 년 사이에 카이로와 이스탄불에서부터 오스만 제국의 구석구석까지 (나아가 오스만 제국을 넘어 이란과 그 너머의 더 멀리까지) 커피가 확산되었다. 이와 달리 커피가 파리나 런던(그리고 더 멀리 서쪽)으로 건너가려면 아직 한 세기를 더 기다려야 했다.

초기 근대 세계의 다른 지역에서 수많은 식재료가 소개되었고, 그것이 주는 만족과 이익이 모든 이슬람 제국의 전통적 기반을 흔들어놓았다. 시골에서는 신작물 재배가 농민들의 생활 리듬을 극적으로 바꾸어놓았다. 시장에서는 새로운 상품의 수요가 넘쳐나 전통적 상인 엘리트 계층의 위계질서가 뒤집혔다. 그리고 도시에서는 각성제, 마약, 이국적 음식에 대한 수요가 증가하면서 커피하우스와 기타 대중적 소비의 장소가 확산되었다.

불가피하게 새로운 관습과 새로운 사회양식 때문에 전근대로부터 전해 내려온 예의범절, 법률, 윤리적 행동이 재평가되었다. 이와 관련해서 의사, 법학자, 종교 당국자 들의 열띤 논쟁이 펼쳐졌다. 그토록 다양한 주제가 무슬림 세계 전역에 걸쳐 그토록 폭넓게 논란이 되었다는 사실 자체가 주목할 만한 일이다. 통치자들도 이 문제에 관해서 자유로울 수 없었고, 그와 같은 급격한 변화가 권력에 미칠 영향을 우려하지 않을 수 없었다. 실제로 이를 뿌리 뽑기 위한 정책적 수단을 가끔 사용기도 했다. 17세기 중엽 잠깐이기는 했지만, 오스만 제국의 술탄 무라드(Murad)

4세는 커피를 마시면 사형에 처하라는 명령을 내리기도 했다.

그러나 통치자들의 입장에서는 초기 근대의 상업적 활력을 꺼리기보다는 매력적으로 느끼는 경우가 훨씬 더 많았다. 그래서 새로운 국영 기업을 창설하는 정책을 시행했다. 그것은 실질적으로나 이론적으로 당시의 전형적 수단이었다. 포르투갈의 기업들이 "기독교인과 향신료를 찾는다"는 구실을 내세워 인도양에 공격적으로 접근해 들어왔을 때, 그에 대한 반응으로 오스만 제국에서는 그들에 필적할 기업과 군대를 내세워 무슬림 순례 행로를 보호하고자 했고, 그 경로에 국가 소유의 갤리선을 투입하여 안정적으로 후추를 확보하고자 했다. 무굴 제국에서는 인도양에 진출할 수 있는 통로를 확보한 뒤, 당시 번성한 항구 수라트(Surat)에서 해상 무역 기업에 직접적으로 투자했다. 또한 모로코를 통치한 사아디(Sa'adi) 술탄국에서는 설탕 국제 무역이 워낙 번성하자 설탕 수출의 국가 독점을 선언했고, 16세기에 사탕수수 재배지를 공격적으로 확장해나갔다. 톤디비 전투가 벌어질 무렵, 모로코에서 잉글랜드 한 나라로 수출되는 설탕의 물량만 연간 60만 파운드(약 272톤) 이상이었다. 대부분 물량은 영국제 총기와 물물교환을 했다.

그러나 역설적이게도 대단히 개방적이었던 초기 근대 무슬림 세계는 적어도 상업 정책의 문제에서는 구조적 장애물에 맞닥뜨리게 된다. 오래도록 정치·경제적 공간을 편협하게 운영해온 유럽과 달리 (그리고 어떤 면에서는 중국의 명나라나 일본의 도쿠가와 막부와도 달리) 범세계적 상업 전통을 이어온(샤리아의 언어에 직접적으로 반영되어 있듯이) 이슬람 통치자들의 입장에서는, 제한된 "그들만의" 상인 혹은 "그들만의" 시장에 특혜를 주는 법적 차별을 실행하기가 대단히 어려웠다. 통치자의 유능함을 입증하는 기본 척도가, 장애물 없이 국경을 자유롭게 넘나드는 무역을 보장하는 것이었다. 보호 관세나 "화물적재권(stapelrecht)"에서부터 검역을 위한 격리에 이르기까지, 유럽의 신흥 중상주의 경제에서 표준으로 등장한 모든 정책이 이슬람 제국에서는 전혀 다르게 인식되는 경향이 있었다. 이슬람 제국에서는 그러한 행위가 기본적 주권이나 국가적 특권의 발현이 아니라 통치자와 백성 사이의 협약을 침해하는 행위였다.

이와 같은 이슬람의 국경 개방 원칙을 잠시나마 완전히 벗어났던 사례가 있다. 이란의 사파비 제국은 스스로를 법적으로나 신앙적으로 이웃의 다른 무슬림 국가들과 전혀 다른 나라로 규정하고자 했다. 특히 샤 아바스 1세(재위 1587~1629)가 통치할 무렵, 사파비 제국은 유럽의 중상주의 국가들과 놀라울 정도로 비슷한 정책을 시행했다. 귀금속 수출 금지, 지역 상품 보호를 위한 지정 관세 부과, 비단 무역의 국가 독점을 위한 종합적 구조 조정, 오스만 제국을 향한 수출 전면 금지 등의 조치였다. 유럽식의 공격적 경제 주권 정책은 사회 정책의 혼란을 동반했다. 이 또한 초기 근대 유럽 국가들과 대단히 유사한 측면이었다. 종교적 소수파 박해, 강제 개종, 이단 처형을 비롯하여 인구 전체를 동질적 종교 집단으로 만들어서 국가 권력을 강화하기 위한 모든 수단이 동원되었다.

역사학자들은 이러한 정책이 이란의 장기적 경제 발전에 어떤 영향을 미쳤는지 논쟁을 지속하고 있다. 논점이 혼란스러운 이유는 종합적 정책 시행 기간이 매우 짧았기 때문이다. 그러나 분명한 것은, 샤 아바스의 경제 정책은 여러 측면에서 그만의 것(sui generis)이었다는 점이다. 아마도 그것은 그의 통치가 경쟁자 수니파에 포위된 시아파 정권이라는 독특한 자기 인식에서 비롯되었을 것이다. 반대로 같은 시기 오스만 제국에서는 서구와의 관계가 이른바 "굴복"으로 규정되었다. 평화로운 교류와 상품의 지속적 유입을 보장하기 위해 서유럽 국가들에 유리하게 설계된 협정이 잇달아 체결되었는데, 심지어 서유럽의 무역상들은 술탄의 백성보다 더 낮은 관세를 지불하도록 했다.

국경 개방을 미덕으로 간주하는 자신감에서 비롯된 이와 같은 방임적 태도를 어떻게 설명해야 할까? 이슬람 세계에서 그 경제적 대가가 누가 보다라도 확연하게 드러난 이후에도 오래도록 그 조치는 변함없이 시행되었다. 20세기 역사학자들의 기본적 시각은 국민국가와 보호 무역 경제의 시대에 형성된 것으로, 아마도 그들의 눈에는 오스만 제국의 태평한 태도가 너무나 순진하게 보였을 것이다. 그래서 이슬람 제국이 과거 농업 경제의 시대를 염두에 둔 고루한 경제 의식을 벗어던지지 못하고, 상업이 지배하는 새로운 세계의 현실에 적응하는 데 실패하고 말았다는 결론에 도달했을 것이다.

그러나 오늘날의 우리는, 국가 주도 경제도 과거의 역사 속으로 사라져가는 시대에 즈음하여, 초기 근대 이슬람의 세계시민적 고민에 공감하지 않을 수 없다. 초기 근대가 저물어갈 무렵의 이슬람 제국들처럼 우리도, 국경 개방과 자유 무역을 미덕으로 여긴 이슬람의 "전통적" 믿음과 다름없는 생각을 하면서도, 선진국들은 자신의 부와 상품이 끊임없이 어딘가로 새어나가는 것을 당혹스럽게 지켜봐야 하는 시대에 살고 있기 때문이다. 21세기가 이런 식으로 계속된다면, 아마도 오늘날의 역사학자들보다 미래 세대의 역사학자들이 보기에는 오스만, 무굴, 사파비 제국이 겪었던 성공과 실패가 오히려 훨씬 더 현대적인 양상으로 보일 것이다.

더 읽어보기

Abisaab, Rula Jurdi, *Converting Persia: Religion and Power in the Safavid Empire* (London: I. B. Tauris, 2004).

Alam, Muzaffar and Sanjay Subrahmanyam (eds.), *The Mughal State: 1526-1750* (Oxford University Press, 1998).

Asher, Catherine B. and Cynthia Talbot, *India before Europe* (Cambridge University Press, 2006).

Babaie, Sussan, Kathryn Babayan, Ina Baghdiantz McCage and Massumeh Farhad, *Slaves of the Shah: New Elites of Safavid Iran* (London: I. B. Tauris, 2004).

Babayan, Kathryn, *Mystics, Monarchs and Messiahs: Cultural Landscapes of Early Modern Iran* (Cambridge, MA: Harvard Middle Eastern Monographs, 2003).

Casale, Giancarlo, *The Ottoman Age of Exploration* (Oxford University Press, 2011).

Dale, Stephen, *The Muslim Empires of the Ottomans, Safavids, and Mughals* (Cambridge University Press, 2010).

Das Gupta, Ashin, *The World of the Indian Ocean Merchant 1500-1800* (Oxford University Press, 2001).

Eaton, Richard, *A Social History of the Deccan, 1300-1761: Eight Indian Lives* (Cambridge University Press, 2008).

Floor, Willem and Edmund Herzig (eds.), *Iran and the World in the Safavid Age* (London: I. B. Tauris, 2012).

Goffman, Daniel, *The Ottomans and Early Modern Europe* (Cambridge University Press, 2002).

Gommans, J. J. L., *Mughal Warfare: Indian Frontiers and High Roads to Empire* (London: Routledge, 2002).

Hanna, Nelly, *Making Big Money in 1600: The Life and Times of Isma'il Abu Taqiyya, Egyptian Merchant* (Syracuse University Press, 1997).

Hattox, Ralph, *Coffee and Coffeehouses: The Origins of a Social Beverage in the Medieval Near East* (Seattle, WA: University of Washington Press, 1985).

Inalcik, Halil and Donald Quataert, *An Economic and Social History of the Ottoman Empire* (Cambridge University Press, 1994).

Koch, Ebba, *Mughal Art and Imperial Ideology: Collected Essays* (Oxford University Press, 2001).

Matar, Nabil, *Turks, Moors and Englishmen in the Age of Discovery* (New York: Columbia University Press, 2000).

Matthee, Rudolph, *The Politics of Trade in Safavid Iran: Silk for Silver, 1600-1730* (Cambridge University Press, 2003).
Moin, Azfar, *The Millennial Sovereign: Sacred Kingship and Sainthood in Islam* (New York: Columbia University Press, 2012).
Murphey, Rhoads, *Ottoman Warfare, 1500-1700* (New Brunswick, NJ: Rutgers University Press, 1999).
Newman, Andrew, *Safavid Iran: Rebirth of a Persian Empire* (London: I. B. Tauris, 2008).
Reid, Anthony, *Southeast Asia in the Age of Commerce, 1450-1680,* 2 vols. (New Haven, CT: Yale University Press, 1988-95).
Richards, John, *The Mughal Empire* (Cambridge University Press, 1996).
Risso, Patricia, *Merchants and Faith: Muslim Commerce and Culture in the Indian Ocean* (Boulder, CO: Westview Press, 1995).
Smith, Richard, *Ahmad al-Mansur: Islamic Visionary* (London: Longman, 2005).
Streusand, Douglas, *Islamic Gunpowder Empires: Ottomans, Safavids and Mughals* (Boulder, CO: Westview Press, 2010).
Subrahmanyam, Sanjay, *Explorations in Connected History: From the Tagus to the Ganges* (Oxford University Press, 2005).
Tezcan, Baki, *The Second Ottoman Empire: Political and Social Transformation in the Early Modern World* (Cambridge University Press, 2010).

CHAPTER 14

세계의 교차로, 중앙아시아

모리스 로사비
Morris Rossabi

1400년을 기준으로 중앙아시아는 이미 오래전부터 생생한 동서 교류의 장이었다. 13~14세기 몽골 제국 당시의 중앙아시아는 상인, 과학자, 사절단이 지나가는 교차로였다. 당시에는 몽골 제국 안 어느 지역에서 다른 지역으로 이동할 때, 혹은 거기서 다시 제국의 바깥으로 이동할 때도 대개는 장애물이 존재하지 않았다. 칭기즈 칸의 아들 차가타이(Chaghatai)는 1227년 칭기즈 칸이 사망한 이후 중앙아시아의 통치자가 되었다. 그의 후손과 후계자 중에는 차가타이만큼의 능력을 갖춘 인물이 없었고, 13세기 말엽에 이르러 어느 누구도 의문의 여지 없는 칸의 권위를 확보하지 못했다. 그래서 중앙아시아는 실질적으로 군사령관이나 군벌 지도자가 분할 통치하는 지역이 되고 말았다. 13세기 말엽에서 14세기까지 중앙아시아의 분열 상태가 지속되다가, 카리스마 넘치는 뛰어난 지도자가 출현하여 통일을 달성했다. 그가 바로 테무르(Temür, 영어 Tamerlane)다. 테무르가 권력을 잡은 시기는 1369년 무렵이었다. 중앙아시아를 통일하기 위해 군사 행동을 시작한 그는 이후 더 많은 지역을 자신의 통제 아래로 흡수했다.[1]

---

1 테무르에 관해서는 다음을 참조. Beatrice Forbes Manz, *The Rise and Rule of Tamerlane* (Cambridge University Press, 1989).

중앙아시아는 통일이 어려운 지역이었다. 지리적 조건과 민족의 다양성도 부분적 이유였다. 육지로 둘러싸인 이 지역은 중국의 하서주랑(河西走廊)에서 이란의 국경까지 이어졌으며, 아무다리야강과 시르다리야강 사이의 오아시스 도시들과 오늘날 아프가니스탄의 상당 부분도 포함되었다. 다양한 생태 환경은 다양한 생활 경제를 만들어냈다. 오늘날의 신강위구르자치구(新疆維吾爾自治區) 북쪽에 있는 이리카자흐자치주(伊犁哈薩克自治州)를 제외하면 대부분이 건조 지대에 해당하며, 유목민의 목축 경제가 알맞은 지역이다. 또 한 가지 생활 경제 유형은 오아시스 도시에 기반을 두었는데, 이들의 행운은 동서 교역로상에 위치한다는 점이었다. 상인과 장인, 그리고 일반 노동자 들이 이들 장소를 지배했다. 이들 도시의 대부분은 자족적 농업 경제를 발달시켰고, 이를 위해 정교한 관개시설을 구축하여 높은 산의 만년설이 녹은 물을 도시까지 끌어다 사용했다.

마찬가지로 14세기 말에서 15세기의 중앙아시아 사람들도 이와 같은 다양성을 구성하고 있었다. 테무르에서 기원한 티무르 제국은 오늘날의 터키와 중앙아시아 대부분 지역을 장악했고, 수도는 사마르칸트와 헤라트였다. 티무르 제국은 중앙아시아에서 이란과 서아시아에 이르는 광대한 제국을 통치하기 위해 이란 지역 관료들에 의지했다. 이란 사람들은 제국을 관리해본 경험이 있었기 때문에, 티무르 제국으로서는 그들의 기술이 반드시 필요했다. 오스만튀르크의 고향도 중앙아시아였다. 그들은 서쪽으로 더 멀리 이동해서 티무르 제국 서부의 상당 지역을 분리하여 떨어져나갔고, 비잔티움 제국과 이집트의 맘루크 왕조를 격파했다. 우즈베크인은 오늘날 러시아 지역에 있었던 금장 칸국의 몽골인 칸

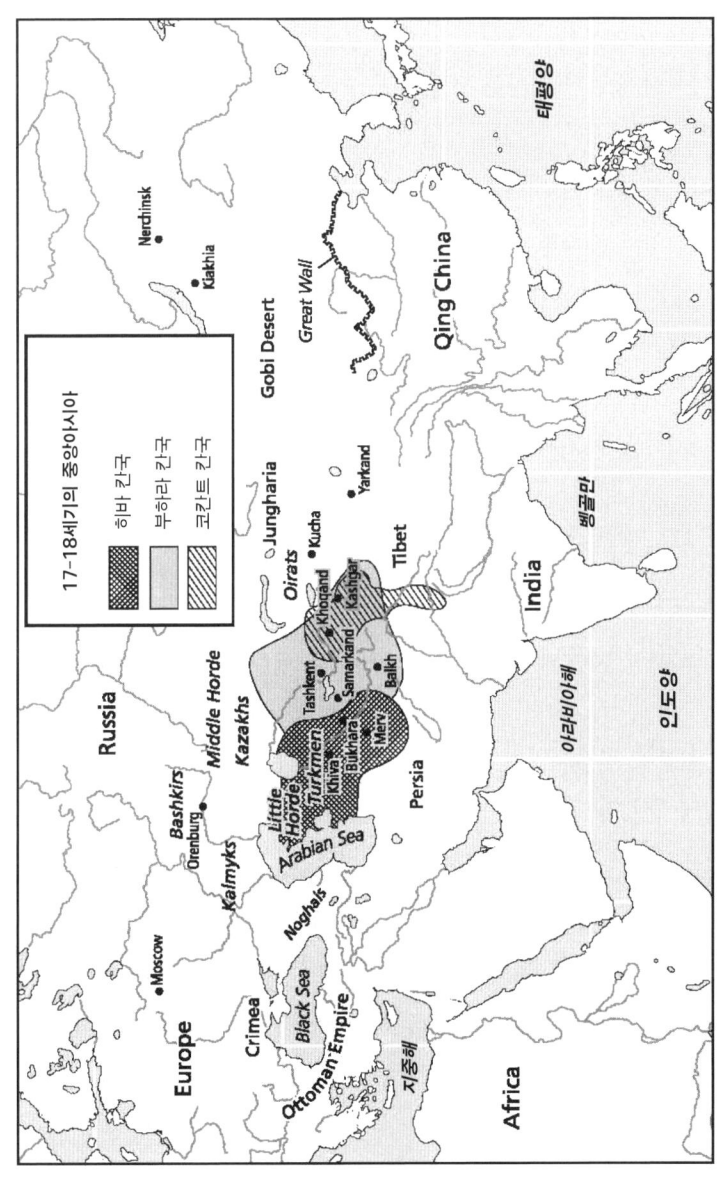

[지도 14-1] 17~18세기의 중앙아시아

우즈베그(Özbeg)의 후예들로서, 민족적 단결에 성공한 뒤 곧이어 중앙아시아에서 중요한 역할을 담당했다. 중국인은 전통적으로 그들의 서쪽 이웃인 중앙아시아에 깊이 개입했다. 몽골 제국이 이미 쇠퇴한 뒤에도 중앙아시아의 특정 지역에는 몽골인이 거주했다. 인도인과 러시아인도 중앙아시아에 개입할 준비가 되어 있었다. 놀라울 정도로 많은 민족이 1800년까지 중앙아시아 역사에서 중요한 역할을 이어갔다.

중앙아시아는 예전부터 특히 다양한 종교 전파의 요람이었다. 힌두교, 불교, 네스토리우스파 기독교, 조로아스터교, 유대교, 이슬람이 모두 중앙아시아를 거쳐 갔다. 1400년경에 이르러 불교와 이슬람의 다양한 분파 및 교단이 중앙아시아를 주도했다.

1400년에는 토착 왕조가 중앙아시아를 통치하고 있었다. 여러 왕국과 칸국이 독립해 있었고, 외부의 어느 제국이나 칸국 혹은 왕국에 결부되지 않았다. 1800년에 이르러 중국의 청나라가 중앙아시아의 동부 지역을 차지했다. 그곳의 절대다수가 무슬림 인구였고, 이들은 모두 청 제국의 일부로 편입되었다. 같은 시기 러시아의 차르는 중앙아시아의 서부 지역에서 점차 영향력을 확대해갔으며, 결국에는 그 지역을 병합할 수 있을 정도로 강력한 지위를 구축했다. 빅터 리버만(Victor Lieberman)은 초기 근대 및 근대 시기 정치 단위의 강화 및 집중화 과정의 확대를 일반적 패턴으로 설정한 바 있다. 중앙아시아에서 일어났던 중국과 러시아의 팽창 또한 부분적으로는 그의 이론으로 설명할 수 있지만, 중앙아시아 국가들이 스스로 쇠퇴하는 바람에 그런 변화가 생겨난 부분도 있었다.[2]

명나라와 중앙아시아

1368년 몽골의 중국 지배가 막을 내린 뒤 토착 왕조가 권력을 잡았다. 남중국은 거의 100년, 북중국은 거의 130년 동안 몽골의 지배를 받은 뒤였다. 새로 들어선 토착 왕조는 또 다른 침략을 피하기 위해 이방인과의 접촉을 제한했다. 명나라 최초의 황제는 중국으로 들어오는 외국의 무역 및 조공 사절단의 수를 제한했다. 전반적 고립 정책에도 불구하고 명나라는 국경에서 가까운 오아시스 도시, 즉 투르판(Turfan, 吐魯番)과 하미(Hami, 哈密)는 직접 통제하고자 했다. 그곳은 서역으로 통하는 관문으로 알려진 곳이었다. 명나라 궁정에서는 국가 방위를 위해 말(馬)을 수입하지 않을 수 없다는 사실, 그리고 중국의 백성이 북서부 이웃 지역뿐만 아니라 그 너머의 중앙아시아 지역과 교역하며 이익을 남긴다는 사실을 잘 알고 있었다. 정책적으로 명나라는 자유 무역을 허가하지 않았고, 몽골의 원나라처럼 실크로드 무역을 강력히 지원하지도 않았다. 그러나 현실 정치에서는, 비록 신중한 규제 환경이 조성되기는 했지만, 제한적이나마 중앙아시아의 무역과 조공을 허가할 수밖에 없었다. 그래서 외국 사절단의 방문 횟수, 사절단에 포함되는 인원수, 사절단에 제공되는 연회의 종류(해당 국가나 카간국 혹은 도시의 세력과 명성에 대한 중국의 평가에 따라 달라진다), 사절단에게 제공되는 공식적 선물 등을 구체적으로 지정해두었다.

중국과 중앙아시아의 관계는 이념적으로 유교 이론에 따랐지만, 현

---

2 Victor Lieberman, *Strange Parallels : Southeast Asia in Global Context, c. 800-1830* (Cambridge University Press, 2009), vol. ii, pp. 9-11.

실적으로는 그렇지 않은 경우가 많았다. 이념적으로는 중국 문화가 다른 어떤 문화에 비해서도 우월하며, 중국의 황제는 천자로서 정의로운 통치 원리를 구현하는 동시에 다른 어느 통치자보다 높은 지위에 있다고 주장했다. 그래서 중국의 한 역사가는 "황제는 누구를 막론하고 그의 선악을 판정하는 최고 재판관"이라고 규정했다.[3] 중국의 황제가 문명의 길을 개척했기 때문에 다른 나라의 통치자와 그의 사절은 중국의 모델을 따라야 하며, 혹은 스스로 중국화의 길을 찾아야 했다. 다른 나라는 중국에서 배워야 하지만, 반대로 중국은 다른 나라에 대해 많이 알 필요가 없었다.[4] 중국의 관리들은 중앙아시아의 사회와 문화에 전혀 관심이 없다고 공언했고, 중국은 경제적으로 부족한 것이 없기 때문에 중앙아시아에서 보내오는 조공 물품이나 무역 상품이 아무 의미도 없다고 주장했다. 그러나 현실에서 이런 관점이 그대로 통용될 수는 없었다. 특히 국가적 위기가 닥쳤을 때는, 전적으로 폐기까지는 아니더라도 수정이 불가피했다. 현실 정치에서는 이와 같은 중국식 수사법을 벗어나는 경우가 종종 있었다.

명나라의 제3대 황제인 영락제(永樂帝, 재위 1403~1424)는 오아시

---

3 Geoffrey Wade, "Some Topoi in Southern Border Historiography During the Ming (and Their Modern Relevance)" in Sabine Dabringhaus and Roderich Ptak (eds.), *China and Her Neighbours* (Wiesbaden: Harrassowitz Verlag, 1997), p. 139.
4 See Morris Rossabi, "Introduction" in Morris Rossabi (ed.), *China among Equals* (Berkeley, CA: University of California Press, 1983), pp. 1-4. 여기에 이른바 조공 관계에 대한 명확한 설명이 포함되어 있다.; and David C. Kang, *East Asia Before the West: Five Centuries of Trade and Tribute* (New York: Columbia University Press, 2010), pp. 161-71. 이 연구에서는 조공 시스템 이론에 관한 최근의 비판을 근거로 중국의 대외 정책을 해석하고자 시도했다.

스 도시 하미(哈密)와 그 주변 지역의 지배권을 최초로 회복한 통치자였다.[5] 1405년 그는 자신이 믿을 수 있는 몽골 귀족 탈탈(脫脫, Toghto)을 하미의 왕으로 임명하고 충순왕(忠順王, 충성스러운 복종의 왕)이라는 호칭을 하사했다. 어린 시절부터 중국에서 교육을 받은 탈탈은 하미의 주요 세력에게 환영받지 못했다. 당시 하미에서는 유목민 집단과 오아시스 거주 상인 집단이 주요 세력을 형성하고 있었다. 하미의 토착민은 주로 위구르인과 일부 회족(중국화된 무슬림)으로 구성되어 있었는데, 이들은 탈탈의 왕위에 불만을 품고 반란을 도모했다. 그러나 1410년 탈탈이 죽자, 영락제는 탈탈보다 능력이 뛰어난 그의 사촌 만력첩목아(免力帖木兒, Mianli Temür)를 후계로 삼아 충의왕(忠義王, 충성스럽고 의로운 왕)에 봉했다.[6] 경험 많고 안정적인 왕의 활약으로 중국과 하미의 관계가 개선되었고, 덕분에 상업적 접촉도 밀접해졌다. 14년 동안 30회의 공식 사절단이 하미에서 북경으로 파견되었으며, 이들은 분명 상업적 임무도 겸했을 것이다.[7] 명나라 궁정에서는 일반적으로 말이나 담비 가죽 혹은 다람쥐 가죽 같은 값지고 꼭 필요한 상품을 받아들였고, 모두 실제로 사용했다. 그 대가로 비단과 직물을 지급했는데, 중국에서는 충분히 보유하고 있었기 때문에 교환의 대가로 얼마든지 제공할 수 있었다. 이와 같은

---

5 매력적인 황제 영락제에 관해서는 다음을 참조. Shih-san Henry Tsai, *Perpetual Happiness: The Ming Emperor Yongle* (Seattle, WA: University of Washington Press, 2001).
6 *Ming shilu (Guoli zhongyang tushuguan), Taizong,* 54, 5b-6a; 74, 2a-2b; and 114, 2b.
7 Ma Wensheng, *Xingfu Hamizhi in the Zhilu huibian,* 1b, and *Ming shilu, Taizong,* 216, 3a.

밀접한 관계 때문에 명나라는 1440년대 오이라트(Oirat) 몽골의 지도자 에센(Esen Taishi)이 하미를 공격했을 때 방어를 위해 개입했지만, 원정이 실패하면서 입장이 곤란해졌다. 1449년 에센은 명나라의 황제를 포로로 잡았다(토목보土木堡의 변). 이는 명나라의 권위에 치명상을 입혔고, 이때부터 중국과 하미의 관계가 어려워졌다.[8]

투르판은 나중에 주변을 아우르는 패권 지역으로 성장했는데, 처음에는 중국과 평화로운 관계를 맺었지만 시간이 지나면서 명나라와 갈등을 겪었다. 15세기 초엽 투르판에는 불교도와 무슬림이 공존했고, 불교 승려들은 이른바 조공 사절로 명나라 궁정을 방문하기도 했다. 그들은 중국이 귀하게 여기는 말을 바치고 그 대가로 비단과 지폐를 받아 왔다. 비단과 지폐는 다른 상품과 교환할 수 있는 화폐 기능이 있는 상품이었다. 투르판을 거쳐 간 중앙아시아의 사절단이 남긴 기록에 따르면, "투르판에는 매우 아름다운 거대 불교 사찰이 있다. 사찰 내부에는 많은 불상이 있는데, 새로 조성한 것도 있고 오래된 것도 있다. 정면의 단상에 거대한 불상이 놓여 있는데, 그곳 사람들이 말하길 석가모니 부처님의 상이라 한다."[9]

---

8 Frederick W. Mote, "The T'u-mu Incident of 1449" in Frank A. Kierman Jr., and John K. Fairbank (eds.), *Chinese Ways in Warfare* (Cambridge, MA: Harvard University Press, 1974), pp. 251-8; Ph. De Heer, *Care-Taker Emperor: Aspects of the Imperial Institution in Fifteenth-Century China as Reflected in the Political History of the Reign of Chu Ch'i-yü* (Leiden: Brill, 1986), p. 16; and *Ming shilu, Yingzong*, 120, 7b.
9 Hafiz-i Abru, *A Persian Embassy to China Being an Extract from Zubdatu't Tawarikh of Hafiz Abru*, K. M. Maitra (trans.) (New York: Paragon Book Corp., 1970), p. 13.

1449년 토목보의 변(명나라 황제가 전쟁 중 포로로 잡힌 사건) 이후 하미와 투르판은 모두 명나라와 거리를 두게 되었다. 투르판의 통치자는 명나라가 불쾌하게 여길 만한 노선을 선택했다. 즉 하미를 투르판에 병합하고 추가로 중앙아시아의 동부 지역까지 영토로 편입하려 했던 것이다. 더욱이 투르판의 통치자와 백성은 모두 이슬람으로 개종했다. 그들이 더 이상 중국의 조공국 지위를 받아들이지 않으려 한 데는 종교적 이유도 일부 있었을 것이다. 물론 명나라의 군사력은 약해졌다. 궁정 수입은 부족했고, 때로 권세 있는 환관이 궁정을 장악하기도 했다. 투르판의 통치자는 상황을 꿰뚫어 보고 있었다. 이 모든 점이 중국 헤게모니에 도전하도록 투르판을 부추겼다. 처음에는 상업적 분쟁이 양국 관계를 손상시켰다. 명나라는 투르판에서 보내온 말의 품질이 낮다고 불만을 제기했다. 또한 사절단으로 너무 많은 인원이 들어온 것도 중국 입장에서는 문제였다. 그들의 체류 비용은 모두 명나라 궁정에서 부담해야 했기 때문이다. 명나라와 하미 사이에도 비슷한 상업적 문제가 논란이 되었다. 명나라의 관리들은 하미가 사절단을 너무 자주 보낸다고 거듭 문제를 제기했다. 그리고 조공 품목도 품질이 낮은 옥과 (병들지는 않았으나) 유약한 말이었다. 명나라는 그에 대한 대응으로 조공 사절의 횟수와 무역 규모를 제한하는 조치를 내렸다. 그것이 다시 투르판과 하미의 분노를 불러일으켰다.[10]

　　당시 명나라의 영향력 축소는 투르판에게 기회가 되었다. 또한 조공

---

10 Morris Rossabi, "Ming China and Turfan, 1406–1517," *Central Asiatic Journal* 16 (1972), 214.

과 통상을 제한한 명나라에 대해 투르판의 적대감도 높아져갔다. 투르판은 점차 호전적 노선을 강화했다. 1473년 투르판의 술탄 알리('Alī)는 하미를 병합했고, 명나라에서 서역(西域)으로 통하는 관문인 하미를 다시 해방시키기까지 10여 년이 걸렸다.[11] 이후 30여 년 동안 하미를 사이에 두고 투르판과 명나라의 밀고 당기는 힘겨루기가 계속되었다. 1482년 명나라는 위구르의 지도자를 후원해서 하미를 장악하도록 했으나, 7년 뒤 술탄 알리의 아들 아흐마드(Ahmad)가 위구르인 총독을 죽이고 하미를 다시 정복했다. 이에 대한 보복으로 명나라는 투르판의 무역과 조공 사절단 입국을 거절했다. 이에 굴복하여 아흐마드는 하미에서 군대를 철수시켰다. 당시 명나라의 성공은 정부 고위직으로 외국 전문가를 중용한 덕분이었다. 그들은 투르판의 입장에서 상업을 무시할 수 없다는 사실을 잘 알고 있었다. 병부상서(兵部尚書) 마문승(馬文升)은 북서부 국경 지대에서 근무한 경력이 있는 인물로, 투르판의 호전성을 완화하기 위해 무역 제한을 지렛대로 활용하는 정책을 입안했다.[12] 북서부 국경 지대에서 경력을 쌓고 감숙성 순무(巡撫, 지방관)를 역임한 허진(許進)은 원정군을 이끌고 들어가 하미와 그 주변 오아시스 도시에서 투르판 세력을 몰아냈다.[13] 일찍이 영락제 재위 시기부터 명나라 궁정에서는 통역과 번역 전문가 양성 기관을 설립하여 인근 지역 언어 전문가들을 양성했다. 비록 교육 기관으로서 원활하게 운영되지는 못했지만, 몇몇

11 Fu Weilin (ed.), *Ming shu* (Shanghai, 1928), p. 3294
12 Zhang Tingyü, *Ming shih* (Taipei, 1962-63), 329, p. 3785.
13 Ma Wensheng, *Xingfu Hamizhi*, 4b-5a. 허진의 보고서 영문 번역은 다음을 참조. Ruby Lam, "Memoir on the Campaign Against Turfan," *Journal of Asian History* 24 (1990), 111.

외국어 전문가들이 궁정에 들어가는 통로가 되었다.[14]

여러 전문가를 확보했음에도 불구하고 명나라에서 하미를 보호하거나 기타 도전을 막아낼 뾰족한 방도는 찾지 못했다. 서역의 다른 지역을 다스리는 아흐마드의 형제가 한창 팽창하는 우즈베크 튀르크인(Uzbek Turks)의 공격을 받고 아흐마드에게 도움을 요청했을 때, 명나라도 잠시나마 여유를 가질 수 있었다. 1505년 아흐마드는 형제를 돕기 위해 서쪽으로 떠났다가 곧이어 포로가 된 채 죽음에 이르렀다. 그러나 그의 아들 만수르(Mansūr)는 개의치 않았다.[15] 1513년 만수르는 다시 하미를 정복했다. 이번에는 명나라에서 투르판으로 원정군을 보내지도 못했다.[16] 4년 뒤 만수르는 중국에 더 가까운 오아시스 도시 사주(沙州, 돈황)도 정복했다. 그러자 명나라는 유화책으로 돌아서 투르판의 무역과 사절단 파견을 허락했다. 명나라 궁정에는 외교보다 무역에 관심을 둔 그와 같은 사절단의 행렬이 16세기 내내 꾸준히 이어졌고, 국경 지역에서도 교역이 계속되었다.[17] 역사학자 왕갱무(王賡武)의 표현을 빌리자면, 중앙아시아 동부에서 명나라는 "유약한 제국(lesser empire)"에 불과해서 북서부 이웃들에게 무언가를 강요할 힘을 갖지 못했다.[18]

---

14 Pamela Crossley, "Structure and Symbol in the Role of the Ming-Qing Foreign Translation Bureau (siyi guan)," *Central and Inner Asian Studies* 5 (1991), 38-70; and Paul Pelliot, "Le Sseu-yi-kouan et le Houei-t'ong-kouan" in Paul Pelliot, *Le Hôja et le Sayyid Husain de l'Histoire des Ming, T'oung Pao 38* (Leiden : Brill, 1948), pp. 2-5 and 207-90.
15 당시 사건들 중 일부가 다음에도 수록되어 있다. Wheeler Thackston (ed. and trans.), *Mirza Haidar Dughlat's Tarikh-i-Rashidi: A History of the Khans of Moghulistan* (Cambridge, MA: Harvard University, 1996).
16 *Ming shi*, p. 3792.
17 *Ming shi*, p. 3826.

티무르 제국과 중앙아시아

서부 중앙아시아는 중국에서 더 멀리 떨어져 있었지만, 티무르 제국으로서는 그곳이 중심지였다. 14세기 후기에 테무르(Temür)는 매우 광대한 영역을 차지했다. 서부 중앙아시아뿐만 아니라 이란, 서아시아의 일부, 북인도, 캅카스가 모두 그의 지배 아래 놓였다. 수도는 중앙아시아의 핵심 사마르칸트(Samarkand)였다. 그는 실제로 칭기즈 칸보다 더 넓은 지역을 정복했다. 그러나 "칸"이라는 호칭은 결코 사용하지 못했는데, 칭기즈 칸의 직계 후손이 아니었기 때문이다. 14세기를 마감하는 10년 동안 그는 중국 사신으로부터 황제의 편지를 받았다. 그에게 중국의 제후가 되라는 내용이었다. 분노한 그에게 명나라가 중국에서 무슬림을 탄압한다는 소문도 들려왔다. 무슬림 형제의 복수를 위해 그는 마침내 중국 정복 계획을 세웠다.[19] 그러나 중국을 향해 진군하는 동안 그는 병에 걸려 사망하고 말았다. 그때가 1405년 2월이었다. 그의 죽음은 중국에게 축복이 아닐 수 없었다. 명나라는 영토를 방어할 준비가 전혀 되어 있지 않았다. 게다가 당시의 중국인은 테무르가 누군지 거의 알지 못했고, 그가 중국으로 쳐들어온다는 것도 전혀 모르고 있었다.

수많은 유목 국가 혹은 단일 기원이 아닌 많은 나라가 그랬던 것처럼, 테무르 사망 이후에도 치열한 후계자 분쟁이 일어났다. 테무르의 권

---

18 See Wang Gung-wu, "The Rhetoric of a Lesser Empire" in Rossabi, *China among Equals*, pp. 47-65.
19 Joseph Fletcher, "China and Central Asia, 1368-1884" in John Fairbank (ed.), *The Chinese World Order: Traditional China's Foreign Relations* (Cambridge, MA: Harvard University Press, 1968), pp. 209-10.

력은, 부분적으로는 여러 지역 군주의 개인적 충성 맹세에 기반을 두고 있었다. 여기에 자신의 아들과 손자를 후계로 지명함으로써 권력 기반을 더욱 안정화하고자 했다. 그러나 테무르가 죽은 뒤 충성을 맹세했던 군주들 가운데 복종의 의무에서 벗어나는 사람이 있었고, 그들 중 일부는 오히려 테무르의 자리를 차지하기 위해 투쟁에 나서기도 했다. 4년 동안 간헐적 내전을 거친 뒤 테무르의 아들 중 하나인 샤 루흐(Shah Rukh)가 반대파를 제압하고 새로운 통치자로 등극했다. 샤 루흐가 최종 승자가 되기는 했지만, 그의 제국은 이미 과거에 비해 축소된 뒤였다. 권력 승계가 이루어지는 동안 많은 지방 총독이 독립을 주장하다 목이 달아났다. 티무르 제국은 점점 더 약해졌다. 샤 루흐가 아버지로부터 물려받은 땅은 호라산 지역으로 중심지는 헤라트였다. 후계 분쟁에서 승리한 그는 헤라트를 떠나지 않고 제국 통치를 이어갔고, 테무르의 수도였던 사마르칸트에는 자신의 아들 울루그 베그(Ulugh Beg)를 보냈다. 그는 잃어버린 티무르 제국의 영토를 회복하기 위해 노력했으나, 아제르바이잔과 이라크를 비롯해 주요 지역들은 끝내 회복하지 못했다. 그가 지배권을 장악한 지역은 주로 중앙아시아와 이란이었다. 샤 루흐 역시 아버지 테무르와 마찬가지로 이란의 관료들을 고용하여 통치를 보좌하도록 했으나, 군대는 대개 튀르크인에게 맡겼다. 그의 제국은 야사(yassa, 혹은 jasagh, 튀르크-몽골식 법률)와 샤리아(shari'a, 이란의 이슬람식 율법)를 근거로 운영되었다. 그러나 이중 체계는 결국 문제를 일으켜 이란인과 튀르크인 사이를 갈라놓았다. 이란 사람들은 정주 문명으로 이슬람 율법을 따랐고, 튀르크 사람들은 전통적으로 유목 문화와 그들의 가치 및 법률을 따랐다.[20] 지방 군주들 사이에서도 분쟁이 있었고, 샤 루흐는 이들을 평정하기 위해 군대를 파견하지 않을 수 없었다. 그 결과 그의 제국은 더욱 약해졌다. 군사적 재능이 아버지보다 모자랐던 그는 외교적 노력으로 방향을 바꾸었고, 때로는 크게 승리를 거두기도 했다. 예를 들어 그는 아버지가 추진했던 동방 원정을 포기하는 대신 중국의 명나라와 안정적인 외교 관계를 구축했다. 중국에서는 진성(陳誠)이라는 이름의 외교관을 파견해서 관계 증진을 도모했고, 그는 15세기 헤라트에 관한 빼어난 기록을 남겼다.[21] 한편 샤 루흐가 중국에 파견한 사절단도 명나라의 전성기를 자세히 기록했다.[22] 이와 같은 교류 덕분에 16세기 초엽 양측의 무역이 재개되었다.

정치적 내분과 불안정한 정세가 지속되었음에도 불구하고 헤라트의 샤 루흐와 사마르칸트의 울루그 베그는 티무르 제국의 문화·예술적 르네상스를 이끌어냈다. 예전부터 테무르와 그의 가족은 사마르칸트에서 인상적인 건물을 건축해왔다. 주로 이슬람과 관련된 건물이었다. 테무르의 누이들이 후원한 우아한 타일 모자이크의 마우솔레움(mausoleum, 무덤 건물)도 있지만, 가장 유명한 건축물은 테무르와 그의 손자 울루그 베

20 Beatrice Manz, "Temür and the early Timurids to c. 1450" in Nicola Di Cosmo, Allen Frank and Peter Golden (eds.), *The Cambridge History of Inner Asia: The Chinggisid Era* (Cambridge University Press, 2009), pp. 194-6.
21 Bruno Richtsfeld, *Die Aufzeichnungen des Ch'en Ch'eng und Li Hsien über ihre Gesandtschafts-reise nach Herat: Ein chinesischer Beitrag zur Kenntnis Mittelasiens im 15. Jahrhundert* (Magisterarbeit: Universität München, 1985); and Felicia Hecker, "A Fifteenth-Century Chinese Diplomat in Herat," *Journal of the Royal Asiatic Society* 3 (1993), 85-98. 여기에 진성의 보고서 영문 번역이 포함되어 있다.
22 See K. M. Maitra, *A Persian Embassy to China* (New York: Paragon Book Reprint Corp., 1970). See also Kanda Kiichrō, "Chin Sei no *Shi saiiki ki ni tsuite*" ["Concerning Chen Cheng's Shi xiyü zi"]. 이 자료에 관한 역사적 배경은 다음을 참조. Morris Rossabi, "Two Ming Envoys to Inner Asia," *T'oung Pao* 42 (1976), 19.

그의 마우솔레움인 구르이미르(Gur-I Mir)로, 독특한 돔 형식을 지니고 있다. 테무르가 후원한 비비하눔(Bibi Khanum) 모스크 건축은 그의 이슬람 신앙을 보여주는 또 한 가지 사례다. 샤 루흐의 왕비 가와르 샤드(Gawhar Shad)는 샤 루흐의 수도 헤라트에서 많은 건축물을 후원했다. 특별한 타일 작품으로 장식된 모스크, 마드라사, 사원, 왕비 자신의 마우솔레움 등이 그녀의 후원을 증명한다.[23] 티무르 제국 당시의 카펫은 오늘날 거의 남아 있지 않지만, 전문가들의 의견에 따르면 15세기의 몇몇 양식이 이후 시대로 전해져 오늘날까지 이어지고 있다고 한다.

지속적인 무역으로 번영을 누린 티무르 제국의 통치자들과 상인들은 또한 예술과 공예를 후원했다.[24] 헤라트의 예술 학교는 필사본 복제로 유명했다. 샤 루흐는 하피즈-이 아브루(Hafiz-i Abru)를 후원하여 라시드 앗딘(Rashid al-Din)의 《집사》를 제작하도록 했으며, 결과물에는 다양한 삽화가 수록되었다. 동물 우화집 《칼릴라 와 딤나(Khalila wa Dimna)》에도[25] 많은 삽화가 수록되어 있다. 헤라트의 예술 학교에서는 티무르 제국이 지속되는 동안 계속해서 뛰어난 필사본을 제작했다. 티

---

23 Manz, "Temür and the early Timurids to c. 1450" in Di Cosmo, Frank and Golden, *Cambridge History of Inner Asia*, pp. 80 and 90.
24 See Thomas W. Lentz and Glenn D. Lowry, *Timur and the Princely Vision: Persian Art and Culture in the Fifteenth Century* (Los Angeles County Museum of Art, 1989); Lisa Golombek and Maria Subtelny (eds.), *Timurid Art and Culture in Iran and Central Asia in the Fifteenth Century* (Leiden: Brill, 1992); and Wheeler Thackston, *A Century of Princes: Sources on Timurid History and Art* (Cambridge, MA: The Aga Khan Program for Islamic Architecture, 1989).
25 영문 번역은 다음을 참조. Jill Sanchia Cowen (trans.), *Khalila wa Dimna: An Animal Allegory of the Mongol Court: The Istanbul University Album* (Oxford University Press, 1989), 이 작품에 대한 Sheila Blair의 비평이 *Iranian Studies* 22 (1989), pp. 133-5, Sheila Canby의 비평이 *Speculum* 68 (1993), p. 488에 수록되어 있다.

무르 제국은 또한 금속 공예를 지원했고, 중국식 도자기에도 애정을 보였다. 그들의 지원으로 괜찮은 수준의 도자기가 만들어지기도 했다. 중국과의 무역을 통해 명나라의 청화백자 상당량이 수집되었는데, 그중 일부가 이란의 아르다빌(Ardabil)에 보관되어 있다.[26] 기도 용품으로 코란 받침대를 비롯한 여러 공예품도 상당한 후원을 받았다. 테무르의 후손 후세인 바이카라(Husain Baiqara, 재위 1470~1506년)는 헤라트에 거주하며 문학예술을 후원했다.[27] 시문학은 때로 수피 신비주의와 관련이 있었는데, 그의 재위 기간에 가장 번성했다. 압달 라만 자미('Abd al-Rahman Jami, 1414~1492)는 당시의 특히 유명한 이란 시인이었다. 후세인 바이카라는 마드라사, 모스크, 카라반세라이, 병원 등 기념비적인 건축물의 건설도 후원했다. 마찬가지로 역사가와 전기 작가, 때로는 성직자도 후원을 받았다.

1427년 샤 루흐에 대한 암살 시도가 있었지만 성공하지 못했고, 이후로는 1447년 그의 통치가 끝날 때까지 안정적 상태가 유지되었다. 수많은 유목 제국과 마찬가지로 티무르 제국에서도 권력 승계 문제가 자주 일어났다. 샤 루흐의 아들 울루그 베그는 아버지가 사망한 뒤 별문제가 없는 듯이 보였지만 이내 도전에 직면했다.[28] 그의 아들이 문제였다.

---

26 See John A. Pope, *Chinese Porcelains from the Ardebil Shrine* (Washington, DC: Freer Gallery of Art, Smithsonian Institution, 1956).
27 Stephen Dale, "The Later Timurids c. 1450-1526" in Di Cosmo, Frank and Golden, *Cambridge History of Inner Asia*, pp. 207-11.
28 그의 일생에 관해서는 다소 오래되었지만 유용한 전기가 남아 있다. Vasilii V. Barthold, *Four Studies on the History of Central Asia: Ulugh Beg*, V. Minorsky and T. Minorsky (trans.) (Leiden: E. J. Brill, 1956-1962), vol. ii.

아들은 아버지의 군대를 격파하고 1449년 아버지마저 죽였다. 울루그 베그는 40여 년 동안 사마르칸트의 총독으로 재임하며 사마르칸트의 번영을 이끌었다. 그의 할아버지 테무르와 마찬가지로 울루그 베그도 도시에 화려한 건축물을 더했다. 천문대 건설로 그의 명성이 드높았을 뿐만 아니라 스스로 천문학 관련 글을 쓰기도 했다. 그러나 그의 정치·군사적 능력은 뛰어나지 못했다. 결국 그는 권좌를 지키지 못했고, 조상의 왕국을 통일시키지 못했다.

울루그 베그의 죽음은 다시 한 번 후계 경쟁에 불을 댕겼다. 두 명의 통치자가 양립했지만, 결과적으로 둘 다 살해당하고 말았다. 1451년 마침내 테무르의 증손자 아부 사이드(Abu Said)가 거의 20년 동안 정권을 잡았으나, 제국은 이미 상당히 축소된 뒤였다. 서부 이란을 포함해서 테무르가 정복한 서아시아의 많은 지역이 떨어져나갔다. 왕실 내부에도 아부 사이드의 반대파가 있었고, 투르크멘(Türkmen)과 우즈베크(Uzbek)의 지도자들이 지역 패권에 도전했다. 1469년 아부 사이드는 투르크멘에 속하는 어느 적을 상대하다 목숨을 잃었다.[29] 이후 티무르 제국의 지도자들은, 특히 우즈베크 등 강력한 적들을 상대하며 계속해서 권력의 기반을 내주어야 했다. 그러던 중 마침내 바부르(Babur, 1483년생)가 권좌에 올랐다.[30] 바부르는 나중에 인도로 가서 무굴 제국을 세운 인물이다. 그는 조상의 땅, 특히 티무르 제국의 수도 사마르칸트를 되찾고자 노

---

29 Dale, "The later Timurids c. 1450-1526" in Di Cosmo, Frank and Golden, *Cambridge History of Inner Asia*, pp. 201-2.
30 그에 관한 유명한 작품이 있다. *Baburnama: Memoirs of Babur*, Wheeler Thackston (trans.) (New York: Random House, 2002).

력했으나, 1506년 헤라트에서 우즈베크를 상대로 패배하고 쫓겨나 이주할 수밖에 없었다. 우즈베크의 지도자 무하마드 샤이바니(Muhammad Shaibani)는 바부르가 카불로 떠날 수 있도록 허락했다. 한동안 바부르는 계속해서 조상의 고토를 회복하고자 노력했으나 결국 포기하고, 1526년 델리(Delhi)를 정복함으로써 방향을 완전히 바꾸었다.

불안정한 정세 속에서 종교적 열정은 오히려 강화되었다. 특히 수피즘이 많은 신도를 모았다. 처음에 수피 신비주의는 하층민으로부터 인기를 얻었는데, 이들은 티무르 제국 시기 불안정한 시대적 폭력과 파괴에 염증을 느끼고 있었다. 가난한 사람들은 셰이크(sheikh, 수피 성직자)에게 의지했다. 셰이크는 혼란한 상황에 대처할 수 있는 내면의 영적 평화를 약속했다. 성인의 은총, 고행, 신에 대한 경외, 발성 기도, 회전 무용 등은 신과의 합일에 도달할 수 있는 수단이었다. 이 모든 수단의 목적은 내면의 고요를 얻는 것이었다. 계급을 막론하고 사람들은 수피즘으로부터 위안을 얻었다. 특히 상인들은 수피의 메시지를 중앙아시아 전역으로 확산하는 매개자였다.

몽골인과 마찬가지로 테무르와 그 후예들도 정복한 지역의 경제와 문화를 초토화하는 야만 군주로 알려졌다. 이번 장에서 우리는 그와 같은 선입관에 도전해보려 했다. 그래서 그들의 예술, 건축, 학문에 대한 후원을 언급했다. 경제적 황폐화라는 개념 또한 재검토가 필요하다. 애초에 중앙아시아와 이란의 정복 과정에서 손상이 발생했던 것은 분명한 사실이다. 그러나 티무르 제국은 정복지 전역에서 곧바로 회복 정책을 시작했다. 손상된 도로를 복구하고 도시 내 파괴된 건물을 재건했으며, 상인들의 세금을 완화함으로써 상업을 육성했다. 몽골 제국의 평화로웠던 시기에 비해 상업의 활력은 떨어졌지만, 무역은 동쪽으로 중국까지, 서쪽으로 아나톨리아까지 계속되고 있었다.[31] 티무르 제국은 오아시스 근방의 농지와 도시를 복구하기 위해 신속하게 움직였다. 복잡하지만 필수적인 관개시설 복구가 급선무였다. 정치·군사적 불안정, 계승 분쟁, 투르크멘이나 우즈베크와의 분쟁 등으로 이러한 노력은 빛을 잃었다. 티무르 제국은 더욱 약화되었고, 과거 유목 생활을 했던 우즈베크의 공격에 노출되었다. 이후 16~19세기 중앙아시아의 주도권은 우즈베크로 넘어가게 되었다.

우즈베크 주도의 중앙아시아

우즈베크인(Uzbeks)은 이슬람으로 개종한 금장 칸국의 통치자 우즈베그 칸(Özbeg Khan, 재위 1313~1341)의 후예를 자처하는 사람들로, 14~15세기 중앙아시아 초원 지대에서 유목 생활을 하고 있었다. 1428~1468년 아불 하이르 칸(Abul Khayr Khan)은 92개 부족으로 구성된 우즈베크 공동체를 통합했다. 그의 팽창 노선은 결국 티무르 제국, 금장 칸국, 이란, 서부 몽골 혹은 오이라트(Oirat) 몽골과의 분쟁을 초래했다. 그러나 이러한 갈등은 오히려 우즈베크인이라는 분명한 정체성을 강화하는 데 도움이 되었다. 내부적으로도 분쟁 내지 전쟁이 벌어져 자주 분열의 시기를 겪었지만, 모두가 공통의 기원을 가졌다는 인식은 지속되었다.

---

31 Morris Rossabi, "The 'Decline' of the Central Asian Caravan Trade" in James Tracy (ed.), *The Rise of Merchant Empires* (Cambridge University Press, 1990), pp. 351-71.

아불 하이르 칸의 손자 무하마드 샤이바니(Muhammad Shaibani, 1451~1510)는 우즈베크인을 이끌고 영토를 더욱 넓히는 데 성공했다. 중앙아시아의 도시가 아니라 시골의 초원에서 성장기를 보낸 그는 아름다운 땅과 동식물에 깊은 애착을 느꼈다.[32] 또한 도시 부하라(Bukhara)에 머무는 동안에는 수피즘을 접했으며 예술의 후원자가 되었다. 종교·문화적 관심에도 불구하고 그는 강력한 군사 지도자였다. 그는 티무르 제국을 파괴하는 모험을 강행하여 티무르 제국의 중앙아시아 영토를 빼앗았다. 16세기의 첫 10여 년이 끝나갈 무렵, 티무르 제국의 땅을 차지한 그는 중앙아시아에서 가장 중요한 통치자가 되어 있었다. 그러나 그의 승리에도 불구하고, 티무르 제국이 파괴되자 이란 지역에서는 사파비 왕조가 분리 독립에 성공했고, 시아파 이슬람을 지원했다. 그리하여 종교적 분쟁과 외교·정치적 경쟁 관계가 만들어졌다. 한때 다 같이 티무르 제국에 속했던 양대 지역 사이에 갈등의 골이 깊어졌다.

이후 우즈베크인은 도시에 정착하기 시작하여 무역에 참여하고 자족적 농업을 경영했지만, 내부 갈등에 시달렸다. 샤이바니의 후손들은 부하라에 도시를 건설하고(나중에 부하라 토후국 emirate으로 알려졌다), 상업을 육성했다. 중국과 이란에 중점을 둔 전통적 실크로드 무역이 감소하자 우즈베크인은 새로운 무역 상대를 개발했다. 이란과 중국 대신 러시아 차르국과 인도의 무굴 제국이 우즈베크인과 가장 중요한 대외 관계를 형성했다. 그러나 상업적 성공에도 불구하고 내부 분열이 일

---

32 Edward Allworth, *The Modern Uzbeks: From the Fourteenth Century to the Present: A Cultural History* (Stanford, CA: Hoover Institution Press, Stanford University, 1990), pp. 47-53.

어났다. 수피의 도움을 받아 아스트라한(Ashtarkhan) 칸국(1599~1785)이 떨어져나갔고, 오히려 부하라 토후국을 압도했다. 이후 이란의 공격을 받고 아스트라한 칸국이 약화되자, 비슷한 분열의 과정을 거쳐 망기트(Manghits) 칸국(1753~1920)이 성립했다. 이외에도 다른 우즈베크 집단이 분리되어 여러 칸국이 성립했다. 예를 들면 히바(Khiva) 칸국(1511~17세기 말엽, 1770~1920)과 코칸트(Kokand) 칸국(1798~1876) 등이었다.

우즈베크의 정치적 불안정은 중앙아시아 역사의 생명줄과도 같은 무역에 악영향을 끼치지는 않았다. 우즈베크인의 여러 왕국은 상업을 전혀 꺼리지 않았다. 심지어 과거에 적대 관계였던 티무르 제국의 후손, 즉 인도 무굴 제국과의 무역도 개의치 않았다.[33] 우즈베크인은 16세기 초엽에 중앙아시아에서 티무르 제국을 축출했으나, 불과 수십 년 사이에 무굴 제국과 활발한 무역 관계를 발전시켰다. 이슬람이라는 공통의 종교가 계약 추진에 도움이 되기도 했으나, 주로는 인도의 힌두교인이 중개인으로 참여하여 그들과 무역 관계를 맺었다. 대개 무슬림이었던 우즈베크인은 힌두교인을 달갑게 여기지 않았다. 그러나 그들이 무역에 활발히 참여하고, 우즈베크 상인들에게 대출을 해주며, 현금으로 세금을 징수하려는 정부 기관에 도움이 된다는 사실은 인정하는 편이었다. 힌두교 상인들은 특히 면직물, 노예, 설탕, 향신료, 약초, 보석 등을 우즈베크로 가져와서 팔고 말, 모피, 노예 등을 사 갔다.[34]

33 Richard Foltz, *Mughal India and Central Asia* (Karachi: Oxford University Press, 1998)에 따르면, 무굴 제국은 중앙아시아와 지속적으로 강한 유대 관계를 유지했다.

사파비 제국과 우즈베크의 적대감은, 특히 이란 북동부 혹은 호라산 지역에서 지속되었기 때문에 당시 중앙아시아 교역에서 가장 중요한 상대는 인도였다. 요컨대 17~18세기 서부 중앙아시아에서 상업은 지속되었다. 그러나 주요 교역 대상은 더 이상 중국이 아니라 인도로 바뀌었고, 그다음에는 러시아였다.

몽골 제국의 최후

중앙아시아 동부 지역에서 실크로드 무역은 16세기 중엽부터 쇠퇴하다가 17세기에 이르러 새롭게 발달하기 시작했다. 교역이 회복되기 전 타림 분지를 둘러싼 오아시스 도시에서는 카자흐(Kazakh)나 키르기스(Kyrgyz) 같은 유목민의 위협이 있었다. 17세기에는 나크슈반디(Naqshbandi)라고 하는 새로운 이슬람 수피 종파가 일어났는데, 이들은 정치 참여에 긍정적 입장이었다. 당시 타림 분지 지역은 차가타이 칸국의 후예들이 통치하고 있었는데, 나크슈반디 세력이 이들을 몰아내고 권력을 장악했다.[35] 그러나 그 직후 나크슈반디 지도부는 백산파(White

---

34 Scott Levi, *The Indian Diaspora in Central Asia and Its Trade, 1550-1900* (Leiden: Brill, 2002), pp. 54-82.
35 이들 호자(Khoja) 세력에 관한 연구를 일부 소개하자면 다음과 같다. Joseph Fletcher, "Confrontations between Muslim Missionaries and Nomad Unbelievers in the Late Sixteenth Century" in W. Heissig (ed.), *Tractata Altaica* (Wiesbaden: Otto Harrassowitz, 1976), pp. 167-70; Joseph Fletcher, "Central Asian Sufism and Ma Ming-hsin's New Teaching" in Ch'en Chiehhsin (ed.), *Proceedings of the Fourth East Asian Altaistic Conference* (Taipei: National Taiwan University, 1975), pp. 75-96; and Joseph Fletcher, "The Naqshbandiyya and the Dhikr-I Arra," *Journal of Turkish Studies* 1 (1987), 113-19.

Mountain group)와 흑산파(Black Mountain group)로 갈라져 극심한 내전으로 접어들었다. 준가르(Zunghar), 즉 서부 몽골을 통일한 갈단(Galdan) 칸은 나크슈반디 세력이 약화된 기회를 틈타 1678~1680년 타림 분지를 접수했다. 몽골은 과거 1368년에 중국에서 물러나 몽골 초원으로 되돌아간 뒤 줄곧 세력 통합을 이루지 못한 상태였다. 16세기 말엽에서 17세기 초엽 몽골인이 티베트 불교로 개종하면서 내부적으로 종교적 유대감이 형성되었지만, 그것만으로 분열을 극복하지는 못했다. 갈단 칸은 달라이 라마(Dalai Lama)의 전폭적 지원에 힘입어 새로운 유목 제국 건설을 시도했다. 몽골인으로서는 그것이 제국을 향한 마지막 도전이었다.

초년의 갈단은 티베트에서 유학하던 중 본국에서 쿠데타가 일어났다는 소식을 들었다. 준가르의 지도자인 갈단의 형도 암살당했다. 1671년 몽골로 돌아간 갈단은 경쟁자를 물리치고 준가르 세력을 이어나갔다.[36] 당시 소수의 몽골인이 농업을 시작했고, 또 일부는 광산을 개발했으며, 또 다른 일부는 스스로 무기와 필요한 물품을 제조하고 있었다. 유명한 티베트 불교 승려 자야 판디타(Zaya Pandita)는 새로운 문자를 개발했다. 이와 같은 경제·문화적 발전에 기반하여 갈단은 중국의 청나라에 도전하기 시작했다. 청나라는 만주족이 지배한 나라로, 1644년 명나라를 몰아내고 권력을 잡았다. 그에 앞서 1640년과 1660년에 몽골 부족의 대표자들이 모여 연맹을 결성하기로 했으나 통일은 쉽지 않은 일이었다. 동부 지역의 할하부도, 몽골의 정신적 지도자인 복드 게겐(Bogd Gegen)도 모두 갈단 칸에 합류하지 않았다. 할하부 몽골은 최소 네 개의 칸국으

---

36 Zhao Erxün et al. (eds.), *Qing shi* (Taibei: Guofang yanjiu yüan, 1961), p. 5637.

로 분열되었다. 갈단 칸은 그중 하나의 칸국을 공략하는 과감한 결단을 내렸지만, 나머지 다른 카간국의 지원을 확보하지는 못했다. 몽골의 통합 없이 청나라를 대적해서는 승산이 없었다.[37] 갈단 칸과 청나라 사이에 상업적 문제가 불거졌고, 1678~1680년 갈단 칸이 타림 분지를 장악한 것도 부분적으로는 청나라와의 상업 분쟁에서 비롯된 일이었다.

갈단 칸과 청나라의 분쟁은 곧 세계적으로 확산되었다. 17세기 중엽 러시아는 우랄산맥을 넘어 시베리아에 식민지를 건설한 뒤, 청나라의 북동부 국경을 파고들었다. 처음에는 외교적 수단으로 영토 문제를 해결할 수 없었다. 러시아-청의 갈등은 잠재적으로 러시아-준가르 동맹의 자산이었다. 17세기 초엽부터 러시아와 준가르는 무역 업무를 포함하는 외교 사절을 교환했다.[38] 그러나 청나라와 러시아 궁정은 극단적 대결까지 나아가지는 않았다. 서로에게 상호 보완적 이익이 남아 있었기 때문이다. 러시아는 중국의 차, 비단, 도자기, 루바브(rhubarb, 약초의 일종)를 구매하고자 했고, 청나라는 러시아가 중국 국경 지역에서 물러나 중국이 원하는 쪽으로 국경선을 분명하게 긋기를 원했다. 1689년 러시아-청 사이에 체결한 네르친스크(Nerchinsk) 조약에 이러한 내용이 포함되었고, 양대 제국의 분쟁은 그렇게 일단락되었다. 러시아는 북경으로 가

---

37 See Morris Rossabi, "Ch'ing Conquest of Inner Asia" in Willard Peterson (ed.), *The Cambridge History of China: Early Ch'ing* (forthcoming), vol. ix, pt 2.
38 Mark Mancall, *Russia and China: Their Diplomatic Relations to 1728* (Cambridge, MA: Harvard University Press, 1971), pp. 87-8 and 104-6; Vincent Chen, *Sino-Russian Relations in the Seventeenth Century* (The Hague: Martinus Nijhoff, 1966), pp. 59-62; and Gaston Cahen, *History of the Relations of Russia and China under Peter the Great, 1689-1730*, W. Sheldon Ridge (trans.) (Bangor: University Print Reprints, 1914).

는 카라반을 허용했고, 중국은 국경 획정에 만족했다.[39] 이제 준가르는 동맹을 잃은 데다 양대 제국 사이에 끼인 신세가 되었다. 갈단 칸은 더 이상 스텝이나 시베리아로 도망 다니면서 청나라와의 분쟁을 피하기도 어려워졌다. 1691년 할하부 몽골이 청나라의 종주권을 인정하자 청나라는 더욱 강력해졌다. 자신의 지휘 아래 몽골 연맹을 만들어보려던 갈단 칸의 희망도 갈 길을 잃었다. 1696년 청나라 군대는 마침내 갈단 칸을 따라잡았고, 결국 갈단 칸은 패배했다. 그의 조카 체왕 랍단(Tsewang Rabdan)은 한때 반란을 일으켜 삼촌에게 대항한 적이 있었는데, 실패한 뒤 가까스로 빠져나가 타림강 유역으로 도망쳤다. 그곳에 근거지를 마련한 체왕 랍단은 중앙아시아 동부의 오아시스 도시들에 위협적인 존재가 되었다. 1717년 그는 더 큰 사업을 구상했다. 그래서 티베트로 군대를 보내 정복에 성공하기도 했다. 청나라는 아직도 가까운 곳에 있는 몽골 세력에 대한 우려가 남아 있었다. 그래서 1720년 물류와 교통의 난점을 극복하며 원정군을 보냈고, 히말라야 지역에 들어온 준가르인을 몰아내고 그곳을 직접 통치하기 시작했다. 다양한 티베트인 및 몽골인 집단의 저항이 없지 않았지만, 그럼에도 불구하고 청나라는 1720년대 말엽까지 티베트에서 위태로우나마 평화를 지켜냈다.[40]

그 뒤에도 청나라 군사 지휘관들은 계속해서 중앙아시아 동부 지역에서 준가르인을 쫓아내고자 했다. 북서부 지역으로 원정을 가려면 보

---

39 Mancall, *Russia and China*, pp. 156-8.
40 Luciano Petech, *China and Tibet in the Early 18th Century* (Leiden: Brill, 1950), pp. 108-25, and Hugh Richardson (ed.), *Tibet and Its History* (Boulder, CO: Shambhala, 1984), pp. 50-2.

급선과 적절한 물류 체계가 필요했다. 1731년 그곳의 준가르인과 싸운 경험을 통해 알게 된 사실이었다. 오아시스에서는 보급품이 충분하지 않았기 때문에 청나라 군대는 대대적인 병력 손실을 입었다. 1736년 건륭제가 등극했을 때까지 중앙아시아 동부 지역 원정에 대해서는 어떤 결정도 내리지 못한 상태였다. 그러나 유목 제국에서 흔히 일어났던 문제가 준가르에서도 일어났다. 바로 내분이었다. 그것이 청나라에게는 기회였다. 청나라의 관리들은 할하부 몽골을 상대로 막대한 자금과 보급 및 병력을 징발했다. 준가르는 러시아와 유목 국가인 카자흐에 도움을 요청했다. 대대적인 압박에 굴복한 할하부 몽골은 청나라를 지원했다. 그러나 그들에게 가해진 너무나 큰 부담 때문에 1756년 반란이 일어나고 말았다. 지도자는 칭군자브(Chingünjav)로, 칭기즈 칸의 후손이었다. 청나라 군대는 금방 반란군을 제압했고, 칭군자브를 도왔다는 이유로 몽골의 불교 최고 지도자 복드 게겐(Bogd Gegen)에게 죄를 물었다. 청나라 궁정에서는 몽골의 세속 군부와 불교 지도자가 통일된 민족주의로 결속될 것을 우려했다. 그래서 이후로는 복드 게겐의 자리에 티베트인만 임명될 수 있도록 자격을 제한했다. 칭군자브의 반란을 진압한 뒤 청나라는 다시 몽골에 도움을 요청했다. 일부 몽골인의 도움을 받아 가장 험난하고 극적인 원정을 떠났고, 마침내 북서부 지역에서 준가르를 격파했다.[41]

---

41 Charles Bawden, "The Mongol Rebellion of 1756-1757," *Journal of Asian History* 2 (1968), 22-6; and Morris Rossabi, "The Development of Mongol Identity in the Seventeenth and Eighteenth Centuries" in Leonard Blussé and Felipe Fernández-Armesto (eds.), *Shifting Communities and Identity Formation*

1750년대에 이르러 청나라는 더 많은 영토를 장악했다. 1755년 준가르 지도자를 격파했지만, 아무르사나(Amursana)라고 하는 또 다른 적이 기다리고 있었다. 준가르인인 그는 카자흐의 지원을 이끌어냈지만 정작 준가르인을 통일시키지 못했다. 그가 아직 강력한 세력을 형성하지 못했다는 사실을 청나라 궁정에서는 알지 못했다. 그래서 자비를 베풀지 말고 준가르인을 제거하라는 명령을 내렸다. 이와 같은 명령을 받은 청나라 군대를 맞이하여 양측은 끔찍한 학살전을 벌였다. 아무르사나는 성공적으로 청나라를 공략했지만, 러시아의 지원을 기다리는 동안 천연두에 굴복하고 말았다. 이후 준가르는 역사 속에서 집단으로서의 자취를 감추었다. 많은 준가르인이 전투 중 사살되었고, 일부는 천연두를 비롯한 질병에 걸려 사망했다. 그러나 성공적으로 적을 피해 달아난 사람들도 있었다. 그들은 러시아로 건너가 기존에 넘어와 있던 몽골인과 혼인하기도 했다. 이후에도 그들은 양쪽의 정체성을 모두 인정했다. 그러므로 청나라가 모든 준가르인을 학살했다는 기존의 학설은 수정이 필요할 것이다.[42]

    in Early Modern Asia (Leiden: Research School of Asian, African, and Amerindian Studies, Universiteit Leiden, 2003), pp. 56-60.
42 청 제국과 준가르의 갈등에 관한 가장 중요한 연구 성과는 다음과 같다. Peter Perdue, *China Marches West: The Qing Conquest of Central Eurasia* (Cambridge, MA: Harvard University Press, 2005). 또 다른 관점에서의 접근은 다음을 참조. L. I. Duman, "The Qing Conquest of Junggariye and Eastern Turkestan" in S. L. Tikhvinsky (ed.), *Manzhou Rule in China*, David Skvirsky (trans.) (Moscow: Progress Publishers, 1983), pp. 237-9.

청나라의 중앙아시아 동부 점령

청나라는 북서부 지역에서 준가르를 몰아냈지만, 아직 그 지역을 완전히 장악하지는 못했다. 무슬림 공동체를 제압하지 못했기 때문이다. 그 지역 이슬람의 지도자를 호자(Khoja)라 했는데, 그들의 이상은 외국의 영향에 물들지 않은 순수한 무슬림의 시대로 돌아가는 것이었다. 그것이 무슬림으로서는 자주독립의 의미로 받아들여졌다. 원정군으로 북서부 지역까지 진입한 청나라의 군대는 오아시스 도시들을 점령하기로 했다. 1760년까지 그들은 주요 오아시스 도시를 모두 평정했다. 청나라에서는 그곳을 신강(新疆)이라 불렀다. 원정군을 보내 북서부 지역을 병합하고 대다수 비-중국인 인구를 점령하려다 보니, 청나라는 전통적인 중국식 외교 정책과 과거 수많은 황제가 남긴 조언을 그대로 따를 수 없었다. 새로운 정책은 중국 궁정 내에서도 비상한 반대를 불러일으켰다. 그와 같은 점령의 결과에 대한 우려가 있었기 때문이다. 그들은 상당 부분이 사막과 황무지로 구성된 새 영토가 경제적으로 쓸모가 없으며, 게다가 대부분이 비-중국인으로 구성된 인구를 통제하기 위한 군사 주둔이 부담된다고 생각했다. 수많은 비-중국인 인구는 청나라의 지배에 강력히 반대했다. 그래서 청나라는 국경선을 따라 주둔할 수밖에 없었다.

중국의 중심부로부터 워낙 멀리 떨어진 곳에 주둔하려면 막대한 지출이 불가피했다. 이 문제를 극복하려면 무언가 다른 대책을 개발할 필요가 있었다. 청나라는 비용 충당을 위해 전통적 군사 식민지 시스템(屯田)을 활용했다. 식민지에 파견된 군인들은 자급자족하며 군사력도 유지해야 했다. 그러나 그들이 거주한 지역은 북서부 변방이었고, 언제나 자급자족에 성공하지는 못했다.[43] 점령군으로서 그들은 언제든 공격받을 우려가 있었다. 궁정에서는 현지 주민을 중국화하는 사업을 하도록 지시했지만, 그것이 오히려 그들에게 부담이 되었다. 잉여 생산물에 대한 세금 부과도 또 다른 의무 사항이었다. 명예롭지 못한 그곳의 관리들, 추방된 죄수들, 기타 중국인과 만주인은 농사에 능숙하지 못했고, 그곳의 자연환경도 농사에 불리했다.[44] 만주인의 군대는 팔기군(八旗軍)이라 했는데, 이는 서로 다른 색깔의 깃발(旗)로 군대 조직을 편성 및 관리하는 군사 행정 체제였다. 팔기군도 북서부에 주둔했지만, 그들은 농사를 지을 필요가 없었다. 물론 그들에게도 보급은 필요했다. 청나라 궁정에서는 신강 남부 지역의 무슬림 주민을 북부로 옮겨 농사를 짓도록 했다. 이를 포함하여 기근을 막기 위한 온갖 노력에도 불구하고, 군대와 현지 주민을 먹여 살리기는 부담스러운 일이었다. 농기구 제작을 위해 제철 산업을 개발하려는 노력이 일부 성공을 거두기도 했지만, 부패 구조는 북서부 지역 정치를 더욱 수렁에 빠트렸다.

이 모든 난점에도 불구하고 청나라 궁정에서는 신강 지배를 계속해서 유지했다. 이를 뒷받침하기 위해 지도를 제작하고, 비석을 만들어 세우고, 공식 역사서를 편찬했다. 유형 문화를 이용하여 신강 지배의 정당성을 강화하려 했던 것이다.

지역별 통치자들이 정해진 세금과 기타 노역을 제공하는 한, 그들의

---

43 James Millward, *Eurasian Crossroads: A History of Xinjiang* (New York: Columbia University Press, 2007), pp. 103-5.
44 추방된 사람들과 그 영향에 관해서는 다음을 참조. Joanna Waley-Cohen, *Exile in Mid-Qing China: Banishment to Xinjiang, 1758-1820* (New Haven, CT: Yale University Press, 1991).

통치권은 보장되었다. 특히 청나라에 협력한 현지인 지도자들은 치안, 세금 징수, 법률 집행의 책임을 인정받았다. 다만 만주인 암반(amban, 감독관)의 감시를 받아야 했다. 베그(beg)라고 하는 무슬림 지도자들은 세금을 납부하고 평화를 유지하는 한 상당한 자율성을 인정받았다.[45] 청나라는 그 지역에서 유교나 불교를 전파하려 하지 않았다. 한마디로 현지 주민을 중국화하려 하지 않았다. 중국어 사용이나 중국 문화 실천을 강요하지도 않았다. 만주인 팔기군과 몽골인 팔기군은 신강 북부 지역에 주둔했고, 그곳에는 말을 먹일 풀이 충분했다. 그들은 별도로 군사 행정을 따랐다. 북서부 지역의 중국인과 가장 신뢰할 만한 일부 토착민은 정규 정부 조직에서 일했다.

궁정에서는 신강의 경제 발전을 도모하고자 했다. 그러나 토착 주민에게 돌아가는 수익은 별로 없었고, 외부자(특히 중국 상인과 기업가)들이 이익을 챙겼다. 경제 발전을 꾀한 정부의 주안점은 군대 유지비를 충당하는 것이었다. 그래야 청나라의 지배를 유지할 수 있었기 때문이다. 자원을 충분히 확보하지 못했기 때문에 군대의 기본적 수요를 충당하기 위해서도 상당한 양의 은(銀)이 소모되었다. 비용을 절감하기 위해 청나라 관리들은 그 지역의 천연자원을 개발했다. 전통적인 신강의 중심지 호탄(Khotan)에서 옥을 채취하고 상점을 개설했으며, 신강으로 차(茶)

---

45 *Hamizhi* (Taibei: Xusheng shuju, 1967), p. 25에 그들의 군사 조직에 관한 내용이 나온다. 또한 다음을 참조. James A. Millward and Laura J. Newby, "The Qing and Islam on the Western Frontier" in Pamela Kyle Crossley, Helen F. Siu and Donald S. Sutton (eds.), *Empire at the Margins: Culture, Ethnicity and Frontier in Early Modern China* (Berkeley, CA: University of California Press, 2006), pp. 113-33.

를 보내주었다. 또한 그곳까지 가는 상인들의 여행을 도왔는데, 대개는 중국인이었지만 간혹 인도인과 무슬림도 섞여 있었다.[46] 이와 같은 경제 정책으로 중국인 상인들은 대개 수익을 챙겼다. 그 수익으로 상인들은 관리와 베그, 일부 무슬림 공동체의 지도자 들에게 "선물"을 바쳤다. 토착 주민은 경제 성장의 혜택을 그다지 받지 못했다. 결과적으로 중국인 상인들과 무슬림 지도자들은 원망의 대상이 되었다. 더욱이 이와 같은 적극적 정책에도 불구하고 주둔군 지원을 위한 충분한 재원은 확보되지 못했다.

식민지 점령, 일부 중국인 관리들의 반(反)무슬림 정책, 중국 상인들의 토착민 착취, 관리들의 능력 부족은 점령지 주민들의 적대감을 불러일으켰다. 과거 독립 지역이었던 곳이 외국의, 그것도 비-무슬림 제국의 지배 아래 놓이게 된 것이다. 나크슈반디(Naqshbandi)는 무슬림 수피 신비주의 교단으로 침묵하는 가운데 신을 기억하는 것(dhkir)을 강조했고, 이슬람의 근본으로 돌아가고자 했다. 이는 청나라 지배에 대한 반대로 이어졌다. 이방인의 관습과 신앙에 물들지 않으려는 교리에 따르면 외국의 통제는 받아들일 수 없었다. 서아시아 및 중앙아시아의 무슬림 지도자들과 몇 차례 교류를 거치면서 교단은 더욱 강성해졌고, 교단의 지도자(Khoja)들은 청나라와 인연을 끊었다. 이른바 이슬람의 새로운 가르침(新敎)을 주창한 나크슈반디 교단의 지도자들은 세속에서 청나라 지배에 대한 불만을 더욱 키워나갔다.[47]

---

46 Millward, *Eurasian Crossroads*, pp. 102-4.
47 Joseph Fletcher, "The Naqshbandiyya in Northwest China" in Joseph Fletcher, *Studies on Chinese and Islamic Central Asia* (Aldershot: Variorum, 1995), pp. 1-4.

서서히 고조되던 적대감은 마침내 폭력 사태로 이어졌다. 경제·민족·종교적 요소들이 모두 분쟁의 불씨가 되었다. 몇 년을 끌던 대립의 과정 끝에 폭력 사태가 불거져 청 제국을 뒤흔들었다. 1765년 한 차례 반란이 일어났고, 이후 서아시아에서 공부하고 돌아온 무슬림 지도자 마명심(馬明心)이 1781~1784년 반란을 이끌었다. 청나라는 신속히 반란을 제압했다. 그러나 더욱 극심한 대립의 무대가 만들어졌다. 19세기 청 제국이 쇠락하면서 동부 해안 지역으로 강력한 서구 세력의 위협이 몰려왔다. 북서부 지역의 불만 세력이 중국의 약한 고리를 틈타 독립을 이룰 기회가 마련된 것이다. 그러나 중국의 문제가 악화되면서 서구 세력도 북서부 지역에 눈독을 들였다. 영국과 특히 러시아는 신강 지역에서 청 제국의 패권에 핵심적 위협이 되었다.

차르의 궁정과 중앙아시아

영국과 러시아의 긴장 내지 분쟁에 단순히 신강 지역뿐만 아니라 중앙아시아 전체가 연루되었다. 그것을 일컬어 19세기의 "그레이트 게임(Great Game)"이라고도 했다. 영국은 인도의 기반과 중국에서의 경제적 이익을 지키고자 했고, 러시아는 시베리아를 점령한 뒤 그와 맞닿아 있는 중앙아시아를 추가로 병합하고자 했다. 양대 세력의 이해관계는 정반대였다. 그들이 중앙아시아에서 펼친 정책 덕분에, 중앙아시아는 과거 실크로드의 전성기 시절과 같은 지정학적 주요 지역으로 떠올랐다. 17세기와 18세기를 거치는 동안 중앙아시아가 활발한 국제 교류의 장으로 재도약할 발판이 만들어졌다.

본격적인 러시아-영국 경쟁이 시작되기 전, 러시아 차르의 궁정에서는 이미 그들과 이웃하고 있던 중앙아시아에 영향력을 행사하기 시작했다. 처음에는 유목민에게 초점을 맞추었다. 그들의 이동성 때문에 그들을 통제하기가 쉽지 않았기 때문이다. 그러나 중앙아시아의 다른 도시 주민들과 달리 카자흐인의 경우 지도자가 수적으로 그리 많지 않았다. 카자흐인은 불과 세 개의 연맹으로 나뉘어 있었다. 통합 세력을 이루지 못한 카자흐인은 러시아의 압력에 취약할 수밖에 없었다. 애초 카자흐의 통치자는 칭기즈 칸의 후손이었다. 16세기에 이르러 카자흐인은 그들을 몰아냈고, 이슬람으로 개종했으며, 성묘나 사원에서 호자(Khoja, 수피교 성직자)와 수피 의례를 중심으로 통합을 만들어나갔다. 같은 시기, 즉 16세기에서 17세기 사이 카자흐는 우즈베크와 맞서 싸웠고, 결과적으로 양측 모두 세력이 약화되었다. 세 개의 카자흐 연맹 중 하나인 소(小)카자흐(Junior Kazakhs)는 이런 상황에서 러시아의 보호를 요청했고, 1730년에 차르의 궁정에 복속되었다.[48] 그들의 지도자는 "칸(Khan)"의 칭호를 유지하다가, 1824년 러시아가 이 지역을 완전히 장악한 뒤로는 더 이상의 칸을 지명하지 않았다. 중(中)카자흐(Middle Kazakhs)는 보다 독립적이었다. 그러나 강력한 카리스마의 지도자 아블라이(Ablay) 칸이 사망한 뒤인 1782년 역시 차르의 궁정이 그들을 접수했다. 대(大)카자흐(Senior Kazakhs)도 독립을 유지하다가 19세기 중엽 러시아의 원정에 따라 차르의 궁정에 복속되었다.

 과거 세 개의 카자흐 연맹 중 두 개를 장악한 러시아는 카자흐 지역

---

48 Allen Frank, "The Qazaqs and Russia" in Di Cosmo, Frank and Golden, *Cambridge History of Inner Asia*, p. 368.

을 통치하기 위해 신속히 움직였다. 먼저 목축민의 이동을 제한했고, 특정 구역 안에서만 움직이도록 명령을 내렸다. 이동을 제한함으로써 러시아는, 이론적으로는 카자흐를 충분히 감독할 수 있었다. 차르의 궁정은 또한 이슬람을 통치 수단으로 활용했다. 도시에 건설된 모스크, 마드라스, 성묘 사원은 카자흐인이 더 이상 목초지를 찾아 돌아다니지 않고 영구적으로 정착할 이유가 되었다. 차르의 궁정에서는 카자흐와의 교역을 장려했다. 러시아는 곡물과 제조 물품을 공급했고, 그 대가로 말, 양, 염소, 기타 축산물을 수입했다. 이와 같은 교역은 러시아의 통합을 더욱 강화했다. 그것이 바로 궁정에서 가장 중요하게 생각한 목적이었다. 마침내 차르의 관리들은 제국의 다른 지역에 거주하는 코사크인, 무슬림, 러시아인을 강요하거나 부추겨서 카자흐의 땅으로 이주하도록 만들었다. 그들의 땅을 러시아로 편입하기 위해 추가된 정책적 수단이었다.[49]

정주를 선택한 우즈베크 칸국의 정세 불안은 차르의 궁정에 기회를 제공했다. 17세기 초엽 우즈베크의 통치자들은 히바(Khiva)와 부하라(Bukhara)에 칸국을 설립했고, 부하라의 상인들은 인도, 러시아, 중국과 중개 무역을 했는데, 아시아의 주요 무역로가 활기를 띠면서 그들 또한 번영을 구가했다. 이와 같은 상업적 성공에도 불구하고 두 개의 칸국은 강성하지 못했다. 그 원인으로 외부의 적도 있었지만, 내부적으로 통합을 이루지 못했고 통치권 승계 문제를 두고 분쟁도 있었기 때문이다. 수차례 벌어진 칸의 암살, 외국의 침입, 스텝 유목민의 공격 등은 끊임없이

---

49 Allen Frank, "The Qazaqs" in Di Cosmo, Frank and Golden, *Cambridge History of Inner Asia*, pp. 372-5; see also, for more detail, Martha Olcott, *Kazakhs* (Stanford, CA: Hoover Institution Press, Stanford University, 1995), pp. 28-53.

칸국을 약화시켰고, 마침내 19세기에 이르러 러시아는 어렵지 않게 칸국을 정복할 수 있었다.

　18세기 초엽부터 칸국의 기운은 점차 쇠락의 길을 걸어갔다. 먼저 혼란에 직면한 곳은 히바였다. 투르크멘과 카자흐가 그곳을 공격했다. 우즈베크인 유목민조차 불만을 품고 도시에 있는 동족의 땅을 공격했다. 이와 같은 폭력이 반복되면서 히바는 더 이상 안전한 곳이 못 되었다. 부하라에서도 이와 유사한 문제가 불거졌다. 투르크멘과 카자흐 유목민이 부하라 혹은 부하라 관할의 주변 지역을 끊임없이 공격했다. 부하라의 통치 가문은 서로 죽고 죽이는 권력 다툼으로 도시에 더욱더 해를 끼쳤다. 폭력의 결과 부하라는 매우 취약해졌고, 결국 1740년 이란 지역 사파비 제국의 통치자 나디르 샤(Nadir Shah)가 쳐들어와 부하라를 정복했다. 히바도 사파비 제국의 손에 넘어갔다. 두 도시는 공물로 곡물과 말먹이를 바쳐야 했고, 샤의 군대에 필요한 병사를 보내주어야 했다. 사파비 제국이 말기의 내부 혼란에 휩싸일 때까지 히바와 부하라는 그들의 영향권 안에 있었다. 나디르 샤는 우즈베크의 망기트(Manghit) 부족 구성원 중에서 인물을 선발하여 히바와 부하라를 통치하도록 했고, 그들에게 상당한 정도의 자율성을 허용했다. 그러나 1747년 나디르 샤가 암살된 뒤 사파비 제국은 극심한 혼란에 휩싸였다. 사파비 제국의 지배에 불만을 품은 다른 우즈베크 세력이 망기트 왕조를 공격했다. 우즈베크 내전은 18세기 내내 부하라에서 왕실을 위협했다. 전쟁의 와중에 망기트 왕조는 이란 지역의 메르브(Merv)와 아프가니스탄 지역을 공략하기도 했다. 망기트 왕조는 계속해서 이슬람을 지지했고, 모스크를 건설하고 와크프(waqf)를 후원하거나 종교 단체에 기부하기도 했다. 그러나 반복적인 방어와 군사 원정이 왕조를 끊임없이 괴롭혔다. 19세기 러시아의 팽창 당시 망기트 왕조는 그에 저항할 기운이 없었다.[50]

망기트 왕조 치하의 히바 또한 예전처럼 불안정하기는 마찬가지였다. 투르크멘, 카자흐, 우즈베크인 집단들이 계속해서 왕조의 통치 지역을 공격했고, 1753~1758년 짧게나마 카자흐 칸이 히바를 정복한 적도 있었다. 암살, 억압 통치, 망기트 왕실 내부의 분쟁 등으로 안정적인 왕국 건설은 불가능했다. 19세기 초엽 정치적 혼란이 파괴적 영향을 미쳤고, 러시아는 다시 한 번 이 도시를 통제할 기회를 얻었다.

18세기 말엽 우즈베크인은 이 시대의 마지막 중앙아시아 국가인 코칸트(Kokand) 칸국을 건설했다. 비옥한 페르가나(Ferghana) 계곡에 근거지를 둔 그들은 번영을 위한 긍정적 조건을 갖추고 있었다. 그러나 노르부티 비이(Norbuti Biy, 1770~1798)의 통치 이후 부하라와 히바처럼 그곳도 산산조각으로 분열되었다. 통일은 요원한 일이었다.[51] 이미 러시아 무역 의존이 너무 커진 것도 통합을 저해하는 요인이었다. 16세기 이후 그들은 중국과의 교류가 제한되었고, 18세기 말엽에는 인도와의 무역도 쇠퇴했다. 과거 무역으로 번성하고 천문학, 수학, 예술의 중심지였던 부하라, 사마르칸트, 타슈켄트 같은 주요 도시는 이제 상업 참여가 줄어들었고, 문화적·과학적 혁신도 줄어들었으며, 쇠락이 시작되었다. 그들의 군대에서는 18세기 말엽과 19세기 초엽 러시아가 사용한 무기를 개발

---

50 Levi, *Indian Diaspora*, pp. 238-41.
51 코칸트와 중국의 관계는 다음을 참조. Laura J. Newby, *The Empire and the Khanate: A Political History of Qing Relations with Khoqand, c. 1760-1860* (Leiden: Brill, 2005).

하지 못했다. 통합의 실패와 열등한 무기로는 러시아의 상대가 될 수 없었다.

결론

1400~1800년 중앙아시아는 세계사에서 그렇게 중심적인 위치를 차지하지는 못했지만, 그럼에도 불구하고 계속해서 모든 아시아 국가를 연결하는 교차로로 남아 있었다. 테무르의 사망 이후 1409년 마침내 그의 아들이 권좌에 올랐을 때, 티무르 제국은 다시 중국과의 관계를 재개했다. 투르판과 하미 같은 중국에 가까운 오아시스 도시들을 통해 명나라와 무역이 이루어졌다. 중앙아시아 서부는, 15세기는 티무르 제국이었고 16세기 이후는 우즈베크 칸국이었는데, 인도와 막대한 양의 교역을 했으며, 이후 러시아와 연결되었다. 인도의 무굴 제국은 티무르 제국의 후손이었고, 힌두 백성 중에서도 중앙아시아에 뿌리를 둔 사람들이 있었다. 그들은 우즈베크와 무역을 지속하면서 말, 곡물, 수공업 물품 등을 거래했다. 16세기에 러시아는 우랄산맥을 넘어 아시아 세력에 뛰어들었다. 차르의 궁정은 중국 북서부와 중앙아시아 동부 지역에서 생산되는 야생 루바브 무역을 시작했다. 러시아 상인들은 중앙아시아 서부 지역에서 카자흐, 투르크멘, 우즈베크 사람들로부터 상품을 수입하고자 했다.

그러나 18세기에 이르러 중앙아시아의 세력은 더욱 약화되었고, 결과적으로 분열의 길을 가게 되었다. 튀르크의 지방 통치자들은 몽골의 준가르를 반기지 않았다. 그들은 중앙아시아 동부로 이주해 들어온 뒤 기존의 세력들과 융합되지 못했고, 중국이 몽골을 격파하러 왔을 때 그들은 통합된 세력으로 대항하지 못했다. 저항이 워낙 약한 것을 알게 된 청 제국은 중앙아시아를 제국의 일부로 편입시켰다. 이와 비슷한 과정이 중앙아시아 서부에서도 일어났다. 카자흐, 투르크멘, 우즈베크 등 다양한 민족이 거주한 그곳 역시 통합이 잘 되지 않았다. 통합은커녕 오히려 서로가 서로를 상대로 싸웠다. 18세기 말엽에 이르러 세 개의 카자흐 연맹 중 두 개가 사실상 러시아의 속국이 되었고, 세 개의 우즈베크 칸국은 모두 혼란에 빠져 있었다. 19세기에 접어들면서 그들은 모두 러시아의 공격에 무너졌다. 러시아 제국과 청 제국은 중앙아시아의 여러 지역을 병합하고자 하는 분명한 의지를 드러냈다. 이를 위해 막대한 자원을 쏟아부었고, 이 지역의 가치와 의미를 인정했다. 중앙아시아는 러시아 및 중국과의 관계를 통해 세계사의 일부로 남게 되었다.

이 시기 중앙아시아의 이슬람화도 중요한 의미가 있었다. 중앙아시아 동부 지역에서는 15세기에도 불교 사찰이 남아 있었으나, 100여 년 사이 인구 대다수가 무슬림으로 개종했다. 중앙아시아 서부 지역에서는 이슬람 수피교의 호자가 세속적으로나 종교적으로나 갈수록 중요한 역할을 맡게 되었다. 중앙아시아 서부의 우즈베크인도 중앙아시아 동부 지역과 비슷한 과정을 거쳤다. 그들은 서서히 이슬람으로 개종했는데, 그 과정은 1500년에서 1800년에 이르기까지 수 세기가 걸렸다. 우즈베크 칸국에서는 모스크와 마드라사를 건설하고 와크프를 설립했다. 이는 도시화를 촉진하는 데 기여했다. 카자흐인의 이슬람 개종은 그보다 더 느린 과정을 거쳤다. 유목 카자흐인은 정주 카자흐인처럼 신속히 개종하기가 어려웠다. 그럼에도 불구하고 1800년경에 이르러 카자흐 목동의 대부분은 이슬람교도를 자처했다. 대부분의 중앙아시아인이 이슬람으로 개종하자, 그들은 세계 무슬림 공동체와 연결되었고, 특히 서아시아 및 인도아대륙과 교류를 강화했다. 종교적 교류는 중앙아시아가 세계사의 더 큰 패턴과 연결되는 또 다른 매개가 되었다.

더 읽어보기

Abru, Hafiz-I, *A Persian Embassy to China, Being an Extract from Zubdatu't Tawarikh of Hafiz Abru*, K. M. Maitra (trans.) (New York: Paragon Book Company, 1970).

Allen, Terry, *Timurid Herat* (Wiesbaden: Reichert, 1983).

Allworth, Edward, *The Modern Uzbeks From the 14th Century to the Present: A Cultural History* (Stanford, CA: Hoover Institution Press, Stanford University, 1990).

Barthold, Vasilli V., *Four Studies on the History of Central Asia*, V. Minorsky and T. Minorsky (trans.), 4 vols. (Leiden: Brill, 1956-62).

Bawden, Charles, *The Modern History of Mongolia* (New York: Frederic Praeger, 1968).

Burton, Audrey, *The Bukharans: A Dynastic, Diplomatic, and Commercial History, 1550-1702* (New York: St. Martin's Press, 1997).

Cosmo, Nicola Di, Allen Frank and Peter Golden (eds.), *The Cambridge History of Inner Asia: The Chinggisid Era* (Cambridge University Press, 2009).

Dabringhaus, Sabine and Roderick Ptak (eds.), *China and Her Neighbours* (Wiesbaden: Harrassowitz Verlag, 1997).

Dale, Stephen, *Indian Merchants and Eurasian Trade, 1600-1750* (Cambridge University Press, 1994).

Elverskog, Johan, *Our Great Qing: The Mongols, Buddhism, and the State in Late Imperial China* (Honolulu: University of Hawaii Press, 2006).

Foltz, Richard, *Mughal India and Central Asia* (New Delhi: Oxford University Press, 1998).

Gommans, Jos, *The Rise of the Indo-Afghan Empire, c. 1710-1780* (Leiden: Brill, 1995).

Hambly, Gavin, *Central Asia* (London: Weidenfeld and Nicolson, 1969).

Kauz, Ralph, *Politik und Handel zwischen Ming und Timuriden: China, Iran, and Zentralasien im Spätmittelalter* (Wiesbaden: Reichert, 2005).

Khodarkovsky, Michael, *Russia's Steppe Frontier: The Making of a Colonial Empire, 1500-1800* (Bloomington, IN: Indiana University Press, 2002).

Lentz, Thomas W. and Glenn D. Lowry, *Temür and the Princely Vision: Persian Art and Culture in the 15th Century* (Los Angeles County Museum of Art, 1989).

Levi, Scott, *The Indian Diaspora in Central Asia and Its Trade, 1550-1900* (Leiden: Brill, 2002).

Mancall, Mark, *China and Russia: Their Diplomatic Relations to 1728* (Cambridge, MA: Harvard University Press, 1971).

Manz, Beatrice Forbes, *Power, Politics, and Religion in Timurid Iran* (Cambridge University Press, 2007).

_____, *The Rise and Rule of Tamerlane* (Cambridge University Press, 1989).

McChesney, Robert, *Waqf in Central Asia: Four Hundred Years in the History of a Muslim Shrine, 1480-1889* (Princeton University Press, 1991).

Millward, James, *Eurasian Crossroads: A History of Xinjiang* (New York: Columbia University Press, 2007).

Olcott, Martha, *The Kazakhs* (Stanford, CA: Hoover Institution Press, Stanford University, 1987).

Ostrowski, Donald, *Muscovy and the Mongols: Cross-Cultural Influences on the Steppe Frontier, 1304-1589* (Cambridge University Press, 1998).

Perdue, Peter, *China Marches West: The Qing Conquest of Central Eurasia* (Cambridge, MA: Harvard University Press, 2005).

Rossabi, Morris, *China and Inner Asia* (New York: Thames and Hudson, Ltd., 1975).

_____, "The Decline of the Central Asian Caravan Trade" in James Tracy (ed.), *The Rise of Merchant Empires* (Cambridge University Press, 1990), pp. 351-71.

Thackston, Wheeler (trans.), *Baburnama: Memoirs of Babur* (New York: Random House, 2002).

_____, *Mirza Haidar Dughlat's Tarikh-i-Rashidid: A History of the Khans of Moghulistan* (Cambridge, MA: Harvard University Press, 1996).

Watt, James C. Y. and Anne E. Wardwell (eds.), *When Silk Was Gold: Central Asian and Chinese Textiles* (New York: Metropolitan Museum of Art, 1997).

CHAPTER 15

세계의 교차로, 동남아시아

마이클 라판
Michael Laffan

동남아시아에는 수많은 민족이 살고 있었다. 옛날 그들의 생활은 고지대에서는 이동식 화전 농업, 저지대에서는 습식 벼농사를 중심으로 이루어졌고, 희귀한 임산물과 해산물도 채취했다. 그중에는 해외 시장으로 팔려나가는 상품도 많았다. 15세기가 시작될 무렵, 수많은 동남아시아 민족(티베트-버마어, 타이어, 베트남어, 대륙동남아 오스트로아시아어, 섬동남아 오스트로네시아어 사용자)의 정치 단위를 연결하는 무역 네트워크가 형성되어 있었다. 그들은 이미 오래전부터 지역 간 무역에 능동적으로 참여하고 있었다. 더욱이 그들의 무역 네트워크는, 중국의 여러 제국이 대를 이어 통치한 항구들과 인도양으로 접어들기 전의 화물 집산지 사이를 연결하는 중개 무역의 핵심 거점이었다.

　이와 같은 세계적 물류 네트워크는 필연적으로 몬순 기후 시스템을 따라야 했으므로, 외국의 상인들은 (태평양에서 인도양으로) 대양 권역을 넘어가기 전 동남아시아에서 휴식 기간을 가질 수밖에 없었다. 그래서 동남아시아인은 고향에 앉아서도 고향의 범위를 훨씬 넘어서는 세계적 무역에 참여할 수 있었다. 그들은 또한 수많은 지역 왕조를 뒷받침했다. 그중에는 농업 기반 왕조도 있었고 무역 기반 왕조도 있었다. 버마(미얀마) 중부 바간(Bagan) 평원, 캄보디아의 앙코르, 메콩강 삼각주, 자와섬 중앙 화산 지대 등이 왕조의 중심 무대였고, 심지어 오늘날 베트남 중부에 해당하는 해안 지대에도 소규모 참족 정치 단위들이 있었다.

중국과 인도 사이 중간 지대의 이슬람교와 불교

앞서 언급한 모든 왕국과 수많은 속국, 잠재적 경쟁자 들은 주로 강줄기를 통해 쉽게 접근할 수 있는 지역이나 해안에 자리 잡고 있었다. 그들은 상품을 운송하는 상인뿐만 아니라 전문가나 명망가의 거주를 기꺼이 환영했다. 그것이 그들의 오랜 자부심이었다. 오늘날보다 인구 밀도가 훨씬 낮았던 그곳에서는 사람을 끌어모으는 것이 곧 정치적 성공으로 인정받았다. 그래서 때로는 전쟁을 벌여 포로를 잡아가는 일도 심심찮게 일어났다. 또한 그 과정에서 외국 주요 인물들이 방문 또는 여행을 했고, 그것이 종교 전통의 생성 혹은 강화의 계기가 되었다. 이는 각 지역의 원형 국가(charter state)에서 강력한 상징 유물로 남겨졌다. 앙코르 와트나 보로부두르 유적이 대표적 사례로, 이들은 내용적으로 힌두교나 마하야나(Mahayana) 불교에 봉헌된 유물이었다. 훗날 오래도록 테라바다(Theravada) 불교가 스리랑카의 대표적 종교였다는 사실, 혹은 오늘날에도 버마(미얀마)에서 테라바다 불교가 성행하는 현실과는 상당히 다른 풍경이었다.

오래도록 학계에 알려진바, 해당 유적을 남긴 국가 체제는 통치 방식, 경전, (대개 인도 남동부 지역의 팔라바 문자에서 파생된) 문자 등의 측면에서 인도의 이데올로기와 관련이 있었지만, 그들의 정치적 근거는 북방에 있었다고 한다. 초기에는 불교, 그다음에는 이슬람교를 통해 무역 네트워크가 작동했는데, 중국의 왕조가 제공한 기회 덕분에 그들의 무역 네트워크가 활성화될 수 있었다. 대륙동남아 및 섬동남아에서 서로 경쟁한 국가들이 중국의 후원을 직접 요청한 경우도 드물지 않았다.

우리의 논의는 그들 사이의 관계에 문제가 없었다거나, 혹은 동남아시아 국가들이 중개자로서 동서 교역에서 이득만 취하는 입장이었다는 얘기를 하려는 것이 아니다. 오늘날 동남아시아로 불리는 지역 중 일부는 중국의 "조공국"이었고, 북베트남 홍강(瀧紅) 평원 같은 또 다른 일부는 중국의 일부로 편입되기도 했다. 그보다 서쪽, 즉 (9세기에서 13세기 사이 전성기를 누린) 남인도와 스리랑카를 다스린 촐라 왕국의 통치자들은 11세기 일사분기 무렵 중국으로 통하는 교통로의 주권을 주장했으며, 수마트라와 말레이반도 해안의 수많은 항구를 약탈했다.

그럼에도 불구하고 11세기 타밀족의 침입은, 정치적 충격이 남쪽으로부터 왔다는 점에서 예외적이었다. 13~14세기 몽골(원나라)의 통치 및 야망, 그리고 이후 1368년 명나라의 성립은 대륙과 섬을 막론하고 동남아시아 전체의 변화를 초래했다. 대륙 지역에서는 주요 강줄기를 따라 남쪽 끝까지 내려간 지역에서 새로운 국가들이 성립하여 상당한 농지와 숲의 자원을 장악했다. 그들은 강줄기를 따라 위로는 중국의 운남과 아래로는 인도양을 연결했다. 16세기 말엽에 이르러 주도 세력은 버마(미얀마)의 따웅우(Taungoo)와 태국의 아유타야(Ayutthaya)로 양분되었다. 따웅우와 아유타야는 공격적 라이벌 국가로, 둘 다 해양 국가 스리랑카로부터 테라바다 불교 자료를 입수했고, 이를 점차 국가적 정체성의 근거로 삼았다.

혼란과 격동의 시기를 거치면서 섬동남아에서도 중요한 변화가 발생했다. 기존의 힌두교 관습에서 벗어나게 된 것이다. 그러나 그들은 버마(미얀마)나 태국처럼 테라바다 불교를 받아들이지 않았다. 13세기 말엽 수마트라 북부 항구의 통치자들은 세계적 야망을 간직한 새로운 종교를 받아들였다. 당시 이슬람은 중동 지역에서 종교적 주류를 형성하고 있었고, 특히 향료와 향신료, 침향 등 섬동남아의 상품이 이미 오래 전부터 그곳으로 많이 수출되고 있었다. 세계적 판도에서 보자면 이슬람은 동아프리카 해안에서부터 인도 북부에 이르는 전 지역에서 주도적 국가 종교로 자리매김했고, 인도 남부 해안 곳곳에서 존재감을 드러내고 있었다.

중국에도 이슬람이 진입해 있었다. 마르코 폴로(Marco Polo)는 1290년대에 중국의 원나라에서 출발하여 고향으로 돌아왔는데, 출발지인 중국의 항구에서 이슬람은 이미 오래전부터 낯선 종교가 아니었다. 그는 귀국길에 수마트라섬의 북부에서 무슬림 상인 공동체를 보았다는 기록도 남겼다. 그로부터 약 50년 뒤, 모로코 탕헤르(Tánger) 출신의 이븐 바투타(Ibn Battuta, 1304~1369)는 수마트라섬에 중앙아시아와 이란의 학자들이 있었다고 증언했다. 당시 동남아시아는 예멘에 근거지를 둔 아랍 상인들과 점차 친숙해졌던 것 같다. 이 시기 예멘의 자료에는 (동남아시아 전체를 일컫는) 자와(Jawa)라는 명칭이 언급되는 횟수가 급증했으며, 장뇌(camphor) 같은 자와의 상품뿐만 아니라 자와의 사람들(때로는 무슬림) 또한 자주 등장했다.

요컨대 15세기에 이르러 동남아시아에서는 두 가지 핵심 전통과 깊은 인연을 맺는 과정이 진행되었다. 그것이 바로 테라바다 불교와 수니파 이슬람이었다. 결국은 이들 전통이 대륙동남아와 섬동남아 지역의 대부분을 휩쓸었다. 그러나 동남아시아가 전적으로 이렇게 두 지역만으로 구성되었다고 말하기는 어렵다. 명나라 정화(鄭和, 1371~1433) 함대의 기록에 분명하게 기술되어 있듯이, 그들은 중국으로부터 독립한 지 약 4세기가 지난 안남(安南) 지역을 회복하라는 명령을 받았다고 한다. 안남은 중국의 영향이 강하게 남아 있는 지역이었다. 게다가 16세기에는 이베리아반도의 사람들까지 동남아시아로 진출했다. 유럽인의 직접 개입과 기독교까지 더해지자 동남아시아는 기존의 불교, 이슬람, 시크교 전통과 맞물려 한층 더 복잡한 형국이 되었다.

명나라의 영향, 섬 지역의 이슬람화, 대륙의 불교 강화

단일 사건으로 15세기 동남아시아에 가장 큰 영향을 미친 사례는 아마도 정화 함대의 방문이었을 것이다. 명나라는 1405년에서 1433년 사이 잇달아 정화 함대를 동남아시아로 파견했다. 그러나 그것을 최초의 사례라고 보기는 어렵다. 마르코 폴로와 이븐 바투타의 여행기에도 중국 함대가 동남아시아에 체류했던 사례가 등장하기 때문이다. 여러 차례의 정화 함대 원정 가운데 세 차례를 동행한 마환(馬歡, 1380~1460)은 여행 경험을 기록으로 남겼다. 그에 따르면 당시 동남아시아의 해양 세계는 동일성과 차이가 공존한 공간이었다. 마환은 원정의 과정에서 발견한 사실을 기록했다. 그의 목록에는 오스트로네시아의 수많은 관습과 신앙(흡혈귀 이야기나 머리 만지는 것을 싫어하는 풍습 등), 빈랑(檳榔)을 씹는 행위 등이 언급되어 있다. 또한 항구와 밀림의 일반적 차이도 기록되어 있는데, 항구의 도시국가는 규모는 작지만 국제적 면모를 지닌 반면에 숲이 우거진 그들의 배후지에는 식인종이 득실댄다고 했다. 해안 지역의 토착민에 대해서도 업신여기고 심지어 혐오하는 어조가 만연했다. 그러나 강을 거슬러 올라가 내륙 깊숙이 위치한 주요 국가들에 대해서는 거의 아는 바가 없었다. 예를 들어 마환은 일부 말레이 통치자들이 왕의 지위를 참칭한다며 비웃었다. 또한 자와섬의 사람들은 지저분하다고 주장하면서, 자와섬에서 소수자로 살아가는 무슬림이 불결하다고 생각하는 음식도 자와섬의 원주민은 거리낌 없이 먹어치운다고 기록했다. 한편 이들 무슬림은 세계 각처에서 이주해 온 "이방인"으로 묘사되었으며, 과거에 그곳으로 이주하거나 도망쳐 온 중국인도 무슬림으로 일컬어졌다.

이와 같은 기록으로 보아 무슬림과 중국인 거주자는 이미 동남아시아 해양 세계의 일원으로 포함되어 있었다. 정화와 원정대의 기록관 마환을 비롯한 수많은 관료가 무슬림이었다는 점까지 고려해보면, 이슬람과 중국 문명의 시너지 효과는 당연한 일이었다. 믈라카(Melaka)의 물류항 건설과 발달은 바로 이와 같은 복합적 관계에 의해 촉진되었을 것이다. 중국 명나라는 예전의 조공 관계를 복원하고 믈라카 해협 양안에 세관을 설치하려 했다. 같은 시기 힌두교도였던 팔렘방(Palembang)의 왕자는 이슬람을 받아들였다. 거대한 섬 보르네오의 북서부에 위치한 브루나이(Brunei)는 새롭게 이슬람화된 국가로, 명나라는 브루나이에 기꺼이 손을 내밀었다. 당시 인도 문화권의 왕조가 들어서 있었던 참파(Champa)에서도 무슬림을 기꺼이 환영했으며, 명나라의 공식 역사서도 참파의 인도 왕조를 호의적으로 기록했다.

참파의 무슬림 공동체는 오늘날로 말하면 베트남 중부 지역에 위치했는데, 당시 자와섬 북동부 돌출부에 있었던 이슬람 도시와 모종의 거래가 있었던 것으로 보인다. 그들의 영토가 1470년대 베트남에 흡수된 뒤, 다수의 참족 무슬림이 수마트라섬 북부에 아체 술탄국을 건설할 때 중요한 역할을 담당했다. 뿐만 아니라 아유타야 왕조는 참족 무슬림의 해군력을 이용하여 태국에서 헤게모니를 장악하고 짜오프라야(Chaophraya)강 유역의 남부를 지배했다.

    15세기 전반기의 세계 교류는 이슬람 색채를 강하게 띠고 있었다. 1411년 스리랑카의 항구 갈(Galle)에서 정화의 명령에 따라 건립된 비석도 이를 알려주는 분명한 한 가지 사례로, 비문의 3분의 1이 페르시아어로 기록되었다. 그러나 이 비문은 이슬람 신앙만 강조한 것이 아니라 타밀어와 중국어 기록에도 많은 공간을 할애했다. 보호와 은총을 베푸는 모든 신격에게 정화가 바치는 공물의 내역을 상세히 기록한 내용이었다. 언어권을 초월하는 세력을 알려주는 이와 같은 유물은 1424년 직후 아유타야에서 건립된 불교 사찰에서도 확인된다. 왓 랏차부라나(Wat Ratchaburana) 사원에 타이어와 크메르어가 병기된 비석이 건립되었는데, 이는 스리랑카의 중국어-페르시아어 병기와 유사한 사례였다. 14세기 중엽 도시의 기반이 건설된 뒤로 아유타야는 페르시아 무역상들에게 유명한 곳이었다. 통치자들의 민족적 배경이 다양했지만 모두 중상주의적 야망을 가지고 중국을 지향했다. 그들의 입장에서 중국은 비-무슬림 통치자의 나라였지만, 기꺼이 그들로부터 승인을 받고자 노력했다.

    동남아시아에서 명나라의 활약은 이슬람화 과정과는 거의 아무런 상관이 없었다. 다만 자와섬의 치르본(Cirebon) 지역에 그와 관련된 특이한 전설이 전해오기는 한다. 그러나 이는 대부분의 일반적인 전설과 전혀 다른 이야기에 불과하다. 일반적으로는 베트남 참족의 무슬림 공주와 자와의 군주가 연결된다는 내용을 담고 있다. 명나라는 직접 지배를 원했으며 과거 조공 관계를 복원하고자 했다. 그래서 남부 수마트라와 스리랑카의 항구 도시 왕국에서 정권 교체를 강요하거나, 1407년 안남을 정복하기도 했다.

베트남의 레(Lê) 왕조는 1428년 명나라 점령군을 몰아내고 다이비엣(大越)이라는 이름의 독립 왕국을 복원했다. 그러나 중국식 왕조 체제와 유교 관료 체제를 적극적으로 활용했으며, 이를 통해 중부 평원 참족의 땅과 메콩강 삼각주의 크메르어 권역까지 베트남의 영향력을 확대해 나갔다. 이것이 앞서 언급한 참족 디아스포라의 배경이었다. 아유타야 왕국도 다이비엣과 비슷한 면이 있었다. 그들은 쇠락한 앙코르 왕국을 모델로 삼았으며, 나중에는 물리적으로 앙코르까지 흡수하는 등 짜오프라야강 유역을 넘어서까지 세력을 확장했고, 믈라카 해협의 패권을 두고 자와 술탄국과 세력을 다투었다.

태국과 자와의 영향권 사이 전략적 위치에 놓인 무슬림 믈라카는 지역 내 주요 무역 거점으로 부상했다. 말레이 연대기에서는 믈라카의 군사력이 자와나 아유타야와 비슷한 정도라고 기록되어 있다. 그러나 믈라카는 중국-무슬림 항구 사이를 오가는 무역 관계를 자와에, 그리고 쌀 공급은 아유타야에 의존했다. 이것이 가능하려면 중국의 승인을 얻어야 했으며 구자라트, 타밀, 버마(미얀마)를 비롯한 기타 지역 상인들의 정기적 방문도 이루어져야 했다.

이러한 관계와 성과에 힘입어 15세기 말엽 믈라카의 통치자들은 적어도 명목상이나마 수마트라 무슬림 항구의 종주권을 주장했다. 믈라카의 건국 신화에는 수마트라 북부의 항구 파사이(Pasai)에 관한 내용이 포함되어 있다. 전설에 따르면 믈라카의 조상 왕과 예언자가 꿈속에서 그에 관한 대화를 나누며, 아랍과 남인도의 스승들도 그곳을 방문한다. 그

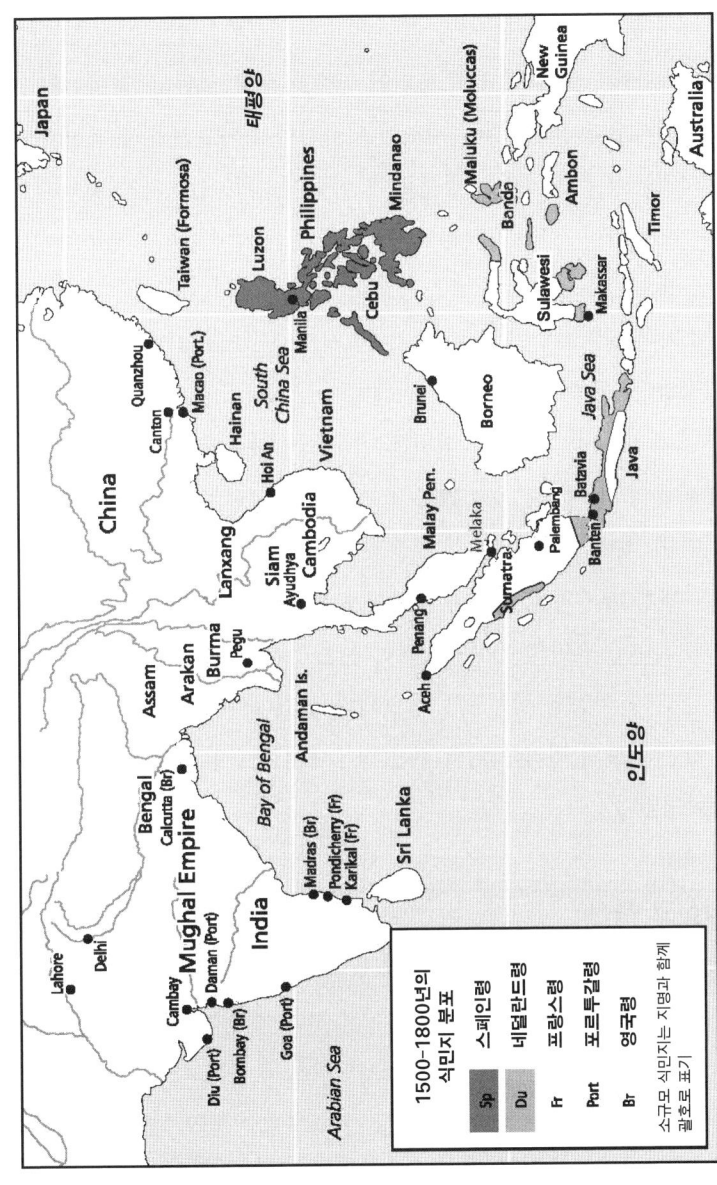

[지도 15-1] 남아시아와 동남아시아

CHAPTER 15 - 세계의 교차로, 동남아시아

러나 다시 한 번 강조해두지만, 동남아시아에서 이슬람은 어느 한 민족 집단의 전유물이 아니었고, 주도적인 민족도 따로 없었다. 전성기의 믈라카는 에티오피아에서 류큐 제도에 이르기까지 아프리카-유라시아 전역의 사람들이 주기적으로 방문했다. 아랍어 자료에도 자와(Jawa)라는 지역이 등장한다. 15세기 대사를 역임한 압드 알-라자크 사마르칸디(Abd al-Razzaq Samarqandi) 같은 페르시아인은 1442년의 저술에서 벵골 지역에 거주하는 자와인(Jawi people)과 지르바드(Zirbad)라고 하는 지명을 언급했다. 이 지명은 아마도 말레이어로 동남아시아 전체를 일컫는 어휘(bawah angin)로부터 그 의미를 번역하여 차용된 어휘로 보이는데, "바람 아래의 땅"이라는 뜻이었다.

시간이 흐르면서 말레이어를 통해 접근할 수 있는 바람 아래 땅의 해안은 변화한 자와섬 북부의 항구까지 확장되었다. 길은 여기서 신생 믈라카(Melaka) 술탄국으로 연결되었다. 그곳은 향신료가 많이 나는 곳으로, 중국과 서양의 상인들에게 인기가 있었다. 무엇보다도 자와섬에 남아 있던 인도의 권위는 이와 같은 항구에서 무슬림 선장들에 의해 점차 약화되었다.

향신료 전쟁

중세 시기 아랍의 지리학자나 연대기 저자 들은 대륙동남아의 침향부터 말루쿠 제도의 값비싼 향신료(주로 정향, 메이스, 육두구)에 이르기까지, 다양한 동남아시아 상품의 기원에 많은 관심을 기울였다. 15세기 이베리아반도의 사람들도 마찬가지였다. 그들은 아시아의 재화에 접근할 수 있는 직접적인 길을 찾아나섰다. 그들에게 아시아의 도시는 신비

롭기도 했겠지만, 그보다는 다가가기 어려운 곳으로 알려져 있었다. 19세기 말엽의 인도양이 "영국의 호수"였다면 그 이전에는 "아랍의 호수"였다고 생각하는 역사학자들도 있지만, 그렇게까지 말하기는 어렵다 하더라도, 인도양을 통해 무슬림 공동체들이 긴밀히 연결되어 있었던 것은 사실이다. 포르투갈인이 인도양으로 진출함으로써 가장 곤란을 겪은 사람들이 바로 그들이었다. 그럼에도 불구하고 일부 지역의 무슬림 정치 단위에서는 포르투갈인을 두려워하기보다 동맹으로 활용할 수 있는 세력으로 인식했다. 서로 경쟁 관계에 놓인 인도 항구의 입장은 제각각이었다. 페드루 알바르스 카브랄(Pedro Álvares Cabral)이나 바스쿠 다 가마(Vasco da Gama) 같은 선장들의 진출에 협력하는 측도 있었고 대립하는 측도 있었다. 바스쿠 다 가마는 남인도 칸누르(Kannur) 해안에서 순례자들이 가득 탄 배를 불태워 수장시킨 악명 높은 사건을 저지르기도 했다.

동남아시아에서도 마찬가지였다. 머나먼 말루쿠 제도의 주요 술탄국 중 하나인 화산섬 트르나테(Ternate)의 통치자는 1512년 포르투갈인과 동맹을 맺었다. 이는 포르투갈의 지배를 받기 위해서가 아니라, 이웃의 또 다른 무슬림 술탄국인 티도레(Tidore)와의 오랜 경쟁에서 물질적 지원을 기대했기 때문이었다. 한편 티도레는 스페인의 지원을 받고자 했는데, 1521년 마젤란 탐험대의 생존자 일부가 티도레 해안으로 떠밀려 온 사건이 계기가 되었다.

그러나 믈라카는 이와 같은 정치적 대립을 활용할 수 있는 곳이 아니었다. 포르투갈인은 1509년 믈라카에 도착한 직후 그곳이 확보해야 할 핵심 지역임을 알아차렸다. 1511년 포르투갈이 믈라카를 점령했음에도 불구하고, 항구로서 믈라카의 중요성은 퇴색해가고 있었다. 한때 그곳으로 몰려들던 수많은 무역상, 특히 구자라트나 남인도 지역의 상인들이, 믈라카와 경쟁 관계에 있으면서 보다 분명하게 이슬람을 표방하는 다른 항구로 발길을 돌렸기 때문이다. 그중에서 가장 중요한 항구는 믈라카 해협의 북쪽 입구에 해당하는 아체(Aceh)였고, 곧이어 자와섬의 서쪽 끝에 위치한 반텐(Banten)이 그 뒤를 이었다. 특히 아체는 이집트나 구자라트와 직접 교역하면서, 카이로가 1517년 오스만 제국에 정복되고 구자라트에서도 튀르크인 세력이 일어났다는 사실을 잘 알고 있었다. 그래서 서구에서 팽창하는 제국주의 세력(오스만튀르크 제국)과 직접 동맹을 맺었다.

십자가(기독교)와 초승달(이슬람)의 오랜 경쟁이 16세기에 접어들어 새롭게 전개된 것으로도 볼 수 있겠지만, 믈라카 술탄국의 후예인 조호르(Johor) 술탄국의 경우처럼, 때로는 이슬람이 아니라 이베리아반도의 세력과 동맹을 맺기도 했다는 사실을 간과해서는 안 된다. 특히 아체 술탄국이 지역 패권을 차지하기 위해 전함을 파견했을 때(Ala al-Din Riayat Shah, 재위 1537~1571 / Iskandar Muda, 재위 1607~1636) 조호르 술탄국이 이베리아 동맹으로 돌아선 적이 있었다.

섬동남아의 서부만 경쟁이 치열했던 것은 아니다. 포르투갈은 트르나테섬에 거점을 두고 남쪽으로는 조그만 반다(Banda) 제도까지 미약하게나마 존재감을 드러내고 있었다. 당시로서는 가장 풍요로운 부의 원천을 장악하고 있었던 셈이다. 그럼에도 포르투갈의 고군분투는 계속되었다. 독점을 더욱 강화하고 다른 선박들이 수출에 관여하지 못하도록 막아내야 했기 때문이다. 유럽에서도 그들이 차지한 땅을 가지고 논란이 있었다. 1494년 체결된 토르데시야스 조약(Treaty of Tordesillas)을 지구 반대편에 어떻게 적용할지를 두고 포르투갈 왕국과 카스티야 왕국의 입장이 달랐기 때문이다. 북쪽으로는 오늘날 우리가 필리핀으로 알고 있는 섬 지역으로 스페인 사람들의 진출이 늘어났는데, 아메리카의 멕시코에서 출발해 들어온 사람들이었다. 1540년대에는 그곳에 식민지를 건설하려는 시도가 있었지만 실패로 돌아갔다. 결국 1571년 스페인의 기지가 건설되었다. 위치는 마닐라만(Manila 灣)의 외곽 지역이었는데, 당시 마닐라는 무슬림 왕조의 통치를 받고 있었다. 곧이어 스페인은 마닐라를 새로운 식민지의 수도로 선포했고, 이후 요새를 강화해나갔다. 정문의 이름은 산티아고 마타모로스(Santiago Matamoros)였다(산티아고는 예수의 제자 야고보의 스페인식 이름이다. 이베리아반도에서 벌어진 무슬림과의 전쟁에서 5000명 이상의 무어인, 즉 스페인 무슬림을 죽인 사건이 산티아고의 은총이라는 전설이 있다. 마타모로스는 "무어인을 죽인 자"라는 뜻이다. -옮긴이).

 1580년 스페인과 포르투갈이 합쳐져 합스부르크 왕가가 지배하는 이베리아 연합 왕국이 출범했지만, 동남아시아 동부의 섬들은 합스부르크 가문의 권위에 완전히 종속되지 않았다. 그럼에도 불구하고 여러 수도회(아우구스티노회, 도미니크회, 프란치스코회)의 정책에 따라 필리핀 저지대는 선교 및 병합 대상 지역으로 선정되었고, 마닐라는 중국과 아메리카 신대륙을 잇는 마닐라 갈레온(정기 무역선) 노선의 핵심 거점 역할을 맡았다. 마닐라와 그 주변에 대한 탐험은 여러 가지 측면에서 말루쿠 제도와 같은 상업적 이익을 가져다주지 못했다. 다만 중국과 교역을 하고 중국인을 가톨릭으로 개종시키고자 하는 오랜 꿈을 실현하기 위한 보조적 사업으로 인식되었다. 성 프란치스코 하비에르(St Francisco Javier, 1506~1552)는 1546~1547년 말루쿠 제도에서 어느 정도 성공을 거둔 뒤 일본에서도 잠시 머물렀지만, 지속 가능한 전도 사업은 오직 동남아시아에서만 가능했을 뿐이고, 가끔 중국인 혼혈인들 사이에서도 개종 사례가 있었다. 스페인 사람들은 핵심 상업 공동체를 형성하고 이를 기반으로 현지의 유럽인을 지원했다. 그러나 충돌이 없지는 않았는데, 1603년 마닐라 성벽 안에서 벌어진 중국인 학살 사건은 하나의 전조 증상이었다.

섬동남아의 상황이 더욱 복잡해진 것은 자와섬의 정세 때문이었다. 북부 해안에 기반을 둔 드마크(Demak) 술탄국이 1527년 마침내 자와섬 전체를 장악했다. 그 뒤 자와섬 중부에 기반을 둔 마타람(Mataram) 술탄국이 다시 세력을 얻었고, 동부의 항구 기리(Giri)와 투반(Tuban)의 무슬림은 향신료 무역권을 다시 안정적으로 확보하고자, 또한 주변의 수많은 섬과 공동체에 이슬람을 전파하고자 노력했다. 포르투갈은 그들에게 포위되는 형국이었다. 다시 말하지만, 그렇다고 해서 섬동남아가 이슬람 공동체로 통일된 것은 아니었다. 마타람의 통치자들은 북부 항구의 술탄국을 병합했으며, 지역 패권 투쟁에 직접적으로 참여했다. 17세기까지 마타람의 가장 중요한 경쟁 상대는 자와섬 서부의 항구 반텐(Banten)으로, 과거 드마크 술탄국 팽창의 여운이 남아 있는 곳이었다. 반텐은 1526년 드마크 술탄국에 정복되어 이슬람화되었고, 그 바람에 반텐을 생산 거점으로 만들고자 한 포르투갈의 계획은 수포로 돌아갔다(마찬가지로 1524년 아체가 파사이Pasai를 정복함으로써 포르투갈의 계획이 중단된 적이 있었다). 이후 반텐은 남인도, 태국, 중국의 무역상을 끌어들였고,

세기가 저물 때까지 술탄국의 경제적 뒷받침이 되었다.

16세기 말까지 동남아시아의 기독교 세력은 미미했다고 말할 수 있다. 세력 범위는 믈라카, 티모르, 동부 향료 제도 정도에 불과했고, 서쪽으로 멀리 떨어진 인도의 고아(Goa)에 있는 본부의 지휘를 따랐다. 이와 달리 여러 이슬람 술탄국은 우위를 차지하여 서쪽의 오스만 제국 및 무굴 제국과 활발한 교류를 이어나갔다. 값비싼 향신료, 특히 후추를 팔아 국고를 늘리고 무기를 사들인 다음, 이를 기반으로 주변 배후지의 비-무슬림 세력이나 이웃한 무슬림 세력을 가리지 않고 자신의 세력 확장을 시도했다. 예컨대 아체의 통치자들은 특히 공격적이었다. 그들은 파사이(Pasai)와 믈라카를 점령하고, 내륙의 바탁(Batak) 지역을 공격했다. 또한 많은 이방인 전문가, 곧 이집트, 아라비아, 에티오피아, 아나톨리아 출신의 총포 전문가, 토목 전문가, 종교학자 등을 궁정으로 초빙했다.

16세기 말엽 유럽에서는 잉글랜드나 네덜란드 같은 개신교 국가들이 떠오르고 있었다. 이들 나라에서 파견된 선교사들이 동남아시아에 도착했을 때 목격한 상황은 이와 같았다. 튀르크와 에티오피아의 지원에 힘입어 트르나테 술탄국의 통치자 바불라(Babullah, 재위 1570~1583)는 1575년 믈라카에서 포르투갈인을 축출하는 데 성공했다. 쫓겨난 포르투갈인은 암본(Ambon)에서 재집결했다. 월터 롤리 경(Sir Walter Raleigh, 1554~1618)이 말루쿠 제도에 도착한 때는 그 사건이 일어난 직후였다. 마찬가지로 아체와 반텐을 방문한 최초의 네덜란드 탐험대는 현지에서 의심과 적대의 눈초리를 마주해야 했다. 코르넬리스 더하우트만(Cornelis de Houtman, 1565~1599) 같은 지휘관의 험악한 행동은 적대감을 더욱 부추겼다. 그들은 한 세기 전에 페드루 알바르스 카브랄이나 바스쿠 다가마가 저지른 포악한 짓을 그대로 반복했다.

네덜란드 동인도회사(VOC)의 개입

아체(Aceh)와 반텐(Banten)을 방문한 네덜란드의 첫 동남아시아 여행은 결코 성공이라고 말할 수 없었다. 현지인은 (포르투갈의 사주를 받아 – 옮긴이) 고의로 높은 가격을 부르기도 했고, 네덜란드 선원을 억류하기도 했다. 이는 네덜란드인으로서는 전혀 예상치 못한 일이었다. 그럼에도 불구하고 그들이 서양으로 가져온 상품의 가치는 무시할 수 없을 정도였다. 특히 제2차 항해라 일컬어지는 1598~1600년의 항해 이후로는 더욱 그러했다. 당시 네덜란드 사람들은 야코프 코르넬리스존 판넥(Jacob Corneliszoon van Neck, 1564~1638)의 지휘 아래 말루쿠 제도에 도착했다. 그곳의 튀르크인 무역상들은 기꺼이 네덜란드인을 환영했다. 1600년 영국 런던에서 동인도회사가 조직되자, 여기에 자극받은 네덜란드 상인들은 네덜란드 동인도회사(VOC, 혹은 United East India Company)를 설립했다. 주식회사로 설립된 네덜란드 동인도회사는 네덜란드의 깃발 아래 아시아에 요새를 건설하고 군대를 배치할 권한을 얻었다. 신속한 사업 추진에 나선 그들은 먼저 포르투갈인을 목표로 그들의 기지를 빼앗고자 했는데, 1605년 핵심 요새인 암본(Ambon)섬 요새를 탈취하는 데 성공했다. 동시에 그들은 현지의 통치자와 조약을 맺고 무역 독점권을 얻어내려 했으며, 특히 반텐, 암본, 반다(Banda) 항구에서 영국인 중개상들을 밀어냈다.

과거 반텐 술탄국의 항구 자야카르타(Jayakarta)에 위치한 네덜란드의 요새 바타비아(Batavia)는 1619년 네덜란드 동인도회사의 수도로 지정되었다. 해협이라는 지리적 이점을 이용하여 대서양의 경쟁자들에 비해 유리한 위치를 차지하려는 목적이었다. 그럼에도 경쟁자들과 무역을 계속한다는 이유로 네덜란드 총독 얀 피터르스존 쿤(Jan Pieterszoon Coen, 1587~1629)은 반다(Banda)섬에서 대량 학살을 저지르고 섬의 인구 전체를 이주시켰다. 일본인 용병이 그 임무를 수행했다. 1623년에는 암본에 있는 네덜란드 상인들이, 음모를 꾸민다는 이유로 일본과 영국 상인들을 모두 처형하는 사건이 벌어지기도 했다.

암본의 대학살로 알려진 그 사건은 영국과 네덜란드가 적대 관계에 놓이게 된 중요한 계기였다. 그러나 17세기 영국은 대륙의 경쟁자에게 상대가 되지 못했다. 그렇다고 모든 일이 바타비아의 네덜란드인에게 수월하게 돌아갔던 것은 아니다. 그들은 1628년과 1629년 두 차례에 걸쳐 마타람의 술탄 아궁(Agung, 재위 1613~1645)의 바타비아 포위 공격을 견뎌내야 했다. 아궁 술탄은 1625년 수라바야(Surabaya)를 점령하는 등 먼저 북부의 항구들을 제압한 뒤 바타비아로 관심을 돌렸다. 그러나 반텐 술탄국과의 경쟁이 시급했기 때문에 결국은 바타비아를 일종의 완충지대로 남겨둘 수밖에 없었다. 메카로 사절단을 보내 예언자의 후예로부터 정통성을 인정받으려 한 것도 반텐 술탄국과의 경쟁 때문이었다.

마타람, 반텐, 아체 등 메카로 사절단이나 학자들을 보낸 술탄국의 통치자들은 결코 스스로를 "로마"(오스만 제국을 이렇게 불렀다)나 중국의 황제보다 낮은 지위라고 생각하지 않았다. 학자들의 연구에 따르면, 마타람의 이슬람 궁정은 자바어 문헌의 종합적 이해를 촉진했다. 그 속에 담겨 있는, 인도의 영향이 녹아든 문학적 유산에 신비주의적 가치가 포함되어 있다고 믿었기 때문이다. 이를 토대로 그들은 마타람의 술탄 아궁의 위치가 외부 세계와 내부 세계의 조화를 매개하는 자리라고 해석했다. 이런 관점이 언제나 인정받은 것은 아니고, 북부 해안 지역의 이슬람 울라마(ulama)가 무조건적으로 군주를 칭송한 것도 아니었다. 1647년 수백 명을 살해하는 대학살을 저질러 악명이 높았던 아궁의 후계자 아망쿠라트(Amangkurat, 재위 1646~1677)에 대해서는 울라마가 완고한 불복종의 입장을 취했다.

한편 술라웨시(Sulawesi)섬의 고와(Gowa) 술탄국은 17세기 초엽에 이슬람을 받아들인 뒤 경쟁 관계인 부기족(Bugis)을 탄압하여 개종을 강요하기도 했다. 네덜란드 요새 또한 그들의 강력한 도전에 직면했다. 이 외에도 네덜란드는 1662년 타이완의 주요 거점을 상실했다. 중국-일본 혼혈이자 명나라의 충신인 정성공(鄭成功, 혹은 Koxinga, 1624~1662)은 타이완을 빼앗고 주변으로 세력을 확장했다. 정성공 때문에 스페인은 필리핀의 운명을 걱정해야 할 정도였다. 네덜란드 동인도회사는 타이완도 잃고 이슬람의 물결도 거스를 수 없었지만, 그럼에도 불구하고 전 세계적 차원으로 재산을 늘려갔다. 그들의 점유지는 희망봉에서 스리랑카, 자와, 일본까지 이어져 있었다. 네덜란드는 1669년 마침내 고와 술탄국을 정복하고 조약을 체결했다(봉가야 조약). 네덜란드는 섬동남아에서 마지막 경쟁자를 제압한 것으로 보였다. 그 과정에서 소규모 부기족 전사 집단이 뿌리를 내렸는데, 이들은 나중에 서쪽의 말레이 궁정과 내륙 깊숙한 곳에서까지 중차대한 역할을 맡게 된다.

대륙동남아의 야망

섬동남아에서도 기독교와 무슬림의 대립, 혹은 중국이나 유라시아

대륙 전반의 영향이 미치는 여파는 흔히 거론되는 주제다. 한편 테라바다 불교 문화권, 즉 대륙동남아는 영향 정도가 아니라 세계적인 음모와 경쟁이 아예 직접적으로 펼쳐지는 현장으로 변해갔다. 16~17세기를 거치는 동안 스페인 선교사, 무슬림 무역상, 심지어 일본인 용병까지 그곳에서 영향력을 행사하려 했고, 캄보디아의 왕을 무너뜨리려 했다. 그러나 고대로부터 전해 내려온 앙코르(Angkor) 왕조에 직접적으로 위협이 된 세력은 침략을 일삼는 서쪽의 아유타야 왕국과, 급속도로 성장하여 메콩강 삼각주를 장악한 중국계 베트남 왕국이었다. 1431년 로벡(Lovek)에 마지막 수도를 건설한 앙코르 왕조는 1594년 아유타야에 의해 최종적으로 정복되었다.

　타이인이 14세기 중엽 아유타야 왕국을 건설한 이후 단절 없이 패권을 유지했던 것은 아니다. 16세기부터 아유타야의 거대 도시들이 확산되었다. 이는 예컨대 1530년대 이래로 적대 관계인 란나(Lan Na) 왕국 등에 맞서기 위한 조치로 포르투갈의 전문 군사 기술을 도입한 결과였다. 뿐만 아니라 종교의 뒷받침도 도시 확산의 중요한 요인이었다. 무역의 발달이 종교의 번성을 이끌었으며, 1500년에서 1503년 사이 알려진 바 최대 크기의 철불 입상이 주조될 정도로 교세가 형성되어 있었다. 그럼에도 불구하고 아유타야 왕국은 북부의 경쟁자와 반복적으로 충돌했다. 북부 왕국은 버마(미얀마)의 따웅우(Taungoo) 왕국에 도움을 구했고, 일부 영토를 양보했으며, 1550년대 중엽에는 왕실 인사 여러 명을 볼모로 보내기도 했다. 결국 아유타야 왕국은 1569년 서쪽의 다른 테라바다 불교 왕국에 의해 무너졌다. 특히 바고(Bago, 미얀마의 도시)의 걸출한 지도자 바인나웅(Bayin-naung, 재위 1551~1581)의 직접 지배 아래 놓이게 되었다. 바인나웅은 싱할라인의 종교를 복원한다는 명분으로 원정에 나서, 따웅우 왕국의 영토를 크게 확장했다. 오늘날의 버마(미얀마) 지역 안에서 시작된 그의 정복 활동은 이후 대륙동남아 전역으로 확장되었다.

바인나웅의 동맹 세력에는 타이인도 포함되어 있었으며, 이들은 바인나웅의 승리에 적잖은 역할을 했다. 바인나웅이 사망할 무렵, 벵골만 해안의 무슬림 왕국 아라칸(Arakan)에서부터 베트남과 국경을 접한 라오스 고산 지대에 이르기까지 대륙동남아 지역의 모두가 그의 종주권을 인정하고 있었다. 그는 대륙동남아 지역의 명실상부한 패권자였고, 어쩌면 지역 범위를 넘어서까지 영향력을 행사했을 수도 있다. 아유타야를 정복한 바인나웅의 군대는 1567년 필리핀에서 들어온 도미니크회 수도사들을 모두 죽였다. 또한 그들은 15세기 타이인이 앙코르에서 빼앗은 장식과 조각상 들도 몰수해 갔다. 가장 오래도록 지속된 바인나웅의 유산이라면 단연 샨족(Shans)의 (최종적) 병합이었다. 그들은 타이어를 사용하는 소규모 공국들이었다. 바인나웅이 당시 그들을 병합하지 않았더라면, 그들은 버마인과 타이인 사이에서 줄타기하면서 티크 목재와 보석이 풍부한 지역 기반을 이용하여 독립을 유지하려 했을 것이다. 동시에 타이인 포로들이 워낙 많았고, 그들 중에는 장인이나 왕실에서 공연한 예술가가 포함되어 있었기 때문에, 이후 버마인이 타이인의 문화에 깊이 빠져드는 계기가 되었다.

바인나웅이 동남아시아의 패권을 장악한 시대는 그의 사후 오래 지속되지 못했다. 이후 아유타야의 통치자들은 나레수안(Naresuan, 재위 1590~1605) 대왕부터 시작해서, 예로부터 소유해온 다웨이(Dawei, 혹은 Tavoy) 주변 지역의 종주권을 두고 치열하고 오랜 경쟁에 몰두했다.

1555년 태어난 나레수안은 1564년 따웅우 왕국에 포로로 잡혀갔고, 이후 그의 누이가 바인나웅과 결혼한 대가로 1571년 풀려나 고향으로 돌아왔다. 따웅우 왕국의 통치자들은 그를 아유타야의 명백한 후계자로 인정했다. 나레수안은 그들을 공경하며 뜻을 거스르지 않았지만, 1575년 중국에 새로운 관인(官印)을 요청했다. 1580년대에 이르러 따웅우와 아유타야의 관계는 악화되었고, 나레수안이 바고(Bago, 따웅우의 수도)의 법정 출석을 거부하자 따웅우 왕국에서는 그를 처벌하기 위해 몇 차례 사절단을 파견했다. 긴장이 누적되다가 마침내 1593년 1월 농 사라이(Nong Sarai)에서 전투가 벌어졌고, 이 전투에서 바인나웅의 손자가 사망했다.

앞서 중국이 일본과 맞설 때 중국을 지원하기도 했던 나레수안은 1594년에 이르러 더 이상 거리낄 것이 없었다. 이제 나레수안은 캄보디아의 크메르 제국으로 눈길을 돌렸다. 참(Cham)족의 기술을 전수받은 해군을 보유한 나레수안은 해상 활동의 범위를 넓혀나갔다. 1598년에는 필리핀과 캄보디아에서 류큐 왕국 및 스페인 왕국과 조약을 체결했다. 당시 동남아시아 대륙에서 도미니크 수도회의 근거지는 프놈펜에 있었는데, 1599년 프놈펜에서 캄보디아 현지인이 말레이계 무슬림 용병과 함께 쿠데타를 시도했다. 이후 도미니크 수도회는 프놈펜의 근거지를 잃었고, 따웅우 왕국은 캄보디아 서부를 보호령으로 편입하기 시작했다.

아유타야의 서부 변경에서는 1599년 따웅우의 왕 난다바인(Nandabayin, 바인나웅의 아들)이 사망한 뒤 평화가 찾아왔다. 그러나 끄라 지협(Isthmus of Kra)에서는 분쟁이 계속되었다. 이곳의 상황은 더욱 복잡했다. 아유타야 북부의 왕조가 그러했듯이, 끄라 지협의 무슬림 술탄국들(섬동남아와 무역으로 연결된 나라들)도 이웃 왕조에 복속하지 않고 일정한 자치를 요구했다. 이웃 왕조는 불교 경전과 테라바다 불교 사찰을 지원한다는 명분에 근거하여 모호한 종주권을 행사하고 있었다.

청나라의 승인과 주변 각처에서 몰려드는 상인들에 힘입어 아유타야의 수도는 활기를 되찾았다. 17세기에 이르러서는 지속적 우위를 점했으며, 주변의 여러 나라로부터 주목받았다. 1680년대 아유타야는 그리스인 콘스탄티노스 게라키스(Konstantinos Gerakis, 1647~1688)를 총리대신으로 임명하기도 했다. 오스만 제국의 영토에서 태어난 그는 1675년 동인도회사의 배를 타고 메르귀(Mergui) 제도(미얀마 남쪽)로 건너갔다. 전하는 바에 따르면, 게라키스는 아유타야를 상대로 자신만의 계획을 가지고 있었다. 이는 대서양의 무역상들도, 무슬림 상인들도 좋아할 리 없는 계획이었다. 계획인즉 프랑스 선교사들과 프랑스 당국의 관심을 모아 대규모 선교단을 구성하는 것이었다. 1688년 그들은 짜오프라야강을 거슬러 올라가 무역 특권을 얻어내고, 마침내 신비에 싸인 아유타야의 왕 나라이(Narai, 재위 1656~1688)를 개종시키고자 했다.

나라이는 반란을 일으켜 삼촌을 왕위에서 몰아내고 권좌에 오른 인물이었다. 반란 세력에는 현지에서 활동한 페르시아 상인과 일본 상인도 포함되어 있었다. 나라이는 이미 오래전부터 세계 각지의 세력을 끌어들여 등용하는 중이었다. 프랑스인이 선교단에 기대를 걸 수 있는 근거가 없지 않았다. 이미 프랑스 파리에는 아유타야 왕국의 대사관이 주재했고, 프랑스인이 방문하기에 앞서 아유타야 당국에서는 메르귀 제도에서 다른 사무역 세력을 축출하고 프랑스인 총독을 임명한 일이 있었으며, 그 여파로 영국과는 전쟁이 벌어진 상황이었다. 그러나 1688년 아유타야를 방문한 프랑스인은 왕국이 상당한 위기에 봉착했음을 알 수 있었다. 영국과의 전쟁으로 게라키스는 세력을 크게 잃었고, 1686년 참족과 부기족 무슬림 공동체가 일으킨 봉기에 직면하여 왕은 몸져누워 있었다.

당시 아유타야는 기독교나 이슬람으로 개종하지 않은 상태였다. 아유타야에 파견된 페르시아 사신은 페르시아 음식과 복식에 식견을 가진 나라이의 안목에 탄복했지만, 종교 문제는 다소 실망스러웠다는 기록을 남겼다. 페르시아인 공동체는 게라키스의 등장으로 핵심에서 밀려난 세력이었다. 프랑스인이 빈손으로 떠난 뒤 다시 쿠데타가 일어나 프라 페트라차(Phra Phetracha)가 왕위에 올랐다. 페르시아인은 전통적으로 맡아온 무역의 역할과 정부의 영향력 회복을 기뻐했다. 나아가 프라 페트라차의 등극은 더욱 오랜 과거의 전통인 중국과의 무역으로 회귀하는 계기가 되었다. 그의 후계자들은 이를 기반으로 왕조를 유지했고, 1766~1767년 버마인의 대대적인 침략으로 왕조는 막을 내렸다.

빠르게 변하는 하늘의 뜻

이른바 타이어 문화권이라고 일컬어지는 권역은 타이인계 왕국(아유타야 왕국 등)과 버마인계 왕국(따웅우 왕조 등)의 양대 세력으로 갈라졌다. 양쪽 모두 대륙동남아 테라바다 불교 문화권에 기반을 둔 국가 체제였다. 마찬가지로 베트남 지역도 끊임없는 경쟁의 장으로 변해갔다. 이 지역의 양대 세력은 찐(Trinh, 鄭)씨 가문과 응우옌(Nguyễn, 阮)씨 가문으로, 이들은 모두 중국의 유교식 모델과 천명(天命)에 근거한 국가 체제를 지향했다. 양대 세력은 하노이를 근거지로 창설된 레(Lê, 後黎) 왕조(1533~1789)의 정통성을 차지하기 위해 경쟁했다. 특히 찐씨 가문은 애초 북부의 막(Mạc, 莫)씨 왕조와 대립하다가, 1592년 그들을 격파한 이후 응우옌씨 가문과 다투게 되었다. 40년이 넘는 적대 관계 끝에 1672년에 이르러 대륙동남아의 동부 해안은 두 개의 왕국으로 분명하게 나뉘었다. 찐씨 왕조는 중국과 같은 과거 시험 제도를 운영하는 등 중국의 영향을 더욱 강하게 받았으며, 오늘날의 후에(Huế, 城舖化) 지역에 이르기까지 북부 지역을 차지했다. 한편 응우옌씨 왕조는 중부 고산 지대와 메콩강 삼각주를 차지했다. 그곳에는 마하야나 불교 신도가 특히 많았다.

아유타야 왕국이 그랬던 것처럼, 응우옌씨 왕조 또한 외부 세력과 더 많이 접촉하고 그들을 내부로 끌어들인 것이 지속적 팽창의 비결이었다. 포르투갈 포수나 기술자의 등용도 그런 사례 중 하나였다. 호이안(Hội An, 會安 혹은 Faifo) 등을 통해 들어오는 재화도 중요한 부분이었다. 호이안은 18세기 이후까지도 중국 및 일본과 막대한 물량 거래를 지속한 다낭 이남의 주요 항구였다.

버마인, 타이인, 베트남인 등 패권 세력이 분명해진 대륙동남아는 18세기 전반기에 비교적 자신감 있고 안정된 시대를 맞이했으며, 특히 중국의 화물주나 영어권 무역상을 비롯하여 다양한 외국의 파트너들과 관계를 맺었다. 반면 아체, 반텐, 마타람 등 한때 해상 무역의 패권을 장악했던 섬동남아 세력은 네덜란드 동인도회사(더불어 비공식적으로 중국인 무역상)에 의한 독점적 관계가 강화되었다. 당시 네덜란드 동인도회사는 특히 바타비아 주변 지역의 사유지 농장에서 중국인 노동력에 크게 의존했다. 무역상, 사탕수수 가공업자, 소작농 등이 모두 중국인이었다. 또한 섬동남아의 소규모 술탄국에서도 재정 수익을 위해 중국인을 끌어들여 농사와 광산을 맡겼다. 현지에서 중국인 갈등은 점차 심화되어갔다.

1740년에 이르러 중국인의 수가 너무 많아지자 바타비아에 있는 유럽인의 우려가 시작되었다. 네덜란드 동인도회사가 중국인을 대대적으로 내쫓거나 심지어 살해할 계획이 있다는 소문이 돌기 시작했다. 이에 중국인 공동체가 대비책으로 무장을 시작하자, 유럽인과 그 하수인들 또한 그들 나름대로 충격에 휩싸였다. 거의 2주에 걸쳐 폭력 사태가 벌어졌고, 도시 안에서 가장 부유한 동네가 잿더미로 변했다. 바타비아 성 안팎으로 약 1만 명이 거주한 것으로 알려진 중국인은 대부분 목숨을 잃었는데, 이는 자와 역사의 전환점에서 시작에 불과했다. 이후 2년 동안 북부 해안의 다른 항구에서도 분쟁이 일어났다. 세마랑(Semarang), 수라바야(Surabaya), 그레식(Gresik)에서 중국인 대학살이 벌어졌다. 그러나 내륙 마타람 술탄국의 통치자 파쿠부와나(Pakubuwana) 2세(재위 1726~1749)는 중국인 편에 섰다. 당시 새롭게 부상한 이슬람 수피 운동가 네트워크와 연결된 핵심 인물들이 파쿠부와나에게 힘을 실어주었다.

기존의 연구 성과에 따르면 이전 세기부터 이슬람 신비주의가 부흥했고, 그와 관련된 인물들이 궁중에서 일정한 파벌을 형성하고 있었다. 파쿠부와나는 모험적이긴 하지만 수피 신비주의가 보다 넓은 인도양 지역의 학자 및 외교관 들과 연결되어 있으리라 믿고 그들을 선택했다. 정치적으로는 중국인과 파쿠부와나의 신비주의 동맹이 패배했지만, 18세기에는 수피 신비주의의 영향을 받은 개혁 운동이 섬동남아 전역에서 일어났다. 이제 새로운 세대의 학자들은, 수마트라에 있는 신흥 술탄국

팔렘방(Palembang)의 후추 무역의 지원을 받든, 아니면 관세 자유를 지향하는 자와섬의 종교적 네트워크의 지원을 받든, 모두가 기존 섬동남아 무슬림의 지나치게 자유분방한 관습에 대해 비판적인 설교를 하게 되었다. 그래서 수마트라섬 해안에서 말레이반도, 술라웨시, 보르네오섬의 반자르마신(Banjarmasin)에 이르기까지, 모두가 서구 이슬람의 전통과 관습을 모방하기 위해 더 많은 노력을 기울였다. 하지만 엘리트 계층에서 이슬람 수피 교단의 독특한 교리를 받아들였다 하더라도, 하나의 통일된 프로그램이 존재했던 것은 아니며, 그렇다고 최근 아라비아에서 건너온 사람들의 이야기를 아무런 경쟁 없이 무비판적으로 수용했던 것도 아니다.

정치적 분열이 심화하는 동시에 종교 교단이 몸체를 키워가는 자와섬에서는 이와 같은 흐름이 지속되었다. 이슬람의 영향력이 강화된다고 해서, 그것이 반식민주의나 민족주의 강화와 일치되는 흐름은 아니었다. 그러나 네덜란드 동인도회사가 지배하는 지역 범위에서 기독교가 비교적 실패했던 사례와 비교하면, 이슬람은 그와 뚜렷이 대비되는 성공 사례였다. 바타비아 주변 지역에서는 공식적으로 이슬람을 금지했음에도 불구하고 상당수 무슬림 인구를 위한 기도처가 존재했다. 중국인도 다시 이 지역에 들어와서 수많은 현지인과 어깨를 나란히 하고 식민지 경제 체제에서 활동했다. 노예든 자유민이든 이들 모두의 운명은 여전히 네덜란드 동인도회사의 손에 달려 있었다.

바타비아의 운하에는 질병이 창궐했고, 네덜란드 동인도회사는 주인으로서의 권위를 전혀 갖지 못했다. 네덜란드 동인도회사는 자와섬에서 벌어진 수많은 계승 분쟁(1704~1708, 1719~1723, 1747~1757)에 개입하느라 돈을 낭비하고, 당시 벵골 지역의 최고 권력자로 떠오른 영국과의 분쟁에서도 패배하면서 쇠락의 길을 면치 못했다. 한때 부르는 게 값이었던 향료도 이제는 어디서나 살 수 있는 흔한 물건이 되었고, 네덜란드 본국으로 보내는 화물(주로 커피와 설탕)도 영국과의 전쟁 때문에 운송이 중단되는 일이 많았다. 1790년대에 이르러 프랑스가 네덜란드를 침공했고, 새롭게 들어선 공화국 정부는 네덜란드 동인도회사에 종말을 고했다. 대신 직접 통치 혹은 적어도 그에 대한 갈망이 시작되었다. 마찬가지로 스페인의 보르본(부르봉) 왕가도 필리핀을 개혁하여 직접 통치를 하려고 시도했지만, 현지 운영을 맡은 가톨릭 수도회의 반대로 성공하지 못했다. 그들은 오래도록 교회 주도 통치에 익숙해져 있었다. 스페인은 또한 1785년에 대서양 동인도회사와 비슷한 주식회사를 아시아에 설립하려 했으나, 이 또한 나폴레옹 시대의 변덕스러운 정세 때문에 성공을 거두지 못했다. 바야흐로 영국 동인도회사를 제외한 다른 무역회사는 모두 수명을 다했다. 19세기에는 대도시 중심 식민지 직접 통치의 야망에 걸맞은 새로운 국가 체제가 등장할 참이었다.

딱신, 짜끄리 왕조의 탄생과 피낭(Pinang)의 양도

영국의 동인도회사는 17세기에 미얀마 남부 메르귀(Mergui) 지역에서 입지를 구축하려 지속적으로 노력했으나 성공하지 못했다. 그러나 18세기 말엽에 이르러 대대적인 성공을 거두었다. 아유타야 왕국과 남쪽 말레이반도의 제후국들이 혼란에 빠져들었기 때문이다. 1767년 아유타야 왕국은 버마인의 신생 왕국 꼰바웅(Kon-baung)에 의해 완전히 파괴되어 회복하지 못했고, 이후 새로운 이합집산의 시기가 도래했다.

그보다 앞서 1750년대는 비교적 평화로웠다. 심지어 스리랑카 내륙의 캔디(Kandy) 왕국은 아유타야 왕국에 사절단을 보내어 싱할라인의 불교 복원을 도와주고자 했다. 그러나 평화의 시기가 지나간 뒤 버마인과 타이인의 분쟁이 격화되었다. 쟁점은 테나세림 해안(Tenasserim Coast) 지역의 종주권이었다. 메르귀는 바로 그 지역의 핵심 항구였다. 버마인이 타이인의 수도(아유타야)를 포위한 몇 달 동안 중국이 버마인의 본토를 침략했기 때문에, 버마인은 짜오프라야강 유역에 오래 머물지 못하고 되돌아가야 했다. 그러나 적어도 1767년은 버마인이 끄라 지협 해안에 이르기까지 완전한 승리를 거둔 해였고, 소수 민족 몬족(Mon people)에 대한 종주권을 확인한 기념비적인 해였다.

버마인이 철수한 뒤 여러 세력의 다툼이 시작되었다. 이후 이어진 혼란의 시기, 중국계 타이인 장군 딱신(Taksin, 재위 1767~1782)은 다른 경쟁자들을 물리치고 톤부리(Thonburi)에 새로운 수도를 건설했다. 방콕 요새에서 짜오프라야강을 건너 맞은편에 위치한 곳이었다. 통치자로서 딱신은 타이인의 영광을 되찾았을 뿐만 아니라 타이인의 영토를 대대적으로 확장하여 라오스와 캄보디아 지역까지 진출했다. 과거 버마인의 침략 이후 1767~1778년 기근이 닥쳤을 때 딱신은 창고를 열어 사람들을 구휼하고 질서를 회복했다. 그래서 초기에는 딱신의 명성이 드높았다. 그러나 그의 지위는 갈수록 불안정해졌다. 심지어 전통적으로 왕이 사원의 성직자들(승가)에 복종하는 관습을 뒤집어 승려들이 왕에게 복종하도록 만들었다. 1781년에 이르러 엘리트 계층에서는 딱신을 제거하기로 결정했다. 딱신의 군대가 캄보디아에 가서 싸우는 동안 수도에서 딱신이 살해되었고, 짜끄리(Chakri) 장군이 왕위에 오를 수 있는 길이 열렸다. 그는 결국 왕위에 올라 라마(Rama) 1세(재위 1782~1809)가 되었으며, 태국 왕조를 열었다. 그 왕조가 오늘날까지 그대로 이어지고 있다.

　라마 1세는 딱신의 유산에서 출발했다. 즉 중국과의 무역 및 외교를 강화했고, (특히 조주潮州와 산두汕頭 출신, 합쳐서 조산인潮汕人이라 하는) 중국인의 이주를 장려했다. 수도는 강 건너 방콕으로 옮겼고, 아유타야 유적지에서 유물을 배로 싣고 와서 새로운 수도를 확장하는 데 사용했다. 1785년 대관식을 거행하고 버마인의 침략을 성공적으로 격퇴한 라마 1세는 왕실과 승가 사이의 의례적 관계를 회복했다. 또한 1788~1789년 위원회를 구성하여 팔리어 불교대장경을 편찬했다.

　태국 왕조는 메르귀에 접근할 수 없었으므로 벵골만까지 가려면 다른 제후국을 거쳐야 했다. 그래서 태국의 남쪽 말레이반도의 제후국들에게 조공과 충성을 강요했으며, 양쪽 외교 관계의 실무는 중국인 중개상들이 맡아 처리했다. 태국 왕조의 압박을 모면하고자 크다(Kedah) 술탄국의 술탄 압둘라 무카람 샤(Abdullah Mukarram Shah, 재위 1778~1797)는 1786년 근처(피낭섬)에 있는 영국인과 접촉해보았다. 당시 벵골만 지역 영국인의 대표자는 프랜시스 라이트(Francis Light, 1740~1794)였다. 그러나 실망스럽게도 술탄은 아무런 결과를 얻어내지 못했다. 영국인은 오히려 중국 상인들에게 우호적 태도를 취했으며, 방콕의 태국 왕조와 우호 관계를 맺고자 했다. 영국의 무역은 오히려 술탄국의 이익을 잠식할 뿐이었다. 1791년 말레이인이 피낭섬에서 동인도회사를 쫓아내려고 했지만 성공하지 못했다. 프랜시스 라이트는 오히려 예전의 주인들에게 땅을 포기하도록 강요했고, 그 섬의 이름을 프린스오브웨일스섬(Prince of Wales Island)로 바꾸어버렸다.

떠이선 시대, 1771~1802년

버마인의 침략과 딱신 장군의 개입으로 크메르 제국(캄보디아)의 정세는 그 어느 때보다 불안정해졌다. 이는 코친차이나(Cochin China, 남베트남)를 지배하는 응우옌(Nguyễn) 왕조의 통치자들에게 직접적 영향을 미쳤다. 이들 또한 크메르 제국에 깊이 발을 들여놓고 있었기 때문이다. 더욱이 응우옌 왕조의 정치 조직은 지나치게 확장되어 있었다. 지속적으로 군대를 징발해야 했으며, 부패가 만연했고, 화폐 가치는 크게 요동치고 있었다. 경제의 여러 부문이 타격을 입자 새로운 세력 출현의 바탕이 마련되었다. 마침내 1771년 떠이선(Tây Sơn) 마을에 뿌리를 둔 신흥 세력이 일어났다. 마을의 위치는 중부 베트남 지역으로, 과거 참족(Chams)의 중심지와 가까운 곳이었다.

떠이선의 반란을 이끈 3형제는 응우옌 왕실과 관련이 있었고, 또한 빈랑(檳榔, betel) 무역과도 연계된 인물들이었다. 다양한 세력으로 분열되어 있던 베트남은 마침내 이들 3형제에 의해 통일되었다. 유명한 "휘파람 군대(hissing armies)"는 처음에는 로빈후드 같은 명성을 얻었다. 즉 부자들의 재물을 빼앗아서 가난한 사람들에게 나누어주며, 하늘의 명령으로 이와 같은 일을 시행한다고 천명했다. 그들은 적의 성씨 응우옌을 그대로 사용했으며, 엘리트 계층과 결혼했고, 심지어 실제 응우옌 왕실의 왕자인 응우옌 안(Nguyễn Anh)을 끌어들이고자 했다. 그러나 응우옌 안은 태국으로 망명하고 말았다.

떠이선 왕조의 형제들은 또한 중국인 상인들과 소수 민족 참족의 지지를 받았다. 그들은 과거 참족의 도시 비자야(Vijaya)를 수도로 삼고, 남아 있는 왕족의 후예에게 접근하여 그들의 의례를 활용하고자 했다. 그러나 내부 분쟁이 발생해서 결국 떠이선 왕조에 타격을 입혔다. 1776년 자딘(Gia Định) 지역을 점령한 이후 중국인(한족)과 응우옌 왕실 인원을 대량 학살하는 사건이 벌어진 뒤, 중국인은 떠이선 왕조에서 소외되기 시작했다. 뿐만 아니라 소수 민족 처우를 두고 반란 세력 내부에서도 반대의 목소리가 자주 나왔고, 당시 이미 가톨릭으로 개종한 상태인 남부인도 지도부에 반기를 들었다. 이후 10여 년 동안 떠이선 왕조는 남부 지역의 통제를 강화했고, 태국의 공격을 막아냈다. 1774~1775년에는 북부 지역 찐(Trinh, 鄭)씨 왕조의 침략에 직면했다. 그러나 1786년에는 질병과 몬순의 피해로 주요 장군을 잃은 찐씨 왕조가 거꾸로 침략을 당했다.

찐씨 왕조로부터 고위직을 제안받았음에도 불구하고, 떠이선은 이에 개의치 않고 찐씨 왕조를 치기로 결정했다. 1787년 찐씨 왕조를 정복하자, 그 이듬해인 1788년 중국의 청나라가 이를 응징하기 위해 원정에 나섰다. 이후 청나라는 떠이선 형제들 가운데 가장 두각을 나타낸 응우옌 후에(Nguyễn Huệ, 1753~1792)를 제후로 인정했다. 응우옌 후에는 스스로를 다이비엣(Đại Việt, 大越) 제국의 황제로 선포했다. 광중(光中)이라는 황제의 칭호를 사용한 응우옌 후에는 남부 베트남까지 장악하려는 야심을 가지고 있었다. 그러나 1792년 사망할 때까지 그의 야망은 실현되지 못했다. 1793년에 이르러 떠이선 형제들은 모두 사망했다. 떠이선 형제들이 장악한 광범위한 지역을 상속자들이 물려받았지만, 그들의 세력은 과거에 비해 대단히 허약해진 상태였다. 한때 태국으로 망명했던 응우옌 안은 1802년 태국의 군사적 지원과 함께 되돌아와서 떠이선 왕조를 정복하고 새로운 자신의 제국을 창설했다. 그의 제국은 1945년 바

오다이(Bảo Đại, 保大) 황제가 물러날 때까지 지속되었다.

결론

장기지속적 관점에서 보자면, 1400년 이후 4세기 동안은 대륙동남아와 섬동남아가 서로 다른 방향으로 나뉜 시기였다. 한때 불교와 힌두교 모델을 공유하는 공통의 왕국 체제가 들어섰던 지역이, 이 시기에 이르러 서로 다른 길을 가게 되었던 것이다. 끄라 지협을 중심으로 그 이북에는 싱할라인의 테라바다 불교를 받아들인 왕국이 많았고, 그 이남과 동쪽에는 일신교를 받아들인 정치 단위가 많았다. 기독교가 섬동남아에서 등장한 것은 분명 서구 제국이 개입한 결과였다. 혹은 제국을 대신하여 기독교 성직자들이 (거주자와 순례자를 포함하여 그 인구가 날로 증가하는) 무슬림 세력에 맞섰기 때문이다. 이런 현실은 겉으로 보기에 이베리아의 제국(포르투갈과 스페인)이나 네덜란드 동인도회사가 주도한 것처럼 보이지만, 특정 교리를 직간접적으로 지원한 동남아시아 왕조의 역할도 결코 무시할 수 없는 정도였다.

또한 당시 동남아시아에서는 갈수록 아시아 다른 지역(특히 중국) 출신들의 거주가 확대되고 있었다. 핵심적 향신료 상품의 수출과, 세계 시장을 상대로 하는 현금 작물 재배가 점차 확대되었기 때문이다. 이러한 상황과 보다 강력한 패권 세력의 등장이 맞물리면서 핵심 지역의 인구가 팽창했다. 전통적인 동남아시아 통치자들이나, 혹은 때로 그들의 후원자가 되어주기도 했던 서구 경쟁자들의 요구에도 불구하고, 인구는 희박한 곳으로 확산되지 않고 핵심 지역으로 집중되었다. 한마디로 말해서 동남아시아는 1800년에 이르러 과거에 비해 매우 복잡하고 경쟁이 치열한 공간이 되어 있었다. 대륙동남아에서는 버마(미얀마), 태국, 베트남 군주들이 예전보다 훨씬 더 폭력적인 절대 주권을 주장했다. 그들은 헤게모니를 유지하기 위해 광범위한 외부 세력을 동원했으며, 보편적 이념을 추구했다.

그러나 보편적 이념은 민족적 패권과 잘 들어맞지 않는다는 사실을 간과해서는 안 된다. 버마인의 꼰바웅 왕국은 샨족, 몬족, 무슬림 인구를 통치했고, 태국은 라오스, 말레이, 크메르와 갈등을 겪었으며, 베트남은 또한 크메르, 라오스, 참족과 투쟁해야 했다. 자와에는 비-무슬림 인구도 거주했는데, 이들의 문화적 지평은 여전히 발리의 힌두교와 맞닿아 있었다. 한편 수마트라섬 내륙에는 화전민과 수렵채집인이 살고 있었다. 그들은 해안 저지대의 왕국에 복종하고 싶은 마음이 전혀 없었다. 왕국의 백성은 숲에 사는 사람들의 식인 풍습이나 야생동물에 관한 흥흥한 소문을 들으며 여전히 불안해하고 있었다.

더 읽어보기

Andaya, Leonard Y., *The World of Maluku: Eastern Indonesia in the Early Modern Period* (Honolulu: University of Hawaii Press, 1993).

Andrade, Tonio, *Lost Colony: The Untold Story of China's First Great Victory over the West* (Princeton University Press, 2011).

Aung-Thwin, Michael, *Pagan: The Origins of Modern Burma* (Honolulu: University of Hawaii Press, 1985).

Blussé, Leonard, *Visible Cities: Canton, Nagasaki, and Batavia and the Coming of the Americans* (Cambridge, MA: Harvard University Press, 2008).

Brown, C. C. (trans.), 'Sĕjarah Mĕlayu or "Malay Annals": A Translation of Raffles MS 18', *Journal of the Malayan Branch of the Royal Asiatic Society* 25 (1952), pts 2 and 3.

Dutton, George, *The Tây Sơn Uprising: Society and Rebellion in Eighteenth-Century Vietnam* (Honolulu: University of Hawaii, 2006).

Lieberman, Victor, *Strange Parallels: Southeast Asia in Global Context, c. 800-1830* (Cambridge University Press, 2003).

Ma Huan, *Ying-yai sheng-lan: 'The Overall Survey of the Ocean's Shores' [1433]*, Feng Ch'eng-Chün (ed.), J. V. G. Mills (trans.) (Cambridge University Press for the Hakluyt Society, 1970).

O'Kane, John (ed. and trans.), *The Ship of Sulaiman* (New York: Columbia University Press, 1972).

Pires, Tomé, *The Suma Oriental of Tomé Pires*, Armando Cortesão (ed. and trans.) (London: The Hakluyt Society, 1944).

Reid, Anthony, *Southeast Asia in the Age of Commerce*, 2 vols (New Haven, CT: Yale University Press, 1987-93).

Remmelink, Willem G. J., *The Chinese War and the Collapse of the Javanese State, 1725-1743* (Leiden: KITLV Press, 1994).

Ricklefs, M. C., *The Seen and Unseen Worlds in Java 1726-1749: History, Literature and Islam in the Court of Pakubuwana II* (St Leonards: Allen & Unwin, 1998).

Subrahmanyam, Sanjay, *The Career and Legend of Vasco da Gama* (Cambridge University Press, 1998).

Wyatt, David, *Thailand: A Short History* (New Haven, CT: Yale University Press, 2000).

CHAPTER 16

카리브해,
근대 세계사의 도가니

앨런 캐러스
Alan L. Karras

1492년에
콜럼버스는 푸른 바다를 항해했지.
세 척의 배가 스페인을 떠났지.
햇살과 바람과 비를 뚫고 그들의 항해는 계속되었지.

지은이는 알 수 없지만 어린 시절 익숙하게 접했던 어느 시편이다. 이어지는 구절에 등장하는 바하마(Bahamas)는 유럽인이 아메리카에서 최초로 발을 디딘 곳이었다. 스페인 선원들이 만났던 아라와크(Arawak) 인디언도 나온다. 자세하지는 않지만 "그들은 아주 친절했고," "선원들에게 빵과 향신료를 주었다"는 정도로 언급되어 있다. 이런 식의 부드러운 표현은 현실을 미화하는 효과가 있다. 그러나 현실은 그렇지 않았다. 카리브해 지역의 발전과 세계사적 통합 과정에서 가장 큰 특징은 폭력과 충돌이었다. 이는 이후 시대 전 세계적으로 나타나게 될 발달 과정과 마찬가지였다. 카리브해 지역은 다만 그러한 과정을 먼저 겪었을 뿐이라고 보아야 할 것이다.

유럽인이 아메리카인과 최초로 마주친 지역이 카리브해였고, 그래서 "신세계" 중에서 "구세계"와 연결된 최초의 지역이 카리브해였기 때문에, 근대 세계사에서 등장한 수많은 역사적 과정을 이해하려면 결코 카리브해를 빼놓을 수 없다. 우리 책에서 논의하는 시대적 범위에서만도 플랜테이션, 식민지화, 글로벌 이주, 노예화, 수탈, 경제적 변화와 통합의 과정이 있었을 뿐만 아니라, (이 글에서는 매우 간략히 논의되겠지만) 혁명과 국가 건설의 과정도 있었다. 적어도 근대사의 측면에서 중요한 수많은 문제가 카리브해 지역에서 먼저 노출되었다. 그러나 많은 세계사 연구자는 이를 간과했고, 아프리카나 아시아처럼 보다 인구가 많은 지역 연구를 선호했다. 그래서 세계사 연구에서는 "구세계" 내부의 교류에 관한 지식이 훨씬 더 많이 축적되었다. "신세계"에 존재했던 같은 종류의 교류에 대해서는 그리 많은 연구가 진행되지 못했다. 비록 아시아-아프리카는 아메리카보다 훨씬 앞서서 유럽에 알려진 지역이지만, 아메리카 식민지(카리브해 포함)와 여러 유럽 세력의 관계가 악화해가던 18세기 후반까지도 그들의 관계에 아시아나 아프리카가 전면적으로 개입된 적은 없었다.

더욱 심각한 문제는, 남북 아메리카를 막론하고 아메리카 대륙의 학자들이 카리브해 지역을 거의 고려하지 않았다는 사실이다. 왜 그랬는지는 쉽게 설명이 된다. 즉 섬은 대륙이 아니었기 때문이다. 카리브해 지역의 제한된 지리적 조건 때문에 지역 경계를 확장하기가 어려웠고, 대(大)앤틸리스(Greater Antilles) 제도(히스파니올라, 쿠바, 푸에르토리코, 자메이카)를 제외하면, 점점 더 많은 땅이 농경지로 전환되면서 내부적으로 사용할 수 있는 토지도 금세 부족해졌다. 카리브해가 유럽 경제에 기여한 바는 설탕이었다. 그러나 사탕수수 단일 작물 재배 경향이 워낙 강했기 때문에 19세기로 접어들면서 토양이 고갈되었다. 더욱이 19세기 유럽의 소비자들 사이에서는 아시아산 사치품의 인기가 높아졌고, 카리브해의 비중은 상대적으로 약화되었다. 카리브해의 섬들은 이미 다양성을 상실한 상태였고, 그럼에도 설탕 생산을 더욱 늘리는 바람에 문제는 갈수록 악화되었다.

이 지역은 단일한 국가적·지역적 정체성, 심지어 언어적 정체성으로도 묶인 적이 없었다. 그래서 실제 역사적으로도 어려웠고, 역사학적 분석도 쉽지 않았다. 카리브해의 여러 섬은 정치적으로나 언어적으로 분화된 상태에 놓여 있었다. 여러 유럽 세력은 저마다 각기 다른 섬을 차지했고, 저마다 점령지의 정치 및 경제에 개입했다. 흑인과 백인을 막론하고 지역 주민 전체적으로 봤을 때, 그 결과는 부정적이었다. 여기서도 어떤 정책이 시행되었고 관행도 있었다. 예컨대 설탕 가격이 유럽 제국의 지배를 지탱해주었고, 최소한 식민지 엘리트 계층에게는 이익을 가져다주었다. 그러나 일반적으로 정책은 유럽의 이익을 위해 유럽에서 설계된 것들이었다. 수 세기를 거치는 동안 해당 지역 주민의 불만이 점차 높아졌다. 다른 지역에서는 주로 정치적 대표성이 부족해서 민중의 분노가 일어났다면, 카리브해 지역에서는 현지 소비자를 고려하지 않는 경제 정책이 문제였다. 통일된 지역 정체성이 부족하다 보니 19~20세기 카리브해 지역의 대부분은 식민지 통치하에 놓여 있었다. 또한 지역적 관심사들이 서로 연결되거나 증폭되는 일도 흔치 않았기 때문에 식민지의 목소리가 뚜렷하지 못했다.

콜럼버스의 항해로 신세계와 구세계의 소통이 시작되었지만, 세계의 통합 과정에서 카리브해만의 정체성은 만들어지지 않았다. 또한 역사학적으로도 세계화 과정에서 카리브해 지역이 어떤 기여를 했는지를 밝히는 이론이 제시되지 못했다. 이 지역이 세계사에서 차지했던 막중한 비중을 고려할 때, 이는 매우 부당한 일이 아닐 수 없다. 카리브해의 섬들은 독립하기 전에는 그들만의 내셔널 히스토리(national history)가 없었다. 또한 멕시코나 미국 같은 보다 큰 지역의 내셔널 히스토리에서는 카리브해의 식민지화 및 경제 성장을 별도로 고려하지 않았고, 내셔널 히스토리의 역사적 과정과 계기를 기준으로 카리브해를 덧붙여 설명할 따름이었다. 만약 스페인이 아시아 무역 루트를 찾는 과정에서 카리브해에 들르지 않았더라면, 멕시코와 미국의 내셔널 히스토리는 완전히 다른 이야기가 되었을 것이다. (콜럼버스는 자신이 아시아의 변두리에 도착하지 않았다는 사실을 알지 못했다. 역사적 우연이라는 주제는 잠시 미뤄두기로 한다.) 그래서 카리브해 지역의 역사는 내셔널 히스토리보다는 세계사에서 논의하는 것이 중요하다. "근대 세계"의 시작을 조망할 때 이 지역의 중요성이 더욱 분명하게 드러나기 때문이다.

소홀했던 기존의 연구 방향에 하나의 해결책이 있다면, 대서양을 강조하는 새로운 학문적 경향이다. 여기서는 대서양에 접한 네 개의 대륙, 즉 유럽, 아프리카, 북아메리카, 남아메리카를 연결하여 연구한다. 남북아메리카 사이에 걸친 카리브해는 당연히 새로운 학문적 논의에 포함된다. 그러나 이와 같은 접근 방식에는 많은 위험이 도사리고 있다. 미국의 학자들은 (미국에는 그들만의 분명한 내셔널 히스토리 서사가 존재하기 때문에) 대서양의 역사를 하나의 분야로 설정하고, 점차 미국의 역사를 국제관계사에 포함시킬 방법을 모색했다. 한편으로는 그러한 모색이 서구 학계 전반에 스며든 고질적 미국 예외주의(American exceptionalism)에 문제를 제기한다는 점에서 긍정적 발전이라 할 수 있겠지만, 다른 한편으로는 카리브해 지역이 세계사의 한 부분으로 편입되는 문제를 더욱 복잡하게 만드는 측면도 있다. 큰 범위의 대서양 세계에 속하는 한 부분으로 북아메리카 대륙의 식민지에 초점을 맞추면, 카리브해의 식민지들은 아주 작은 일부에 지나지 않는 것으로 또다시 간과하는 문제가 발생한다. 그 이유는 카리브해 지역이 근대 세계 최초의 반-식민지 혁명이었던 아메리카 독립전쟁에 참여하지 않았기 때문이다. 카리브해의 부유한 플랜테이션 농장주들과 그 밑에서 일하는 사람들은 자신의 운명이 제국의 기업에 밀접하게 결부되어 있다고 믿었다. 제국에 의해 그들의 상품 시장이 보호되고, 식량을 제공받을 수 있었기 때문이다. 그래서 카리브해는 대서양의 역사에서도 무시되는 경향을 보였는데, 아주 오래전부터 유럽의 자본과 결부된 카리브해의 영국 식민지 이외에는 별로 거론되는 내용이 없었다. 더욱이 이와 같은 연구 성과에서는 대개 기본적인 사실, 즉 18세기 말엽까지 모든 카리브해 식민지는 분명 훨씬 더 이익률이 높았고, 그래서 적어도 유럽인이 보기에는 북아메리카 대륙보다 식민지로서 인기가 더 높았다는 점을 간과하고 있다.

서반구의 초기 근대 연구뿐만 아니라 세계사 연구에서도 카리브해 식민지는 중심적 연구 주제여야 하고, 또 앞으로도 그래야 할 것이다. 카리브해는 만남과 교류의 소우주였고, 그와 같은 현상이 이후 수 세기에 걸쳐 세계 곳곳에서 반복적으로 나타났기 때문이다. 그러므로 카리브해 연구는 세계사 연구의 첨예한 실험실이 될 것이다.

식민지화와 폭력

콜럼버스의 항해는 카리브해 개방의 상징이었고, 물론 역사적 현실이었다. 이후 유럽인의 카리브해 탐험과 정착이 이어졌다. 스페인 사람들은 대서양을 건너와서 대(大)앤틸리스 제도를 점령했다. 그리고 그곳에 요새와 소규모 도시를 건설했다. 나중에 아메리카 대륙의 스페인 식민지를 개척할 사람들도 그곳을 거점으로 이용했다. 그들의 전진 기지 건설 때문에 수많은 아메리카 원주민이 희생되었다. 그곳 원주민은 몇 가지 부류로 나뉘는데, 북부와 서부에는 아라와크족(타이노족과 루카얀족 포함), 남부와 동부에는 카리브족이 있었다. 사실상 모든 섬에서 원주민은 유럽인 선원과 군인을 만난 뒤 얼마 지나지 않아 죽고 말았다. 그들은 구세계의 병원균에 내성이 없었다. 예컨대 천연두 같은 전염병이 신세계의 면역 체계를 궤멸시켰다. 또한 이베리아반도의 사람들이 도착하기 전까지 세계로부터 고립된 지역이었던 그곳의 사람들은 낯선 무기 앞에 속수무책이었다. 16세기 중엽 카리브해 지역의 인구는 급격히 줄어들었다. 그래서 스페인 사람들은 섬에서 대륙으로 관심을 돌리지 않을 수 없었다. 대륙에는 훨씬 더 많은 아메리카 원주민이 있었고, 정복이나 질병 혹은 전쟁으로 수많은 사람이 희생되었지만, 그래도 카리브해 지역보다는 노동력이 훨씬 더 풍부했다.

카리브해에서 인구가 회복된 섬은 거의 없었다. 스페인 사람들이 원주민을 이 섬에서 저 섬으로 이주시키기도 했지만 소용없는 일이었다. 처음에는 원주민을 노예로 데려갔지만, 스페인 당국과 교회는 인구 감소를 우려하며 선교를 권장하기도 했다. 그 때문에 나중에는 아주 조금이지만 임금을 지불하는 임금노동자로 원주민을 활용하기도 했다. 스페인 사람들이 대륙으로 관심을 돌리자, 나머지 (직경이 2000마일 이상 되는) 카리브해 여러 지역이 개방되는 결과가 초래되었다. 공식적으로 스페인령이었지만 다른 유럽인이 들어와서 영유권을 주장했다. 스페인은 그들을 막아낼 만큼 충분한 병력을 보유하지 못했다. 잉글랜드, 프랑스, 네덜란드, 심지어 덴마크까지 새로 획득한 영토를 어떻게 관리해야 할지 고민할 수밖에 없었다. 결국 이 모든 지역에서 아프리카 노예가 대안으로 선택되었고, 이로써 아프리카 노예가 카리브해의 특징이 되었다. 이 문제는 뒤에서 자세히 논의하도록 한다.

스페인은 언제나 카리브해 서부의 큰 섬에만 (그리고 대륙의 강력한 팽창주의 제국을 정복하는 데만) 관심을 두었다. 그래서 카리브해 동부의 조그만 화산섬(소小앤틸리스 제도)을 제대로 통제하는 데 시간과 에너지를 쓰고 싶지 않았다. 특히 1550년 이후 유럽의 여러 곳에서 포식자들이 들어왔다. 그들은 스페인 선박을 공격하거나 막대한 양의 은괴를 가로채기도 했다. 이제 아메리카를 떠나 스페인으로 가는 배들은 호위함을 거느려야 했다. 1550년 이전에는 북유럽 사람들이 카리브해 지역에 진출해서 스페인 정착민과 무역을 하고자 했다. 이는 물론 밀무역이었다. 스페인 당국이 다른 나라와의 무역을 허락하지 않았기 때문이다. 그러나 수익성이 워낙 좋았기 때문에 많은 기업이 과감하게 대서양 횡단에 도전했다. 북유럽 무역상들도 거래를 거부당하면 폭력과 약탈을 마다하지 않았다. 그래서 카리브해 지역은 무슨 일이 일어날지 모르는 위험 지역이라는 악명을 얻었다.[1]

유럽의 대도시에서는 카리브해라고 하면 폭력을 떠올리는 사람이 많았다. 카리브해 현지로 건너온 사람들은 돈을 빨리 벌 수 있는 곳이

---

1 Anne Pérotin-Dumon, "French, English, and Dutch in the Lesser Antilles: From Privateering to Planting, c. 1550 to c. 1650" in UNESCO, *General History of the Caribbean* (London: UNESCO, 1997-2011), vol. 2, pp. 116-17.

라는 사실을 깨달았지만, 그만큼 빨리 죽을지도 모르는 위험이 도사리고 있었다. 북유럽 통치자들은 전략적으로 이주를 권장했다. 그것이 특히 국고를 늘리는 데 좋은 방안이라고 생각했기 때문이다. 더욱이 프랜시스 드레이크 경(Sir Francis Drake) 같은 사람들에게는 공식적으로 허가를 내주어서, 그들의 함선이 스페인 함선을 공격하고 스페인으로 가는 재물을 포획하도록 했다. 그들이 스페인 사람들로부터 은괴를 약탈하는 데 성공하자 나라의 허가도 받지 않은 다른 젊은이들도 꿈을 안고 카리브해로 출발했다. 17세기 초엽에 이르러 "벼락부자(get rich quick)" 유행은 카리브해 지역의 지정학에 새로운 변화를 초래했다. 이 젊은이들은 결국, 국가 체제에 기반을 두지 않은 채, 먼바다에서 강도 행각으로 부를 재분배하는 해적이 되었다. 해적은 카리브해의 대중적 이미지를 만들어 냈다. 카리브해는 무슨 일이든 일어날 수 있는 곳이며, 개인의 안전이 보장되지 않는 곳으로 이해되었다. 또한 창백한 낯빛의 유럽인이 덥고 습한 열대우림 기후를 견뎌낼 수 있다는 믿음도 심어주었다.

해적들의 보물선 공격 때문에 스페인은 막대한 비용을 치러야 했다. 국고 손실도 컸지만, 구세계 열강들 사이에서 명성을 잃은 부분도 적지 않았다. 결국 스페인은 해적을 완전히 막아낼 수 없었으며, 해적의 지속적 성장을 늦추거나 뿌리 뽑지도 못했다. (호위함을 거느린 스페인 보물선은 1년 중 운행할 수 있는 시기가 길지 않았다. 해류와 바람의 방향 때문에 운항할 수 있는 항로도 둘뿐이었다. 스페인 함대는 움직이는, 그러나 노리기 쉬운 사냥감이었다.)

카리브해와 관련해서 적어도 변함없이 지속되는 대중적 인식이 있다면, 그것은 해적이다. 사람들은 대부분 카리브해나 초기 카리브해의 역사에 대해서는 모르지만, 그곳에 해적이 있었다는 사실은 알고 있다. 세계 어디서든 디즈니 놀이기구를 타거나 영화 시리즈를 보면서 많은 사람이 카리브해와 해적이 연결되어 있었다는 사실을 알게 된다. 즉 보물선을 약탈하는 해적이나, 보물을 내놓으라는 명령에 따르지 않았다가 완전히 박살 나는 작은 마을의 이야기다. 어떤 면에서 이런 이야기는 전혀 터무니없지는 않다. 일말의 진실이 포함되어 있기 때문이다. 17세기 카리브해 지역에는 꽤 많은 해적이 활동하고 있었다. 그중 상당수는 북유럽에서 (그리고 나중에는 북아메리카에서) 건너온 사람들이었다. 그들은 벼락부자를 꿈꾸었으며, 스페인의 느슨한 국경 관리의 빈틈을 파고들었다. 대개 유럽의 하층민 출신인 해적들은, 먼바다에서 재물을 강탈하는 일로 평생 피할 수 없었던 가난에서 완전히 벗어나보고자 했다. 그들의 삶이 결코 편안했을 리 없지만, 살아남기만 한다면 유럽의 고향에 머물러서는 평생 만져보지 못할 재산을 거머쥘 가능성이 없지 않았다.

오늘날 많은 사람은 카리브해의 해적을 불평등 체제에 맞섰던 저항 세력으로 미화하기도 한다. 행동 강령을 갖춘 해적선이 많았고, 선박 운영의 몇 가지 방식을 두고 투표를 했으며, "전리품"을 나누는 규칙을 발전시켰고, (수족을 잃는 등) 영구 장애를 입은 해적에게는 보상을 해주었다. 이런 점들을 근거로 해적이 초기의 민주주의자였다고 주장하는 연구자들도 있었다. 그들은 명백히 비민주적이었던 시대에 민주적 경향을 선보임으로써 초기 근대 정치에 일정하게 기여했다는 주장이다. 이는 문제의 소지가 다분한 이론이며, 아마도 해적에게 피해를 본 당사자라면 그 주장에 결코 동의하지 못할 것이다. 해적들은 예기치 못한 시공간에 처한 사람들에게서 재물을 빼앗기 위해 전적으로 폭력(혹은 위협)

에 의존했다. 처음에 그들은 작은 섬의 아메리카 원주민에게 환영를 받기도 했다. 그들이 스페인 사람이 아니고, 게다가 스페인 사람들의 물건을 빼앗는 것이 목적이라고 밝혔기 때문이다. 그러나 그들은 원주민이 부담스러울 정도로 지나치게 오래 머물렀다. 그들은 작은 섬을 실효 지배하거나 거점으로 만들기도 했다. 성공한 해적들은 돈이 많았고, 그래서 이들의 돈을 노리고 몰려드는 사람들도 많았다. 돈 많은 해적들에게 술과 숙박, 성관계를 제공하고 그 대가로 돈을 받고자 했다. 요컨대 신흥 부자 고객을 노리는 사람들이 카리브해의 섬으로 이주해 왔다. 결과적으로 카리브해의 조그만 섬들이 개발되기 시작했다. 이는 아메리카 원주민의 수를 더욱 감소시켰고, 더 많은 유럽인이 이주하는 원인이 되었다. 새로 들어오는 유럽인의 목적은 해적이 되거나, 아니면 모험을 감행해서 금전적 이익을 얻은 사람들을 위해 일하는 것이었다. 저항 세력이라는 낭만적 주장은 기본적으로 상업주의였던, 혹은 최소한 돈이 목적이었던 해적의 동기를 덮어두는 문제가 있다. 그들은 대표적으로 상업주의에 미친 자들이었다.

식민주의와 폭력의 과정을 거쳐, 한때 인구가 번성했으나 지리적으로 고립되었던 지역이 아프리카-유라시아 경제 체제에 편입되었다. 이는 카리브해를 진정으로 글로벌한 장소로 만들었다. 그 대가로 아메리카 원주민 수백만 명이 목숨을 잃었다. 카리브해 섬의 정치 구조는, 특히 아메리카 대륙과 비교하자면 탈중심적이었다. 섬 대부분이 당시 유럽 제국에 병합된 이후에도 카리브해 지역에는 별도로 중심이 형성되지 않았다. 법적 근거는 언제나 어딘가 멀리서 가져오는 것이어서, 일관된 집행이 어려웠다. 분산된 권력과 권위는 카리브해 지역의 특징이 되었다.

훗날 다른 지역의 제국에서도 이와 같은 특징을 목격하게 될 것이다.

스페인은 일관되게 이 지역을 통제할 권리가 있다는 입장을 견지했다. 그래서 잉글랜드, 프랑스, 네덜란드 같은 유럽의 다른 국가에게 카리브해에서 해적이 된 자국민을 단속할 것을 요구했다. 그러한 요구는 런던이나 파리 혹은 암스테르담까지 원활하게 전달되지 않았다. 스페인과 포르투갈은 토르데시야스(Tordesillas) 조약(1494)에 따라 아메리카에서 새로 발견한 지역을 나누어 가졌지만, 유럽의 다른 세력들은 그들의 조약을 존중하지 않았다. 그래서 스페인과 포르투갈은 자신의 영토와 조약을 스스로 지켜내야 했다. 그것이 쉬운 일은 아니었다. 아메리카는 워낙 광대했고, 카리브해의 섬들은 워낙 작아서 (그리고 섬들을 포함하는 해역의 범위는 워낙 넓어서) 감시하기가 어려웠다. 특히 장기적 관찰을 필요로 하는 사람들은 고정된 거처가 없었다. 더욱더 문제는, 법적 제도를 집행해야 할 인원이 충분치 않다는 점이었다. 유럽인은 일관된 제국의 운영에 필요한 인력을 보유하지 못했다.

유럽인이 카리브해의 여러 섬을 정복한 이후 정착한 과정을 보면, 그들이 세계의 다른 지역을 장악할 때 어떻게 했는지 알 수 있다. (다른 지역에서는 그렇지 않았지만) 카리브해의 경우 일은 생각보다 쉬웠다. 원주민이 워낙 많이 죽었기 때문이다. 그럼에도 불구하고 식민지 건설 과정에서 일어난 일은, 몇 세기 후 세계의 다른 지역에서 일어날 일의 예고편 같았다. 먼저 몇몇 유럽인이 나타나 현지인에게 상거래를 요청하고, 사치품이나 (다른 곳에서 또 다른 사치품을 살 수 있는) 금은괴를 입수한다. 그 뒤 제한된 범위에서 무역이 이루어지다가, 결국에는 유럽인이 상거래 과정을 모두 장악한다. 이유는 여러 가지가 있겠지만, 아시아나 아프리카 사람들은 유럽의 무역상들이 중상주의적 목표를 그토록 집요하게 추구할 것으로 예상하지는 못했다. 유럽인은 다양한 전술을 구사하고 거래 상대를 좌절시켰으며, 그 과정에서 일부 거래 상대를 정치적으로 약화시켰다. 아프리카 노예 무역도 그런 사례 중 하나였고, 유럽인이 개입한 인도와 중국 사이의 아편 무역도 마찬가지였다. 카리브해에서 중국 광동에 이르기까지, 유럽인은 그들이 마주친 모든 경제 시스템을 장악하는 데 성공했다. 이런 과정이 처음 일어난 곳이 아메리카, 특히 카리브해 지역이었다. 이유라면 단지 유럽인이 아메리카로 건너갔기 때문이며, 비교적 빨리 그곳을 정복할 힘이 있었기 때문이다.

이 과정을 또 다른 측면에서 생각해볼 수도 있는데, 어쩌면 더욱 실용적일 수도 있다. 즉 식민지 개척자와 식민지 원주민의 초기 접촉을 이식(移植, implant)의 과정으로 보는 것이다. 이는 모든 식민지 개척 사업에 동반되는 과정의 일부분이었다. 카리브해 지역이 유럽인에게 처음 알려졌을 때, 그래서 기존의 "구세계" 교환 체계에 처음 접속된 시점을 검토해보면, 이후 세기에 펼쳐진 세계적 교류를 이해하는 데 도움이 되는 대략적 모델을 발견할 수 있다. 최초의 교류 과정에서 (유럽인이든 누구든) 식민지 개척자들은 식민지 건설의 현장 및 그 사회에 자신의 사상, 가치관, 문화적 관습을 이식한다. 전형적 사례로, 식민지 개척 세력은 진입 지점을 발달시킨다. 그 결과 일정한 공간을 장악하고, 이를 기반으로 세력의 우위를 확보한다. 카리브해 지역에서도 어느 시점엔가 이와 같은 과정이 일어났다. 구세계와 신세계 사람들의 접촉으로 현지 인구가 급속히 붕괴된 현실은 그러한 과정에 도움이 되었다. 이식 과정의 속도가 늦었던 이유는 여러 가지로 설명이 된다. (1) 카리브해 지역은 지리적으로 흩어져 있다. (2) 정복 사업에 참여한 유럽인은 인원수가 극히 적었다. (3) 원주민의 정치 체제는 상대적으로 분산되어 있었다. (4) 유럽인의 국적이 여럿이었고 여러 면에서 서로 대립했다. (5) 원주민 인구 감소로 노동력 공급이 쉽지 않았고, 순순히 따르지도 않았다. (6) 유럽인 식민지 개척자들의 목표가 불분명했는데, 왜냐하면 그들에게는 신대륙을 "발견"할 의도가 전혀 없었기 때문이다. 유럽 국가들 사이의 상업주의 경쟁이 치열해지면서 아시아로 통하는 새로운 길을 찾고자 하는 열망은 더욱 커졌는데, 이를 대신하여 카리브해에 식민지를 건설하게 되었다. 동시에 유럽의 지배 아래 놓인 섬에서는 추가로 정착민을 유인할 수 있는 대책과 식민지 개척의 수고에 따른 경제적 보상도 필요했다. 그곳은 향신료나 어떤 사치품 혹은 금은괴가 가득한 섬이 결코 아니었다. 그래서 유럽인은 항해의 가치를 높일 수 있는 다른 대안을 찾고자 했다. 다시 말해 그들은 카리브해 지역의 장점을 활용하여 세계 시장에 내놓을 만한 결정적인 무언가가 필요했다.

    그것이 바로 설탕이었다. 16세기 유럽에서 설탕은 희귀하고도 비싼 사치품이었다. 그러나 설탕을 생산하려면 시간이 필요했다. 1520년대 히스파니올라(Hispaniola)섬에 처음 사탕수수 재배가 도입되었지만, 제당 시설(sugar mill)의 규모는 그리 크지 않았다. 사탕수수 재배가 카리브해 전역으로 확산되고 손쉽게 이용할 수 있게 되기까지는 몇 세대에 걸친 시간이 필요했다. 17세기 중엽에 이르면 카리브해의 여러 섬에서 상당량의 설탕이 생산되고 있었고, 생산량도 계속해서 증가하는 추세였다. 영국과 프랑스, 그리고 (덴마크와 더불어) 네덜란드는 아프리카인을 강제 노동에 투입하여 생산된 설탕을 스페인의 금은과 교환하고자 했다. 그렇게 하면 더 이상 해적질을 해서 스페인의 금은을 빼앗을 필요도 없었다. 카리브해의 경제, 환경, 인구는 완전히 바뀌었다. 아메리카 대륙의 광산에서 금은 등의 귀금속이 발굴되면서 카리브해는 극적 변화를 겪었고, 자원 착취의 길로 나아갔다. 자원 착취의 과정은 이후 수 세기 동안 카리브해 지역의 특징이 되었다.

설탕과 노예

카리브해라고 하면 해적이 대중적으로 유명하지만, 카리브해를 다룬 역사서들은 주로 설탕과 노예의 문제에 주목했다. 즉 설탕과 노예가 어떻게 연결되는지를 밝히는 데 학계의 에너지가 집중되었고, 오히려 설탕과 노예를 다루지 않은 카리브해 역사서를 찾기가 어려울 정도였다. 심지어 노예제가 폐지된 19세기 이후를 다룬 역사서들도 마찬가지다. 이러한 역사서들은 대개 사탕수수 단일 작물 재배와 사탕수수 농장에 투입된, 혹은 플랜테이션 농장의 각 부문에서 이를 뒷받침한 노예 노동력의 관계를 파고드는 경우가 많았다.

카리브해 지역을 전공하는 연구자들은 지역 전체의 설탕과 노예 문제를 연구하고자 했다. 그러나 언어적 장벽이 문제였다. 설탕은 경계 없이 거래되었으나, 어느 한 언어권의 자료를 연구하는 연구자가 다른 언어권의 자료까지 보는 일은 거의 없었다. 카리브해 지역의 기존 문헌이 여러 가지 언어로 작성되어 있기 때문에, 당연히 연구자에게는 여러 가지 언어 능력이 요구된다. 문헌에는 지리적 구분도 존재한다. 지역을 넘어서는 연구는 실제로 거의 없었고, 지역 간 비교 연구는 더더욱 없었다. 예를 들어 리워드(Leeward) 제도와 쿠바 혹은 수리남에서 일어난 일을

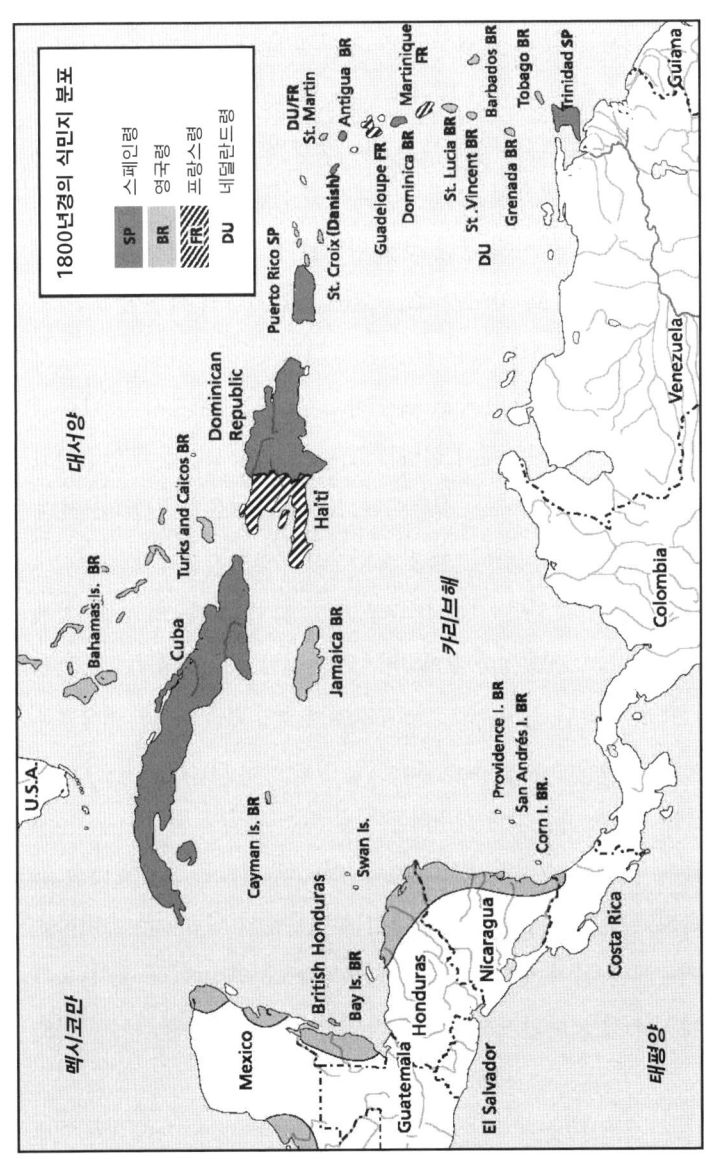

[지도 16-1] 카리브해 지역, 1800년경

CHAPTER 16 - 카리브해, 근대 세계사의 도가니

비교한 연구 성과는 없었다. 연구 분야는 크게 유럽 언어권별로 나뉘었고, 그다음에는 유럽의 식민지 패턴에 따라 달라졌다. 이것을 꼭 나쁘다고 할 수는 없겠지만, 그래서 앞으로 연구해야 할 과제가 많이 남아 있다. 노예 제도는 카리브해의 모든 지역에서 한꺼번에 시작된 것이 아니었고, 모든 지역에서 동시에 끝난 것도 아니었다. 그러나 전체적으로 비슷한 시기에 시행되었고, 규모가 조금 있는 식민지라면 사실상 모든 곳에서 사탕수수를 재배했다.

이와 같은 공통적 패턴에도 불구하고 역사 전공자가 아니라면 17~18세기 카리브해 지역에서 설탕과 노예가 얼마나 긴밀히 연결되었는지 분명하게 알지는 못하는 실정이다. 몇 가지 이유가 있었다. 첫째, 소비의 주요 변화를 무시했다. 설탕 소비는 1700년 기준 1인당 연간 4파운드에서 1800년 1인당 연간 13파운드로 증가했는데, 이는 그 자체로 의미가 깊다. (1993년 영국과 미국의 1인당 설탕 소비 추정치는 연간 거의 100파운드에 이른다. 그때 이후로는 수치에 변동이 없이 대체로 비슷했다. 이처럼 높은 소비율이 나타난 것은 효율적인 설탕 추출 기술과 식품 가공 산업이 발달했기 때문이다. 설탕 이외에도 시럽 같은 제품이 무수히 생산되고 있다.[2]) 둘째, 생산과 소비가 분리되었다. 이러한 패턴은 오늘날까지 그대로 지속되고 있다. 선진국에서 살아가는 대부분의 사람들은 소비하는 상품의 기원지를 굳이 생각하지 않는다. 식재료뿐만 아니라 옷이나 다른 물건에 대해서도 마찬가지다. 방글라데시에서 공장이 붕괴되면 비로

---

2 Noel Deerr, *The History of Sugar* (London: Chapman & Hall, 1949-50), vol. 2, p. 532. See also www.businessinsider.com/chart-american-sugar-consumption-2012-2.

소 그곳과 내가 사용하는 상품이 연결되어 있다는 사실을 깨닫지만, 며칠 동안 부당한 처사에 항의하고 나면 소비자들은 다시 소비 생활로 돌아가고 소비재를 만드는 생산자에 대해서는 잊어버린다. 예전에도 마찬가지였다. 유럽의 소비자들은 아프리카인을 거의 개의치 않았다. 강제로 대서양을 횡단한 아프리카인은 기대 수명을 단축시키는 열악한 환경에서 유럽인이 갈망하는 중독성 강한 상품을 생산했다. 바다가 가로놓여 있었기 때문에 유럽의 소비자들은 세계 경제의 궂은 현장을 볼 필요가 없었다. 혹은 깨끗한 길만 선택해서 세계 경제에 참여할 수 있었다. 그래서 설탕을 생산하는 노동자의 기대 수명은 줄었지만 설탕 경제의 수명은 늘어날 수 있었다. 노예는 유럽인의 시야에서 사라졌지만, 심지어 노예 제도가 더 이상 설탕 생산에 가장 경제적인 시스템이 아닌 시대가 된 뒤에도 노예 제도는 지속되었다. 노예 제도가 사회 질서 유지에 중요한 역할을 하는, 뿌리 깊은 문화적 관행으로 자리 잡았기 때문이다.

게다가 오로지 사탕수수 재배를 위해 수입된 아프리카 노예들은 18세기 내내 거의 모든 곳에서 사망률이 매우 높았다. 그들은 목숨을 희생했을 뿐만 아니라 신세계의 이익 창출에도 크게 기여했다. 즉 아프리카의 희생을 딛고 아메리카의 이익이 창출된 것이다. 나중에 가서 아프리카 인구는 회복되었으나, 노예로 팔려 간 인구가 1200만 명에 달했으니 아프리카 경제에 타격이 없을 수가 없었다. 19세기에 이르러 카리브해 대부분의 지역에서 노예 인구의 사망률이 개선되었다. 그러나 17~18세기에는 대체로 새로운 노예를 사는 가격이 매우 저렴했다. 그래서 남녀를 막론하고 노예를 함부로 다루다가 필요하면 다른 노예를 사면 그만이었고, 노예를 잘 보살펴서 재생산하게 할 필요가 없었다. 인간의 감정

(애덤 스미스가 말한 동료 의식 fellow-feeling)을 터무니없이 무시한 결과, 19~20세기 식민지 곳곳에서 사회 질서의 불안정이 야기되었다.[3]

설탕 생산이 증가하면서 카리브해 식민지 어디서나 노예 수입이 급증했고, 이는 곧 카리브해 식민지 전성기의 특징이 되었다. 동시에 카리브해 식민지와 유럽 거대 도시 사이의 연결이 강화되었다. 대양을 가로지르는 통신 체계가 발달했고, 설탕이 경제 성장과 적어도 노예 소유주의 수익 증대를 가져왔기 때문이다. 초창기에 사탕수수를 재배한 농장주는 막대한 수입을 얻었고, 은퇴 후 유럽으로 돌아가 거대한 저택을 짓고 살았다. 카리브해의 섬에 남아 여생을 보내려 하는 사람은 거의 없었다. 노예가 유쾌하지 않았고 기후도 좋지 않았다. 그들이 은퇴한 뒤에는 다른 젊은이들이 선배의 성공을 따르거나 적어도 출세하기를 바라며 그 자리를 메웠다. 그러나 기회는 오히려 축소되었다. 섬이라는 지리적 한계 때문에 경작 가능한 농지가 제한적이었으며, 생산량이 증가하면서 설탕 가격도 떨어졌다. 섬의 경제가 발달하면서 소규모지만 중산층 혹은 관리인 계층도 형성되었다. 그들은 무역을 하며 돈을 벌기 위해 카리브해로 온 의사, 변호사, 회계사, 관리인 등의 전문직 종사자와, 목수나 요리사 같은 숙련된 장인이었다.[4] 모두가 위를 쳐다보고 움직였지만 일

---

3 노예 사망률 관련 가장 광범위한 일반론은 다음을 참조. Stanley L. Engerman and B. W. Higman, "The Demographic Structure of the Caribbean Slave Societies in the Eighteenth and Nineteenth Centuries" in UNESCO, *General History of the Caribbean*, vol. 3, pp. 45-104.

4 A. L. Karras, *Sojourners in the Sun: Scots Migration to Jamaica and the Chesapeake, 1740-1820* (Ithaca, NY: Cornell University Press, 1992); and Heather Cateau, "Beyond Planters and Plantership" in H. Cateau and R. Pemberton (eds.),

확천금한 사람은 거의 없었고, 결국 해적처럼 폭력 주도의 상업주의 체제에 발목을 잡혔다. 그럼에도 불구하고 그들이 참여함으로써 카리브해 지역에서 유럽 같은 계급 사회의 겉모습이 만들어졌다. 이는 유럽인으로서는 그리 낯선 풍경이 아니었다. 다만 이국적 환경과 지나치게 많은 아프리카 노예가 그들을 둘러싸고 있었다.

18세기에서 19세기 초엽까지 카리브해 지역에는 학교가 드물었다. 전혀 없지는 않았지만 학교가 개설되지 않은 섬이 많았으므로, 유럽 이주민은 아들을 낳으면 (때로는 딸도) 교육을 위해 다시 유럽으로 보내야 했다. 그래서 대서양을 건너 유럽과 카리브해를 오가는 이주의 물결이 끊임없이 이어졌다. 식민지는 성공으로 나아가기 위해 거쳐야 할 기회의 장소로 인식되었다. 19세기 대부분의 유럽인은 제국 체제 아래 살고 있었다. 그들은 대개 일시적으로 외국을 방문할 계획이 있었는데, 이는 그들에게 하나의 통과 의례와도 같은 일이었다. 예컨대 영국 식민지에서는 카리브해로 이주한 가족 구성원이 나중에 인도나 세계의 다른 지역으로 다시 이주하는 경우가 많았다. 이주를 통해 그들은 "백인"의 일자리를 채워갔다. 이것이 아프리카인(그리고 혼혈인) 노예의 이동과 결합되어 유럽인 중심의 사회적 위계질서 구조가 만들어졌다. 향후 세계의 다른 지역에서도 이런 식의 구조가 만들어지는 경우가 많았다. 다만 이 경우 노예가 아니라 원주민 노동자와 결합되었다. 세계적으로 노예제가 폐지된 뒤 아시아인 계약 노동자가 세계 전역으로 진출했고, 이들

Beyond Tradition: Reinterpreting the Caribbean Historical Experience (Kingston: Ian Randle Publishers, 2006), pp. 3-21.

이 유럽인 노동자보다 아래로 평가되는 일자리를 채웠다. (카리브해 지역에서도 중국인과 인도인 "쿨리coolie"를 받아들였지만, 이는 19세기 중엽 이후의 일이었다.)

　카리브해 지역에서 형성된 새로운 사회적 위계질서는 이후 세계적으로 형성될 식민지 사회를 예고했다. 여기에는 필연적으로 인종의 계층화가 깊이 개입되었다. 계층화는 어떤 식으로든 원주민의 위계에서 비롯된 것이 전혀 아니었다. 원주민은 이미 대대적으로 제거된 뒤였다. 그보다는 오히려 카리브해 지역의 인구 불균형과 관련된 문제였다. 또한 카리브해 플랜테이션 사회의 권력 불균형도 깊은 관련이 있었다. 카리브해의 대부분 지역에서는 아프리카인 여성보다 남성이 더 많았다. 아프리카인 여성으로서 남성 노예와 가정을 꾸리는 것이 (혹은 양육하는 것이) 쉽지 않았다. 플랜테이션 농장에서 일한다면 출산율이나 기대 수명이 모두 낮았다. 한편 유럽인 이민자는 주로 젊은 남성이었으며, 흑인 인구와 백인 인구의 비율은 10 대 1이었다.[5] 백인 남성의 입장에서 성적 파트너로 선택할 백인 여성이 거의 없었다. 그래서 대개는 집안에서 일하는 아프리카인 여성 중에서 당사자의 동의 여부와 상관없이 정부를 선택했다.

　카리브해의 여러 섬에는 이와 같은 혼혈을 금지하거나, 혼혈 자손의 사회적 지위를 제한하는 법이 있었다. 내용으로 보자면 이는 현실적으로 이미 광범위하게 벌어진 일을 막아보려는 시도로 만들어진 법이었다. 사회적 계층 이동의 법적 제한에도 불구하고 순수 아프리카인 부부의 자손보다는 혼혈의 사회적 지위가 높았다. 혼혈인은 집안에서 주로

5　Engerman and Higman, "Demographic Structure," pp. 48-9.

농업이 아닌 다른 일을 했으며, 18세기에는 특정 수공업이나 제조업 노동자로 종사하는 경우가 많았다. 혼혈인의 지위는 법적으로 명확히 제한되어 있었지만, 항상 강제력이 있는 조항은 아니었다. 대부분의 카리브해 사회에서는 피부색에 따른 분명한 위계질서가 존재했다. 적어도 피부색이 밝을수록 사회적 지위가 높았고, 어두울수록 낮았다. 식민지에서 태어난 혼혈인은 아프리카에서 새로 도착한 노예보다 지위가 높았다. 그러나 피부색이 언제나 부모를 따르지는 않았기 때문에, 피부색에 따른 위계질서는 엄격하기보다는 유동적이고 융통성 있는 편이었다. 특히 북아메리카 지역과 비교하면 더욱 그랬다.

인종 간 성적 결합이 노예 기반 카리브해 사회의 혹독한 조건을 완화하는 결과를 가져왔다는 사실은 기존에 충분히 주목하지 못했던 주제다. 아프리카인과 유럽인 사이에 속하는 혼혈인이 생겨남으로써, 부유한 백인이 사회 질서를 유지할 수 있는 중간 통로가 만들어졌다.

17세기와 특히 18세기 카리브해 사회를 유지할 수 있었던 두 가지 핵심 요인 중 하나가 노예제였다. 물론 다른 하나는 설탕이었다. 설탕은 생산하는 데 대량의 노동력이 필요했으며, 카리브해 경제에 힘을 실어 주었다. 설탕을 생산함으로써 북유럽 사람들은, 저렴한 아메리카 인디언 노동력으로 귀금속을 채굴하는 스페인 사람들과 경쟁할 수 있었다. 승리는 북유럽 사람들의 것이었다. 특히 설탕은 생산 원가가 매우 저렴하고 중독성이 있어서, 갈수록 수요가 증가했다. 스페인 사람들은 설탕을 사기 위해 기꺼이 은괴를 내놓았다. (설탕과 더불어 신세계에서 생산되는 또 한 가지 중독성 상품으로 담배가 있었다.)

자원 착취의 일반 이론을 언급하지 않는다면 카리브해가 세계사의 핵심 장소였다고 말하기 어려울 것이다. 근대 세계 전역 식민지 경제의 특징이 바로 자원 착취였다. 일반적으로 19~20세기의 식민지 사회에 대한 이론은 이렇다. 산업화한 유럽 사회 및 유럽의 산업을 위해 식민지에서 원재료를 생산했고, 유럽 사회는 그것을 이용하여 면직물 같은 저렴한 공산품을 다시 식민지 사회에 공급했다. 그렇게 생산된 저렴한 상품 때문에 식민지의 소비가 증가했지만, 동시에 지역 경제의 성격이 바뀌었다. 예컨대 원주민 수공업자(인도의 직조공 같은 사람들)는 손님을 찾기가 어려워졌다. 대량 생산 상품들이 아프리카와 아시아로 밀려들자, 식민지 사회는 기본적인 생계를 위해 점점 더 거대 도시에 의존할 수밖에 없었다. 특히 면직물 생산자는 면직물 소비자가 되어버렸다. 제국 체제가 뿌리를 내리면서 사회적 독립은 사라져갔다.

이와 같은 주장이 19세기와 20세기 제국주의 시대에는 맞는 말이지만, 산업화 이전 카리브해 지역에 적용하기는 곤란하다. 심지어 정반대의 이야기도 가능하다. 카리브해 식민지에는 유럽에서 생산된 사치품을 구입할 사람이 거의 없었다. 대부분의 백인에게 그것은 꿈일 뿐이었고, 노예는 말할 필요도 없다. 일부 백인은 유럽 사치품을 구하기 위해 빚을 지거나, 농장과 미래에 생산될 작물을 담보로 신용대출을 내기도 했다. 상인의 회계 장부에는 단일 작물 재배 농장에서 일하는 노예가 주인을 위해 만들어내는 수익이 고스란히 기록되었으며, 유럽인(부재지주 포함)은 이를 근거로 신용대출을 내서 소비할 수 있었다.

설탕 가격은 대개 보호무역으로 유지되었다. 덕분에 유럽 상인들에게 충분한 수익을 가져다주었다. 그들은 사치품을 구입하기도 했고(그래서 그들의 부가 상인에게 넘어가기도 했고), 혹은 유럽 토착 산업에 직간접적으로 투자하기도 했다. 이런 식으로 카리브해의 노예제는 값싼 노동력으로 유럽의 경제 발전을 뒷받침했다. 카리브해 지역에서 임금으로 지급될 돈을 아껴서 유럽의 공장 등 경제의 다른 분야에 투자했고, 그 공장에서 대량 생산된 상품은 나중에 유럽과 식민지 시장으로 팔려나갔다. 이와 같은 독특한 교환 체계에서 카리브해의 생산자들은 유럽 소비자들이 소비를 늘려 경제를 변화 및 발전시킬 수 있게 했다. 카리브해 지역에서 노예 노동력으로 생산되는 주요 상품은 설탕이었지만 그 밖에 커피, 코코아, 소, 목재뿐만 아니라 면화, 담배, 인디고 등 다른 작물도 소량이나마 생산되었다.[6] 유럽인이나 혼혈인은 노예가 참여하는 농업 노동을 감독하는 일 이외에 다른 일은 하지 않았다. 식량은 일반적으로 수입에 의존했다. 노예에게 자급할 식량 생산을 맡기면 반항이 줄어들고 기대 수명도 몇 년 더 늘어난다는 사실을 알았지만, 그 길은 선택하지 않았다. 만약에 그 길을 선택했더라면 노예의 생활 조건에 도움이 되었을 것이다. 그러나 노예는 체제에 대해 의미 있는 방식으로 도전하지 않았다. 그래서 카리브해의 식민주의는 악화 숙성 단계까지 지속될 수 있었다. 카리브해의 정책은 이후 세계의 다른 지역에서 식민지 체제를 구축할 때 유용한 모델이 되었다. 비교적 온순한 노동력을 이용해서 유럽 식민주의자들이 원하는 것을 뽑아내는 방식이었다.

대부분의 학자는 카리브해 식민지가 악화 숙성 단계에 도달한 비결을 설탕 생산에서 찾았다. 유럽의 어느 세력이 지배했던 섬이든, 모든 섬

---

6 See Verene A. Shepherd (ed.), *Slavery Without Sugar: Diversity in Caribbean Economy since the Seventeenth Century* (Gainesville, FL: University of Florida Press, 2002).

에서 정확히 맞아떨어지는 해석이었다. 설탕이 많이 생산되지 않는 식민지에서는 유럽 수출 업무에 중점을 두었다. 예컨대 네덜란드령 신트외스타티위스(Sint Eustatius)섬은 오로지 환적 항구로서만 기능했다. 카리브해의 설탕은 생산자가 소비하지 않았다. 오히려 대서양 건너 유럽인이 그것을 구매했으며, 그들의 수요는 점점 높아졌고, 그에 부응하여 카리브해의 섬에서 필요한 노예의 수도 증가했다. 이러한 악순환은 19세기까지 지속되었다.

대서양 한편의 소비 증가는 반대편의 생산 증가를 요구했다. 또한 정기적 유통 네트워크도 필요했다. 물론 카리브해에는 유통망이 갖추어져 있었다. 식민주의가 악화 숙성된 시기에 무역 규제는 굉장히 엄격했으며, 법으로 명확히 규정되어 있었다. 네덜란드를 제외한 모든 유럽 세력은 무역을 제한했고 특정 행위를 금지했다. 일반적으로 유럽과 아메리카의 무역은 모국 국적의 선박을 이용해야 했으며, 선원의 일정 비율을 모국인으로 채용해야 했다. 예컨대 스페인과 프랑스는 식민지 무역선이 입항할 수 있는 항구가 정해져 있었다. 외국의 생산물이나 공산품이 식민지나 거대 도시로 유입되는 것을 막기 위해 보호 관세(prohibitive tariffs)가 도입되었다. 유럽 상인들이 투자에 최소한의 수익을 보장받을 수 있도록 가격을 정해두는 지역이 많았다. 카리브해의 설탕 대부호들은 설탕을 합법적으로 판매할 수 있는 통로가 매우 귀했다.

대서양 세계에는 이와 같은 제한 조치가 만연했음에도 불구하고 흔히 이를 무시하거나 도발하는 경우가 발생했다. 아메리카의 유럽 식민주의자들은 자신이 지켜야 할 상업 정책들이 모국과 식민지 사이의 무역 독점 규제로서, 유럽 무역상의 이익을 위해 그들의 손으로 (혹은 사실상 그들의 수하들에 의해) 설계되었다는 사실을 알게 되었다. 그렇게 만들어진 정책을 실제로 카리브해에 거주하는 사람들이 그리 잘 지킬 필요는 없었다. 섬에 사는 주민들은 무역 규제가 자신의 주머니에서 돈을 빼내 간다고 주장했는데, 틀린 말은 아니었다. 본국으로부터 생필품이나 소모품을 구입하면 근처 가까운 곳에서 사는 것보다 비싸거나 품질이 떨어졌다. 더군다나 물건을 구입하려면 모국에서 배가 올 때까지 기다려야 했는데, 상품이 필요한 시기와 잘 들어맞지 않았다. (때로는, 특히 전쟁 같은 특수한 상황에 일부 식민지에서는 노예에게 필요한 식량을 충분히 확보하기 위해 항구를 개방하여 누구나 들어올 수 있도록 했다.) 모국의 상업 정책은 대서양을 가로지르는 정기적 무역 체제를 보장했지만, 규제를 준수해야 한다고 주장한 상인들도 정기적으로 또한 반복적으로 규제를 위반했다.

그래서 밀수는 카리브해의 고질병이 되었다. 모든 것이 밀수로 유통되었다. 이웃 섬에서 노예를 데려오기도 했고, 어느 한 식민지에서 생산된 설탕이 다른 식민지로 밀수되어 생산지가 바뀌기도 했다. 밀수가 아니면 구하기 어려울 법한 최신 유행의 옷도 있었고, 북아메리카에서 들여오는 식량도 있었다. 이 모든 일이 식민지 당국 관리들의 눈앞에서 이루어졌다. 세관 징수원에서부터 총독에 이르기까지, 선원에서부터 선장에 이르기까지 모두가 현실을 알고 있었다. 식민지 당국의 관리들은 밀수를 잘못 규제하면 현지 주민들의 기분을 거스를 수 있고, 자칫 부정적 결과를 초래할 수 있다는 사실을 잘 알고 있었다. 주민들은 식민지 통치를 불가능하게 만들 힘이 있었고, 식민지 총독이 시행하고자 하는 어떤 정책도 가로막을 수 있었다. 상업 규제를 얼마나 엄격히 시행할지, 식량이 부족해질 때 언제쯤 외국 무역상에게 항구를 개방할지 등등 현지 총독과 플랜테이션 농장 엘리트 사이의 분쟁은 끊이지 않았다. 플랜테이션 농장주들은 힘을 써서 총독이 본국으로 소환되도록 만들 수도 있었다. 그러면 총독은 본국에 가서 상황이 어떤지 직접 설명해야 했다. 그렇게 하면 섬에서 규칙을 강요하는 사람을 제거할 수 있고, 원치 않는 법이나 정책을 강요받을 일도 없게 되는 것이다. 이와 같은 모든 사실은 무역 정책이 본국의 거대 도시에 앉아 있는 사람들을 위해서 만들어진 것일 뿐, 현지 생산자를 위한 규제가 아니었음을 의미한다. 불행히도 후대에 다른 지역에 만들어진 유럽 식민지에서도 마찬가지였다. 그런 면에서 다시 한 번 말하지만 세계사에서 카리브해의 중요성은 결정적이다. 아프리카와 아시아로 팽창했던 유럽인의 세계사를 들여다볼 때 카리브해의 역사는 중요한 통찰을 제공할 것이다. 바꾸어 말하면, 산업화 이후 혹은 아메리카 혁명 이후의 제국주의가 아니라 카리브해에 주목해야 한다. 돌이켜보면 수많은 역사적 선례가 밝혀질 것이다.

카리브해와 유럽 사이의 상거래는 식민지 악화 숙성의 단계를 이야기할 때 도움이 되지만, 그것으로 모든 것을 설명할 수는 없다. 17~18세기를 거치는 동안 유럽인은 서로가 많은 전쟁을 치렀다. 전쟁의 여파는 카리브해에도 미쳤고, 식민지는 모국의 분쟁에 끌려 들어갔다. 그 결과에 따라 식민지는 스페인령이었다가 영국령으로, 혹은 프랑스령이었다가 영국령으로 (혹은 그 반대로) 바뀌었다. 그것이 일부 식민지 주민들에게 문제를 일으키기도 했지만, 전환은 대체로 순조로웠다. 그 어떤 변화에도 불구하고 규제를 회피하는 우회로는 거의 그대로 지속되었다. 새로운 당국의 법률 체계와 집행자에 따라 살짝 변용되는 정도에 불과했다. 식민주의자들은 자신과 노예를 스스로 돌보아야 했다. 이웃 섬이나 북아메리카로부터 식량을 수입할 수 있도록 끊임없이 규제 우회로를 모색해야 했다. 식민지의 주인이 바뀌고 유럽의 전쟁에 끌려 들어간 방식은 카리브해 지역이 역사적 선배로서, 병합 지역 주민들을 강제 징집하여 전쟁에 참여시킨 이후 제국 시대의 일들과 풍부한 비교 사례를 제공할 것이다.

혁명과 탈식민지화

카리브해 지역은 어느 순간 문득 세계사의 무대에서 사라진다. 그 시점은 플랜테이션 경제가 본격화되고 최후의 해적들이 박멸된 18세기 전반기 어느 즈음이었다. 그때는 어쩌면 세계적으로 세력 관계가 재편되는 중이었다고 보는 편이 더 정확할 것이다. 카리브해가 다시 세계사의 무대에 모습을 드러낸 두 번의 계기가 있었다. 두 사건은 한 세기 반의 간극이 있지만 서로 연결되어 있었다. 첫 번째 사건은 아이티(Haiti)의 건국이었다. 반란은 1792년 시작되었다. 미국 독립 전쟁과 프랑스 혁명이 반란에 깊은 영향을 미쳤다. 사실 반란은 장기간에 걸쳐 양측의 정치적 입장이 주기적으로 바뀌는 과정에서 발생한 수많은 전투의 연속이었다. 생도맹그(Saint-Domingue)는 수익성이 높은 설탕 생산 식민지였다. 장드쿨뢰르(gens de couleur, 유색 인종)는 평등을 요구했고, 섬의 백인 주민들은 여기에 거세게 저항했다. 그 사이에서 식민지를 장악한 프랑스 혁명가들은 보편적 평등을 시행할 방안을 전혀 알지 못했다.

프랑스인은 때로 독립을 허용할 준비를 하다가, 또 때로는 다시 섬을 정복하여 노예제를 시행하고자 했다. 아이티 혁명(전쟁 시작 시점에는 아이티가 존재하지 않았지만, 대중적으로 그렇게 부른다)은 몇 단계를 거치며 10년 이상 지속되었다. 그러나 근대 세계사에서 가장 성공적인 노예 혁명이었다는 의미가 있다. 이는 노예 소유주에게는 물론 역사가들에게도 노예를 극단적으로 몰아붙이면 어떤 폭력 사태가 벌어지는지를 보여준 사례였다. 결국 프랑스는 식민지를 포기할 수밖에 없었기 때문에, 카리브해의 다른 섬들에서는 일반적으로 훨씬 뒤에 일어난 탈식민지화(decolonization)라는 개념을 아이티에도 적용할 수 있을 것이다. 아이티에서 일어난 탈식민지화는 이후 펼쳐지게 될 패턴의 시작이었다. 프랑스가 식민지에서 쫓겨났을 때 다른 유럽 세력들이 프랑스를 중심으로 힘을 모으려 하면서 심지어 아이티를 다시 정복할 수 있도록 돕고자 한 방식은, 이후 탈식민지화 과정을 가장 순조롭게 마무리하는 방식이나 탈식민지를 회피하는 방법을 고민하는 식민지 지배 세력들에게 중요한 선례가 되었다. 또한 프랑스는 손실에 대한 보상을 받았는데, 이는 나중에 다른 식민지 지배 세력이 식민지를 상실했을 때 보상을 받는 사례의 본보기가 되었다.

카리브해가 일반적인 세계사의 무대에 등장하는 두 번째 계기는 탈식민지화였다. 이와 같은 움직임은 카리브해에서는 대개 제2차 세계대전 이후에 일어났다. 그중 역사학자들이 보기에 가장 중요한 사건은, 피델 카스트로(Fidel Castro)가 이끈 쿠바 혁명이었다. 아이티와 마찬가지로 쿠바 혁명 또한 권력자에 대한 폭력적 반란이었다. 그러나 아이티와 달리 식민지 지배 세력인 스페인은 이미 수십 년 전에 쿠바를 포기한 상태였고, 이후 폭력적 봉기가 일어나 뒤늦게 플랜테이션 농장을 장악했다. 스페인이 떠난 이후부터 혁명군이 권력을 장악하기 전까지 그 중간기는 미국이 개입해서 사실상의 식민지(신식민지라고도 한다) 지배 세력이 되었다. 카스트로의 쿠바가 어떠해야 할지를 논의할 때는 자본주의와 공산주의 이데올로기 투쟁이 무대의 중심에 놓였지만, 냉전이 한창인 시기에 쿠바 혁명이 일어났기 때문에 이는 당연한 일이었다. 미국에서 쿠바는 아메리카에서 일어난 냉전의 사례로 간주되었고, 종종 쿠바에서 모스크바와 워싱턴의 대리전이 벌어졌다.

이상에서 살펴본 두 차례의 계기를 제외하면, 카리브해 지역은 19~20세기 세계사에서 다소 외곽에 머물렀다. 이 시기는 유럽이 세계 질서를 주도했고, 세계의 모든 지역이 그에 통합되거나 저항하는 과정을 거쳤다. 이는 매우 불행한 일이 아닐 수 없었다. 뉴질랜드나 오세아니아는 말할 것도 없거니와 아시아나 아프리카 사회가 몇 세대 앞서 카리브해에서 일어난 세계적 연결의 무대를 연구했다면, 혹시 어떤 가치 있는 정보를 얻을 수도 있었을 것이다. 아무도 주목하지 않았음에도 불구하고 카리브해 사회는 결코 가만히 있지 않았다. 노예에서 해방된 아프리카 출신 카리브인은 갈수록 심해지는 가난을 극복할 방안을 찾았다. 그러나 백인 농장주들은 새로운 경제적 접근 방식을 받아들이지 못했다. 더욱이 제국 체제가 전 세계로 확산했고, 정치 권력을 장악한 백인이 새로운 민족을 구해 왔다. 주로 인도인과 중국인이었다. 그들이 흑인 자유민과 농장주 사이의 간극을 메꾸었다. 사정이 이러한데도 카리브해 식민지들은 왜 해방의 길을 찾지 않았을까 하는 의문이 남는다.

18세기 카리브해 식민지가 독립의 길을 가지 못한 데에는 대개 두 가지 장벽이 있었다. 첫째, 식민지에서 어느 정도 충분한 이익이 창출되고 적어도 신용대출을 낼 만큼의 기반은 되었으므로, 백인 농장주들에게 식민지 체제의 무역 규제 철폐는 최우선 과제가 되지 못했다(무역 규제와 보호 무역은 동전의 양면이었다). 완전한 독립 국가 체제가 더 좋은 결과를 가져올 수도 있었으나, 그에 따른 위험은 카리브해의 권력자들이 감당하기가 쉽지 않았다. 그래서 그들은 알고 있는 것(조상들이 알았던 것)에 얽매여 있었다. 둘째, 이보다 더 중요한 노예의 문제가 있었다. 미국 독립 당시 미국의 노예 인구는 카리브해 지역보다 전체 인구 대비 훨씬 적었다. 카리브해에서 백인은 소수자였다. 그들은 노예 없는 세상을 상상할 수 없었으며, 반란을 억제할 수 있는 대규모 군대가 없는 노예 있는 세상 또한 상상할 수 없었다. 식민지 지배 세력은 스스로 병력을 양성할 수도 있었고, 아니면 비용을 지불하고 보호를 요청할 수도 있었다. 그러나 카리브해 총독이 방위비 지출을 원치 않는 농장주들에 대해 종종 불평한 점을 고려하면 이 또한 쉽지 않은 일이었다. 결국 농장주들은 노예제를 더욱 강화하는 길을 택했다. 노예제를 통해 수익은 그대로 뽑아내면서 동시에 권력도 그들 스스로 차지하는 길이었다.

　탈식민지화라는 주제를 제대로 다루려면 다른 논문이 필요할 것이다. 다만 여기서는 19세기로 넘어가는 시기에 기득권층인 농장주들이 유럽 정부에 탈식민지화를 요구하지 않았다는 사실만 언급해두기로 한다. 노예들도 달리 살아갈 방도를 찾았고, 19세기 중엽에 이르러 노예에서 해방된 그들은 자유민으로서 쉽지 않은 생계를 꾸려나갔다. 소규모 사회의 주민들이 기대할 수 있는 것이라곤 그게 전부였을 수도 있다. 한때 유럽 제국 체제의 중심에 놓였던 그들은 이제 제국의 변방으로 물러났다. 분명 이곳에 세계사 연구자들이 주목할 만한 모델이 있다. 카리브해 역사의 도가니를 들여다보면, 어렵지 않게 그 모습을 확인할 수 있을 것이다.

더 읽어보기

Beckles, Hilary and Verene Shepherd (eds.), *Caribbean Slave Society: A Student Reader* (Kingston: Ian Randle Publishers, 1991).

Blackburn, Robin, *The Making of New World Slavery, From the Baroque to the Modern: 1492-1800* (London: Verso, 1997).

_____, *The Overthrow of Colonial Slavery, 1776-1848* (London: Verso, 1988).

Cateau, Heather and Rita Pemberton (eds.), *Beyond Tradition: Reinterpreting the Caribbean Historical Experience* (Kingston: Ian Randle Publishers, 2006).

Columbus, Christopher, *The Four Voyages*, J. M. Cohen (trans.) (New York: Penguin Classics, 1992).

Crosby, Alfred W., *The Columbian Exchange: Biological and Cultural Consequences of 1492* (Westport, CT: Greenwood Press, 1972).

Curtin, Philip, *The Atlantic Slave Trade: A Census* (Madison, WI: University of Wisconsin Press, 1970).

_____, *The Rise and Fall of the Plantation Complex: Essays in Atlantic History* (Cambridge University Press, 1990).

Deerr, Noel, *The History of Sugar* (London: Chapman & Hall, 1949-50).

Dubois, Laurent, *Avengers of the New World: The Story of the Haitian Revolution* (Cambridge, MA: Belknap Press, 2004).

Dunn, Richard S., *Sugar and Slaves: The Rise of the Planter Class in the English West Indies, 1624-1713* (Chapel Hill, NC: University of North Carolina Press, 1972).

Emmer, P. C., *The Dutch in the Atlantic Economy, 1580-1880: Trade, Slavery and Emancipation* (Aldershot: Ashgate, 1998).

Exquemelin, A. O., *The Buccaneers of America* (New York: DigiReads, 2010).

Higman, B. W., *A Concise History of the Caribbean* (Cambridge University Press, 2011).

Karras, Alan L., *Smuggling: Contraband and Corruption in World History* (Lanham, MD: Rowman & Littlefield, 2010).

_____, *Sojourners in the Sun: Scots Migration to Jamaica and the Chesapeake, 1740-1820* (Ithaca, NY: Cornell University Press, 1992).

Knight, Franklin, *The Caribbean: The Genesis of a Fragmented Nationalism* (Oxford University Press, 1978).

McNeill, J. R., *Mosquito Empires: Ecology and War in the Greater Caribbean, 1620-1914* (Cambridge University Press, 2010).

Palmié, Stephan and Francisco Scarano (eds.), *The Caribbean: A History of the*

Region and Its Peoples (University of Chicago Press, 2011).
Rediker, Marcus, *Between the Devil and the Deep Blue Sea: Merchant Seamen, Pirates, and the Anglo-American Maritime World* (Cambridge University Press, 1987).
Richardson, Bonham, *The Caribbean in the Wider World, 1492-1992: A Regional Geography* (Cambridge University Press, 1992).
Shepherd, Verene, *Slavery without Sugar: Diversity in Caribbean Economy and Society since the Seventeenth Century* (Gainesville, FL: University of Florida Press, 2002).
Shepherd, Verene, Bridget Brereton and Barbara Bailey (eds.), *Engendering History: Caribbean Women in Historical Perspective* (London: Palgrave McMillan, 1995).
Sheridan, Richard, *Sugar and Slavery: An Economic History of the British West Indies, 1623-1775* (Baltimore, MD: Johns Hopkins University Press, 1974).
Stinchcombe, Arthur, *Sugar Island Slavery in the Age of Enlightenment: The Political Economy of the Caribbean World* (Princeton University Press, 1995).
Tarrade, Jean, *Le Commerce Colonial de la France á la fin de l'Ancien Régime* (Paris: Presses Universitaires de France, 1972).
UNESCO, *General History of the Caribbean*, 6 vols. (London: UNESCO, 1997-2011).
Williams, Eric, *Capitalism and Slavery* (Chapel Hill, NC: University of North Carolina Press, 1994).
_____, *From Columbus to Castro: A History of the Caribbean, 1492-1969* (New York: Vintage, 1984).

CHAPTER 17

세계의 교차로, 지중해

필리포 데 비보
Filippo de Vivo

1499년 여름, 베네치아에 끔찍한 소식이 전해졌다. 시장은 대혼란에 빠졌고, 몇몇 회사와 은행이 파산했다. 지난 몇 년 동안 오스만 제국은 그리스 본토에 있는 몇몇 공화국의 수많은 전초 기지를 장악했다. 그런데 이제는 해상에서도 확고한 승리를 거두었다는 소식이었다. 오스만은 아드리아해 남부에서 베네치아의 함대를 격파했고, 내친김에 코린토스만의 작은 항구 레판토를 점령했다. 레판토는 나중에 기독교 국가 연합이 술탄에 대항하여 역사상 가장 유명한 반격전을 펼칠 때 주요 거점이 된 곳이다. 1499년의 그 비슷한 시기에 베네치아의 상인들은 무역을 중단하고 모든 대형 갤리선을 전쟁에 투입하라는 명령을 따르고 있었다. 그 사이 그들의 귀에는 포르투갈인이 아프리카를 일주하여 인도에 도달했다는 소식도 들려왔다. 예전에 크리스토퍼 콜럼버스의 탐험을 사실로 믿었던 어느 상인도 이번 사건은 믿기 어렵다는 메모를 남긴 바 있다. "만약 그 소식이 사실이라면 보통 일이 아니다."[1] 주지하듯이 그것은 이후 잇달아 벌어질 일련의 모험 중 첫 번째 사건이었다. 그 결과 리스본은 머지않아 향신료 무역의 상당량을 전통적 무역 경로가 아닌 다른 경로로 바꾸게 될 참이었다.

---

1 Girolamo Priuli, *I diarii*, 3 vols. (Bologna: Zanichelli, 1912-41), vol. i, p. 153.

그때의 전쟁과 새로운 발견은 단지 베네치아뿐 아니라 지중해 전체의 쇠락을 예고하는 시대 전환의 상징이었다. 혹은 오래도록 그렇게 믿어오게 된 계기였다. 동쪽에서 오스만이 일어나고 서쪽에서 최초의 대양 항로가 발견된 이후, 한때 문명의 요람이었던 곳은 광신도적 대립의 전장으로 변해가고 있었다. 더욱이 새로운 세력이 세계를 주도하고 새로운 무역로가 과거의 바다를 우회하면서, 치열했던 전장의 의미는 갈수록 희미해졌다.

그러나 당시를 더 자세히 들여다보면 또 다른 해석도 가능하다. 이집트의 중개상으로부터 포르투갈의 업적을 전해 들은 베네치아 사람들은 재빨리 리스본으로 사절단을 보내 그들의 성과가 무엇인지 그 실체를 파악하고자 했다. 그러고는 포르투갈 사람들이 가져오는 향신료를 안트베르펜까지 운송하는 중개상의 역할을 자청했다. 한편 맘루크 술탄국의 술탄은 포르투갈과 싸울 함대를 준비하기 위해 베네치아에 도움을 청했고, 베네치아는 수에즈 지협(Suez isthmus)을 차단하는 프로젝트까지 고려했다. 그로부터 2년 이내에 베네치아와 이스탄불은 다시 평화적 관계를 회복했다. 중재역을 맡은 사람은 안드레아 그리티(Andrea Gritti)였다. 그는 20년 동안 이스탄불에 거주한 베네치아의 상인으로, 외교적 소통 절차가 실패했을 때 비공식적 대표의 역할을 수행했다. 이후 10여 년 사이 오스만은 이집트(맘루크)를 흡수해 홍해 연안을 통일했다. 그러고 나서 포르투갈을 향해 세계대전을 시작했으며, 그 여파는 인도를 거쳐 수마트라까지 이어졌다. 이와 같은 과정을 통해 분열이 아니라 상호 연결이 강화되었고, 지방화의 쇠락이 아니라 세계적 지식과 교류를 통한 회복력을 보여주었다.

그렇다면 우리는 당시의 위기와, 그 위기가 발생한 오랜 시간의 역사적 배경을 어떻게 해석해야 할까? 지중해 내부와 그 너머의 다른 세계에 이르기까지, 당시는 경계선이 강화되는 시대였을까, 아니면 교류가 증대하는 시대였을까? 정치·군사적 사건에 주안점을 두는 역사가들은 오래도록 상호 대립 블록의 출현을 강조했고, 세력 다툼을 문명의 충돌로 설명했다. 그러나 페르낭 브로델(Fernand Braudel)의 입장은 달랐다. 그는 초기 근대(early modern) 지중해 역사에 관한 한, 20세기 역사학에서 가장 영향력이 컸던 역사학자다. 페르낭 브로델은 심층적 지리 구조와 장기지속적 경제의 인연이 정치·종교적 경계를 초월하여 지역의 근본적 통합을 이루어냈다고 주장했다. 최근 문화인류학의 훈련을 받은 문화사학자들은 바다의 통일성보다 연안 사회의 교류를 강조하는 편이다. 고대로부터 연안 지역에서는 다양한 사회가 형성되었고, 그들 사이에는 장거리 무역 같은 거시적 규모는 물론 지역 사회 내부의 생활 같은 미시적 규모에서도 높은 수준의 교류가 진행되어왔다. 경제사학자들은 장거리 무역을 장기지속적으로 가능하게 한 사회·문화적 전제 조건에 관심을 두는 한편, 이른바 고급문화(사상, 예술, 건축)의 역사를 다루는 역사가들은 세밀한 연구 또는 고정관념에서 벗어나는 연구 성과를 보이며 문화의 타가수분(cross-pollination, 혹은 hybridization)을 강조했다. 이와 같은 학문적 태도와 주제의 변화 덕분에 우리는 이제 브로델의 세대에 비해 훨씬 더 넓은 시야에서 오스만 제국과 북아프리카를 볼 수 있게 되었고, 이들을 포함하여 전체를 통합적인 하나의 지역으로 이해할 수 있게 되었다.

전선의 형성

접촉의 진정한 의미를 이해하려면 먼저 바다를 가르는 거대한 경계의 존재를 이해할 필요가 있다. 앞으로 살펴보겠지만, 수많은 민족과 국가가 그 경계를 넘어서는 체제를 구축하려 했다. 그것은 지리적 경계라기보다 정치·문화적 경계였다. 지중해처럼 좁은 공간에 보급 거점이 곳곳에 설치되어 있다면 항해는 그만큼 더 쉬울 수밖에 없다. 그래서 지중해는 고대로부터 교류가 지극히 활발한 지역이었다. 오늘날의 역사가들은 로마 제국의 몰락과 아랍의 정복이 지중해 교류의 강력한 전통을 바꾸어놓았다는 데 동의한다. 그러나 지중해의 전통은 변화가 있었을 뿐 중단된 적은 없었다. 11세기에 노르만족(Norman)이 시칠리아섬을 정복하고 십자군 전쟁이 시작된 이후, 지중해의 주요 섬과 반도는 기독교인의 통제 아래 놓였다. 15세기 지중해의 변화라면 오래도록 지속된 서구 중심 세력 구도가 양극 체제로 바뀐 것인데, 이로써 지중해는 적대적 영향권이 맞닥뜨리는 현장이 되었다.

무슬림 세력의 부상은 지중해 동부 지역에 상당한 집중과 통합의 효과를 가져왔다. 1405년 테무르가 사망한 뒤 비잔티움 제국의 마지막 잔존 세력, 그리고 아나톨리아와 에게해 지역의 소규모 무슬림 국가 및 기독교 국가 들은 처음에는 이집트를 통치한 맘루크 술탄국에 넘어갔다가, 곧이어 중앙아시아 출신의 튀르크 부족인 오스만에게 정복되었다. 1453년 콘스탄티노폴리스 정복은 신생 오스만 제국 팽창의 절정을 보여주는 상징적 사건이었다. 이후 수십 년 동안 그들의 영역은 발칸반도까지 확장되었고(지난 세기에 이미 진출), 알바니아를 병합했으며, 아드리아해 동부 해안 지대에 항구적 거점을 건설했고, 일시적으로 이탈리아반도 내륙에서 상당수의 마을을 정복하기도 했다. 아무도 그들의 진군을 막을 수 없을 것처럼 보였다. 1517년 그들은 맘루크를 꺾었고, 나아가 북아프리카의 칼리프국들을 굴복시켰다. 한편 새로운 사아디(Saadi) 술탄국은 모로코를 통일하고 1578년 포르투갈과 싸워 이겼다. 그래서 발칸에서 아나톨리아와 마그레브(아프리카 북부 해안)를 거쳐 대서양에 이르기까지 전역이 무슬림의 손에 넘어갔다.

무슬림이 지중해 해상 패권 세력으로 등장할 수 있었던 이유는, 부분적으로는 바르바리(Barbary) 해안(아프리카 북서부)에 있는 오스만의 제후국들 덕분이었다. 그들은 알제리나 튀니지 등 지중해 서부에서 해적 방어 거점을 운영하고 있었다. 그러나 주로는 지중해 동부 지역을 확고히 장악하고 효과적인 순찰 활동을 펼친 덕분이었다. 기독교 세력에게는 충격적인 일이었지만, 보스포루스 해협에서 이집트에 이르기까지 광대한 지역 범위에서, 후기 고대 이래로 겪어본 적이 없는 안정의 시대가 찾아왔다. 그때까지도 기독교인의 침략은 흔히 일어나는 일이었다. 무슬림의 안정 덕분에 지중해에서 흑해를 거쳐 아시아에 이르는 무역로와, 지중해에서 홍해를 거쳐 인도양에 이르는 무역로 등 전통적 무역로들이 모두 보호를 받을 수 있었다. 때마침 오스만 제국은 당시 기독교인의 수중에 있는 동부의 주요 섬들마저 장악했다. 로도스섬(1522), 키프로스섬(1573), 크레타섬(1669) 등이었다.

한편 지중해 서부 지역은 기독교인이 장악했다. 카탈루냐와 발레아레스(Baleares) 제도를 통치한 아라곤(Aragon) 연합 왕국은 1392년 시칠리아섬을 점령했고, 1409년 사르데냐(Sardegna)섬 정복을 완료했다. 알리폰소(Alifonso) 5세(재위 1416~1458)는 제노바를 격파하고 코르시카

섬에 안정적인 거점을 건설했으며, 이탈리아 남부 전역을 장악했다. 그들은 오스만 제국과 비슷한 방식으로 팽창했지만 탄탄한 항해의 전통을 보유하고 있었다. 그래서 그들은 거대한 "탈라소크라시(thalassocracy, 해양 제국)"를 건설했다. 즉 체계적이고도 빈번한 항해를 통해 지리적으로 멀리 떨어진 지역을 통합했으며, 바르셀로나 혹은 발렌시아 같은 거대 항구로 이익을 몰았다. 포르투갈이 1415년에 세우타(Ceuta), 1462년에 카스티야령 지브롤터를 점령한 뒤로 지중해 서부는 압도적인 기독교 지역으로 편입되었다. 그 결과 한때 번성했던 말라가(Malaga), 알메리아(Almeria), 세우타 등의 무슬림 항구들은 쇠락을 면치 못했다. 동부 지중해와 달리 서부 지중해에서는 여러 세력의 경쟁이 펼쳐졌다. 특히 스페인과 프랑스가 오랜 분열과 내란을 마감하고 부상 중이었다. 1442년 알리폰소는 나폴리에서 앙주(Anjou) 왕가의 통치 시절부터 번성한 피렌체 상인들을 몰아냈고, 카탈루냐 상인들이 그 자리를 대체했다. 이탈리아반도의 부유한 산업과 항구를 쟁취하기 위해 1499년부터 프랑스와 스페인은 오랜 군사 분쟁을 시작했다.

    무슬림과 기독교 세력의 전선은 두 군데로 형성되었다. 무슬림 세력은 오스만 제국을 중심으로 하는 동방 세력이었고, 기독교 세력은 스페인이 주력이었다. 하나는 서부 지중해의 남북을 가르는 전선이었다. 이탈리아와 아라곤, 그리고 나중에는 스페인이 합류했고, 여기에 맞서 오스만과 동맹 세력, 그리고 북아프리카의 종속국들이 편을 이루었다. 또 하나는 동부 지중해와 서부 지중해를 가르는 전선이었다. 가장 크고 오랜 충돌이 이 전선을 따라 형성된 것은 우연이 아니었다. 트리폴리(1510~1551)와 튀니스(1534~1574)에서 전쟁이 벌어졌고, 몰타 공성전

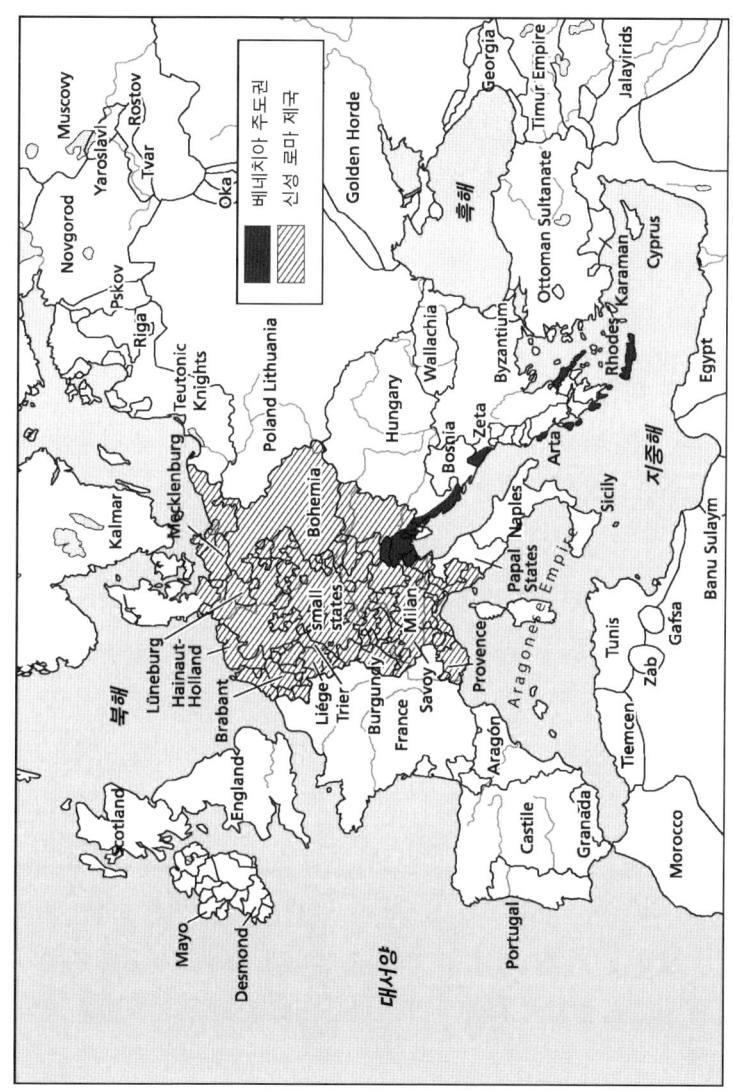

[지도 17-1] 유럽과 지중해, 1400년경

CHAPTER 17 - 세계의 교차로, 지중해

(1565)이 있었으며, 프레베자(Preveza, 1538)와 레판토(1571)에서 거대한 해전이 벌어졌다. 레판토 해전은 특히 기독교 세력의 역전을 상징하는 대대적인 사건이었다. 그러나 이후로는 초기 근대가 끝날 때까지 오랜 교착 상태에 접어들었다. 오스만이 더 이상 서방으로의 진격을 자제했으며, 스페인마저 포르테(Porte, 오스만 제국의 외교부)와 협상을 시작했기 때문이다.

폭력과 타협 사이

전쟁은 지중해 연안의 모든 사람에게 생활과 인간관계의 심각한 변화를 초래했다. 특히 전쟁이 불러일으킨 대규모 이주 때문이었다. 비잔티움 황제의 백성인 기독교인 가운데 그리스어 사용자들은 15세기 오스만의 침략에 직면하여 막대한 인원이 서방으로 탈출했다. 같은 시기 스페인에서는 레콩키스타가 마무리되면서 유대인과 무슬림을 추방했고, 이들이 대거 동쪽으로 혹은 남쪽으로 이주했다. 그럼에도 당시 지중해 지역의 일상은 전쟁이 지배하지 않았고, 실제 전투는 비교적 적은 편이었다. 1571년 키프로스 전쟁과 레판토 해전이 벌어지기 전 선전포고를 하기 위해 찾아온 오스만 사절단의 유명한 이야기가 있다. "창백한 얼굴과 떨리는 목소리로 그는 도제(doge, 베네치아 공화국의 총독 – 옮긴이)에게 말했다. '전하께서는 평안하시길 빕니다. 전쟁은 영원히 지속되지 않을 것이고, 그때가 되면 우리는 다시 평화를 기약할 수 있을 것입니다.'"[2]

---

2 Venice, Archivio di Stato, *Collegio, Esposizioni Principi*, register 2, fol. 3r.

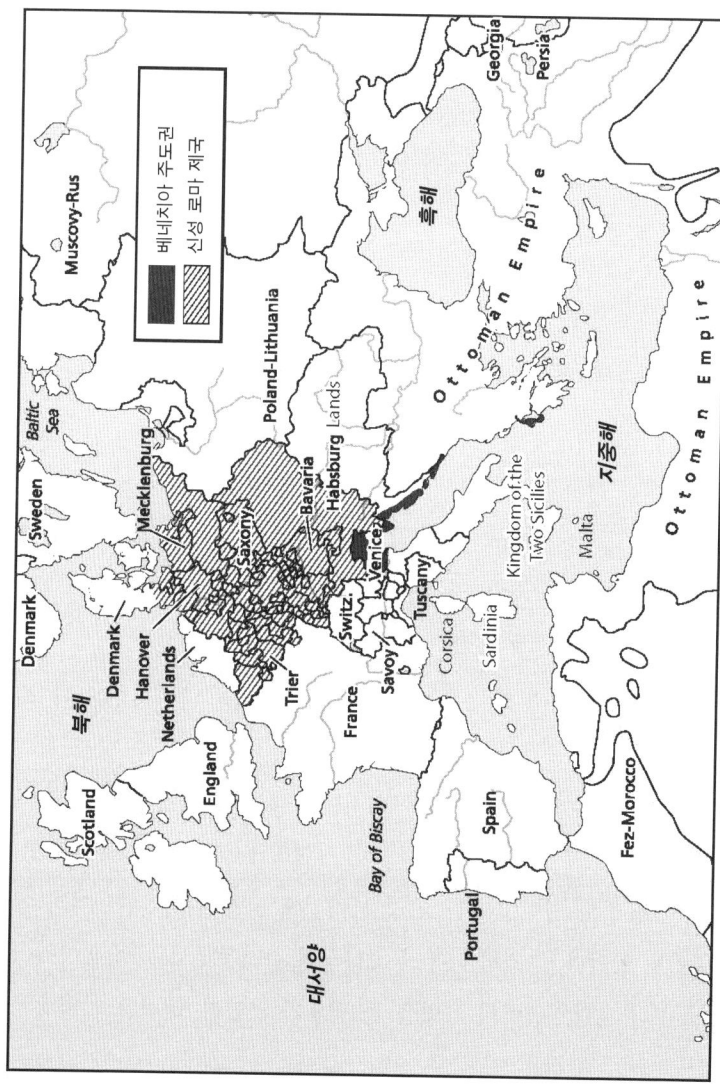

[지도 17-2] 유럽과 지중해, 1750년경

특히 16세기가 지나간 이후로는 공식적인 전쟁 대신 폭력이 만연한 시대가 되었다. 흔히 종교적 명분을 내세우곤 했지만, 전투 부대의 구성원도 복잡했고, 이교도와 싸우는 경우 못지않게 같은 종교 신자를 상대로 폭력을 쓰는 경우도 많았다. 해적도 기승을 부렸다. 10세기의 사라센(Saracen) 이후로 해적이 이토록 활개 친 적은 없었다. 모든 지역에서 해적들은 정도의 차이는 있었지만 체계적으로 움직였다. 상인들은 안전을 위협받았으며, 해안의 마을과 도시에 공포가 몰려왔다. 남부 이탈리아는 바르바리 해안, 특히 알제리, 트리폴리, 튀니지를 근거로 활동하는 사략선(corsair, 공식적으로 정부의 허가를 받고 적대국의 상선을 약탈하는 해적선 – 옮긴이)의 침략을 두려워했다. 마찬가지로 아랍인은 성요한기사단(Christian Knights of St John) 소속 노예들의 침략을 두려워했다. 성요한기사단은 처음에 로도스섬, 그리고 1530년 이후로는 몰타섬을 근거지로 활동한 영구적 십자군 조직이었다.[3]

이와 같은 해적 활동은 종교를 기준으로 분명하게 나뉘지 않았다. 해적 중에는 오스만 국적의 그리스 정교회 신도, 십자군 전쟁 당시 획득한 에게해 지역의 조그만 영지에 근거지를 둔 라틴계 기독교 신도, 오스트리아 합스부르크 가문에 고용된 우스코크(Uskok, 크로아티아인 용병)와 슬라브 용병도 있었고, 바르바리 사략선에 고용된 네덜란드인과 잉글랜드인도 있었다. 그래서 나폴리 공화국의 관리들로서는 "아프리카니(Affricani)"나 프랑스인이나 차별을 둘 필요가 없었다. 해적을 지원하기

---

3 Michel Fontenay, *La Méditerranée entre la croix et le croissant: navigation, commerce, course et piraterie (XVIe-XIXe siècle)* (Paris: Classiques Garnier, 2010).

는 마찬가지였기 때문이다.⁴ 해적 활동에 대한 반응도 때로는 놀라울 정도로 종교와 무관했다. 1464년 로도스섬의 성요한기사단은 알렉산드리아에서 튀니스로 가는 베네치아 갤리선을 나포하고, 선장의 항의에도 불구하고 무슬림과 유대인을 모두 잡아갔다. 이집트 교역에 문제가 생길 것을 우려한 베네치아 의회는 오스만 제국과의 전쟁에 투입될 전함을 빼서 로도스섬으로 보냈다. 그리고 기사단이 잡아간 모든 포로를 되돌려줄 때까지 로도스섬을 박살 냈다.⁵

위 사례에서는 전쟁을 선택했지만, 다른 실용적 방안을 선호하는 나라들도 있었다. 때로는 같은 종교를 믿는 국가 간의 경쟁이 이교도에 대한 적대감을 넘어서기도 했으며, 공통의 적을 앞에 두고는 예전에 볼 수 없었던 새로운 외교적 접촉이 시작되기도 했다. 1480년대와 1490년대의 베네치아는 오스만 제국과 다소 비밀리에 교섭을 준비했다. 아드리아해에서 공통의 적인 아라곤 연합 왕국을 상대하기 위해서였다. 1520년대 프랑스의 프랑수아(François) 1세는 바르바리 해안에서 활동한 사략선들과 먼저 협상을 시작하고, 뒤이어 오스만 제국의 술탄과 직접 교섭에 나서 이탈리아를 점령한 스페인을 공격하도록 요청했다. 1543년 프랑스-오스만 연합 함대가 니스(Nice, 스페인의 동맹이자 제후국인 사보이아Savoia 공국의 일부)를 점령했고, 이후 오스만튀르크의 함대가 툴롱

---

4 Rossella Cancila, 'Introduzione. Il Mediterraneo assediato', in Rossella Cancila, (ed.), *Mediterraneo in armi (secc. XV-XVIII)*, 2 vols. (Palermo: Mediterranea, 2007), vol. i, p. 64.
5 Frederic C. Lane, *Venice: A Maritime Republic* (Baltimore, MD: Johns Hopkins University Press, 1973), pp. 349-50.

(Toulon)에서 겨울을 보냈으며, 6개월 사이 툴롱의 성당은 모스크로 바뀌었다.[6] 연합 작전은 1550년대에도 계속되어 발레아레스(Baleares) 제도와 나폴리 해안을 공략했다. 양측 모두 동맹은 기독교 혹은 이슬람 교리에 비추어 임시적인 일이라 생각했다. 그러나 실제로는 수차례에 걸쳐 협정을 갱신하며 지속적으로 관계를 유지했다. 한편 지중해의 반대쪽에서는 종교적으로 정반대의 일이 일어나고 있었다. 알제리의 하프스(Hafs) 왕조는 스페인과 연합해서 오스만의 진격을 저지하고자 했다.

17세기 초엽에 이르러 이와 같은 외교적 네트워크는 지중해 범위를 넘어서 뻗어나갔다. 오스만 제국은 교황을 포함하여 여러 적에 맞서기 위해 페르시아와의 접촉을 강화했다. 1600년에는 모로코의 술탄이 잉글랜드 여왕에게 사절단을 보내 반(反)스페인 동맹을 제안했다. 한편 잉글랜드와 네덜란드는 비슷한 목적을 추구하여, 1582년과 1615년에 각각 포르테(Porte, 오스만 제국의 외교부)와 항구적 외교 관계를 수립했다. 1750년대에는 공동의 적 러시아에 대응하기 위해 빈(Wien)-이스탄불 동맹이 체결되었다. 한편 오스만 제국은 합스부르크 왕가에 대한 완충 지대를 만들기 위해 기독교 국가임에도 불구하고 트란실바니아(Transylvania)와 왈라키아(Walachia)를 종속국으로 편입시켰다. 또한 오스만 제국은 두브로브니크(Dubrovnik) 공화국이 가톨릭 국가였음에도 불구하고 제후국으로 삼아 그 통치자를 북아프리카 제후국 통치자들과 동등한 지위로 인정했다.

---

6 Christine Isom-Verhaaren, *Allies with the Infidel: The Ottoman and French Alliance in the Sixteenth Century* (London: I. B. Tauris, 2011), pp. 114-40.

상거래 구조의 진화

지역별 발전 양상은 균등하지 않았다. 그것이 이동과 무역을 촉진했다. 전쟁과 해적의 위협도 이를 가로막지 못했다. 이동과 무역은 기존 상업 기술의 진보를 더욱 확고히 했다. 무장 세력의 위협이 상존하는 상황에서 상거래 비용이 치솟았지만, 상업 기술은 이 문제를 해결하는 데 도움이 되었다. 계약 방식이 다양화되면서 연합 투자가 가능해졌고, 그래서 투자자 개인의 비용을 억제할 수 있었다. 이는 단 한 번의 항해나 오래 지속되는 파트너십의 경우 모두에 적용되었다. 해상 운송 보험으로 불안정한 항해가 가져올 위험을 분산시킬 수 있었다. 때로는 폭등하는 보험료가 문제였지만, 이는 실제로 현실이 그만큼 어려웠음을 나타낸다.[7]

위험을 예측하고 사업 기회를 활용하려면 정보가 필요했다. 이 시대의 정보 유통 경로는 뚜렷이 향상되었고, 예전과 다른 차원으로 정보가 확산되었다. 중세 시기에는 상인들의 네트워크를 통해 정기적으로 상세 뉴스를 전하는 서신을 교환했다. 15세기에 이르러 기존의 관행은 더욱 체계적으로 발달했고, 더욱 개선된 통신 체계가 만들어졌다. 나중에는 상인들의 편지가 필사본 신문(avvisi, avisos) 유통으로 이어졌다. 신문에는 유료 구독자를 위한 전문적 내용이 수록되었다. 17세기 이후로는 인쇄본 신문이 등장해서 동서 지중해 양쪽의 사람들이 상대편의 소식을 들을 수 있었고, 여행 문학은 인기 장르가 되었다. 다만 언론의 진보적이

---

7 Alberto Tenenti, *Naufrages, Corsaires et Assurances maritimes à Venise, 1592-1609* (Paris : SEVPEN, 1959).

고 통합적인 효과를 과장해서는 곤란하다. 신문은 적에 대한 증오를 심화하는 역할도 했고, 여행 문학은 정확한 지식 못지않게 고정관념을 대중적으로 확산시키는 부작용도 없지 않았기 때문이다. 그러나 어쨌든 정보의 가용성은 바다를 건너 통신이 확대된 결과였고, 또한 그것이 이동성을 촉진한 것도 사실이었다. 경제사학자들이 상품 교환에 초점을 맞추는 것처럼, 정보사학자들은 뉴스가 사회적·직업적 행동에 미친 영향을 확인해주었다. 지중해 무역의 주요 상품인 사치품을 거의 접해보지 못한 사람들도 정보의 영향을 받았다. 논의를 시작하면서 언급했듯, 뉴스가 도착하자 상품 가격이 결정되고 시장의 반응이 형성되었다.[8] 체계적 지식은 장거리 신용 관계와 무역 협력을 위한 전제 조건이었다.

여러 가지 항해술의 개선도 장거리 항해에 도움이 되었다. 여기서 간과해서는 안 될 점은, 해양 패권이라는 것이 어디까지나 연안 항로에 국한된 개념이었다는 사실이다. 예컨대 베네치아 사람들은 아드리아해 같은 좁은 바다에서도 적들의 항해를 효과적으로 막아내려면 육지에서 가까운 지점으로부터 적선의 연안 접근을 막는다든지 항구 입항을 차단해야 했다. 15세기 이후 더 많은 선원이 더욱 먼 거리를 항해할 수 있었다. 이전 세기에 처음 소개된 포르톨라노(portolano, 나침반 방위와 거리를 표시한 해도 — 옮긴이)와 천문항법(astronomic navigation) 기술 덕분이었다. 무엇보다 선박이 대형화되어 노 젓기 의존 정도가 줄어든 것도 중

---

8 Filippo de Vivo, *Information and Communication in Venice: Rethinking Early Modern Politics* (Oxford University Press, 2007); and John-Paul Ghobrial, *The Whispers of Cities: Information Flows in Istanbul, London, and Paris in the Age of William Trumbull* (Oxford University Press, 2013).

요한 요인이었다. 필요한 선원의 수가 줄어들었고, 항구에 기항하는 횟수도 함께 줄어들었다.[9] 사각형 돛을 단 북유럽의 코게(Kogge)선이 서유럽으로 전해진 직후인 1400년경부터 배의 크기가 점점 커졌고, 여기에 서유럽 전통의 삼각돛(lateen)을 보조 돛으로 달아서 형태가 완성되었다. 이 배는 운항하는 데 필요한 인원은 더 적었지만 더 많은 화물을 실을 수 있었고, 대형 대포를 탑재하여 스스로를 보호할 수도 있었다. 베네치아에서 동방 무역에 투입된 선박의 수는 1448년에서 1558년 사이에 큰 변화가 없었으나, 화물량은 3분의 1 이상 증가했다.[10] 16세기 말엽에는 갤리(galley)선이었던 상선이 대부분 코게선으로 대체되었다. 다만 풍력에 노를 젓는 추진력을 더할 수 있는 경량 갤리선은 기동성이 뛰어나서, 레판토에서 해군의 주력은 여전히 갤리선이었다. 이후에도 해군의 구조에는 근본적 변화가 없었다. 그러나 배는 훨씬 더 커졌고, 카라카(carraca, 돛이 3개 달린 범선 – 옮긴이)와 갈레온(Galeón, 대형 복층 범선 – 옮긴이)이 등장했으며, 나중에는 프리깃(frigates)과 전열함(ships-of-the-line)도 추가되었다. 여러 개의 갑판과 3~4개의 돛대, 그리고 더 많은 수의 보조 돛대를 갖춘 배는 예전의 배들과 달리 바람의 방향을 비껴 항해할 수 있었고, 바다에서 더 오래 머물 수 있었다.

대포의 개발 또한 중요한 기술적 혁신이었다. 그러나 역설적이게도 지중해 항구에서 살아가는 사람들을 더욱 위험에 빠트렸다. 화약은 애

---

9 Richard W. Unger (ed.), *Shipping and Economic Growth, 1350-1850* (Leiden: Brill, 2011).
10 Frederic C. Lane, *Venetian Ships and Shipbuilders of the Renaissance* (Baltimore, MD: Johns Hopkins University Press, 1992).

초 중국에서 수입되었고, 15세기에 대포에 적용되어 처음에는 유럽 대륙에, 그리고 나중에는 오스만 제국에까지 전해졌다. 1453년 오스만 제국은 대포를 대대적으로 사용해서 콘스탄티노폴리스의 오랜 성벽을 격파했고, 같은 해에 프랑스는 대포를 이용해서 백년 전쟁을 승리로 마감했다. 대포 때문에 배에서 항구를 공격하기가 더 어려워졌다. 대포를 제대로 설치해두면 어떤 항구도 난공불락이었다. 예전에는 항구를 약탈하는 일이 자주 벌어졌다. 1422년에만 하더라도 카탈루냐의 함선 두 척이 방어용 대포를 갖추지 못한 베이루트와 알렉산드리아를 약탈했다.[11] 물론 함포 사격으로 도시를 박살 낼 수도 있었다. 1684년 루이 14세의 함대가 제노바를 공격할 때 그런 일이 있었다. 그러나 프랑스인조차 항구에 강제로 진입할 수는 없었다.

마지막 논점은 타문화 간 접촉과 무역을 가능케 한 제도적 틀과 관련된 문제다. 정치사 연구자들은 지중해 통합이라는 브로델의 해석을 거부하면서, 브로델이 국가의 행위를 제대로 평가하지 않았다고 지적했다. 그것도 틀린 말은 아니지만, 그러나 정치사에서는 대외 관계에서 국가의 공격적 역할에만 초점을 맞추었다. 당시 국가는 경제적 교류를 위한 인프라도 구축했고, 게다가 그것은 갈수록 더 강화되었다. 예를 들어 국가는 외국의 상인들에게 허가를 내주었으며, 상권과 법적 안정을 보장해주었다. 또한 외교 조약에는 상선의 운항을 존중하는 내용을 포함시켰다. 영사 네트워크를 구축 및 유지할 때도 상인들과의 협의를 거쳤

---

11 Eliyahu Ashtor, *Levant Trade in the Later Middle Ages* (Princeton University Press, 1983), p. 287.

으며, 종종 상인들로부터 직접 추천을 받기도 했다. 국가 체제가 아니었 던 몰타섬의 성요한기사단도 안전 보장 증명서를 발급했다. 그러나 때로는 그들도 해적 행위를 일삼았는데, 군주국 프랑스가 개입하여 이들의 해적 행위를 억제했다. 국가의 지원 혜택과 함께 규제도 생겨났다. 당시는 거대한 관료주의 시대였다. 건강 검진에서부터 세관 및 국경 통제, 여행 서류 발급에 이르기까지 모두가 관료의 손을 거쳐야 했다.[12]

새로운 무역로

이와 같은 발전에 힘입어 원거리 상품 수요가 증가했고, 무역상들은 새로운 기회를 개척할 수 있었다. 흑사병의 위기에서 벗어난 뒤 1400년에서 1800년 사이에는 인구가 회복되었다. 지중해 연안 어디서나 인구가 급증했다. 일설에 따르면 16세기 오스만 제국의 인구는 약 1200만에서 3500만 명으로 증가했다고 한다.[13] 유럽의 인구는 1500년 8000만에서 1600년 1억 400만 명이 되었고, 이후 증가세가 둔화하여 1700년 1억 1500만 명에 이르렀다. 그러나 18세기에 다시 유럽의 인구는 최고조에 달해 1800년에는 1억 5000만 명 이상이었다. 또한 이 시기는 도시화가 뚜렷이 증가한 시기였다. 그 결과 농지에서 벗어나 다른 곳에 사는 인구가 점차 증가했고, 그에 따라 그들을 먹이고 입힐 농산물과 직물의

---

12 Claudia Moatti, (ed.), *La Mobilité des personnes en Méditerranée de l'Anqtiquité à l'époque moderne: procédures de controle et documents d'identification* (Rome: École française de Rome, 2004).
13 Halil Inalcik and Donald Quataert, *An Economic and Social History of the Ottoman Empire, 1300-1914* (Cambridge University Press, 1994), p. 28.

수요가 늘어났다.

앞에서 언급한 경계선을 넘어 엄청나게 많은 무역로가 원거리까지 서로 얽혔다. 물론 일부 무역로는 쇠퇴하기도 했고, 그쪽으로 유통되던 상품을 구하려면 다른 경로를 알아봐야 했다. 명반(alum)이 바로 그런 경우였다. 가죽 손질이나 모직 생산에 필수적인 명반은 제노바의 상인들이 오래전부터 아나톨리아의 광산에서 수입해서 키오스(Chios)섬의 무역 거점을 통해 서양으로 유통시켰다. 오스만 제국이 팽창하면서 세금이 급격히 증가했고 수출 물량은 큰 폭으로 감소했다. 그러나 로마의 광부들이 (콘스탄티노폴리스에서 오래도록 거주한 전문가들의 도움을 받아) 라티움(Latium)에서 새로운 광산을 개발했고, 교황 피우스(Pius) 2세는 "튀르크에 대한 승리"라고 칭찬했다. 그곳에서 생산된 명반은 이탈리아에서부터 프랑스, 잉글랜드, 플랑드르에 이르기까지 상업 발달의 원동력이 되었다.[14]

정복 전쟁으로 상거래가 중단되는 일은 거의 없었다. 대개는 패턴이 바뀔 뿐이었다. 새로운 상인들은 기존의 무역로를 그대로 사용했으며, 선배들이 만들어둔 네트워크를 기반으로 사업을 벌였다. 사실 정복자 메흐메트(Mehmed the Conqueror) 같은 경우 기독교 상인들에게 흑해 통로의 문을 닫아버리기도 했다. 과거 비잔티움의 황제들도 1204년까지 비잔티움의 백성이 아니면 그 무역로를 허락하지 않은 전력이 있었다. 그러나 오스만 제국은 수익성이 좋은 무역에 독점 정책을 시행했

---

14 Jean Delumeau, *L'Alun de Rome, XVe-XIXe siècle* (Paris: SEVPEN, 1962), p. 21.

다. 처음에는 부르사(Bursa)의 상인에게, 나중에는 이스탄불(Istanbul)의 상인에게 독점권을 주었다. 이스탄불은 콘스탄티노폴리스에서는 오래도록 존재하지 않던 새로운 방식으로 동서 교역의 중심지가 되었다. 수출품은 도자기, 면화, 식재료였고, 중개 무역 품목은 중국과 인도에서 들여온 비단, 향신료, 도자기 등이었다. 역사가들은 더 이상 오스만 제국을 상업에 관심이 없었던 "전쟁 중심 국가"로 보지 않으며, 오스만의 정부 조직이 관세 수입 및 숙소와 상가로부터 거두어들이는 임대 수입의 증가에 어떻게 대응했는지를 강조하고 있다. 오스만 제국은 특권을 부여하여 외국의 상인들을 끌어들였고, 이스탄불-알렉산드리아 항로의 안전을 보장했다. 이 항로는 오스만 제국의 백성이 가장 많이 이용하는 항로였다. 1645년 크레타섬에서 전쟁이 벌어진 이유는 단지 오스만이 침탈하는 해적으로부터 이 항로를 보호하기 위함이었다.

베네치아 상인들은 여전히 중개상으로서 확고한 지위를 확보하고 있었다. 특히 그들의 전통적 경쟁자인 제노바 상인은 금융업으로 눈을 돌리는 중이었다. 15세기 베네치아에서는 상선을 보호하기 위한 호위함대 무다(muda)를 국가적 차원에서 정기적으로 파견했다. 무다 함대는 콘스탄티노폴리스, 키프로스와 시리아, 알렉산드리아, 랑그도크(Languedoc)와 카탈루냐, 잉글랜드와 플랑드르 등 5개 경로를 운항했다. 16세기가 시작되면서 무다 함대의 경로에 북아프리카 두 곳이 추가되었다. 한편 그들은 아드리아해의 해안 전역에 걸쳐 요새를 건설하고 상선 운항에 안전을 도모했다. 무다 함대는 나중에 쇠락하다가 결국 1564년 더 이상 운항하지 않게 되었다. 그러나 그것을 상업의 절대적 후퇴로 해석하는 역사가들은 없다. 사실 정기 호위함대는 베네치아 무역 활동의 일부에 불과했다. 15세기 말엽부터 16세기 말엽까지 대형 코게선과 라운드쉽(round ship, 중세 화물선)의 사용이 점차 증가했는데, 이들은 국가의 보호와 규제를 덜 받는 종류의 선박이었다.[15]

그 후 베네치아는 원거리 무역에서 지역 내 무역 중심지로 변모했다. 멀리 외국에서 들여오는 상품들은 베네치아로 와서 하역했다. 대형 외국 선박들은 화물을 빠르게 적재 또는 하역할 수 있다는 사실을 알고 베네치아를 기항지로 이용했다. 그러나 베네치아는 또한 예기치 못한 경쟁 상대를 만나기도 했다. 예를 들어 교황령 도시 안코나(Ancona)와 두브로브니크는 상호 협력 아래 발칸반도를 가로지르는 새로운 무역로로 상인들을 끌어들였다. 베네치아는 여기에 대응하기 위해 그보다 더 북쪽에 있는 해안 도시 스플리트(Split)에 투자했다. 이는 사실상 새로운 육로를 강화하는 정책이었다. 당시로서는 그만큼 육로가 중요했기 때문이다. 해로는 1년 중 약 9개월만 이용할 수 있었지만, 육로는 사계절 내내 이용할 수 있었다.

17세기에 이르러 프랑스 무역상들은 오래도록 카탈루냐 상인들의 그늘에 머물러 있다가 동서 무역의 중요한 변수로 등장했고, 나중에는 이를 주도하기에 이르렀다. 16세기 말엽 이후 프랑스가 오스만과 협력 관계를 맺은 것도 비결 중 하나였다. 17~18세기 프랑스 상인들은 시리아 항구까지 가는 항로에 대규모 호위함대(이름하여 카라반caravanes)를 조직했다. 거기서 육로 무역상들을 만나 동방의 상품을 사들였다. 심지

---

15 Claire Judde de Larivière, *Naviguer, commercer, gouverner. Économie maritime et pouvoirs à Venise (XVe-XVIe siècles)* (Leiden: Brill, 2008).

어 무슬림도 상인과 순례자 구별 없이 프랑스 선박을 이용했는데, 몰타의 해적들을 피하기 위해서였다. 18세기의 프랑스 선주들은, (자체 소유 선박이든 무슬림 소유 선박이든) 배를 운항하면서 동부 지중해 해로의 중심 세력으로 자리매김한 그리스 정교회 소속 선주들과 치열한 경쟁을 벌였다.[16] 한편 프랑스 상인들은 계속해서 지중해 서부, 특히 마르세유와 알제 및 튀니스를 연결하는 남북 항로를 장악하고 있었다.[17]

지평의 확대

지중해 내부적으로 적대 세력 사이의 경계선이 생겨났지만, 오래도록 이어져온 무역로와 신흥 무역로는 경계선의 의미를 약화시켰다. 15세기 이후 여러 항로가 서로 연결되고 또다시 새로운 항로와 연결됨으로써 기존의 지리적 범위를 넘어 항해의 지평이 확대되었다. 실크로드 덕분에 아랍과 유럽의 상인들이 오랫동안 중국 및 인도와 교역해왔지만, 16세기에는 탐험가, 군인, 선교사, 영구 정착민 등이 합류하면서 국제 교류의 틀이 크게 확장되었다. 기존 역사학에서는 유럽이 대서양 및 인도양으로 팽창한 결과로 중세 시기 경제의 중심이었던 지중해가 근대 제국 체제의 변방으로 밀려난 것으로 이해했다.[18] 지중해에서 서쪽으로 중심점이 이동했다고 보는 시각 자체는 유럽 중심의 일방적 관점일 뿐

---

16 Molly Greene, *Catholic Corsairs and Greek Merchants: A Maritime History of the Mediterranean, 1450-1700* (Princeton University Press, 2010).
17 Daniel Panzac, *La caravane maritime: marins européens et marchands ottomans en Méditerranée, 1680-1830* (Paris: CNRS, 2004).
18 Immanuel Wallerstein, *The Modern World System*, 3 vols. (New York: Academic Press, 1974-80).

이었다. 이와 달리 오늘날의 역사학자들은 지중해 연안 지역과 세계 다른 지역의 상호 연결 문제에 주안점을 두는 편이다.

첫째, 제국 시대 팽창의 경험은 유럽 기독교 국가의 전유물이 아니었다. 16~17세기를 거치는 동안 오스만의 이익 또한 거대해졌고, 그것이 지중해와 외부 세계의 정치적·상업적 관계에 심오한 영향을 미쳤다. 남쪽으로 오스만은 홍해 연안을 안정적으로 확보했고, 기존에 홍해 연안의 상인들이 여러 토후(土侯, amir)에게 지불해야 했던 비싼 세금도 사라졌다. 이슬람의 성지도 오스만의 통제 아래 놓였다. 그들은 세 개 대륙에서 몰려오는 무슬림 순례객들의 보호자를 자처했다. 또한 오스만은 페르시아만의 상당 부분을 장악했는데, 당시 그곳은 향신료 무역의 대안 경로로 떠오르던 참이었다. 특히 1534년 오스만이 바그다드를 정복한 뒤에는 메소포타미아를 건너 알레포(Aleppo)와 베이루트로 이동하기가 더 수월해졌다. 북쪽으로 오스만은 타타르 칸국과 흑해 연안까지 영향력을 확대했다. 한편 오스만은 또한 세계 해양의 패권을 주장했다. 수에즈(Suez)에 새로운 무기고를 건설한 뒤(레바논에서 목재, 아나톨리아에서 돛을 제작할 천, 이스탄불에서 총기병이 제공되었다) 인도양으로 진출하여 수마트라까지 원정대를 이끌고 갔으며, 대담한 작전을 잇달아 성공시켰다. 페르시아의 사파비 왕조와는 적대 관계였지만, 인도의 구자라트나 아프리카의 뿔 지역에 있는 무슬림 세력들과는 우호 관계를 형성했다.[19] 아프리카의 서쪽 끝, 즉 모로코 지역 사아디 술탄국은 1590~1591년 말

---

19 Giancarlo Casale, *The Ottoman Age of Exploration* (Oxford University Press, 2010).

리로 진출하여 송가이 제국을 정복했다. 이는 지중해 세력이 사하라 이남에서 항구적 거점을 건설한 최초의 사례였다. 더욱이 이 시기를 통틀어 무슬림 상인들은 낙타에 올라타고 지중해 시장으로 팔려나갈 금, 상아, 노예를 찾아 중앙아프리카로 진출했다.

둘째, 16세기 해양 활동의 확대는 단순히 영토 확장이 아니라 원거리 교류 기회의 확대라는 점에서 의미가 컸다. 정치, 경제, 문화 교류의 규모는 전례 없이 거대해졌다. 주지하듯이 신세계 탐험은 지중해에서 운항한 선장과 선원들의 경험에서 비롯되었다. 그러나 제노바 같은 도시는 콜럼버스 같은 선장만 배출한 것이 아니었다. 제노바는 스페인의 대서양 탐험에 투자하고 그 이익을 나누어 가지기도 했다. 정기적으로 제노바에서 스페인으로 송금된 돈은 지중해 무역을 통해 벌어들인 것이었고, 스페인은 네덜란드 독집 전쟁 때문에 그 돈이 필요했다. 스페인은 아메리카의 은을 가져와서 이탈리아에 돈을 갚았고, 그 은이 다시 레반트 지역으로 흘러 들어갔다.[20] 아마도 오스만 제국이 서유럽 교역에 관심을 가진 것은 아메리카 때문이었을 것이다. 오스만 제국은 기본적인 원재료나 식량 자원에서 부족함이 없었지만, 대규모 금광이나 은광을 보유하지 못했다. 그래서 유럽 교역을 통해 멕시코나 페루에서 생산된 금은괴를 직간접적으로 입수하고자 했다. 아메리카에서 생산된 귀금속이 세계 시장에 본격적으로 영향을 미치게 된 이유 중 일부는, 오스만 상인들이 그것으로 예멘의 커피, 인도의 향신료, 중국의 비단을 구입했

---

20 Aurelio Musi, *Mercanti genovesi nel regno di Napoli* (Naples: Edizioni scientifiche italiane, 1996).

기 때문이다.[21] 일부 지중해 도시들은 식민지와의 관계를 강화함으로써 중개 무역에 나설 수 있었다. 그래서 지중해 권역의 중심 무역항인 마르세유의 경우, 카리브해 지역으로부터의 수입액이 1729년에서 1788년 사이 무려 12배 이상 폭증했다.[22]

지중해에서 새로 생겨난 경계선의 영향도 있었지만, 해양 활동의 지평이 외부 세계로 확장되면서 전통적 교역 방식에 변화가 생겨났다. 일부 무역로는 쇠락했지만 또 다른 무역로가 등장했다. 그래서 지중해의 향신료 무역은 남아프리카 항로 때문에 비중이 약화되었다. 특히 포르투갈이, 그리고 나중에는 네덜란드가 남아프리카 항로를 주도할 때 생겨난 일이었다. 인도에서 처음 수입된 사탕수수는 15세기에 시칠리아나 크레타, 혹은 키프로스 등 따뜻한 섬 지역에서 설탕으로 제조했다. 그러나 나중에는 아조레스 제도나 카리브해에서도 사탕수수가 재배되었다. 1600년에 이르러 브라질은 유럽 최대의 설탕 공급원이 되었다.[23] 근본적 변화는 다른 품목에서도 나타났다. 예컨대 커피였다. 처음에 예멘에서 재배되어 홍해 유역에서 즐기던 커피는 16세기 오스만 제국의 커피하우스에서 소비되면서 폭넓은 시장을 갖게 되었고, 나중에는 유럽(그리고 아메리카)의 기본 음료로 자리 잡았다. 커피는 아라비아반도에서 시작해서 지중해를 거쳐 마침내 세계를 정복했다.[24] 일부 작물은 반대 방

---

21 Suraiya Faroqhi, *The Ottoman Empire and the World Around It* (London: I. B. Tauris, 2004), pp. 137-60.
22 Pierre Goubert and Daniel Roche, *Les Français et l'Ancien Régime*, 2 vols. (Paris: Colin, 1984), vol. i, p. 326.
23 Sidney Wilfred Mintz, *Sweetness and Power: The Place of Sugar in Modern History* (Harmondsworth: Penguin, 1985).

향으로 움직여 아메리카에서 구대륙으로 수입되었지만, 지중해로 들어와서 대중 상품으로 성공적 상업화의 과정을 거쳤다. 옥수수는 이집트에서 재배되었고, 이탈리아에서는 메소아메리카에서 사용된 이름이 아니라 "그란투르코(granturco)", 즉 "터키의 곡물"이라는 새로운 이름을 얻었다. 또한 담배는 아라비아 지역에서 "보루투갈(bortugal)"이라는 이름으로 알려졌는데, 아나톨리아 지역으로 수입됐을 뿐만 아니라 이집트에서 대대적으로 재배되어, 현지뿐만 아니라 지중해 전역으로 팔려나갔다.[25]

16세기 말엽에 이르러 북유럽과 지중해의 교류는 더욱 강화되었다. 잉글랜드와 네덜란드의 무역상들이 지중해 현지 상인들과 점점 더 치열하게 경쟁했기 때문이다. 예컨대 베네치아는 오래전부터 그리스 섬 지역의 사람들이 잉글랜드 상인들에게 고가의 건포도를 직접 판매하지 못하도록 가로막고 있었으나, 17세기 초엽부터 더 이상 막을 수가 없게 되었다.[26] 이를 두고 일부 역사학자들은 "북방 세력의 침략"이라고 했지만, 적절한 표현은 아닌 듯하다. 네덜란드와 잉글랜드의 상선들은 지중해 현지 네트워크보다 장거리 무역에 더욱 활발히 참여했고, 지역 네트워크는 여전히 현지인들이 장악하고 있었다. 동부 지중해에서 북방 세력은 그리스나 오스만 제국의 상인들을 결코 대신하지 못했다. 오히려 그

---

24 Ralph S. Hattox, *Coffee and Coffeehouses: The Origins of a Social Beverage in the Medieval Near East* (Seattle, WA: University of Washington Press, 1985).
25 Relli Shechter, *Smoking, Culture and Economy in the Middle East: The Egyptian Tobacco Market 1850-2000* (London: I. B. Tauris, 2006), pp. 15-26.
26 Maria Fusaro, *Uva passa. Una guerra commerciale tra Venezia e l'Inghilterra (1540-1640)* (Venice: Il Cardo, 1996).

리스나 오스만의 상인들이 대서양을 향해 "동방 세력의 침략"을 감행하고 있었다.[27] 또한 경쟁의 강화가 반드시 나쁜 일만은 아니었다. 베네치아나 제노바 같은 항구가 지중해 수출입 교통을 독점하면서 운임이 비싸질 수밖에 없었다. 16세기 말엽에 이르러 운임이 감소하기 시작했다. 기존 투자자들 입장에서 순손실로 처리되던 항목이 줄어들면서 새로운 소규모 무역상들에게 기회가 열리기 시작했다.

더욱이 많은 상인이 북유럽 조선 사업에 뛰어들기도 했다. 수 세기 동안 이어진 막대한 벌채로 지중해 지역에서 목재 부족 문제가 빚어졌고, 이를 해결하기 위한 대안을 모색해야 했기 때문이다. 이런 점에서 원거리 교류는 지역의 결핍을 극복하기 위한 좋은 대안이 되기도 했다. 기본적인 식량 자원도 마찬가지였다. 유럽 지중해 권역에서 밀 농사의 생산성이 떨어져, 북유럽이나 동방에서 수입처를 모색했다. 특히 발트해 지역이 주요 수입원이 되었는데, 17세기에는 이탈리아의 주요 국가들이 그곳에 앞다투어 대표부를 설치했다. 지중해 권역을 넘어서는 다른 지역 상품에 의존성이 커진 것은, 지중해 연안 국가들이 가난해서가 아니라 풍요로웠기에 가능한 일이었다. 예를 들어 비잔티움 제국 말기 황제들의 치세에 비해 새로운 성장세를 구가한 이스탄불은 상당히 많은 양의 흑해 지역 곡물을 소비하게 되었다.

1400년에서 1800년 사이 지중해는 주변부로 밀려나기는커녕 무역

---

27 Gelina Harlaftis, 'The "Eastern Invasion:" Greeks in Mediterranean Trade and Shipping in the Eighteenth and Early Nineteenth Centuries', in Maria Fusaro, Colin Heywood and Mohamed-Salah Omri (eds), *Trade and Cultural Exchange in the Early Modern Mediterranean* (London: I. B. Tauris, 2010), pp. 223-52.

의 다양화를 경험했다. 새로운 세계 무역의 구조 속에서 원거리 문화와 경제가 지중해의 일상으로 들어오게 되었다. 구세계에서 생산된 상품이 신세계로 수출되자 아메리카의 소비 습관도 변화되었다. 마찬가지로 지중해에서도 소비 패턴에 혁명적 변화가 일어났다. 그 핵심은 이국적 사치품을 대중적 소비 상품으로 전환시킬 수 있는 지중해의 역량이었다.

교차로의 중심지

실제로 길이 교차하는 곳은 어디였을까? 지중해는 지리적으로 수많은 섬과 반도가 즐비한 동시에 수많은 정치 단위 및 문화 집단이 공존하는 곳이었다. 그래서 경제적 및 문화적 교류의 가능성이 높은 곳들이 특히 두텁게 형성되어 있었다. 지역 전체가 그런 곳도 있었고, 앞으로 보게 되겠지만 도시나 더 작은 마을이 그런 경우도 있었다.

제국의 변두리에서 국경이라고 정의되는 곳은, 실제로 무슨 경계선이 그어져 있어서라기보다는 종교적·언어적·민족적 집단이 국경의 양쪽에 서로 마주 보는 위치에 형성되어서, 서로 오래도록 교류해온 전통에 기반을 두고 있었다.[28] 지하드(jihad)나 십자군(crusade) 같은 이념이 제국을 선동하여 정복 전쟁을 부추기기도 했지만, 영토 내의 종교적 소수파에 대한 태도는 이슬람과 기독교가 전혀 달랐다. 오스만 제국은 이교도로부터 무슬림을 (특히 낯선 순례길에서) 보호하고자 했으나, 영토 내의 종교적 소수파(그리고 때로는 다수파)에 대해 관용을 베풀었다. 오

---

28 Peter Sahlins, *Boundaries: The Making of France and Spain in the Pyrenees* (Berkeley, CA: University of California Press, 1989).

스만 제국은 그리스 정교회, 아르메니아 기독교, 유대교를 인정하고 보호해주는 대신 특정 세금을 징수했을 뿐이며, 그 종교의 지도자들에게 공식적으로 경의를 표하기까지 했다. 특히 그리스 정교회의 대주교와 유대교의 최고 랍비가 존경을 받았다. 기독교 왕국들은 이와 정반대였다. 같은 시기의 그들은 갈수록 소수파를 억압하는 법률을 강화했다. 아마도 내부적으로 경쟁과 분열이 극심해서 각 왕국의 통치자들이 백성의 통일성을 강화하고자 했기 때문으로 추정된다. 심지어 베네치아 같은 비교적 관용적인 기독교 도시에서도, 비-기독교 신자인 술탄의 백성이 보기에는 자신들이 고향에서 경험한 종교적 자유와 공존과는 다른 적대감이 드러났다. 무슬림 권역의 지중해에서 기독교인은 살아갈 수 있었지만, 반대로 서부 유럽에서 무슬림 집단은 공개적으로 살아가기 어려웠다. 이는 소수자를 대하는 태도의 차이 때문이었을 뿐, 흔히 거론되는 것처럼 무슬림 율법이 비-무슬림 국가 거주를 금지했기 때문은 아니었다. 아프리카나 인도네시아 같은 비-무슬림 국가에 존재한 대규모 무슬림 공동체를 이슬람 율법으로 금지하는 경우는 없었다.

　이베리아반도의 통치자들은 이미 1390년대부터 유대인을 향한 광범위한 폭력을 허용한 바 있었다. 1492년 그라나다를 점령한 이후에는 유대인에게 개종하거나 떠나라고 강요했다. 16세기에는 비슷한 운명이 무슬림을 위해 준비되어 있었다. 이미 오래전부터 "레콩키스타"로 편입되었던, 예컨대 발렌시아(Valencia) 같은 지역은 무슬림 인구 비중이 3분의 1을 넘었지만 예외가 되지 못했다. 카스티야에서 신앙을 지키고자 하는 사람들은 1502년 모두 추방되었고, 1525년 아라곤(Aragon)과 발렌시아에서 같은 일이 일어났다. 한동안 공존의 과정이 지속되기도 했다. 대규모 무어인 공동체는 겉으로 기독교에 순응하는 태도를 취하면서 일도 하고 생활도 이어갔다. 그러나 압박이 강해지면서 폭력 사태가 터져나왔고, 1568~1571년 알푸하라스(Alpujarras) 반란에서 정점을 찍었다. 그로부터 약 40년이 지난 뒤 약 30만 명의 무어인이 북아프리카로 강제 이주를 당하는 끔찍한 사태가 벌어졌다.

그러나 군사 정복이 하룻밤에 문화를 바꾸어놓을 수는 없었다. 심지어 발렌시아에서도 스페인의 왕은 1528년 현지 무어인 공동체 지도자의 청을 받아들였다. 즉 개종 이후 2세대 안에는 (설사 관습에 따라 기독교에 위배되는 일을 하게 되더라도 – 옮긴이) 종교재판에 따른 어떤 기소도 면제해달라는 요청이었다. 기존에 지켜오던 관습을 단번에 바꿀 수는 없다는 점을 관리들도 인정했던 것이다.[29]

결국 스페인에서는 모든 형태의 타종교가 억압되었다. 그러나 다른 지역은 그렇지 않았다. 베네치아의 가장 큰 해외 영토인 크레타섬은 오래도록 동서 교역로의 핵심 거점이었다. 농업이 번성한 덕분에 유럽으로 와인을, 오스만 제국으로 올리브오일을 수출했다. 크레타섬에는 (라틴계 및 그리스계 기독교와 무슬림 등) 여러 다양한 공동체가 공존했으며, 개종과 통혼이 워낙 흔하게 일어났다. 여기서 주요 종교 갈등은 무슬림과 기독교가 아니라 가톨릭과 정교회 사이에서 일어났다. 정교회는 (베네치아의 지휘를 받는) 가톨릭의 방해로 교구를 설립하지 못했고, 콘스탄티노폴리스에 있는 총대주교와 어떤 식으로든 관계를 맺지 못했다.

---

29 Tullio Halperín Donghi, 'Recouvrements de civilisation: les Morisques du royaume de Valencia au XVIe siècle', *Annales. Économies, Sociétés, Civilisations* II (1956), 168-9.

1669년 오스만의 정복 이후 라틴계(언어적으로는 그리스계) 기독교 엘리트들은 물론 베네치아로 떠나버렸다. 그러나 정교회 신도들은 기꺼이 섬에 머물렀으며, 오스만 제국의 무역 네트워크로 이득을 취했다. 개종의 비율도 워낙 높았다. 섬에 주둔한 군대는 기독교에서 무슬림으로 개종한 사람들의 입대로 병력 자원 모집에 어려움이 없었다. 상인들도 대부분 무슬림으로 개종했다.[30]

오랜 공존의 전통과 더불어 무역 경제 덕분에 지역 전체가 타문화에 익숙해졌다. 장거리 무역로는 내륙 지역도 지나갔고, 그 과정에서 계곡과 고개가 만남의 장소로 인정되었다. 그래서 (정교회, 가톨릭, 무슬림뿐만 아니라 유대인, 그리스인, 블라흐인, 롬인, 아르메니아인 등 다양한 종교와 문화적 배경을 가진 사람들이 섞여 사는) 보스니아에는 이스탄불과 스플리트, 그리고 두브로브니크(후대에는 트리에스테Trieste)를 오가는 무역상들이 정기적으로 들렀고, 그것이 지역 경제에 큰 도움이 되었다.[31] 다른 지역들도 주요 항구의 배후지로서 상품과 노동력을 공급하여 번성했고, 항구에서는 이를 장거리 무역에 활용했다. 바르셀로나 항구에서는 카탈루냐(Cataluña)가, 제노바 항구에서는 리구리아(Liguria)가 그런 역할을 맡았다. 특히 우리가 논의하는 시대의 초반부에는 연안 지역 전체적으로 상업이 번성할 수 있었다. 그때는 해상 운송의 대부분이 육지가 바라보이는 연안 항로를 오갔기 때문이다. 당시에 제작된 포르톨라노(portolano, 해도)를 보면 지중해의 어느 쪽이든 해안에 무수히 많은 점

30 Molly Greene, *A Shared World: Christians and Muslims in the Early Modern Mediterranean* (Princeton University Press, 2000).
31 Noel Malcolm, *Bosnia: A Short History* (London: Macmillan, 1994), pp. 43-118.

이 찍혀 있다. 각각의 거점에서 상인과 선원 들은 상품과 정보를 교환하고 현지 물품을 구입했다. 사들인 물품은 선상에서 소비하거나 다른 지역에 가서 되팔았다. 소규모 상호 교류의 네트워크를 통해 원거리 무역이 이루어지면서, 글로벌과 로컬은 온갖 종류의 층위에서 서로 연결되었다. 그래서 아주 조그만 규모의 중심지라도 다른 세계 전체와 탄탄한 관계를 발전시킬 수 있었다.

길이 교차하는 곳에 도시가 성장했고, 도시가 투자와 기술 및 원거리 연결을 촉진했기에 무역을 진작할 수 있었다. 이미 살펴보았듯이 당시는 도시화가 확산되는 시대였고, 진정한 의미의 메트로폴리스가 형성되는 중이었다. 1600년경 이스탄불의 인구는 약 30만이었다(일부 학자들은 더 많았다고 추정한다). 이스탄불의 주요 경쟁 상대로 부상 중인 카이로의 인구는 20만이었고, 나폴리는 무려 40만이었다. 16세기 말엽에는 이탈리아의 리보르노(Livorno), 아나톨리아의 이즈미르(Izmir) 같은 자유 무역항도 생겨났다. 18세기에는 교황령 안코나(Ancona)와 합스부르크령 피우메(Fiume), 그리고 특히 트리에스테(Trieste)가 그 뒤를 이었다. 그들은 두 가지 의미에서 "자유"를 바탕으로 번성했다. 하나는 관세를 감면 또는 면제해서 원거리 교역상들을 끌어들인다는 의미였고, 또 하나는 다양한 종교와 민족 공동체의 평화적 공존을 허용한다는 의미였다. 리보르노에는 암스테르담 다음가는 대규모 유대인 공동체가 있어서, 전체 인구의 10퍼센트를 차지했다.[32] 이즈미르에는 갈수록 잉글랜

---

32 Francesca Trivellato, *The Familiarity of Strangers: The Sephardic Diaspora, Livorno, and Cross-Cultural Trade in the Early Modern Period* (New Haven, CT: Yale University Press, 2009).

드와 네덜란드의 배가 증가했고, 그보다는 적었지만 프랑스의 배도 들어왔다. 한편 스파라드(Sfarad) 유대인(이베리아반도 출신의 유대인 - 옮긴이)도 이즈미르로 들어와 아나톨리아 지역으로 확산되었다. 이후 아나톨리아 지역에서는 라디노(Ladino)라고 알려진 그들의 언어를 사용하는 공동체가 형성되었는데, 오늘날에도 튀르키예 지역에 그 일부가 남아 있다.[33]

일부 도시들은 여러 가지 수준에서 중개 무역을 하고 있었다. 예컨대 두브로브니크는 1472년 이후 오스만의 제후국이 되었고, 그 지위를 이용해서 흑해 무역권을 유지하여 이득을 취했다. 두브로브니크는 북쪽으로 베네치아와 밀접한 관계에 있었고, 서쪽으로 스페인령 아풀라(Apula), 동쪽으로 오스만령 발칸 지역과 교역이 이루어졌다. 두브로브니크의 중개 무역은 단지 상품에만 그치지 않았다. 스페인과 교황을 상대로 오스만의 정보를 유통하는 중심지도 두브로브니크였다. 물론 그 반대 방향, 즉 유럽의 정보도 이스탄불로 전달되었다. 중립적 입장의 두브로브니크가 포로 교환의 장소로 활용되는 경우도 흔히 있었다.[34]

규모가 작더라도 어떤 지역은 이웃의 구성 때문에 세계적인 마을이라고 일컬어질 수 있는데, 이 지역에서는 교역 패턴이 서로에 대한 일상적 이해와 결부되어 있었다. 이스탄불과 이웃해 있는 갈라타(Galata)는

---

33 Daniel Goffman, *Izmir and the Levantine World 1550-1650* (Seattle, WA: University of Washington Press, 1990).
34 Bariša Krekić, *Dubrovnik: A Mediterranean Urban Society, 1300-1600* (Aldershot: Ashgate Variorum, 1997); and Nicolaas H. Biegman, *The Turco-Ragusan Relationship According to the Firmans of Murad III (1575-1595) Extant in the State Archives of Dubrovnik* (The Hague: Mouton, 1967); pp. 130-1.

술탄의 궁전에서 보기에 금각만 바로 건너편에 위치했는데, 여기에는 라틴계 기독교인, 정교회인, 아르메니아 기독교인, 유대교인이 무슬림과 나란히 이웃하여 같이 살아가고 있었다. 그곳은 한때 지중해의 모든 공동체를 대표하는 소우주와도 같아서, 거시적 분쟁을 극복하는 방안이 여기서 만들어지기도 했다. 베네치아는 한때 유대인의 거주 구역을 게토(ghetto)로 제한하는 조치를 취했는데, (다른 나라에서는 아예 유대인의 입국 자체를 거절하는 경우가 많았으므로 – 옮긴이) 이 조치는 유대인이 도시에 들어와서 생활할 수 있는 방편이 되었다. 베네치아에서는 기독교인과 다양한 출신의 유대인, 즉 동방(Levant) 유대인, 서방(Ponentine) 유대인, 독일 유대인, 이탈리아 유대인의 만남이 일상적으로 이루어졌다.

하나의 건물 안에서 외국인과 외국인, 외국인과 현지인이 서로 만나는 경우도 있었다. 게토에서 베네치아 대운하 건너편에 있는 "폰다코 데이 투르키(fondaco dei Turchi)"는 무슬림을 포함하는 오스만 상인들이 숙박과 보관 공간으로 이용할 수 있는 곳이었다. 숙소의 방은 두 집단씩 짝을 이루어 배정되었다. "아시아인과 콘스탄티노폴리스인"이 하나로 묶였고, "보스니아인과 알바니아인"이 또 하나의 짝이었다. 폰다코(fondaco)라는 단어는 아랍어에서 유래했다. 다른 숙박 시설에도 폰다코라는 이름이 사용되었는데, 예를 들면 리알토(Rialto) 근처에 거대한 규모의 게르만 폰다코(German fondaco)가 있었다. 또한 중동의 도시에서도 비슷한 어휘가 사용되었는데, 베네치아 푼두크(funduq), 제노바 푼두크, 프랑스 푼두크, 잉글랜드 푼두크 등 수많은 사례가 있었다.[35]

---

35 Olivia Remie Constable, *Housing the Stranger in the Mediterranean World:*

교차로 지역이 반드시 공간적으로 어느 위치에 고정되어 있지는 않았다. 수천 척의 선박은 이동 수단인 동시에 다양한 사회적·민족적 기원을 가진 사람들이 서로 만나는 장소였고, 또한 그들과 항구의 사람들이 만나는 장소였다. 선원, 지휘관, 상인뿐만 아니라 (공증인의 역할을 겸한) 목사, 의사, 이발사, 외교관, 순례자, 기타 유료 승객도 배에 올랐다. 거대한 베네치아 갤리선에는 상인 교육을 강화할 목적으로 소수의 귀족을 태웠으며, 1559년 이후로는 빈민 소년들을 객실 심부름꾼으로 고용해야 할 의무도 있었다. 베네치아의 지휘관은 갤리선에 정교회 성직자를 태울 자리를 만들고자 했다. 가톨릭 성직자는 그리스인 선원의 고해성사를 받을 수 없었기 때문이다. 대부분의 배에서는 지위가 가장 낮은 선원조차 최소한 어느 정도는 무역에 참여했다. 각자가 소량의 상품을 모아서 운반하고 운송료를 받을 권리를 가졌기 때문이다. 비록 소규모지만 갤리선의 노를 젓는 사람이 운반할 수 있는 상품의 양도 점점 늘어나서 가격 기준으로는 10두카트(ducat)에서 20두카트로 증가했다. 카라카(carraca, 대형 무장 상선)의 경우 가치가 더 컸다. 50~70명의 선원은 지위에 따라 운송할 수 있는 상품의 양이 달랐다. 갑판원은 0.5톤, 목수 같은 기술자는 1.5톤의 화물을 누군가에게 전달해줄 수 있었다.[36] 배가 항구로 들어가면 작은 배들이 몰려들어 음식이나 상품을 팔려고 했다. 순례자들이 전하는 이야기에 따르면, 선원들은 들르는 해변마다 노점을 차리고 상품을 매매했다고 한다.

Lodging, Trade, and Travel in Late Antiquity and the Middle Ages (Cambridge University Press, 2003).
36 Lane, Venice: A Maritime Republic, pp. 356 and 382.

교차로의 사람들

우리의 이야기는 이제 공간에서 사람으로 넘어간다. 교차로에서 서로 마주쳤던 주인공들에 관한 이야기다. 평범한 사람들도 있었고, 앞에서 언급한 교역로를 통해 반드시 여행을 해야 하는 사람들도 있었다. 그들은 여러 교차로의 중심지를 오가는 사람들이었다. 또는 특정 장소 안에서 다양한 집단 사이의 중개자 역할을 하는 사람들도 있었다. 다양한 언어, 종교, 민족, 음식, 복식의 공존이 삶의 상당 부분을 지배하는 교차로에서 일상을 살아가는 사람들은 어떤 느낌이었을까?

어떤 사람들은 경계를 넘어서는 일에 탁월한 능력을 보이기도 했다. 예를 들면 하산 알-와잔(Hasan Al-Wazzan, 1486~1554) 같은 인물이다.[37] 서양에서는 레오 아프리카누스(Leo Africanus)라는 이름으로 알려졌다. 그라나다(Granada)에서 태어난 그는 1492년 가족들과 함께 페스(Fez)로 피신했다. 그곳에서 그는 법학 교육을 받고 외교관으로 파견되었으며, 말리 지역의 송가이 제국이나 이집트의 맘루크 술탄국에서도 일했다(오스만이 맘루크를 정복할 무렵이다). 1518년 스페인의 해적들에게 포로로 잡혀 노예로 팔려 간 그는 우여곡절 끝에 교황 레오 10세(Leo PP. X)의 시종이 되어 세례를 받았다. 이후 10년 동안 로마에서 틈틈이 아랍어 문법책을 집필했고, 코란의 이중언어 대역본을 제작했다. 또한 아프리카에 관한 소개서도 집필했는데, 나중에 여러 유럽 언어로 번역되었다. 아마도 로마가 약탈당할 무렵 그도 탈출해서 모로코로 되돌아갔던 것 같다. 망명객이었다가 포로가 되었으며, 또한 전문 외교관이었다가 머나먼 지

---

37 생몰년은 미확정 추정치임을 밝혀둔다.

역에 관한 지식을 전파했기도 했던 그의 인생은, 어찌할 수 없는 사건에 휘말려 세계의 여러 지역을 옮겨 다니면서도 나름대로 상황에 적응했던 그의 능력을 여실히 보여준다.[38]

많은 사람이 인생의 상당 부분을 여행으로 보냈고, 그 과정에서 체계적으로 쌓은 전문 지식은 국내외에서 명성을 얻는 통로가 되었다. 페스(Fez) 출신의 유대인 상인 슈무엘 팔라케(Samuel Pallache, 1550~1616)는[39] 네덜란드에서 모로코 술탄의 대리인으로 일했고, 스페인과 네덜란드 및 모로코 상호 간의 정보를 중개했으며, 사략선(privateer) 활동에도 능동적으로 참여했다.[40] 피에트로 델라 발레(Pietro della Valle, 1586~1652)는 로마의 학자로 동방의 언어와 문화에 관한 엄청난 지식을 보유했던 사람이다. 1614년 성지 순례를 떠난 그는 이집트, 아나톨리아, 페르시아, 인도를 방문하고 1626년 고향으로 돌아왔다. 그의 아내는 시리아인으로 네스토리우스교 신자였는데, 5년 동안 그와 함께 여행을 다니다가 돌아오는 길에 호르무즈에서 사망했다. 반대로 고향에서 인정받지 못했지만 대신 외국에서 명성을 얻고자 했던 사람들도 있다. 예를 들면 마린(Marin) 술탄국(모로코)의 수도 페스에서 계승 분쟁에 밀려난 물레이 알랄 메린(Mulay Alal Merin)은 1570년 모로코를 떠나 군사적 지원 세력을 찾아 다녔다. 그러다가 기독교 세례를 받고(세례명

---

38 Natalie Zemon Davis, *Trickster Travels: A Sixteenth-Century Muslim between Worlds* (London: Faber, 2007).
39 출생 연도는 불분명함을 밝혀둔다.
40 Mercedes García-Arenal and Gerard Wiegers, *A Man of Three Worlds: Samuel Pallache, a Moroccan Jew in Catholic and Protestant Europe* (Baltimore, MD: Johns Hopkins University Press, 2003).

Don Gaspar Beninmarin) 스페인 군대에 복무했으며, 나중에는 나폴리에 정착하여 결혼도 했다.[41]

그들은 특별한 사람들이었을 수도 있다. 하지만 그들이 고립되지는 않았는데, 여행과 이동에는 흔히 친족 집단 전체가 참여했기 때문이다. 베네치아 사람으로 이스탄불에 또 다른 살림을 차리고 가족을 형성해두는 경우도 많았다. 예컨대 안드레아 그리티(Andrea Gritti)는 상인이자 외교관으로, 1502년 오스만 제국과 베네치아의 평화 교섭을 중재한 일이 있었다. 그는 베네치아에 아들 하나와 손녀 둘이 살고 있었지만, 그리스인 아내와의 사이에 네 명의 자녀를 두고 이스탄불 페라(Pera) 구역에 있는 집에서 20년 동안 살았다. 말년의 그는 베네치아 공화국의 도제(doge)가 되었다. 베네치아와 오스만 사이에 전쟁이 벌어진 뒤, 베네치아에 와 있던 그의 아들 중 한 명이 그의 뜻을 어기고 이스탄불로 돌아가버렸다. 애초 베네치아로 가지 않고 이스탄불에 남아 있던 또 다른 아들 알비세(Alvise)는 오스만 제국 대재상(sadrazam)의 총애를 받는 신하가 되었지만, 오스만의 병력을 이끌고 가다가 트란실바니아(Transylvania)에서 죽었다.[42] 여행으로 보자면 여성보다 남성에게 기회가 더 많았다. 그러나 여성이라고 해서 경계를 넘지 않는 것은 아니었다. 시골에서 이스탄불로 올라간 여성들은 오스만의 술탄이나 파샤(paşa, 고위 군직)의 하렘에서 친족 풍습에 따라 다시 고향의 가족들과 네트워크

---

41 Gennaro Varriale, 'La media luna al revés: don Gaspar Benimerín en la Nápoles de los virreyes', forthcoming.
42 Heinrich Kretschmayr, 'Ludovico Gritti. Eine Monographie', *Archiv für österreichische Geschichte* 83 (1897), 1–104.

를 연결했다. 반대로 가족이나 남편의 억압에서 벗어나려 한 여성들이 경계를 넘는 경우도 있었다. 베아트리체 미키엘(Beatrice Michiel)은 베네치아에서 달아나 이스탄불로 갔는데, 이스탄불에서 파티마 하툰(Fatima Hatun)이라는 이름을 사용했다. 한편 밀로스(Milos) 출신의 세 무슬림 자매는 코르푸(Corfu)라는 도시로 이주해서 기독교로 개종했는데, 그들 중 한 명의 남편에게 문제가 있어 그로부터 벗어나기 위해서였다. 그러나 이런 경우 여성들은 고향으로 되돌아갈 수 없었다. 자유롭게 오갈 수 있었던 남성들과는 형편이 달랐다.[43]

일부 여행자들이 특이한 사람들이었을 수는 있지만, 여행 자체는 일상이 되어가기 시작했다. 기독교인은 물론 특히 무슬림에게 순례는 이미 오래전부터 비교적 기본적인 삶의 한순간이었다. 기독교와 무슬림 모두 제도적 네트워크의 도움을 받았다. 병원, 종교 시설, 카라반세라이 등이 지중해는 물론 더 멀리 다른 세계에 이르기까지 경계를 넘어서는 신도들에게 도움을 주었다.[44] 십자군 시대부터 이어져온 기독교 순례자들은 맘루크의 통치 아래서도 순례를 계속했고, 18세기부터는 그 수가 늘어나기 시작했다. 17세기 이래로 부유한 유럽의 북부 사람들이 교육 과정의 일부로 "그랜드 투어(grand tour)"를 하기 시작했고, 지중해 연안의 나라들이 대상지에 포함되었다. 뿐만 아니라 그들은 남쪽으로 더

---

43 Eric Dursteler, *Renegade Women: Gender, Identity, and Boundaries in the Early Modern Mediterranean* (Baltimore, MD: Johns Hopkins University Press, 2011).
44 Suraiya Faroqhi, *Pilgrims and Sultans: The Hajj under the Ottomans 1517-1683* (London: I. B. Tauris, 1994); and Michael Prior and William Taylor (eds), *Christians in the Holy Land* (London: World of Islam Festival Trust, 1994).

멀리 내려가서 모로코나 중동까지 여행했다.[45] 당시 원거리 지역에 관한 지식을 전파하는 일은 엘리트 계층의 직업에 속했다. 그러나 실제 여행객들은 다양한 사회 계층에 속했으며, 오리엔탈리즘적 편견을 가지고 있었다. 우리에게는 동방에서 서방으로 여행한 여행객보다 서방에서 동방으로 여행한 여행객이 더 많이 알려져 있다. 그러나 그것이 흔히들 알고 있듯이 무슬림이 외부 세계에 관심이 없었던 탓은 아니다. 오스만 제국의 지식인들은 대개 (서방보다) 동방 지역과 아랍 및 북아프리카와 친숙했다. 이스탄불의 엘리트 계층은 대개 페르시아어와 아랍어 지식을 가지고 있었다. 그러나 여행가이자 여행 작가인 에블리야 첼레비(Evliya Çelebi, 1611~1685)처럼 예외적인 사람들도 있었다.[46, 47]

그와 같은 몇몇 특별한 인물은 정기적이고 안정적인 교류의 흐름에 속한 사람들이었다. 예컨대 해외에 새로운 형식의 디아스포라(diaspora)를 조성한 상인들이 그랬다. 그곳에는 그들의 대표자(consul)와 의사 결정 기구(nation), 그리고 앞에서 언급한 상가와 창고 들이 갖추어져 있었다. 상인들은 기본적으로 고향에서 멀리까지 이동할 능력, 한 곳 이상 여러 곳에 거점을 마련할 능력을 갖추어야 했다. 알레포(Aleppo)에 있는 잉글랜드의 동방회사(Levant Company)에 소속된 파샤(pasha, 무역상)들이 바로 그런 사람들이었다. 그들은 직접 움직이지 않더라도 멀리 떨어진 다른 공동체의 상인들과 알고 지내며 친숙한 관계를 맺어야 했다. 가

---

45 Antoni Maczak, *Travel in Early Modern Europe* (Cambridge: Polity, 1995).
46 사망 연도는 불분명함을 밝혀둔다.
47 Robert Dankoff, *An Ottoman Mentality: The World of Evliya Çelebi* (Leiden: Brill, 2004).

족 관계를 통해서든 계약 관계를 통해서든 원거리 무역 네트워크를 만드는 것이 상인들의 성공 비결이었다. 프랑스나 기타 유럽 국가들의 명예시민이었던 18세기 아나톨리아 항구의 기독교 및 유대교 엘리트 상인들이나, 인도양에서 네덜란드까지 이어지는 무역 네트워크에서 활동한 아나톨리아의 아르메니아인과 리보르노(Livorno)의 유대인도 마찬가지였다.[48] 그들의 내적 결속을 과장하고 싶지는 않지만, 지역과 바깥 세계를 연결한 그들의 인맥과 지식의 축적이 만들어낸 기회는 간과할 정도의 수준이 결코 아니었다.

경제 규모가 커지면서 기술자들의 장·단거리 이주도 이루어졌고, 결과적으로 기술이 확산되었다. 가장 유명한 사건은 독일 기술자들의 인쇄 기술이 라인강을 따라, 이후 유럽 전역으로 신속하게 퍼져나갔던 사례다. 한편 오스만과 베네치아의 기술자들은 그 반대 방향으로 움직여서 유리 세공과 도자기, 비단 생산 기술을 전파했다. 이스탄불에 있는 수공업자 조합에는 이란과 서방 출신의 기술자들이 포함되어 있었다.[49] 용병은 직업 이민의 특수 사례였다. 스코틀랜드와 아일랜드의 가톨릭 신자들은 스페인 용병으로 복무했다. 보스니아 사람들은 헝가리와 동부 아나톨리아에 배치되었다. 기독교인은 평화 조약으로 고향에서 할 일이

---

48 Michel Aghassian and Kéram Kévonian, 'The Armenian Merchant Network: Overall Autonomy and Local Integration' in Sushil Chaudhury and Michel Morineau (eds), *Merchants, Companies and Trade, Europe and Asia in the Early Modern Era* (Cambridge University Press, 1999), pp. 74-94; and Trivellato, *Familiarity of Strangers*.
49 Suraiya Faroqhi, *Artisans of Empire: Crafts and Craftspeople under the Ottomans* (London: I. B. Tauris, 2009), pp. 83-4.

없어질 때면 바르바리 지역의 사략선(privateer)에 몸을 실었다. 네덜란드와 잉글랜드의 프로테스탄트 교인은 베네치아 편에서 합스부르크 왕가에 맞서 싸웠고, 이탈리아 내부에 종교적 분열의 공포(혹은 희망)를 불러일으켰다. 오스만과 베네치아 전선의 경우, 양쪽 모두 알바니아인이 복무하고 있었다. 16세기의 기나긴 군사혁명이 용병의 황금기였다는 사실은 이미 충분히 알려졌지만, 그들이 문화적 중개인의 역할을 했다는 점에 관해서는 좀 더 연구가 필요한 실정이다.[50]

앞에서 살펴본 것처럼, 이주가 언제나 좋아서 혹은 이득이 되어서 이루어진 것만은 아니다. 포로로 잡혀가는 경우도 있었기 때문이다. 동서 지중해를 막론하고 노예 사냥꾼들이 활동하고 있었다. 흑해 지역의 시르카시아인(Circassians) 무슬림은 이탈리아로 팔려나갔고, 북아프리카의 베르베르인은 스페인으로 잡혀갔다. 베네치아나 스페인 왕의 백성인 남부 이탈리아 사람들은 오스만 제국이나 북아프리카로 팔려나갔다. 남성이든 여성이든 노예는 정신적·경제적·육체적으로 착취의 대상이었다.[51] 그러나 운 좋게도 그 경험이 위대한 성취를 이루는 계기가 된 사람들도 있었다. 알제리의 "해적왕" 우루즈 카이레딘 바르바로사(Uruj Khaireddin Barbarossa)는 칼라브리아(Calabria) 태생으로 젊은 시절 포로

---

50 David Parrott, *The Business of War: Military Enterprise and Military Revolution in Early Modern Europe* (Cambridge University Press, 2012).
51 Robert C. Davis, *Christian Slaves, Muslim Masters: White Slavery in the Mediterranean, the Barbary Coast, and Italy, 1500-1800* (Basingstoke: Palgrave, 2003); and Wolfgang Kaiser (ed.), *Le commerce des captifs. Les intermédiaires dans l'échange et le rachat des prisonniers en Méditerranée, XVe-XVIIe siècle* (Rome: École française de Rome, 2008).

가 되어 갤리선의 노예로 팔렸던 인물이다. 몰타 기사단의 단장으로 오스만 함대의 공격을 막아내는 사령관을 역임한 장 드 라 발레트(Jean de la Valette) 또한 같은 운명이었다. 강제 이주의 특별한 사례로 데브시르메(devşirme, 문자적 의미는 "모집")라는 기독교 소년들이 있었는데, 이들은 발칸 지역의 오스만 제국 정복 지역에서 징집되어 가족을 떠나야 했고, 강제로 이슬람으로 개종한 뒤 오스만의 보병 훈련을 받았으며, 그중에서 재능을 인정받은 소년은 황궁 친위대로 차출되었다. 17세기 초엽까지도 오스만 제국 통치 기구에서 근무할 인력은 대부분 이런 식으로 선발되었지만, 나중에는 튀르크인 엘리트 계층이 좋은 자리로 진출했다.

이주한 개인과 집단의 후예들은 소수자로서 공동체를 형성하게 되었다. 일부 공동체는 전쟁을 통해 강제 이주를 당했다. 예컨대 (오스트리아 합스부르크 가문에 고용된 크로아티아인 용병인 - 옮긴이) 우스코크(Uskoks, 문자적 의미는 "난민")는 원래 오스만 무역상이나 베네치아의 함선을 상대로 해적질을 일삼던 민족이었다. 혹은 이탈리아 남부에 재정착한 그리스 정교회 신도들도 전쟁의 결과로 이주한 사람들이었다. 국경선이 이동하면서 원래 자리에 그대로 남겨져 소속이 바뀐 공동체도 있었다. 예컨대 무슬림의 사회-직업적 계급 명칭인 알모가타세(Almogatace)는 정보원, 안내원, 용병 등의 임무를 수행했는데, 특히 도시 안팎의 사람들을 중개하는 능력으로 스페인이 오랑(Oran)을 정복할 때 중요한 역할을 맡았다.[52] 이탈리아 사르데냐 지역에 있는 산피에트

---

52 Felipe Maíllo Salgado, 'The Almogataces: A Historical Perspective', *Mediterranean Historical Review* 6 (1991), 86-101.

로(San Pietro)섬에서도 비슷한 일이 일어났다. 15세기 이래로 제노바 사람들이 튀니지의 타바르카(Tabarka)로 건너가 식민지를 건설했는데, 18세기까지도 식민지가 건실하게 유지되었다. 같은 시기 제노바 사람들이 산피에트로섬으로도 들어갔다. 그래서 그곳에는 제노바의 언어와, 페스토(이탈리아 음식)와 쿠스쿠스(북아프리카 음식)를 비롯한 복합적 음식 문화의 유산이 남겨지게 되었다. 험난한 자연환경을 피하기 위해 이주한 사람들도 있었다. 특히 산악 지대(브로델의 표현에 따르면 "노동을 예약해둔 환경")를 떠나 낮은 지대로 이동한 사람들이었다. 처음에는 소수의 인원이 움직였고 이후 많은 사람이 그 뒤를 따랐다. 1562년 (제노바 공화국의 코르시카 지배에 맞서고자 프랑스와 오스만의 협력을 이끌어내기 위해) 콘스탄티노폴리스로 가던 삼피에로 코르소(Sampiero Corso)는 알제를 방문하게 되었고, 그곳에서 코르시카 이주민 공동체(인구 약 6000명)가 번성하고 있다는 사실을 발견했다. 한편 베르가모 사람들의 구역(Bergamasco quarters)은 이 시기 이탈리아의 어느 도시에서나 쉽게 발견할 수 있었다.[53]

결론

지중해 권역의 교차로에는 다양한 사회들이 형성되어 있었다. 그들은 서로 간의 접촉과 거래에 익숙해져 있었으며, 갈수록 더 멀리 떨어진 사람들과의 교류도 늘어났다. 공존의 과정에서 갈등도 없지 않았다.

---

53 Fernand Braudel, *The Mediterranean and the Mediterranean World in the Age of Philip II* (London: Harper Collins, 1992), pp. 46 and 159.

그러나 갈등 또한 결과적으로는 지식의 확산에 기여했다. 예를 들면 15세기 비잔티움의 망명자들은 이탈리아에서 인문학자들에게 그리스어를 가르쳤고, 스페인의 유대인은 16세기 오스만 제국에서 인쇄소를 차리고 그리스어, 라틴어, 이탈리아어, 스페인어, 히브리어 서적을 출간했다.[54] 새로운 지식의 수용이 중립적으로 이루어진 적은 거의 없었다. 모방에서 융합에 이르기까지 다양한 스펙트럼이 나타났다. 스페인 기독교 문화권에서 만들어진 모레스크(moresque) 양식의 도자기, 베네치아 건물에서 보이는 오리엔트 양식의 아치 등 여러 중심지에서 등장한 예술과 건축 양식이 그랬고, 점차 사실주의가 강조된 이스탄불의 초상화 양식도 그랬다. 한편으로는 머나먼 곳의 보이지 않는 타자에 대한 두려움과 적대감도 있었다. 그래서 서양의 도상학, 역사학, 공공 의례에서 튀르크인은 점점 더 부정적인 이미지로 나타났다.[55] 상상의 위협은 오스만의 현실적인 위협 못지않아서 강박관념에 가까웠다. 르네상스 시기 페라라(Ferrara)는 국경선에서 멀리 떨어져 있었지만, 그러한 상상력이 충분히 발휘된 곳이었다.[56]

의식적 선택은 차용에서부터 거부에 이르기까지 다양했다. 그러나

---

54 Avigdor Levy, *The Sephardim in the Ottoman Empire* (Princeton, NJ: Darwin Press, 1992), pp. 26 and 37-9.
55 Bronwen Wilson, *The World in Venice: Print, the City, and Early Modern Identity* (University of Toronto Press, 2005); Margaret Meserve, *Empires of Islam in Renaissance Historical Thought* (Cambridge, MA: Harvard University Press, 2007); and Iain Fenlon, *The Ceremonial City: History, Memory and Myth in Renaissance Venice* (New Haven, CT: Yale University Press, 2007).
56 Giovanni Ricci, *Ossessione turca. In una retrovia cristiana dell'Europa moderna* (Bologna: Il Mulino, 2002).

어떤 식으로든 만남의 경험은 당사자들의 문화에 흔적을 남겼다. 언어는 흔히 지속적 교류의 결과를 알려주는 강력한 근거를 담고 있다. 같은 의미를 나타내는 다른 언어의 어휘가 동시에 사용되는 사례는 교차로 중심지의 일상생활에서 흔히 볼 수 있었다. 베네치아도 여러 언어가 통용되는 도시 중 하나였다. 베네치아에서는 이탈리아어나 유럽의 일상어들과 함께 유대인의 이디시어(Yiddish), 라디노어(Ladino), 슬라브어, 튀르크어, 아랍어를 들을 수 있었다. 더욱 주목할 만한 일은 사람들의 교류에 따른 언어의 혼합이었다. 튀르크인은 항해와 관련해서 이탈리아어와 그리스어 어휘를 사용했고, 이탈리아인과 프랑스인은 세관 업무와 관련해서 아랍어 어휘를 사용했다. 한편 북아프리카에서는 해적이나 외교관을 막론하고 모두 링구아 프랑카(lingua franca, 자유어)에 익숙했는데, 기본적으로 일상적 거래에 통용되는 유동적 혼합어였다.[57] 대부분의 사람들에게 이와 같은 다양한 언어적 풍경에 어느 정도 적응하는 것은 일상적으로 평범한 일이었다. 크레타섬에 사는 유대인 아브라함 발란자스(Abraham Balanzas)도 마찬가지였다. 스페인계로 랍비의 아들이자 랍비의 아버지이기도 한 그는 1626년 자신의 딸 파리고리아(Parigoría, 스페인식 이름 Consolación의 그리스어 번역)를 위해 자신의 삶을 예루살렘에 가서 마감하고자 한다는 유언장을 기록했고, 그리스 정교회 신도 두 사람이 증인이 되었다. 그는 히브리어만 안다고 말했고, 서명도 히브리어로 했다. 그러나 그의 유언장은 크레타섬에 사는 그리스인에 의해 이탈

---

57 Jocelyne Dakhlia, *Lingua Franca – Histoire d'une langue métisse en Méditerranée* (Arles: Actes Sud, 2008).

리아어로 기록되었으며, 이 모든 것을 베네치아의 공증인이 라틴어 알파벳으로 받아 적었다.[58]

우리가 검토하는 시대 대부분에 걸쳐 분쟁은 피할 수 없는 현실이었다. 그러나 전체적으로 보면 어느 한편도 심하게 혹은 오래도록 다른 한편을 압도했다고 보기 어렵다. 18세기에 이르러 변화가 시작되었다. 국제 상거래는 이전 세기의 침체에서 벗어나 붐을 이루었고, 전례 없는 인구 급증이 이를 뒷받침했으며, 농업 및 제조업 생산의 증가가 경기에 박차를 가했다. 그러나 새로운 경제는 상당 부분 서구의 무역상들이 주도했다. 네덜란드, 잉글랜드, 프랑스는 오스만 제국으로부터 양보를 얻어냈고, 이는 갈수록 오스만과 다른 경쟁자들에게 손상을 입혔다. 이 시대에는 갈수록 공격적인 국가들이 등장했다. 프랑스 무역상들은 몰타나 바르바리 해안의 해적과 전쟁에 나섰고, 프랑스 해군이 이를 지원했다. 프랑스는 몰타 기사단으로부터 프랑스 선박에 대한 공격을 자제하겠다는 약속을 받아냈지만, 이는 곧 다른 국적의 상인들은 계속 공격해도 좋다는 허락이나 다름없었다. 당연히 이 시기가 끝나갈 무렵에는 베네치아의 선박들도, 서쪽으로 북아프리카 연안 항로를 운항할 때는 프랑스 깃발을 내걸어야 했다.[59]

따라서 해적이 감소했다고 해서 평화의 시대가 열린 것은 아니었다. 오히려 지중해는 유럽 열강들의 전장으로 변했다. 특히 프랑스와 영국

---

58 Chryssa A. Maltezou, 'From Crete to Jerusalem: The Will of a Cretan Jew (1626)' in Benjamin Arbel (ed.), *Intercultural Contacts in the Medieval Mediterranean* (London: Frank Cass, 1996), pp. 189-201.
59 Greene, *Catholic Corsairs and Greek Merchants*.

은 북아메리카와 카리브해에서 그랬던 것처럼 지중해에서도 서로 싸웠다. 1680년대에 이르러 프랑스는 알제와 제노바를 폭격했고, 같은 의미의 메시지를 전달하기 위해 베네치아 앞바다를 항해했다. 1768년 프랑스는 제노바로부터 코르시카섬을 사들였고, 1785년에는 수에즈 지협(Suez isthmus)을 건너는 무역의 독점권을 획득했다. 1789년 나폴레옹은 이집트를 침략했다(그 과정에서 몰타섬 성요한기사단의 지배가 막을 내렸다). 이는 어느 장군의 개인적 야망이 아니라 한 세기 이상 지속된 프랑스의 정책이 축적된 결과였다. 한편 영국은 지중해 패권을 두고 다투는 심각한 경쟁자였다. 그들은 1713년 스페인으로부터 지브롤터(Gibraltar, 혹은 히브랄타르)와 메노르카(Menorca)섬을 얻어냈다. 1750년 이전 영국은 북아메리카보다 지중해에 더 많은 병력을 주둔하고 있었다. 머지않아 몰타섬도 영국의 차지가 되었다.[60] 영국은 또한 영향력을 확대하기 위한 정책을 지속적으로 펼쳤다. 예를 들어 신생 독립 나폴리 왕국(또한 시칠리아)에 해군을 지원했으며, 북아프리카를 두고 오스만과 협상을 하기도 했다.

마침내 새로운 세력들이 무대에 등장했다. 러시아는 1699년 발칸 지역에 거점을 구축하고, 1768년과 1774년에 오스만 제국과 전쟁을 벌여 치욕을 안겨주었다. 그 결과 러시아는 흑해에 자유롭게 접근할 수 있게 되었고(이로써 정복자 메흐메트 시대에 확립된 오스만의 무역 독점이 종식되었다), 또한 보스포루스 해협을 통해 지중해에서 자유롭게 교역할 권

---

60 Linda Colley, *Captives: Britain, Empire and the World, 1600-1850* (London: Jonathan Cape, 2002), p. 70.

리를 얻어냈다. 오스만의 권위를 꺾은 러시아는 정교회에 영향력을 행사했다. 오스만 제국에서도 거의 독립적인 지역 군벌이 등장했고, 발칸에서 마그레브에 이르기까지 민족주의 운동이 시작되었다. 이후 수십 년 동안 북아프리카의 지방관들은 이스탄불과 교섭하여 차례차례 다양한 수준의 독립성을 획득했으며, 오스만의 새로운 방어 정책에 따라 조선업이 쇠퇴하고 수많은 요새가 건축되었다. 여기서 앞으로 지중해에서 열리게 될 새로운 시대의 토대가 만들어졌다. 민족 독립 운동과 식민지 팽창 정책이 그것이었다.

더 읽어보기

General introductions and discussions

Abulafia, David, *The Great Sea: A Human History of the Mediterranean* (Harmondsworth: Penguin, 2011).

Braudel, Fernand, *The Mediterranean and the Mediterranean World in the Age of Philip II* (London: Harper Collins, 1992).

Horden, Peregrine and Nicholas Purcell, *The Corrupting Sea: A Study of Mediterranean History* (Oxford University Press, 2000).

MacLean, Gerald (ed.), *Re-orienting the Renaissance: Cultural Exchanges with the East* (New York: Palgrave Macmillan, 2005).

Marino, John A., *Early Modern History and the Social Sciences: Testing the Limits of Braudel's Mediterranean* (Kirksville, MO: Truman State University Press, 2002).

Said, Edward W., *Orientalism* (London: Routledge and Kegan Paul, 1978).

Wallerstein, Immanuel, *The Modern World System*, 3 vols (New York: Academic Press, 1974-80).

War and peace

Earle, Peter, *Corsairs of Malta and Barbary* (London: Sidgwick and Jackson, 1970).

Goffman, Daniel, *The Ottoman Empire and Early Modern Europe* (Cambridge University Press, 2002).

Greene, Molly, *Catholic Corsairs and Greek Merchants: A Maritime History of the Mediterranean, 1450-1700* (Princeton University Press, 2010).

Guilmartin, John Francis, *Gunpowder and Galleys: Changing Technology and Mediterranean Warfare at Sea in the Sixteenth Century* (Cambridge University Press, 1974).

Hess, Andrew C., *The Forgotten Frontier: A History of the Sixteenth-Century Ibero-African Frontier* (Chicago University Press, 1978).

Isom-Verhaaren, Christine, *Allies with the Infidel: The Ottoman and French Alliance in the Sixteenth Century* (London: I. B. Tauris, 2011).

Panzac, Daniel, *La marine ottomane: de l'apogée à la chute de l'Empire, 1572-1923* (Paris: CNRS, 2009).

Schwoebel, Robert, *The Shadow of the Crescent: The Renaissance Image of the Turk, 1453-1517* (Nieuwkoop: B. de Graaf, 1967).

Tenenti, Alberto, *Piracy and the Decline of Venice* (London: Longmans, 1967).

Trade and trade routes

Ashtor, Eliyahu, *Levant Trade in the Later Middle Ages* (Princeton University Press, 1983).

Casale, Giancarlo, *The Ottoman Age of Exploration* (Oxford University Press, 2010).

Chaudhury, Sushil and Michel Morineau (eds), *Merchants, Companies and Trade: Europe and Asia in the Early Modern Era* (Cambridge University Press, 1999).

Faroqhi, Suraiya, *The Ottoman Empire and the World Around It* (London: I. B. Tauris, 2004).

Fleet, Kate, *European and Islamic Trade in the Early Ottoman State: The Merchants of Genoa and Turkey* (Cambridge University Press, 1999).

Pujades, Ramon, *Les cartes portolanes: la representació medieval d'una mar solcada* (Barcelona: Institut d'Estudis Catalans, 2007).

Tabak, Faruk, *The Waning of the Mediterranean 1550-1870: A Geohistorical Approach* (Baltimore, MD: Johns Hopkins University Press, 2008).

Trivellato, Francesca, *The Familiarity of Strangers: The Sephardic Diaspora, Livorno, and Cross-Cultural Trade in the Early Modern Period* (New Haven, CT: Yale University Press, 2009).

Crossroads centres, crossroads people

Ben-Zaken, Avner, *Cross-Cultural Scientific Exchanges in the Eastern Mediterranean, 1560-1660* (Baltimore, MD: Johns Hopkins University Press, 2010).

Burnett, Charles and Anna Contadini (eds), *Islam and the Italian Renaissance* (London: Warburg Institute, 1999).

Davis, Natalie Zemon, *Trickster Travels: A Sixteenth-Century Muslim between Worlds* (London: Faber, 2007).

Davis, Robert C., *Christian Slaves, Muslim Masters: White Slavery in the Mediterranean, the Barbary Coast, and Italy, 1500-1800* (Basingstoke: Palgrave, 2003).

Dursteler, Eric R., *Renegade Women: Gender, Identity, and Boundaries in the Early Modern Mediterranean* (Baltimore, MD: Johns Hopkins University Press, 2011).

_____, *Venetians in Constantinople: Nation, Identity, and Coexistence in the Early Modern Mediterranean* (Baltimore, MD: Johns Hopkins University Press, 2006).

Earle, T. F. and K. J. P. Lowe (eds), *Black Africans in Renaissance Europe* (Cambridge University Press, 2005).

Eldem, Edhem, Daniel Goffman and Bruce Alan Masters, *The Ottoman City* between East and West: Aleppo, Izmir, and Istanbul (Cambridge University Press, 1999).

Faroqhi, Suraiya, *Pilgrims and Sultans: The Hajj under the Ottomans 1517-1683* (London: I. B. Tauris, 1994).

Goffman, Daniel, *Izmir and the Levantine World 1550-1650* (Seattle, WA: University of Washington Press, 1990).

Husain, Adnan Ahmed and K. E. Fleming (eds), *A Faithful Sea: The Religious Cultures of the Mediterranean, 1200-1700* (Oxford: Oneworld, 2007).

Levy, Avigdor, *The Sephardim in the Ottoman Empire* (Princeton, NJ: Darwin Press, 1992).

Krekić, Bariša, *Dubrovnik: A Mediterranean Urban Society, 1300-1600* (Aldershot: Ashgate Variorum, 1997).

Maczak, Antoni, *Travel in Early Modern Europe* (Cambridge: Polity, 1995).

Prior, Michael and William Taylor (eds), *Christians in the Holy Land* (London: World of Islam Festival Trust, 1994).

Sahlins, Peter, *Boundaries: The Making of France and Spain in the Pyrenees* (Berkeley, CA: University of California Press, 1989).

CHAPTER 18

수많은 정치적 여정, 비교 연구

잭 골드스톤
Jack A. Goldstone

세계화 시대 근대 국가의 등장

해외여행을 하려면 누구나 여권을 가지고 가야 한다. 그리고 그 여권으로 자신이 어느 국가의 국민임을 증명해야 한다. 하나 이상의 여권을 가진 사람도 있겠지만, 국경 밖으로 탈출한 난민은 하나도 갖고 있지 않을 수도 있다. 하지만 어쨌든 누구든지 어느 국가의 국민이고, 관료 체제를 갖춘 정부가 세속의 법률을 통해 국경 범위 내의 영토를 통치하며, 최고 집행권자와 관료 모두 (의례적 국가원수를 제외하면) 세습이 아니라 선거 혹은 군사, 행정, 기타 업적을 근거로 그 자리에 임명되는 것이 21세기의 상식이다.

이와 같은 근대 국가의 부상은 비교적 최근의 일이었다. 1800년만 하더라도 근대 국가의 건설은 무언가 새로운 동시에 불확실한 일이었다. 근대 국가의 성립 시기는 일본이 1868년 이후, 중국이 1911년 이후, 러시아가 1917년 이후, 터키(튀르키예)가 1923년 이후, 그리고 인도가 1947년 이후였다. 서유럽에서도 근대 국가의 건설 과정은 순조롭지 않았다. 영국에는 여전히 전근대식 상원(House of Lords, 대개 지명직이지만 오늘날에도 100명에 가까운 세습직 의원이 포함되어 있다)이 존재하여 국가의 구성 요소로 자리 잡고 있다. 프랑스는 제1공화국(1792~1804) 시기에 근대 국가의 특징을 많이 개발했지만, 1870년 다시 다양한 방식의 군주 중심 제국 체제로 되돌아갔다. 프로이센은 1815년 이후 수많은 근대적 국가 개혁을 시행했지만, 근대 국가 독일은 1871년이 되어서야 성립했다. 세계적으로 근대 국가 수립 과정은 오늘날까지도 완성되었다고 보기는 어렵다. 브루나이 술탄국이나 사우디아라비아, 요르단, 모로코, 페르시아만의 군주국들에서부터 유럽의 모나코 공국에 이르기까지, 지금도 세습 통치 국가들이 존재하며, 그들 중 일부는 근대식 법체계가 아니라 경전(쿠란)에 근거하여 형법이나 민법을 운영하고 있다.

1400년에서 1800년 사이에는 근대 국가의 탄생이 세계적 흐름이었다. 13~14세기에는 유라시아 전역에서 기존의 국가와 제국 체제를 흔들어놓은 몇 가지 사건이 일어났다. 첫 번째는 몽골의 정복이었다. 몽골 유목 전사들은 서로 간의 분쟁으로 에너지를 소모하다가 칭기즈 칸에 의해 통일되었고, 칭기즈 칸은 뛰어난 기마 궁수를 동원하는 기습 전략을 연마하여 무적의 군대를 만들어냈다. 몽골은 중앙아시아에서 동서로 뻗어나가며 폴란드에서 중국 사이에 있는 모든 나라를 정복했다. 두 번째는 기후 변화였다. 중세온난기는 1300년경 끝났고, 뒤이어 "소빙하기"가 찾아와 이후 2세기 동안 지속되었다.[1] 이는 북반구 온대 지역 전역에 걸쳐 곡물 수확에 영향을 미쳤다. 세 번째는 ("흑사병"으로 더 잘 알려진) 페스트의 세계적 확산이었다. 잉글랜드에서 이집트까지, 페르시아에서 중국까지 모든 나라에서 인구의 3분의 1에서 절반까지 고통 속에서 순식간에 죽음에 이르렀다. 그래서 1400년대에 접어들 무렵의 세계는 피

---

1 Jan Oosthoek, Environmental History Resources website, www.eh-resources.org/timeline/ timeline_lia.html

폐하고 고통스러웠다. 새롭고 안정적인 국가 체제가 성립하기까지, 전쟁과 무질서와 혼돈의 세기가 이어지고 있었다.

14세기를 기준으로, 스스로가 거대 영토 국가의 중심 수도로부터 통치를 받는 국민이라고 믿는 사람은 거의 없었다. 그보다는 지방의 권력자로부터 지배를 받고 있다고 생각했다. 그 권력자는 왕이나 황제라고 하는 사람들과 느슨하게 연결되어 있었다. 그들은 독립적인 봉건 영주일 수도 있고, 임명되거나 세습된 총독일 수도 있고, 황제 혹은 왕실의 이름으로 통치하는 관리일 수도 있지만, 사실상 해당 지역 안에서는 도전자가 없는 최고의 통치자였다. 지역 군주나 관료는 대개 가문 혹은 개인적으로 왕실과 관계를 맺고 있었고, 그래서 "국가"라는 추상적 개념보다는 왕실 가문에 대한 충성을 우선시했다. 공화국 체제였던 이탈리아의 몇몇 도시국가를 제외하면, 어느 누구도 어느 국가의 국민이 아니었다. 그보다는 영주 아니면 백성으로 분류되었다. 그들의 지위는 소속된 정치·종교·사회적 위계 체제에서 상대적으로 결정되었다.

당시의 정치 단위는 실체가 느슨한 구조여서 경계가 모호했다. 독일의 위대한 사회학자 막스 베버(Max Weber)가 근대 국가의 핵심 범주로 제시한, 명확하게 구획된 영토 안에서 "합법적 무력 사용의 독점"을 갖는 체제와는 거리가 멀어도 아주 멀었다.[2] 종교 기관에 몸담은 성직자들이 정치 지도자 못지않은 권위를 가진 지역도 많았다. 그들은 스스로 정치적으로 중요한 직책을 맡거나, 국가의 통제에서 벗어나 자원과 권력

---

2 Max Weber, 'Politics as a Vocation', 1919 lecture, www.sscnet.ucla.edu/polisci/ethos/ Weber-vocation.pdf

을 장악했다. 일부 경우에는 종교 집단(서양에서는 주교, 교황, 종교 교단, 동양에서는 수도원 집단 혹은 이슬람 교파) 스스로 무장을 하고 국가의 통치자와 맞서 싸우거나, 혹은 직접 국가를 설립하기도 했다.

14세기를 세계지도에 표시하면 크고 작은 국가들이 곳곳에 흩어져 있는 모습이 나타난다. 성공한 사례 중에는 도시국가가 많았다. 이탈리아에는 피렌체, 베네치아, 제노바 등이 그랬고, 또한 도시 연합 체제로 한자 동맹이 있었다. 같은 시기 유라시아 대초원, 중동과 북아프리카의 사막 지대, 아메리카 대륙의 대평원 지역에서는 국가 체제보다 유목 전사와 무역상이 주도 세력이었다.

1400년에서 1800년 사이 수 세기 동안 왕과 황제 들은 권력을 회복하고 또한 확장하기 위해 노력했다. 그들은 점차 더 큰 지역, 더욱 분명한 영토를 차지했고 지역의 군주나 관리를 통제해나갔다. 이를 위해 세금 체계 및 군사 조직(이 둘은 서로 긴밀히 연계되어 있었다)의 규율을 정비하고 규모를 점점 더 키워갔으며, 행정 관료의 조직 규모와 전문성 및 통일성을 강화했고, 행정 및 교육에서 고전어나 성서의 언어 대신 세속어를 사용했으며,[3] 국부의 증대를 위해 영토 안에서 과학, 상업, 문화, 복지를 후원했다.

1400년 이후에 뿌리를 내린 국가 중에는 다양한 민족, 종교, 문화를 포괄하는 제국 체제가 있었다. 러시아 제국, 합스부르크 제국, 오스만 제국, 중화 제국, 무굴 제국 등이 그러한 체제였다. 이외에 단일 민족 국가

---

3 이런 측면에서 중국의 경우는 예외라 할 수 있겠다. 중국에서는 오래도록 현실에서 사용되는 언어와 고전어(한문)가 서로 달랐고, 국가 행정 및 문학 작품에는 한문을 사용하는 관행이 왕조 시대 내내 이어졌다.

도 있었는데, 이들은 공통의 헌법이나 언어 혹은 종교적 유산을 정체성의 핵심으로 삼았다. 독일, 미국, 스웨덴뿐만 아니라 이란, 태국, 베트남, 일본, 한국 등이 그런 나라였다. 또한 거대한 해외 영토를 차지한(그리고 1800년까지도 여전히 보유한) 영국, 프랑스, 네덜란드, 스페인, 포르투갈 등 초기 민족 국가들도 있었다. 거대 국가들은 소규모 공국이나 유목 지역을 압박 내지 흡수했으며, 마침내 세계는 대규모의 중앙 집권식 영토 국가가 주도하는 상황이 되었다.

열강의 성장으로 행정의 규모와 전문성 및 권력이 강화되어 근대 국가의 기초가 만들어졌지만, 이러한 흐름은 과거의 전통적 권위 구조와 공존했다. 제국의 사회학을 연구한 캐런 바키(Karen Barkey)는 이와 같은 과정을 "구식과 신식 제도의 중첩(the layering of old and new institutions)"이라고 표현했다.[4] 세습 군사 지휘관, 정부 관료, 거의 독립적인 지역의 권력자 들은 중앙에서 선발되어 파견된 관리와 공존했다. 근대 국가는 보다 합리적인 국가 정책과 행정을 도모하려 했음에도 불구하고, 종교적 권위와 고전적 경전에 의해 여전히 영향을 받았다. 국가 행정을 통해 안전과 복지 서비스를 제공하며 청원하고 재판받을 권리를 강화하고자 했지만, 대다수의 국민은 국가를 수동적으로 경험했다. 그들은 군대 징병, 세금 징수, 기타 지역 군벌과 국가를 위한 의무의 대상이 되는 "자원"일 뿐, 사회 질서상 정해진 위치에서 결코 벗어날 수 없었다.

그래서 (통일된 법전이 통용되고 세습 통치 혹은 지방 권력으로부터 탈

---

4 Karen Barkey, *Empire of Difference: The Ottomans in Comparative Perspective* (Cambridge University Press, 2008), p. 1.

피하여) 근대 국가가 완전히 현실화되기까지는 중첩된 정치 체제의 껍질을 (종종 폭력적으로) 깨고 나와야 했고, 때로는 수 세기의 시간이 필요했다.

이와 같은 추세의 정점은 우리가 논의하는 시기의 마지막에 일어난 1789년 프랑스 혁명에서 확인할 수 있다. 프랑스 혁명은 체제의 전통적 및 봉건적 요소를 모두 혁파했고, 결국 군주정 자체를 폐지하는 데까지 나아갔다. 혁명 정부는 프랑스에 있는 모든 가톨릭교회와 그 부속 재산을 국가 소유로 흡수했고, 성직자는 국가 공무원이 되었다. 봉건적 특혜를 통해 보호받고 자족적 생활이 가능했던 과거 지역 권력자들의 특권 또한 모두 폐지했다. 과거의 행정 구역, 범주, 계급을 모두 철폐했고, 새로운 지도가 제작되었으며, 새로운 법원이 설립되었고, 관할 구역이 새로 지정되었다. 심지어 달력도 다시 만들어졌다. 혁명 정부는 사실상 모든 교육, 복지, 행정 기능의 중앙 통제를 표방했다. 또한 혁명 정부는 과거 유럽의 어느 군대보다 큰 규모의 군대를 건설했다. 뿐만 아니라 과학적 탐험을 지원했고, 통일된 법전을 제정했다. 모든 프랑스 남성을 동등한 시민으로 대우했으며(여성은 아직 대상이 아니었다), 국가와 시민이 직접적 관계를 맺었고, 시민은 중간 매개자를 거치지 않고 국가에 직접 충성을 바쳐야 했다.

프랑스 혁명 정부는 극단적인 사례지만 이후 세계의 거의 모든 국가가 대개 같은 방향으로 나아갔다. 세습적 지역 권력자들보다 중앙의 통치자에게 권력을 집중하고, 법과 행정 체제를 보다 합리화하고, 군대와 해군의 규모를 키우고 화력을 강화하며, 세금 징수를 더욱 효율화하고, (세금으로) 영토 내의 국부를 성장시키는 방향이었다.

그러나 이와 같은 목적을 추구한 국가들이 모두 같은 성격의 결과를 낳았다고 생각해서는 안 된다. 국가와 종교 권력자들의 관계, 중앙 집권화의 정도, 군인과 관료를 모집하는 방식, 민의의 대표 기구를 제도화하는 방식, 다양한 복지, 과학, 교육에 기여하는 정도가 모두 달랐다. 또한 이웃 국가들과 관계를 맺는 방식도 현저히 달랐으며, 이는 전쟁 및 외교의 수행과 군사 기술 추구에 큰 영향을 미쳤다. 경제적 토대와 조직도 나라마다 달랐다. 사회 금융 질서가 달랐고, 그것이 국가의 운영에 미치는 영향도 달랐다.

1400년경의 전형적인 국가는 체제가 느슨했으며, 지역별로 세력이 나뉘어 있었고, 내부적으로도 다양한 행정 체제가 혼재했다. 그러다가 1800년 즈음에는 영토가 집중화되고, 행정 관리가 긴밀해지며, 군사적 효율과 경제적 발전이 강조되는 국가들이 점점 더 보편화되었다. 이렇게 넘어가는 과정이 그저 순조롭거나 연속적이지 않았다는 사실은 염두에 두어야 할 것이다. 거의 모든 나라에서 진보와 후퇴, 예기치 못한 정치적 위기와 붕괴의 시기가 있었고, 해결해야 할 문제들이 있었다. 나라마다 다른 방식으로 이를 해결했고, 누군가는 성공한 반면 누군가는 실패했다. 수 세기에 걸친 변화 과정에서 우리가 논의하는 시대의 초기에 가장 강력했던 국가들, 즉 멕시코의 아즈텍, 중부 유럽의 신성 로마 제국, 인도의 델리 술탄국과 비자야나가라 제국, 중국의 명 제국, 중앙아시아의 몽골 제국 등이 1800년경에는 모두 사라졌고, 다른 강력한 국가들로 대체되었다.

마지막으로 세계화 시대 국가들의 여정이 독자적으로 만들어지지 않았다는 점도 고려해야 할 것이다. 우리가 논의하는 시대에 아마도 가장 큰 변화는 유럽이었을 것이다. 1500년경의 유럽은 비교적 영향력이 없는 고립된 지역이었고, 수백 개의 도시국가, 주교령, 공작령, 군주국, 유권자 집단, 소규모 제국 들이 끊임없이 전쟁을 벌이고 있었다. 특히 거대하고 부유했던 중앙 집권 국가들, 오스만이나 중국의 제국들에 비해 유럽의 중앙 정부는 매우 나약했다. 그랬던 유럽이 1800년에는 (아직 경제적으로는 아니고) 정치·군사적으로 세계를 주도하게 되었다. 유럽은 아메리카와 오스트레일리아 대륙 전체를 정복했고, 인도와 인도네시아 대부분을 장악했으며, 아프리카 깊숙이 침투해서 사람을 포획했고, 엄청난 규모의 노예 무역을 일으켰다. 1800년경의 유럽인이 어떻게 세계의 정치 무대를 주도했는가 하는 주제는 우리가 논의하는 시대의 정치적 여정에서 핵심적인 부분에 속한다.

그러나 1400~1800년의 정치적 궤적을 단순히 "서양의 부상(Rise of the West)"으로만 치부한다면 큰 실수가 될 것이다. 나중에 서양이 더 발전했지만 초기에는 중동, 남아시아, 극동 지역의 국가들이 더 선진적이었다. 그래서 행정 관리 기법이나 체제 혁신의 측면에서 서양이 동방으로부터 빌린 부분이 상당히 많았다. 18세기 후반까지만 해도 볼테르는 프랑스 개혁의 기반으로 과거 시험에 의거하여 관료를 선발하는 중국식 모델을 따라야 한다고 주장했다. 19세기 중엽에 이르러서야 관리 선발 시험을 시행한 영국에서는 지금도 고위 공무원을 "만다린(mandarin)"이라고 일컫는데, 이는 영어로 중국의 고관대작을 의미하는 말에서 유래했다.

더욱이 서양의 근대 국가는 여러 측면에서 동방 국가들과의 상호 작용 가운데 발전했다. 직접적인 군사적 경쟁도 있었고 경제 교류도 있었다. 마지막으로 서양은 근대 국가 체제가 완전한 형태로 실현된 최초의 지역이지만, 근대 국가 모델은 머지않아 서양을 넘어섰다. 1850년 이후로는 군사 국가나 정당 국가를 포함해서 새로운 형태의 근대 국가 체제가 성립했는데, 아시아와 라틴아메리카 및 아프리카는 물론 유럽에서도 이와 같은 체제가 발달하게 되었다. 근대 국가의 부상은, 1400~1800년에도 그랬고 그 이후로도 그랬듯이, 그 자체로 세계적(global) 과정이었으며, 15~18세기 세계화 과정이 없었다면 나타나지 않았을지도 모른다.

수많은 패턴, 수많은 국가

15세기는 세계 전역에서 폭력적 무질서가 횡행한 시대였고, 국가 건설을 서두른 시대였다. 흑사병이 주기적으로 발생하고 전쟁이 대륙을 휩쓸고 있었기 때문에 인구는 아직 회복되지 못했다. 유럽에서는 영국과 프랑스 사이의 백년전쟁이 절정에 달했고, 기독교의 스페인 정복(레콩키스타)이 마무리되었으며, 중동에서는 오스만 제국이 부상했다. 그 과정에서 콘스탄티노폴리스가 함락되었고, 비잔티움 제국이 최종적으로 붕괴했다. 동쪽으로 조금 더 나가면, 티무르 제국의 다마스쿠스와 바그다드 파괴가 1400년대의 시작을 알렸다. 뒤이어 앙코르와트와 캄보디아도 약탈당했다. 이란(페르시아)에서는 튀르크-몽골 왕조의 통치가 이어졌으며, 인도는 수많은 소국으로 분열되어 전쟁의 도가니에 빠져 있었다. 중국에서는 새로운 왕조인 명나라가 성립하여 세력을 확장했고, 수도를 남경에서 북경으로 옮겼다. 일본은 오닌(応仁)의 난으로 고통을 받고 있었다. 아메리카 대륙에서는 잉카인이 남아메리카 북서부 해안에서 정복 활동을 펼치며 제국을 건설했고, 멕시코 평원에서는 멕시카인이 남아메리카의 종주권을 주장하며 아즈텍 제국을 건설하는 중이었다.

구세계에서는 이와 같이 진행된 전쟁들이 1500년대 초엽에 이르러 대부분 국경 분쟁으로까지 비화되고 있었다. 각국은 앞다투어 소총과 대포 등 화약 무기를 도입했다. 상황은 막대한 자금을 조달하여 육군과 해군의 무기를 많이 갖추는 쪽에 유리하게 돌아갔다. 중세의 군대가 중무장 기사와 보병 궁수 등 2군 체제였다면, 1500년대의 군대는 3군 체제로 바뀌는 중이었다. 3군이란 보병(칼에 더하여 소총 무장 강화), 기병(창, 칼, 권총 무장, 정찰과 기습 임무), 포병(성채 파괴 및 적군 대열 교란)이었다. 특히 서유럽에서는 해군의 함포 무장을 점점 더 강화했다. 육군과 해군을 유지하고 적들을 막아줄 복잡한 구조의 성채를 건설하려면, 막대한 자원이 필요했다. 그래서 통치자들은 나라의 생산성을 높여야 했으며, 자원 조달 능력을 강화하고자 노력했다.

사회학자 찰스 틸리(Charles Tilly)에 따르면, 당시 국가가 전쟁에 필요한 자원을 조달하는 경로는 주로 두 가지였다.[5] 한 가지는 자본에 집중하는 활동이었다. 제조업과 무역업을 공격적으로 확장하고, 그에 따른 상품의 이동과 소비에 세금을 부과하는 방식이었다. 특히 해양 국가들이 이 모델을 선호했다. 그들의 수많은 항구에는 거래할 상품이 가득 쌓여 있었기 때문이다. 번잡한 항구의 도시국가들뿐만 아니라 대규모 국가들도 이 모델을 따랐고, 그 수익으로 용병을 고용하고 강력한 해군을

---

5 Charles Tilly, *Coercion, Capital, and European States AD 990-1992* (Oxford: Blackwell, 1992).

조직했다. 또 한 가지 경로는 대규모 영토를 정복한 뒤 농민에게 더 많은 세금을 징수하는 방식이었다. 세금은 직접 징수할 수도 있었고, 징세권을 중개인에게 판매하기도 했다(이른바 도급징수tax-farming). 중개인은 농민을 더욱 쥐어짰다. 이는 프랑스, 오스트리아-헝가리, 러시아, 오스만, 페르시아, 무굴, 중국의 통치자처럼 거대 규모의 영토를 보유한 왕 혹은 황제가 선호하는 방식이었다. 그러나 이렇게만 설명하면 사태를 너무 단순화하는 셈이다. 대부분의 통치자는 두 가지 방식을 모두 따르려 했고, 할 수만 있으면 모든 방법을 동원하여 부를 획득하려 했다. 더욱이 이런 식의 단순한 설명은 중요한 사실을 빠트릴 위험이 있다. 즉 세계의 모든 지역이 같은 정도로 혹은 같은 방식으로 전쟁에 휘말리지는 않았으므로 국제 관계 또한 방향을 결정하는 중요한 요소였다는 사실이다.

1500년대 초엽에서 중엽까지 세계의 거의 모든 주요 지역에는 비교적 안정적인 국가 혹은 제국이 들어섰다. 아메리카 대륙에서는 잉카 제국과 아즈텍 제국이 1500년 무렵 거의 전성기에 도달해 있었다. 유럽에서는 잉글랜드의 튜더 가문(Tudors), 프랑스의 발루아 가문(Valois), 스페인과 중부 유럽의 합스부르크 가문(Habsburgs)이 르네상스 군주국을 건설했다. 관료들은 학력이 매우 높았고, 영토 범위에서 중앙 집권이 점점 더 강화되었다. 중동과 북아프리카에서는 오스만 제국이 (규모로는) 고대 로마 이래 최대의 제국을 건설했다. 오스만 제국의 관료 체제는 매우 정교하고 복잡했으며, 그들의 군대는 대적할 상대가 거의 없었다. 러시아는 이반 뇌제(Ivan the Terrible) 이후 기존에 주군으로 섬기던 몽골 제국에서 떨어져나와 스스로 제국을 건설했다. 페르시아에서는 사파비 왕조가 들어서 기존의 페르시아 제국을 무함마드 이후 가장 거대한 제국으로 발전시켰다. 인도에서는 무굴 제국이 인도아대륙에 산재한 군소 왕국들을 대부분 흡수했다. 중국은 명나라의 기치 아래 통일되었고, 일본은 오다 노부나가와 도요토미 히데요시의 승리로 통일의 위업을 달성했으며, 1603년 도쿠가와 쇼군 통치하에 안정적 중앙 집권 체제를 발전시켰다. 대륙동남아에서도 태국, 버마(미얀마), 베트남 등지에서 다른 지역과 유사한 국가 체제를 건설했다. 왕국의 규모는 더 커졌고, 행정은 더욱 효율적인 동시에 통일적이었다. 이와 같은 패턴에서 중요한 예외가 있다면 아프리카였다. 아프리카에서도 문자 도입 이전부터 국가 체제가 성장했지만, 유라시아 대륙의 다른 나라들과 같은 정도의 군사 기술이 대대적으로 적용되지는 못했다. 그러다 보니 노예를 구하고자 하는 유럽과 아시아의 상인들이 아프리카를 침략하는 상황이 벌어졌다. 섬동남아에서는 인도네시아와 필리핀 등지에 흩어져 있는 작은 섬들이 유럽인의 지배를 받는 식민지로 변해갔다.

이처럼 다양한 나라들은 세계 각지에서 매우 다른 관계 패턴으로 공존했다. 유럽에는 1600년까지 비교적 규모가 작은 왕국들이 산재했고, 그들 사이에서 거의 끊임없이 육상 및 해상 분쟁이 계속되는 패턴이었다. 북부에는 덴마크, 스웨덴, 러시아 등 신성 로마 제국의 제후국(territorial states, 領邦國)들, 남부에는 밀라노 공작령, 토스카나 공작령, 교황령, 나폴리 왕국, 시칠리아 왕국 등이 있었다. 그들의 분쟁 과정에서 한자 동맹과 이탈리아 도시국가들의 독립성은 점차 약화되었다. 상업 도시국가 제노바와 베네치아는 명맥을 유지했지만 세력의 주변부로 밀려났다. 1500~1650년 유럽에서 일어난 전쟁들은 주로 영토와 해양을 차지하기 위한 왕국들 간의 싸움이었다(대개는 개신교와 가톨릭, 곧 종교에 따라 편이 나뉘었지만 다 그런 것은 아니었다). 끊임없는 투쟁에도 불구하고 뚜렷한 승자는 나타나지 않았다. 결국 유럽은 수많은 국가의 항구적 분열 상태로 남게 되었다. 각각의 국가는 고유의 종교(가톨릭, 성공회, 칼뱅주의, 루터교)와 왕조의 영토 영유권을 보유하고 있었다. 서로를 확고하게 이길 수 없는 상태에서, 그리고 다른 국가들 때문에 충분한 영토를 확보할 수 없는 유럽의 국가들은 외부로 눈을 돌렸고, 다양한 방식으로 자원 개발에 나섰다. 그것이 바로 해외 영토의 정복과 식민지 건설이었다.

처음에는 스페인과 포르투갈이 주로 이와 같은 접근 방식을 선택했다. 1500년대 중엽에 이르러 스페인은 철강과 화약의 강점을 이용하여 아즈텍 제국과 잉카 제국을 정복했다. 또한 축적된 부를 바탕으로 대규모 채굴 사업을 벌였다. 그들의 창고에는 보물이 끊임없이 흘러 들어갔다. 포르투갈은 브라질을 얻었을 뿐만 아니라 동서 아프리카, 인도, 중국 남부 해안에 요새화된 무역 거점을 건설했다. 곧이어 네덜란드가 그 뒤를 따랐다. 네덜란드는 처음에 인도네시아 접근권을 장악했다가 나중에는 아예 정복을 해버렸다. 또한 남아프리카와 북아메리카의 맨해튼섬("뉴암스테르담")에 정착지를 건설했으며, 나가사키 항구를 통해 일본과 무역 관계를 맺었다. 그것이 끝이 아니었다. 1600년대 초엽 영국은 인도 북동부에 발을 들여놓았고, 남아프리카에서 더 많은 정착지를 건설했으며, 북아메리카 동부 해안 지역에도 식민지를 건설했다. 프랑스 또한 북아메리카와 아시아로 밀고 들어갔다. 이들 모든 국가는 유럽의 영토뿐만 아니라 식민지를 차지하기 위해 육지와 바다에서 전쟁을 일으켰다.

유럽이 대서양 제국을 건설한 뒤로 자원과 대서양 무역로를 중심으로 일어난 해양 분쟁이 대륙적 규모로 확대되었다. 대략 1450년에서 1700년 사이 많은 국가가 해전에 뛰어들었다. 스페인, 포르투갈, 영국, 프랑스, 네덜란드뿐만 아니라 해적들(일부는 국가적 차원에서 배치한 사략선privateer)까지 전쟁에 가세했다. 그에 따라 원양 전투에 중점을 둔 무장, 조선, 항해술이 급속도로 발전했다. 함포는 현측포(舷側砲, broadside cannon)가 발달하여 무게가 더욱 가벼워지고 발사 간격이 더욱 빨라졌다. 조선은 선체를 더욱 강화하여 함포 탑재와 포격 저항성을 강화했다. 항해술은 적선 내지는 적 함대를 추적, 공격, 격파하기에 유리한 방향으로 발달했다. 한편 지중해에서도 비슷한 취지로 갤리선이 개발되어 선체가 더욱 거대해지고 무장도 강화되었다. 그러나 대서양 원양 해전은 전혀 다른 문제였다. 몇 주 혹은 몇 달 동안 해상에 체류할 수 있는 선박과 선원이 필요했고, 대륙과 대륙 사이를 오가는 막대한 양의 보물을 운반하는 동시에 방어할 수 있는 능력을 갖춰야 했다. 17세기에 이르러 유럽의 대서양 연안 국가들이 보유한 중무장 선박은 세계의 다른 어느 지역에서도 볼 수 없는 정도의 높은 수준이었다.

동아시아의 지배적 패턴은 유럽과 달랐다. 명나라는 중국을 통일했을 뿐만 아니라 주요 이웃 국가들과도 상징적 통합을 이루어냈다. 한국, 일본, 베트남은 모두 명나라의 성립 이전부터 중국의 문자, 종교, 행정 시스템을 차용했고, 유교 경전 시험을 거쳐 관료를 선발하고 있었다. 이들 나라의 핵심적 전통은 상당수가 중국에 기원을 두고 있었다. 그럼에도 불구하고 그들 사이에 전쟁이 없지는 않았다. 1409년 중국이 베트남을 침공했고, 1592~1598년 일본이 조선을 침략했다. 그러나 유럽에 비하면 그들의 분쟁은 극히 드문 사례였을 뿐, 수 세기에 걸쳐 평화가 유지되었다.

오랜 평화의 근거로 중국이 오래도록 발전시킨 "조공 체제"가 있었다. 한(漢) 제국(206 BCE~220 CE) 때 시작된 시스템이었다. 조공 시스템에 따르면, 중국과 교역을 원하는 국가는 중국 황제에게 조공을 바치고 그가 시스템의 중심에 있다는 사실을 인정해야 한다. 그러면 중국 황제는 지정된 장소(항구)에서 교역권을 인정해주었다. 더욱 중요했던 부분은, 중국 황제가 조공국의 유교 엘리트 계층을 인정하고 그들에게 정통성을 부여하는 상징적 행위였다. 그러면 각국은 중국의 침략을 걱정하지 않고 국내 문제에 전념할 수 있었다. 조공 체제에는 네팔이나 버마(미얀마) 등 다른 국가도 포함되어 있었다. 한반도에서 여러 왕조 사이에 전쟁이 벌어진 적이 있었고, 베트남 또한 주변의 동남아시아 국가들을 자주 공격했지만, 모두 중국과의 전쟁은 가능한 한 피하려 했다.[6]

중국도 지속적으로 전쟁에 시달렸지만, 주로 상대한 적은 북부와 서부 국경의 유목민 집단이었다. 대부분의 경우 중국의 임무는 유목민의 중국 침략을 방어하고 그들을 쫓아내는 일이었다. 중국과 유목민의 전쟁은 대등한 무력의 충돌이 아니었다. 기마 유목 전사들은 스텝 지대에서 치고 빠지는 전략을 구사했고, 활이나 소총으로 무장한 대규모 보병이 이들을 상대해도 효과는 매우 제한적이었다. 그래서 유럽과 달리 중국에서는 대등한 경쟁자들이 지속적으로 군사 기술을 개발하는 과정이 거의 없었다. 그보다는 오히려 행정 수단(상업 금융과 종이 화폐 등)을 개

---

6 David C. Kang, *China before the West: Five Centuries of Trade and Tribute* (New York: Columbia University Press, 2010).

발하는 길을 택했다. 대규모 농민군을 국경 지대에 정착시키고 지속적으로 보급해줌으로써, 그들로 하여금 국경의 침략자들을 물리치도록 했다. 명나라 시기에도 만리장성을 재건하고 확장해서 장벽으로 사용했다. 비대칭 전투에 막대한 비용과 많은 수의 병력이 동원되는 경우도 자주 있었지만, 당시 유럽 국가들의 전쟁 경로와는 성격이 사뭇 달랐다.

중동, 중앙아시아, 인도에서 오스만, 사파비, 무굴 제국은 열정적으로 화약 무기를 도입했다. 그래서 그들을 흔히 "화약 제국(gunpowder empires)"이라 일컫기도 한다. 전체적으로 그들의 전략은 대단히 성공적이어서, 유라시아 스텝 지대 이남의 공간은 대부분 그들의 수중에 들어갔다. 1500년대를 통틀어 세계에서 가장 성공적인 국가라면 바로 그들이었다. 오스만 제국은 북아프리카, 중동, 발칸 지역으로 뻗어나갔고, 유럽은 빈(Wien)의 성벽 뒤로 밀려났다. 사파비 제국은 아르메니아, 아프가니스탄, 중앙아시아로 제국을 확장했다. 그리고 무굴 제국은 아라비아해에서 벵골만, 히말라야산맥에서 데칸 사막 사이의 영토를 모두 장악했다.

그러므로 신대륙에서 구대륙에 이르기까지 1500년대는 거대 제국 건설의 세기였다고 말할 수 있다. 또한 상대적으로 번영의 시기이기도 했다. 대개 1500년에서 1590년 사이에는 이른바 "소빙하기"가 멈추고 온난기가 찾아왔다. 아메리카 대륙에서 건너온 새로운 농작물(감자, 고구마, 옥수수, 땅콩)이 구세계에서, 심지어 토양이 척박한 곳에서도 잘 자라주었고, 영양 공급이 확대되었다. 중앙 집권 체제가 성장하면서 세계적으로 이전의 그 어느 시대보다 치안이 확보되고 무역이 번성했으며, 새로운 무역로가 생겨났다. 중국에서는 남중국과 북중국을 연결하는 대운하를 재건했다. 북중국 지역까지 목화 재배가 확대되었고, 남중국에서 방적 및 방직 산업이 발달했다. 여기에 양자강 이북 지역의 벼농사와 양자강 삼각주의 비단 생산이 연결되면서 중국은 거대한 하나의 대륙 무역 시스템으로 묶였다. 쌀과 직물뿐만 아니라 칠기, 도자기, 열대성 목재, 차, 종이, 책, 콩, 비료, 상아 등의 사치품이 해안의 항구와 강의 교통로를 통해 유통되었다. 중국이 세금 납부 수단으로 은(銀)을, 화폐용으로 구리(銅)를 선택하자, 유럽과 일본의 상인들이 대량의 은과 구리를 중국으로 공급했다.

유럽인은 신대륙 식민지에서 은괴를 생산해서, 마닐라를 거쳐 태평양을 횡단하여 중국으로 보냈다. 또한 대서양과 인도양을 건너 중국으로 보내는 경로도 있었다. 유럽은 1500년대와 1600년대의 세계 무역에서 "후진국"이었다. 그들은 은괴 같은 원자재를 수출했고, 그 대가로 인도에서는 면직물을 사들였다. 당시 인도는 세계 최대의 면직물 생산국으로, 다른 어느 나라보다 우수한 품질의 면직물을 생산했다.[7] 한편 중국에서는 유럽인이 비단, 면화, 도자기를 수입했다. 인도의 면직물은 유럽인이 아프리카에서 노예를 살 때 지불하는 상품으로도 많이 사용되었다. 그렇게 거래된 노예는 신대륙으로 끌려가서 사탕수수 농장이나 광산에서 일했다. 많지는 않지만 유럽의 국가들도 수출할 상품이 있었고, 그것을 생산할 전문 인력을 보유하고 있었다. 두꺼운 모직물, 머스킷 총, 대포, 모피, 유리(베네치아 특산품) 등이 유럽의 수출품이었다. 그러나

---

7 Giorgio Riello, *Cotton: The Fabric that Made the Modern World* (Cambridge University Press, 2013).

1800년대 초엽까지도 세계 제조업 수출은 중국과 인도가 주도했으며, 유럽 국가들은 주로 은괴 수출을 통해 무역 적자를 메워나갔다.

오스만, 사파비, 무굴 제국의 군대는 머스킷 총과 대포로 무장했지만, 유럽과 달리 바다에서는 그와 같은 무장을 하지 못했다. 대부분의 유럽 국가는 규모가 작아서, 국가의 수입을 늘리기 위해 무역을 보호하고 확장하기 위해 노력했다. 그러나 동양의 국가들은 입장이 달랐다. 유럽의 상선은 은괴, 보석, 향신료 등 귀중품을 싣고 대서양을 건너거나, 혹은 아시아에서 아프리카를 돌아가는 기나긴 항로를 운항했다. 해적으로부터 귀중품을 보호하기 위해, 그리고 다른 국가의 사략선으로부터 그들의 무역 항구나 자원 거점을 보호하기 위해 방어 수단이 필요했다. 그래서 유럽인은 중무장 선박 개발에 나섰다. 해양 무역에는 막대한 비용과 위험이 뒤따르기 때문에 유럽의 해양 무역은 대개 필요한 투자를 안정적으로 확보할 수 있는 국가 주도의 탐험대에 의해(스페인과 포르투갈의 경우), 혹은 국가 주도의 기업에 의해(영국과 네덜란드의 동인도회사) 시행되었다. 한편 오스만, 사파비, 무굴 제국은 거대하고도 부유한 영토를 확보하고 있었기 때문에 주로는 영토 안에서 거두어들인 세금에 의존하여 국가를 운영했다. 통치자들은 주로 지역에서 구하기 어렵지만 꼭 필요한 물품(특히 은銀)을 확보하기 위해 무역이 필요하다고 생각했지만, 무역에 직접 투자하기보다는 사기업 상인들이 해양 무역을 관리하기를 원했다.

아시아에서도 해양 운항이 가능한 대형 선박 건조 능력이 없지 않았다. 중국의 선박은 이미 제1천년기부터 수밀격벽(水密隔壁) 구조와 방향타를 잡아주는 스턴포스트(stern-post)를 사용했다. 유럽이 이런 장치를 도입한 시기는 중국보다 수 세기가 더 늦었다. 1600년대 무굴 제국에서는 대형 선박을 건조하여 이슬람의 성지 메카로 공물을 보냈다. 수십 대의 대포로 무장한 이 배에는 수백 명의 선원이 탑승했다. 15세기 초엽의 중국인은 당시 서양의 그 어떤 선박보다 큰 규모의 보물선(寶船) 함대(정화 함대)를 출범시키고 중국에서 아프리카 동해안까지 항해했다. 그러나 정화 함대는 상업적으로 실패했기 때문에 계속 이어지지 못했다. 스페인의 탐험대는 신대륙에 도달하여 풍부한 금과 은을 찾아내고 이를 약탈하며 식민지를 건설했지만, 중국의 정화 함대는 그들과 달랐다. 주로 인구가 밀집한 지역을 방문했는데, 기존에 중국인이 가지고 있거나 혹은 아랍과 인도의 상인들이 자비로 이미 손쉽게 중국으로 가져와서 판매하고 있는 것과 다른 자원은 거의 발견하지 못했다. 중국의 입장에서는 바다로부터 들어오는 심각한 위협은 없었기 때문에 주로 스텝 유목민의 침략을 방어하는 데 초점을 맞추고 있었다. 이후 명나라 황제들은 대양 함대를 파괴하여 수장해버렸고, 더 이상 장거리 무역에 투자하지 않았다.

14세기 말엽부터 17세기 초엽까지 아시아의 제국들은 대서양 무역 시스템에 맞서 독자적인 무역 시스템을 만들고자 했다. 그러나 항로가 워낙 다양했다. 몬순 계절풍은 느리지만 항상적 운항에 도움이 되었다. 상인들은 자연의 힘을 이용하여 알맞은 항로를 개발했다.[8] 극동 지역에서는 중국의 정크선이 일본, 필리핀, 대만 무역을 주도했다. 이를 통해 주로는 일본의 은과 구리가 중국으로 수입되었고, 반대로 면직물과 비

---

8 우리 시리즈 11권 8장 참조.

단이 수출되었다. 중국의 정크선은 멀리는 믈라카 해협까지 진출했다. 믈라카는 벵골만에서 남중국해로 들어가는 상품이 거쳐 가는 거점이었다. 벵골만과 인도양에서는 인도의 상인들이 연안 항로를 이용해서 말레이/인도네시아 지역과 인도 동서 해안 지역 사이의 상품 운송을 주도했다. 인도의 해안은 내륙에서 생산된 물품을 내다 팔 수 있는 시장이었다. 상품은 후추와 염료에서부터 가장 유명한 상품인 고품질 착색 면직물에 이르기까지 다양했다. 인도네시아, 스리랑카, 동남아시아에서 들여오는 여러 향신료, 약초, 제조 물품 등도 그곳에서 거래되었다. 인도의 서해안과 중동 및 동아프리카 사이의 무역은 아랍 무슬림 상인들이 주름잡고 있었다. 아프리카는 노예, 상아, 금을 수출했고, 중동은 커피와 카펫을 팔았으며, 인도는 그 대가로 동남아시아에서 들여온 상품을 지불했다. 인도 해안 구자라트 지역의 캄베이(Cambay)와 수라트(Surat)는 그들의 무역 경로상 가장 중요한 거점이 되었다. 그곳의 상인들은 수백만 루피의 재산을 축적했다. 서쪽으로 더 가면 아덴(Aden)항이 있었다. 중동으로 들어가는 아시아 상품은 일단 그곳으로 모였으며, 다시 오스만 제국으로 전달된 뒤 지중해를 거쳐 유럽까지 도착했다. 무역로가 자연 지리적 조건에 따랐다는 점은, 다시 말해 국가적 차원에서 특정 항로를 통제하기 위해 전쟁을 벌이지 않았다는 사실을 의미한다. 인도양-중국해 무역로는 유럽보다 인구가 몇 배나 많고, 생태와 기후 및 상품이 훨씬 다양했다. 그곳에서 활동한 상인들은 막대한 규모의 다양한 물동량을 바탕으로 번성하고 있었다.[9]

---

[9] 유럽인이 인도양-중국해 무역로로 진출한 뒤 중국의 해적들은 배에 대포를 싣고 다녔다. 그럼

1600년대에 이르면 무역로가 지구 전체를 둘러싸게 된다. 주로는 대양과 강줄기를 통하는 무역로였다. 여기에 더해서 지중해, 사하라 사막, 페르시아 카라반의 무역로가 있었다. 모직, 비단, 면직물, 도자기(명나라의 도자기는 유럽과 중동에서 최고로 치는 상품이었다), 설탕, 향신료, 커피, 차, 유리 제품, 금속 제품, (열대우림의 제단 목재에서부터 돛대를 만들기 위한 통 목재에 이르기까지 다양한) 목재, 건어물, 상아, 보석, 진주, 말, 낙타, 코끼리, 노예, 금, 은, 담배, 초석(saltpetre), 총, 온갖 가공식품, 염료, 기타 제조 물품이 무역로를 통해 거래되었다. 해외 무역과 대륙 간 무역에서는 귀금속뿐만 아니라 향신료, 설탕, 상아, 보석, 직물 같은 중량 대비 가치 비율이 높은 화물이 필수적이었다. 그러나 내륙 강줄기나 연안 무역로를 통해 방대한 양의 상품(곡물, 석탄, 거름)도 원거리까지 교역이 이루어졌다.

　온난한 기후 덕분에 무역과 새로운 식량 자원과 비교적 평화로운 분위기가 증대되었다. 그 결과 전반적으로 인구가 성장하고 도시화가 확대되었다. 1500년에서 1650년 사이 유럽과 아시아 모두 인구가 최소한 두 배로 급증했다. 런던, 북경, 에도, 이스탄불, 델리 같은 도시뿐만 아니라 수천 개의 작은 도시가 과거보다 빠르게 성장 가도를 달렸다. 도시의 확장과 상업의 성장은 새로운 상업 전문 집단의 부상을 촉진했다. 그 중에는 은행가, 무역상, 조선업자, 제조업자, 변호사, 공증인, 보험업자는 물론 현금 작물 위주의 기업형 농장주도 있었다. 국가 체제가 성장하면

에도 중국 정부는 해적을 공격하기 위한 무장 함대를 구축하지 않았다. 대신 해안 지역에 백성의 정착을 금지함으로써 해적의 약탈을 방지하고자 했다.

서 관료 계급도 확대되었다. 또한 인쇄업자, 서적 판매업자, 상점과 카페의 소유주가 성장했고, 번성하는 상인 및 관료 계층의 수요에 부응하는 장인도 많아졌다. 유럽과 신대륙뿐만 아니라 중국, 인도, 아나톨리아에서도 비슷한 상황이 전개되었다.

그렇다고 세계의 모든 지역이 번성했던 것은 아니다. 분쟁으로 아프리카의 상처는 점점 더 깊어졌다. 노예를 찾는 유럽인과 아랍인의 약탈 이외에도, 스스로 노예가 되기보다는 노예를 팔아넘기는 쪽이 되기 위해 아프리카인 집단끼리 서로 싸웠다. 북아메리카와 남아메리카 원주민은 유럽 정복자들과 식민주의자들이 가져온 질병과 그들의 학대로 거의 초토화되었다. 그러나 유라시아는, 1400년대와 비교하자면 1600년대에 인구가 훨씬 더 많아졌고, 도시가 확대되었으며, 중앙 집권과 행정 관리가 강화되었다. 그래서 지역 내 교역과 지역 간 교역 모두 활성화되었으며, 새로운 상품에 대한 열망이 높아졌고, 또한 그것이 새로운 사상을 자극했다.

그러나 역사가 언제나 그러했듯이, 무언가 잘 돌아가는 듯하면 이제 곧 붕괴가 나타날 참이었다.

17세기의 위기, 한계와 극복

규모가 더욱 커지고, 인구가 더욱 많아지고, 도시가 더욱 확장되고, 상업이 더욱 발달하고, 중앙 집권이 더욱 강화된 국가들이 1500~1600년대에 건설되어, 조직은 더욱 복잡해지고 인구와 자원의 흐름은 더욱 다양해졌다. 이와 같은 번영을 지속하려면 어떻게든 대책이 필요했다. 도시에는 식량을 공급해야 하고, 규모와 장비가 확대된 육해군 비용을 감당하기 위해 더 많은 세금을 거두어야 하고, 농민은 가족 부양과 임대료 및 세금을 감당하기 위해 충분한 토지를 경작해야 했다. 그리고 경제·군사·행정 엘리트 계층에게 급여를 제공하고, 그들의 충성심을 확보하며, 효율적으로 인재를 모집하고 결원을 충당해야 했다. 급격히 성장한 상업 및 무역 계층은 귀족 및 관료와 같은 반열에 자리를 잡아야 했고, 번성하는 무역을 지속하기 위해 화폐, 신용, 안전을 보장해야 했다. 지적·종교적 엘리트 계층은 대중을 고무하고 사회 질서와 체제를 옹호하는 방향으로 엘리트 계층을 이끌 합당한 이유를 찾아야 했다. 17세기를 거치는 동안 이와 같이 필요한 요구 사항들 가운데 상당수가 충족되지 못하는 지경에 이르렀다. 물질적 공급 순환과 사회적 인력 순환이 제대로 이루어지지 못하자 국가가 감당해야 할 금융 및 사회적 제약은 갈수록 가혹해졌다. 그 결과 유라시아 전역에 걸쳐 정치 및 종교적 권위가 위기에 봉착했고, 국력이 쇠락하기 시작했다.

소빙하기가 이어지는 중간에 잠시 찾아온 온난기는 1500년에 시작해서 1590년대에 서서히 끝나갔다. 혹독한 소빙하기가 다시 한 번 전 세계를 덮쳤다. 얼어붙는 추위, 폭우와 홍수, 몬순 우기의 혼란, 늦어지는 봄과 짧은 여름의 시간이었다.[10] 과거 인구 증가의 세대가 남긴 유산은 여러모로 압박이 되었다. 수확은 더 이상 늘어날 수 없었고, 어디서나 곡물 가격과 기본 식량 자원의 가격이 뛰어올랐으며, 연료 가격은 더욱 가파르게 치솟았다. 그러나 다른 상품(은괴, 노동 임금, 제조품)의 가격은

---

10 Geoffrey Parker, *Global Crisis: War, Climate Change, and Catastrophe in the Seventeenth Century* (New Haven, CT: Yale University Press, 2013).

그보다 훨씬 늦게 올랐다. 인구 성장 때문에 가족의 소유 토지 면적이 줄어들었고, 더 많은 노동자가 일자리를 구해 도시로 들어갔다. 그러나 임대료는 올라가고 임금이 떨어지면서 농민과 노동자 모두 상품 소비를 줄여야 했다. 상인들과 조합 노동자들은 상대적으로 하락한 가격을 만회하기 위해 생산성을 높여야 했지만, 쉽지 않은 일이었다. 수요는 낮아졌고, 제조 상품 가격은 약세인데 원자재 비용은 올라갔기 때문이다.

유럽의 왕국들과 오스만 제국 혹은 중국도 모두 마찬가지였다. 가능한 모든 수단을 동원하여 수입을 늘리고자 하는 국가의 요구에 지주들의 저항은 커져만 갔다. 그러나 통치자들은 거대해진 군대와 행정 조직, 늘어나는 기본 식량 자원의 비용 때문에 지출을 급격히 늘려야 했다. 일부 지주들도 문제를 안고 있었다. 물가가 상승하는 만큼 수입을 올리기가 쉽지 않았다. 그러한 와중에도 농민의 땅이나 재산이 별로 없는 엘리트 계층의 토지를 구입해서 부를 축적하는 사람들이 있었다. 그들은 국가에 돈을 빌려주거나 소유한 땅에서 생산된 상품을 팔아 이익을 챙겼다. 관리들이나 오래된 가문의 귀족들은 상업 및 금융 엘리트 계층의 사회적 도전에 직면하여 스스로를 방어해야 했다.

국가의 군비 지출 부족은 곧 탈영병 양산으로 이어졌다. 무장 탈영병은 대개 도적이 되었다. 중국과 오스만 제국의 도적 떼는 워낙 규모가 커져서, 도적 무리의 지도자가 정부군을 공격하는 단계까지 나아갔다. 중국에서는 홍건적이 북경까지 밀고 들어갔고, 명나라의 마지막 황제는 수도에서 스스로 목매어 죽었다. 오스만 제국에서 도적 무리의 지도자는 술탄과 협상해서 토지, 직함, 관직을 얻어내고 지방 정부의 총독이자 정식 관료로 변모했다. 술탄은 또한 물가 상승과 급여의 가치 하락으로 빚어진 군대 반란에 직면했으며, 반란은 때로 술탄의 강제 퇴위 또는 암살로 이어졌다.

유럽에서는 재정 부족을 겪는 통치자들이 구귀족과 급여 기반 신흥 관료, 전통 지주 계층과 신흥 상업 엘리트 계층 사이에서 균형을 유지하기가 어려워졌다. 또한 농민들의 저항과 종교적 반란이 터져나왔다. 세기의 중엽에 이르러 영국은 스코틀랜드와 아일랜드의 반란과 엘리트 계층 여러 분파 사이의 내전으로 몸살을 앓았다. 프랑스도 마찬가지로 엘리트와 귀족의 분파가 서로 갈라져 마침내 스스로 군대를 조직하여 왕권에 도전했다. 스페인은 포르투갈, 카탈루냐, 남부 이탈리아, 시칠리아의 반란에 직면했다. 독일 지역은 30년전쟁(1618~1648)으로 황폐화되었다. 러시아의 1600년대는 역사상 최악의 기근으로 시작되었고, 반란과 침략과 내전이 10여 년 동안 이어져, 마침내 로마노프(Romanov) 왕조가 류리크(Rurik) 왕조를 대체하기에 이르렀다.

세계 무역은 계속되었다. 몇몇 지역은 무역으로 확고한 이익을 얻었다. 예를 들면 서양의 국제 무역 중심지인 홀란트(Holland, 네덜란드)가 그러했다. 무굴 제국 또한 마찬가지였는데, 아시아의 면직물 및 후추 수출과 은 수입의 중심지로서 번영을 지속했다. 홀란트와 무굴 제국 모두 17세기 전반기에 부와 예술적 성취의 "황금기"를 이루었다. 인도는 유라시아의 다른 지역보다 더 남쪽에 위치하여 소빙하기의 재난으로부터 다소간 비켜 갈 수 있었다. 그러나 세기말에 이르러서는 인도 또한 고난을 피하지 못했다. 마라타 전쟁(Maratha wars)과 추종자들의 관직 요구로 국고가 소진되자, 무굴 제국의 통치자 아우랑제브(Aurangzeb)는 행정 체제를 개편할 수밖에 없었다.

17세기 초중반의 위기 이후 구조 개혁이 보편적 주제가 되었다. 주요 국가들은 회복세가 뚜렷했고, 구조 조정을 통해 국가의 수입과 육해군 군사비를 늘려나갈 수 있었으며, 국력은 예전보다 더욱 강성해졌다. 1650년부터 1730년 사이에는 유라시아 어디에서나 인구가 정체했지만, 이는 통치자들에게 유리한 점으로 작용하곤 했다. 급격한 도시화의 흐름이 느려졌고, 인구 대비 식량 공급은 증가하고 물가는 안정되거나 하락세로 돌아섰다. 사회의 이동성 또한 늦추어졌다. 통치자들은 끊임없이 상승하는 물가나 자리를 다투는 엘리트 계층의 팽창을 우려하지 않고도 세금 및 행정 체제를 정비할 수 있었다.

잉글랜드에서는 내전 직후 스튜어트(Stuart) 가문이 왕권을 되찾았다. 제임스(James) 2세는 중앙 집권을 더욱 강화하고 국가 수입을 늘려나갔다. 그러나 제임스 2세는 휘하 엘리트 계층의 종교 논란에 휩쓸리고 말았는데, 그들은 네덜란드의 지도자 윌리엄(William) 3세를 불러들여 제임스 2세에 맞서고자 했다. 제임스 2세는 달아났고, 윌리엄 3세와 그의 아내 메리(Mary)의 공동 왕권이 승인되었다. 그러나 이른바 "명예혁명(Glorious Revolution, 1688)"으로 알려진 이 짧은 분쟁 이후 75년 동안 영국 해군은 꾸준히 강화되었고, 방대한 식민지를 거느렸으며, 국가의 수입과 신용 또한 극적인 증가세를 보였다.

프랑스에서는 군주정이 프롱드(Fronde) 반란을 진압했고, 루이 16세 치하에서 (유럽의 모든 군주가 모방하기 위해 노력한) 거대하고 강력한 절대주의 국가를 건설했다. 루이 16세는 전문 행정 관료를 새로 선발해서 지방관으로 임명했다. 그리고 지방 귀족을 궁정으로 불러 화려한 직책에 임명함으로써 그들의 독립성을 약화시켰는데, 이는 일본에서 도쿠가와 쇼군이 지방 군주들을 관리한 정책과 매우 흡사했다. 스페인은 포르투갈에 대한 통제권은 상실했지만 해외 영토에 대한 권리를 재확인하고, 멕시코에서 새로운 광산을 개발함으로써 과거 그 어느 때보다 많은 은괴를 생산했다. 중부 및 동부 유럽에서는 베스트팔렌 조약(Peace of Westphalia)으로 30년전쟁이 막을 내렸다. 그래서 오스트리아-헝가리, 폴란드, 러시아 모두 재정과 군대를 재건할 수 있었고, 오스만 제국을 견제하는 데 집중하게 되었다.

17세기 전반기의 오스만 제국은 많은 위기를 겪었고, 그만큼 술탄의 권위도 약화되었다. 1648년 술탄 이브라힘(Ibrahim)이 교살당하는 사건이 벌어졌고, 하렘의 여인들이 나이 어린 술탄들에게 영향력을 행사하기도 했다. 그러나 17세기 후반기에는 상당한 정도로 국력이 회복되었다. 강력한 재상들이 잇달아 집권하면서 육군과 해군이 강화되었고, 세금 징수권을 지방의 유력자들에게 팔아서 국가의 세금 수입은 급격히 증가했다. 이 시기의 오스만 제국은 다른 유럽 국가들에 못지않은 품질의 다양한 화약 무기와 대포를 자체 제작할 능력을 갖추었고,[11] 잇달아 군사적 승리를 거둘 수 있었다. 베네치아 공화국으로부터 크레타섬을 되찾았으며, 북아프리카에서 루마니아와 폴란드 남부까지 영토를 확장했다. 그러나 그들의 운명은 단순하지 않았다. 1683년 오스만의 군대가 빈(Wien)의 성벽까지 밀고 들어갔지만, 아직 성을 완전히 포위하지 못하고 많은 부대가 작전을 진행 중인 상태에서 폴란드와 합스부르크 가문

---

11 Gábor Ágoston, *Guns for the Sultan: Military Power and the Weapons Industry in the Ottoman Empire* (Cambridge University Press 2005).

이 조직한 구원군이 도착했다. 오스만의 동맹국인 크림 칸국의 군대가 전투를 거부하는 바람에 오스만은 결국 도시를 점령하지는 못했다. 그럼에도 불구하고 오스만은 이후 30년 동안 합스부르크 가문과 밀고 당기는 시소게임을 계속하면서 발칸 지역의 대부분을 획득했고, 1710년에는 러시아와의 중요한 전투에서 승리하는 등 여전히 막강한 힘을 과시했다. 한때 역사학에서 1650년 이후의 오스만 제국이 기나긴 쇠퇴의 시기로 접어든 것처럼 설명했지만, 이러한 견해는 더 이상 유효하지 않다. 1650년에서 1870년 사이 유럽인이 세계의 나머지를 정복하는 동안, 오스만 제국은 자신의 영토를 충실히 지키면서 군사적·행정적 효율성을 유지하기 위해 끊임없는 개혁을 거듭했다.

중국에서는 도적 떼가 북경을 위협했고, 엘리트 관료들은 이웃 나라의 통치자에게 부탁해서 대재앙을 막아보고자 했다. 중원의 북쪽 만주 지역에서는 야심 찬 통치자들이 연이어 등장해서 중국의 국가 건설 방식을 도입했다. 즉 상비군을 조직하고 행정 체제를 중앙 집권화하여 느슨한 부족 연맹의 틀을 넘어서고자 했다. 1618년 만주족은 청나라를 선포하고 남쪽으로 확장을 시도했다. 그로부터 수십 년 뒤 명나라의 장군들은 도적 떼 진압을 위해 청나라에 지원을 요청하게 되었다. 1644년 청나라는 명나라의 수도를 위협하는 도적 떼를 격파한 뒤 중국을 통치할 명나라의 후계자로 자처했다.

청나라의 통치자들은 중국 전역을 정복하기 위해 수십 년 동안 싸워야 했고, 그 과정에서 국가 체제를 정비하여 권력을 더욱 강화해나갔다. 청나라 또한 관리들을 선발하기 위해 유교에 근거한 과거 시험을 시행했지만, 군대 조직에서는 독특한 팔기군(八旗軍) 체제를 발달시켰다. 명나라 후기에는 비옥한 양자강 유역의 지주들이 수없이 많은 가난한 농민을 사실상 노예처럼 부리는 관행이 있었는데, 청나라에서는 대지주가 세금을 납부하고 땅은 농민에게 돌려주도록 하는 법을 제정했다(地丁銀制 - 옮긴이). 청나라는 중국 전체를 장악한 뒤 중앙아시아까지 진출했으며, 남아 있던 몽골의 제후국들을 물리치고 티베트에 대한 종주권을 확고히 했다.

모든 국가가 강성해질 수는 없었다. 사파비 제국은 1666년 이후 최후를 향한 쇠락의 길을 걸었으며, 1722년 아프간인에 의해 수도를 약탈당했다. 동남아시아의 섬나라들은 네덜란드에 함락되었고, 몽골 제국의 잔존 세력들은 러시아와 중국의 압박을 받아야 했다. 그럼에도 불구하고 1700년의 세계지도를 펼쳐보면 1600년과 마찬가지로 거대 제국들이 세계를 주도하고 있었다. 스페인, 포르투갈, 영국, 프랑스는 아메리카를 차지했고, 오스만은 북아프리카, 발칸반도, 중동을 장악했다. 사파비 왕조는 중앙아시아에서 명맥을 이어갔고, 인도는 무굴 제국이 주도했으며, 러시아와 중국이 북아시아 및 동아시아를 통제하고 있었다(지도 18-1). 영국과 중국에서는 새로운 왕조가 등장했다. 모든 국가는 강력한 지방 세력의 위협에 대응하고자 했으며, 세입과 군대를 강화하기 위해 노력했다. 그러나 17세기의 위기가 지나간 뒤에는 구조 개혁과 회복이 우선시되었다.

문화적 쇠퇴

지금까지 물질적·조직적 기반을 위주로 국가 체제를 살펴보았다. 세금 징수, 엘리트 관료 계층의 선발 및 훈련, 병력 배치, 무역 및 행정 등

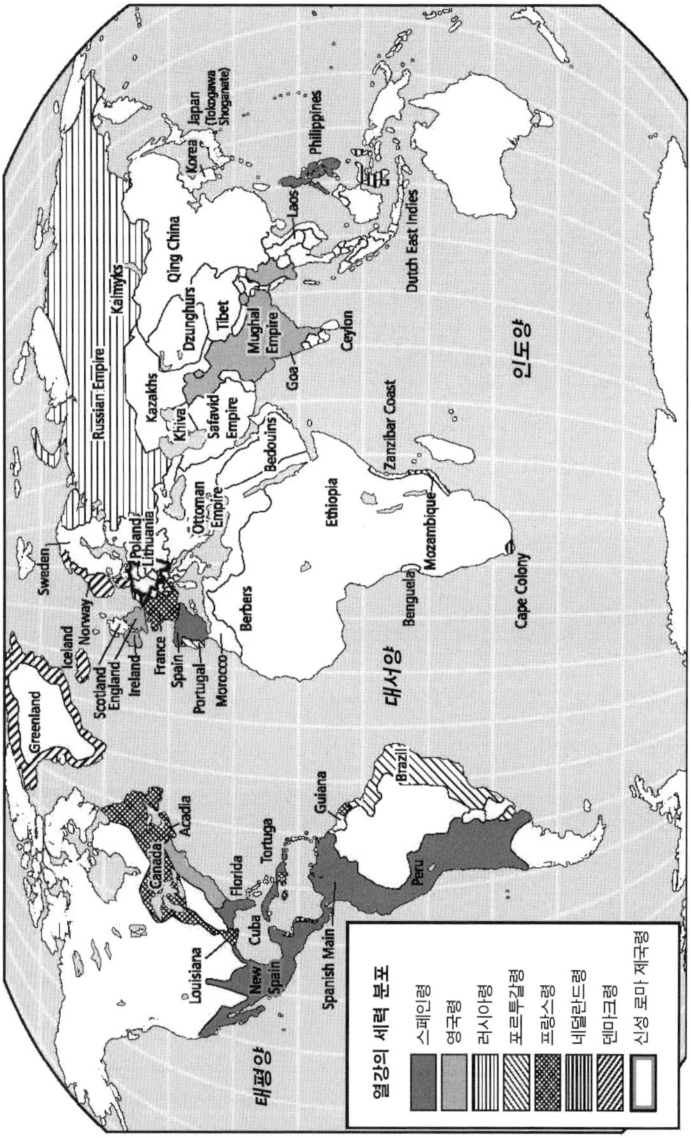

[지도 18-1] 1700년의 세계

의 주제였다. 그러나 어느 국가도 단지 무력에 의거해서 엘리트의 충성심을, 혹은 광대하고 다양한 영토의 질서를 유지할 수는 없었다. 국가는 이념과 종교적 신앙을 심도 있게 지원하고, 지식인과 종교적 엘리트 계층이 이를 전파하여 국가 체제를 지탱해주었다. 물론 모든 사회에는 지배 질서에 도전하는 분열과 종파주의, 이단적 이념이 존재했다. 그래서 통치자들은 일정한 범위에서 이를 통제하고 이념적 틀을 유지하기 위해 부단히 노력했다.

어디서나 정통성의 주요 근거는 종교적 신앙이었다. 그래서 17세기 정치·경제적 혼란에 대한 반작용은 흔히 종교적 비판의 형태로 나타났다.

1600년대 초엽 중국에서는 학자들이 사립 아카데미를 결성하여 정권을 신랄히 비판했다. 일부는 정권이 유교적 통치 규범을 포기하여 "천명(天命)"을 저버렸다는 비판도 서슴지 않았다. 16세기 초엽의 관리이자 학자인 왕양명(王陽明)에게서 영감을 받은 다른 사람들은, 현실 문제를 유교 경전보다는 오히려 개혁적이고 실용적인 관점에서 접근하고자 했다. 17세기 중엽에 이르러 무질서가 심화되자 중국의 일부 지역에서는 가난한 농민이 대지주의 농장에 묶여 거의 노예 같은 생활을 하게 되었다. 그들은 반란을 일으켜 "괭이를 갈아 칼을 만들고, 스스로를 '평왕'이라 일컬으며, 지주와 소작인, 귀인과 천인, 부자와 빈자 사이의 차별 철폐를 선언했다. 소작농들은 … '우리는 모두 평등한 인간이다. 무슨 권리로 우리를 노예처럼 부리는가?'라는 주장을 하고 싶었던 것이다."[12]

---

12 Mark Elvin, *The Pattern of the Chinese Past* (Stanford University Press, 1973).

오스만 제국에서는 17세기 초엽 도적들의 반란이 발생하자 이에 편승하여 매우 보수적인 카디자델리(Kadizadeli) 종교 운동이 일어났다. 그들은 순수 수니파 이슬람으로의 복귀, 이단 혁파, 비-무슬림의 복종을 주장했다. 카디자델리 운동에 참여한 설교자들은 주요 도시에서, 그리고 제국의 관료들 사이에서 많은 추종자를 확보했다.

이러한 근본주의적 면모는 16세기 말엽 유럽에서 일어나 17세기에 득세한 종교 운동과 크게 다르지 않았다. 잉글랜드의 청교도(Puritans), 가톨릭교회의 예수회(Jesuits)가 그들이었다. 청교도는 잉글랜드에서 교회를 공격했다. 이유는 교회의 정책이나 의례가 교황을 너무 따른다(popish)는 것이었고, 그래서 그것을 정화(purify)하고자 했다. 여러 측면에서 그 반대편에 위치한 예수회 운동은 "교회를 위한 전사"를 표방하며, 로마의 영향력을 회복하고 교황이 규정한 바 그대로 가톨릭 의례와 교리를 수호하고자 했다. 중국에서와 마찬가지로 유럽에서도 평등주의자(Leveller)들이 있었다. 잉글랜드에서 평등을 주장하며 왕과 귀족의 권위를 부정하는 종교적 불만 세력이 집단을 형성했다. 이슬람 권역에서도 여러 수피(Sufi) 교단이 비슷한 주장을 펼쳤다. 코란이 신의 관점에서 남성과 여성의 평등을 권장했다는 이유로, 사회 불안에도 불구하고 평등을 주장했다.

그렇지 않아도 무질서가 횡행한 17세기 내내 종교 전쟁이 혼란을 더했다. 유교를 숭상한 명나라의 관료들은 샤머니즘 혹은 불교를 믿는 만주인과 대립했다. 수니파 통치자들은 시아파 신도들과 싸웠고, 때로는 수피 교단과도 갈등을 일으켰다. 청교도는 영국 성공회 지지자들과 맞서 싸웠다. 유럽 전역의 개신교도는 국제적 혹은 국내적 분쟁에서, 때로는 둘 다에서 가톨릭에 맞서 싸웠다. 그러므로 17세기 후반기의 통치자들은 문화적 쇄신을 단행하지 않을 수 없었다. 이를 통해 자신의 정통성과 신하 내지 백성의 충성을 확보하고자 했다.

17세기 지식인들은 기후나 인구 변화 혹은 근대 경제학에 대한 이해가 깊지 않았다. 그래서 다양성, 혼합주의, 정통성 이탈을 관용하는 통치자를 비난했다. 그것이 시대적 혼란의 원인이라고 믿었기 때문이다. (서유럽에서는 종교나 정치 지도자들이 때로는 기상 이변을 마녀의 탓으로 돌리기도 했다.) 그래서 융통성 없이 정통 신앙을 강요하는 방향으로 문화가 흘러갔으며, 종종 종교 교단이나 반대 의견 탄압을 동반했다. 정통이란 대개 성경, 코란, 유교 경전이었다. 각 문명권의 신앙 체계에서 핵심은 경전이었고, 그것이 가장 확실하고도 정통한 이데올로기적 정당성의 원천이었기 때문이다.

유럽에서 30년전쟁이 마무리되자 통치자들은 적어도 자신의 영토에서 종교적 관습을 스스로 결정할 권한을 가지게 되었다. 이런 측면에서 통치자들은 서로의 주권을 인정하고 존중해주었다. 오스트리아의 합스부르크 왕가는 스페인과 함께 로마 가톨릭을 공식 국교로 인정했다. 스칸디나비아 지역 사람들은 루터교회 설립을 선택했고, 심지어 네덜란드 개혁교회(프로테스탄트의 일파)는 다른 신앙을 배척하는 배타적 정책을 채택했다. 프랑스에서 루이 14세는 왕국 내에서 가톨릭을 강제하기로 결정했다. 프랑스의 프로테스탄트 교인들은 영국, 네덜란드, 프로이센 등 통치자가 프로테스탄트를 인정해주는 나라로 피신할 수밖에 없었다.

영국, 프로이센, 덴마크 등 인구가 많지 않은 몇몇 작은 나라들은 다른 큰 나라들처럼 종교적 이유로 인구의 일부를 내쫓을 만큼 사치스러운 형편이 아니었다. 획일적인 유럽에서 그들은, 비교적 다원적이고 제한적이나마 종교적 관용을 허용하는 섬 같은 지역으로 남아 있었다. 그러나 대부분의 유럽에서는 국가가 국교를 강요하는 관행이 자리 잡았다. 가장 충격적인 변화는 예수회가 가장 큰 성공을 거둔 폴란드에서 일어났다. 16세기까지 유지된 종교적 다원주의는 폐지되고 17세기 말 폴란드의 개신교 인구 대부분이 완전히 로마 가톨릭으로 개종했으며, 민란과 폭력의 화살이 폴란드의 유대인(유럽에서 규모가 가장 크고 문화적으로 가장 중요했던 유대인 공동체)에게 향했다.

오스만 제국과 무굴 제국은 15~16세기에 대체로 종교적 다양성이 허용되던 지역이지만, 이후 수니파의 정통성을 보다 엄격히 강제하는 방향으로 변해갔다. 오스만 제국의 술탄 메흐메트(Mehmed) 4세(재위 1648~1687)는 카디자델리(Kadizadeli) 근본주의자들을 포용했으며, "이슬람 개혁 프로젝트가 … 다소 퇴색한 오스만 제국의 정통성을 다시 강화해주는 해결책으로 선택되었다."[13] 기독교인, 유대인, 수피 등은 모두 예전에 겪어보지 못한 가혹한 공격의 칼날 앞에 놓였다. 1700년 이후 소수파에 대한 공격은 누그러졌지만 수니파의 울라마(종교 지도자) 세력이 점점 강해졌고, 18세기에는 경전의 보수적 해석을 토대로 수니파의 정통성이 제국의 정체성을 만들어갔다.

무굴 제국에서도 수니파 정통성이 강화되는 방향이었지만 오스만 제국만큼 심각하지는 않았다. 무굴 제국의 황제 아우랑제브(Aurangzeb, 재위 1656~1707)는 마라타인과 시크교도의 반란이 일어나자 힌두인에

---

13 Barkey, *Empire of Difference*, p. 188.

대한 세금 차별 정책을 부활시켰으며, 반란과 관련된 힌두교 및 시크교 사원을 파괴하라는 명령을 내렸다. 아우랑제브는 울라마의 이슬람 율법 집행 권한을 강화했으며, 비-무슬림 인구의 개종을 장려했다. 아우랑제브는 개인적으로 독실한 신자였지만, 오스만 제국에서 그랬던 것처럼 비-수니파 인구를 공격하는 일을 조장하거나 실행하지 않았다. 또한 비-무슬림 인구를 제국의 행정 조직에서 배제하지도 않았다. 이는 오스만이나, 국교를 신봉하지 않는 사람은 관료로 임명하지 않은 대부분의 유럽 군주와도 다른 점이었다. 그럼에도 불구하고 아우랑제브의 정책은 정통 수니파 신앙을 고수하면서 제국의 정체성을 수니파에 가깝게 한 걸음 다가가도록 만들었다.

사파비 제국은 화약 제국 중 가장 극단적인 종교 정책을 선택한 국가였다. 시아파 이슬람으로 이란인 고유의 정체성을 구축하고자 한 사파비 제국은 영토 내의 모든 무슬림을 강제로 개종시켰다. 이런 점에서 사파비 제국은 스페인 제국과 다를 바가 없었는데, 스페인은 1492~1526년 가톨릭 신자가 아닌 모든 국민에게 개종이나 추방 혹은 죽음 중 하나를 선택하라고 강요했다. 사파비 제국의 모든 국민 또한 시아파 아니면 죽음을 선택해야 했다. 사파비 제국이 이라크와 아제르바이잔까지 확장되자 그 지역에서도 시아파를 강요했다.

중국을 정복한 만주인은 중국의 엘리트 계층으로부터 정통성을 인정받는 최선의 방법이 과거의 조상들보다 더 철저하게 유교를 신봉하는 것이라고 믿었다. 그래서 학자-관료들에게 학문 연구를 위한 지원을 아끼지 않았다. 그들은 성스러운 유교 경전 문구에서 애초의 의미를 파악하고자 했으며, 이를 위해서는 오염된 의미를 정화하고 기원을 제대로 밝혀낼 필요가 있었다. 그들이 사용한 새로운 학문적 방법론은 역사학에 기반을 둔 과학적 문헌학(고증학)이었다. 건륭제(乾隆帝, 재위 1736~1795)는 중국 유교 경전의 역대 모든 판본을 집대성하는 학문적 프로젝트를 지원했다. 그 결과가 "사고전서(四庫全書)"(학문을 네 분야로 집대성한 황실 도서 전집)였다. 이 거대한 프로젝트는 거의 사반세기 동안 수백 명의 학자가 참여해 8만 권에 이르는 도서를 편찬했으며, 제국 내 주요 중심지에 출판본을 배포했다. 그러나 그 과정에서 혹독한 검열이 있었다. 만주인에 비판적인 의견을 내포하거나 지나치게 이단적인 내용의 자료는 제외되고 폐기되었다.

그래서 1700년경의 세계는 주요 제국들의 주도 아래 놓여 있었다. 대서양을 장악한 유럽의 제국들, 이슬람 화약 제국들, 그리고 러시아와 중국(청)이 있었다. 그와 같은 제국 체제에서 지식인들은 핵심 경전에 근거한 정통 신앙의 충성심을 회복하는 방향으로 초점을 강화해갔다. 과학과 학문 연구는 높은 수준으로 유지되었지만, 어디까지나 핵심 경전과 내용이 충돌하지 않는 범위에서였다. 한편 군사, 농업, 제조 기술은 지속적으로 발전을 거듭했다. 17세기 말엽에서 18세기 초엽으로 넘어가는 동안 세계 무역은 다시 뛰어올랐다. 대서양에서는 노예, 설탕, 담배, 은괴가 거래되었고, 기타 다른 품목들도 전에 없던 규모로 거래가 증가했다. 아시아는 면직물, 비단, 차, 커피를 수출했고, 향신료와 도자기는 붐을 이루었다.

1500년 무렵 아시아의 인구는 유럽의 약 3배였고, 1700년에는 격차가 더 커져 최대 3.5배에 이르렀다. 북경과 콘스탄티노폴리스에서 노동자의 실질임금(real wage)은 파리(Paris)나 피렌체와 거의 같은 수준이었다. 그로부터 불과 한 세기 반 뒤에 유럽이 중국을 굴복시키고, 인도를 장악하고, 발칸 지역을 오스만 제국으로부터 분리하고, 아시아인보다 1인당 소득이 훨씬 높아지고, (러시아를 제외한) 유럽인 거의 모두가 헌법 체제 아래에서 살아가게 되리라고는 아무도 예상할 수 없었다. 물론 당시 이미 유럽인이 동아시아의 해안 지역에서 소규모 거점을 확보하고, 태평양의 몇몇 섬을 정복하기도 했다. 그러나 1700년을 기준으로 말하자면, 유럽인은 이미 인도양에서 2세기 동안 활동한 뒤였음에도 불구하고 아프리카나 아시아의 해안 지역을 넘어서 안쪽으로 뚫고 들어가지 못했고, 그들의 활동을 제한하는 무굴 제국이나 중국 혹은 일본 통치자들의 명령에 따라야 했다.

1689년 영국 동인도회사의 대표들이 무굴 제국의 황제 아우랑제브와의 협상을 거부하자 무굴 제국의 함대가 봄베이에 위치한 동인도회사의 무역 기지를 공격했다. 1년 내내 저항을 계속한 동인도회사는 결국 무굴 제국에 굴복했고, 1690년 아우랑제브의 군대에 사신을 보내 사면을 요청했다. 동인도회사의 사절단은 황제 앞에 엎드려 거액의 보상금을 지불하고 앞으로 행동을 더 잘 하겠노라고 맹세해야 했다.

그런데 그로부터 150년 사이에 도대체 무슨 일이 일어났던 것일까?

다른 길로 간 서양, 고대의 지혜를 사랑하지 않았다

그러므로 서양은 1850년경에 이르러 세계의 다른 지역에 비해 월등히 성장했다. 이를 확인한 학자들은 그 이유를 설명하고자 했다. 후대의 학자들은 당연히 유럽이 우월하거나 초기 우위를 지녔던 분야에서 그 이유를 찾고자 했다. 예컨대 무기, 자연과학, 상품 생산, 기독교의 미덕,

로마법, 고대 그리스 철학 등이었다. 그러나 이와 같은 접근 방식에는 분명한 한계가 있었다. 역사적으로 확인되듯이 초기 우위를 지녔던 어떤 종류의 기술도 나중에 가면 차별화의 원인이 되지 못하기 때문이다.

중국과 인도는 과거에 조선 기술에서 유럽을 앞섰지만, 결국 세계의 바다를 제패한 것은 유럽의 함대였다. 인도의 수학과 아랍의 자연과학은 대수학, 화학, 광학, 천문학을 포함해서 중세 유럽에 비해 상당한 우위를 점했고, 그래서 중세와 근대 유럽의 거의 모든 물리학은 아랍어 텍스트의 주석과 번역을 기반으로 성립했다. 그럼에도 미적분학, 자연로그, 운동 법칙, 원소 주기율표를 처음 개발한 것은 유럽이었다. 면직물의 생산과 품질에서 인도는 유럽을 크게 앞섰지만, 세계 면직물 시장과 상품 생산을 주도한 것은 영국이었다. 중국의 주철 생산과 코크스(석탄)를 이용한 제련은 영국보다 약 700년이나 앞섰지만, 석탄과 철을 기반으로 산업을 발전시킨 것은 영국이었다. 이런 일은 유럽 안에서도 일어났다. 17세기 네덜란드는 해상 운송, (토탄과 풍차에 의한) 에너지 생산, 고급 직물 생산, 농업 생산성, 금융, 창고업, 예술품 제작과 군사 기술 측면에서 모두 주도적 위치에 있었지만, 18세기에 이르러 네덜란드의 직물 생산량은 곤두박질치고 육군 및 해군력이 약화되었다. 영국은 이 기회를 틈타 해양과 제조업에서 유럽을 주도하는 입장으로 재빨리 올라섰다.

유럽의 국가들, 특히 영국의 경우 어느 한 분야에서 후발 주자로 출발해서 결국 두각을 나타내는 사례가 1700년 이후 반복적으로 나타났다. 그러므로 영국이 세계를 선도할 수 있었던 것은 애초의 우월적 위치 때문이 아니었으며, 오히려 상대적 후진성에서 비롯되었다고 말할 수 있다. 여기서는 아주 우연한 기회에 놀라운 자원으로 바뀌게 된 후진성의 세 가지 뚜렷한 형태를 강조하고자 한다.

첫째, 아시아의 주요 문명들과 비교하면 유럽은 기원후 700년경부터 믿을 수 없을 정도로 고립되어 있었다. 중국과 인도와 중동, 심지어 페르시아와 북아프리카도 거대한 유라시아 코스모폴리스의 일원이었다.[14] 이슬람의 확산으로 스페인에서 북아프리카를 거쳐 인도양까지, 멀리는 오늘날의 말레이시아 지역까지 아랍어를 읽고 쓸 줄 아는 지식인의 공동체가 형성되었다. 그리고 중세 시기 내내 이슬람 공동체는 인도양과 중국해를 둘러싼 주변의 사회들과 지속적으로 무역 관계를 이어갔다. 이와 달리 1500년 이전의 유럽은 모든 방면에서 닫혀 있었다. 서쪽으로는 대서양이, 북쪽으로는 북극해가, 동쪽과 남쪽으로는 몽골과 이슬람이 가로막고 있었다. 상인/여행가의 드문 사례(예를 들면 마르코 폴로, 그조차도 사람들은 대개 믿지 않았지만)를 제외하면, 유럽인은 1400년대 말엽까지도 지중해 너머 혹은 예루살렘 너머 동쪽의 세계와는 직접적 접촉이 거의 없었다.

둘째, 다른 문명들과 비교했을 때 유럽은 고전 텍스트와 단절되어 있었다는 점이 대단히 예외적이었다. 이탈리아에서 비잔티움 세력이 철수한 뒤 고전 문헌의 대부분이, 그리스어 문헌과 라틴어 문헌을 막론하고 모두가 서유럽에서 사라져버렸다. 이후 10세기가 되어서야, 기독교 세력이 스페인에서 레콩키스타를 벌이는 와중에 유럽은, 비록 아랍어 번역본이지만 수많은 고전 텍스트를 다시 접할 수 있게 되었다. 500년이나 지났지만 자연과학과 수학을 포함하여 학문이 교회 안에서 유지되

---

14 우리 시리즈 11권 8장 참조.

고 있었다. 그래서 교회에 소장된 장서 중에서 학자들은 그리스 수학이나 철학 텍스트, 필사본 등을 보에티우스(Boethius)의 라틴어 번역을 통해 접할 수 있었다. 그러나 플라톤이나 아리스토텔레스의 주요 저작은 심지어 11세기 혹은 그 이후까지도 찾아볼 수 없었다. 위대한 원자론자 루크레티우스(Lucretius)의 서사시 《사물의 본성에 관하여(De rerum natura)》는 1417년에야 다시 발견되었다. 이런 경우는 다른 지역에서는 전혀 찾아볼 수 없는 사례였다. 심지어 몽골 침략기에도 마찬가지였다. 중세 중국에는 고대의 경전들이 있었고, 인도에는 산스크리트어 베다 문헌이 있었으며, 무슬림과 페르시아 사람들에게도 그들의 고전 문헌이 있었다. 유럽처럼 철저하게 고문헌을 잃어버리거나 혹은 고문헌과 거리를 두게 된 사례는 다른 지역에서는 결코 없었다.

셋째, 야만인의 침략 때문에 유럽의 행정 체제는 아시아의 제국들에 비해 상당히 후진적이었다. 중국의 명 제국, 오스만 제국, 무굴 제국은 모두 수 세기에 걸친 제국 운영 및 행정 체제를 물려받았다. 중국에서는 당·송 시기부터 과거 시험이 발달했고, 이슬람 제국은 페르시아와 바그다드의 칼리프 시절부터 술탄/재상(vizier) 모델과 행정 전문 노예 제도가 발달했다. 이러한 관습을 통해 통치자가 거대 제국을 통제할 수 있도록 설계되어 있었고, 절대주의 관료 행정 체제를 일찍부터 달성할 수 있었다.

유럽에서 중세의 왕들은 로마 제국의 선진적 국가 운영 기술보다는 야만인 족장의 체제에서 비롯된 제도를 그대로 준용했다. 로마법 필사본 또한 다른 고전 문헌들과 마찬가지로 10세기가 되어서야 다시 발견되었다. 학자들이 로마의 행정법을 연구하기 시작했고, 유럽의 국가들에 맞게 이를 개선하려 했지만, 봉건적 관습에 따른 관행을 모두 대체할 수는 없었다. 특히 유럽의 국가들은 귀족 의회를 유지하여, 법정이나 국왕의 고문 역할을 인정했다. 이는 국가별로 다양한 형태로 나타났다. 영국의 팔리어먼트(Parliament), 프랑스의 파를르망(parlements), 스페인의 코르테스(cortes)가 있었다. 이외에 다른 많은 왕국에서도 지방 영지와 국가의 영지가 별도로 존재했다. 이러한 모든 기관은 다양한 방식으로 권한을 공유했다. 예를 들면 왕실의 칙령을 제정하거나, 재정 혹은 군사 문제를 조언하거나, 정치 영역에서 대표성과 선거의 원칙을 보존하는 등의 수단이 있었다. 또한 제후들에 대한 왕의 권한은 협정이나 법으로 제한되었다(시기적으로 오래된 유명한 사례가 바로 잉글랜드의 〈마그나 카르타Magna Carta〉였다).

물론 세습 명망가 집안의 이와 같은 간섭은 다른 거대 제국의 정교한 관료 체제에서는 허용될 수 없는 성질의 것이었다. 유럽의 통치자들도 로마 제국의 법률에 익숙해지자 곧바로 장관과 관료를 임명하여 간섭 기관들을 대체하도록 했다. 그러나 유럽은 출발이 늦었다. 17세기가 되어서야 변화를 시도해보았던 것이다. 일부 통치자들은 문제가 많은 기관들의 힘을 대폭 약화시키는 데 성공했지만, 그렇지 못한 경우도 있었다.

이와 같은 상대적 후진성의 결과로 유럽은 1400년에서 1800년 사이 수 세기에 걸쳐 다른 주요 문명들이 가지 않은 예외적인 길을 걷게 되었다. 즉 전해 내려오는 고전을 거부하고, 지식을 구하거나 정치적 행정 체제를 수립하기 위해 근본적으로 새로운 방법을 찾아나섰다.

중국과 이슬람 세계는 모두 학문의 번성기를 맞이했다. 그러나 결과는 그들의 고전을 바꾸거나 거부하기보다는 강화하는 쪽으로 나아갔다. 중국의 고전은 유교 경전이었다. 12세기 주희(朱熹)를 비롯한 송나라의 학자들은 유교 전통 문헌을 모으고 그중에서 핵심 문헌을 가려 "4서5경(四書五經)"을 선정했다. 이후 이 경전이 제국의 과거 시험에서 기본이 되었고, 명·청 시대를 거치는 동안에도 제국의 통치를 정당화하는 핵심 텍스트로 기능했다. 이는 괄목할 만한 성과였지만, 그렇다고 새로운 출발이나 종합은 아니었다. 그보다는 오히려 고대 텍스트를 엄선한 것뿐이었다.

비잔티움 제국을 정복함으로써 이슬람의 학자들은 중동, 이집트, 북아프리카 지역의 기독교 도서관(그곳에 보관된 그리스어와 라틴어 서적)에 접근할 수 있었고, 그 주변에 거주하는 원어민이나 학자 들을 만날 수 있었다. 이슬람과 기독교 사상(그리스 수학, 의학, 식물학, 문학과 철학 등)의 교류는 아랍의 수학자, 천문학자, 화학자, 철학자 들로 하여금 실험하고, 그리스 지식의 경계를 넓히며, 자신들만의 발전을 이루도록 자극했다.

그 결과는 매우 인상적이었지만 혁명적인 것은 아니었다. 무슬림 과학자들과 천문학자들은 프톨레마이오스의 천문 모델을 개선했고, 광학, 수학, 화학, 의학, 달력의 정확성 측면에서 독보적인 업적을 이루어냈다. 그러나 프톨레마이오스와 아리스토텔레스 이론의 토대가 되는 근본적인 우주론, 즉 자연의 운동 법칙과 천체의 원형 운동을 부정하지는 않았다. 또한 아리스토텔레스주의, 플라톤주의, 원자론자, 스토아학파, 회의론자 등 다양한 그리스 철학 유파는 코란의 권위와 조화를 이루기 어렵다는 사실도 깨달았다. 결국 이슬람의 탁월한 학자 중 하나인 알-가잘리(al-Ghazali)는, 학자들에게 그것을 치워버리고 이슬람의 샤리아와 수피 전통에 집중할 것을 촉구하는 내용의 혹독한 그리스 철학 비판서를 저술했다. 알-가잘리의 영향이 없지 않았지만 결정적이지는 않았다. 다른 아랍 학자들이 아리스토텔레스 주석 작업을 계속 이어갔기 때문인데, 대표적인 인물로 스페인의 아베로에스(Averroes)가 있었다. 그럼에도 불구하고 특히 몽골에 의해 바그다드의 도서관들이 파괴된 이후, 중국에서와 마찬가지로 이슬람의 학자들도 주로 의학, 천문학, 수학 등 경험과학에 집중했다. 또한 그리스 철학의 근본 원리와 씨름하기보다는 페르시아와 이슬람의 전통에 입각한 작품들을 연구했다. 그래서 그리스 철학은 이슬람 권역에서 방대한 연구가 이루어졌음에도 불구하고 이슬람 문화 전통이나 권위적 정통성의 범위에 안착하지 못했다.

이렇게 해서 이슬람 사회와 중국 사회는 중세 시기의 보편적 세계관에서 벗어났고, 고전 텍스트를 강화하는 쪽으로 나아갔다. 그것은 이후 수 세기 동안 국가의 권위를 강화하는 도구로 사용되었다. 중국인은 심지어 유럽인이 중국에 도착해 기존에 알려지지 않은 신대륙에서 은을 가져왔다고 말했을 때조차 그다지 놀라지 않았다. 단지 기존의 조공-무역 관계에서 새로운 외국인 집단이 하나 더 늘었다는 정도로 생각할 따름이었다. 마찬가지로 이슬람 사회 또한 기존에 서양의 고전을 충분히 흡수하고 달력 계산, 항해, 화학 등 여러 분야에서 중세 유럽을 월등히 앞섰기 때문에, 유럽인이 세계적 무역로에 들어오는 것을 그저 흡족한 눈길로 바라보았다. 당시에도 이슬람 제국은 여전히 유럽으로 팽창해가고 있었고, 그들의 입장에서 자신의 정치적 혹은 지적 유산의 우월성을 굳이 의심할 이유는 없었다.

한편 유럽에서는 미지의 세계를 개척하는 과정에서 중세 학문의 훈련을 받은 학자들이 유럽의 고대 문헌을 알게 되었다. 유럽인이 무슬림 치하 스페인으로 밀고 들어간 뒤, 또한 십자군 전쟁의 과정에서 비잔티움 세계와 접촉한 뒤, 그들은 많은 고전 텍스트를 가지고 돌아왔다. 유럽에서는 과거 수 세기 동안 전혀 볼 수 없던 문헌들이었다. 스페인에서는 그러한 텍스트 중 상당수가 이슬람 학자들의 전문적 주석과 함께 제공되어 유럽 학자들의 흥미를 돋우었다. 볼로냐(Bologna)에서는 로마법의 재발견과 연구가 진행되어 유럽 최초의 법과대학이 발달했다. 곧이어 옥스퍼드(Oxford)와 파리(Paris) 등 10여 곳의 유럽 중심지에서 새로 발견된 고전 텍스트를 집중적으로 연구하는 학자들의 모임이 결성되었다.

그러나 당시 서유럽은 거의 1000년 동안 철저한 기독교 사회였다. 그러므로 당시 학자들의 임무는 명확했다. 쏟아져 나오는 고전 시기 권위자들의 텍스트와 성서 및 기독교 교리를 어떻게든 화해시키지 않을 수 없었다. 학자들은 수 세대에 걸쳐 이와 같은 임무를 감당했으며, 그 결과가 누적되어 13세기 후기에 토마스 아퀴나스(St. Thomas Aquinas)의 《신학대전(Summa Theologica)》으로 완성되었다.

중세의 학자들은 그리스 고전에 대하여 결코 굴종의 자세를 취하지 않았다. 예컨대 운동 및 광학 연구처럼 아랍 학자들이 뚜렷한 발전을 이룩한 분야는 서둘러 따라잡았고, 자연에 대한 정확한 이해에 도달하기 위해서 논리뿐만 아니라 관찰을 통한 검증까지 활용했다. 그럼에도 불구하고 고전을 통해 얻은 관념의 위대한 명성은 의심할 여지가 없었다. 고대의 지혜이자 세계적으로 인정받은 지혜였기 때문이다. 또한 중세 유럽 학자들의 입장에서는 흥미진진한 새로운 사상이기도 했다. 고전의 지혜와 기독교 교리를 상호 보완적 방식으로 짜 맞춤으로써 새롭고도 강력한 학문적(지적) 체계가 만들어졌다.

르네상스는 고전 지식의 발견을 한층 더 심화했다. 특히 조각과 건축 기술, 문헌학(고전 문헌에 사용된 언어의 문법, 구문, 문체 복원), 법과 국가 체제와 관련된 내용이 더욱 발달했다. 1500년에 이르러 유럽의 르네상스 군주국들은 무굴 제국이나 사파비 제국, 오스만 제국, 명 제국이 그랬던 것처럼 결국 고전적 체제를 채택하기 시작했다. 고귀한 교육을 받은 행정 관료들, 국가 체제를 지탱해줄 법전, 군주의 절대 권위를 뒷받침하는 종교적·철학적 기반이 만들어졌다.

그러나 유럽에서 이 모든 것이 합쳐지는 것처럼 보였을 때, 새로운 종합을 완전히 흔들어버릴 놀라운 발견이 시작되었다. 지리학과 천문학은 프톨레마이오스, 우주론은 아리스토텔레스, 의학은 갈레노스(Galenos) 등 그리스 거장들에 의존한 대학교의 커리큘럼이 곧이어 정확하지 못하거나 불완전한 것으로 드러나기 시작했다.

이 과정은 탐험 항해에서 시작되었다. 포르투갈과 스페인 탐험대는 고립된 유럽의 위치에서 벗어나 인도양 무역로에 직접 접속하기 위해 대서양 항해에 나섰다. 처음에는 아프리카 해안을 탐험했고, 그다음에는 신대륙에 도달했으며, 마침내 세계를 일주하는 과정에서 유럽인은 놀라우리만치 다양한 민족, 문화, 식물, 동물, 심지어 대륙과 직접 접촉했다.

그중에서도 세계 일주가 가장 당혹스러웠다. 유럽인이 발견한 신세계는 전설적인 동인도(인도, 인도네시아, 중국)도 아니고, 전설 속의 잃어버린 대륙 아틀란티스도 아니며, 기존에 알려지지 않았던 대륙으로 거의 북극에서 남극까지 뻗어 있다는 사실이 1530년경 명확히 밝혀졌다. 권위 있는 프톨레마이오스의 지리학에서 이 사실을 전혀 모르고 있었다는 점도 더 이상 회피할 수 없는 진실이었다. 처음으로 고대 텍스트의 권위에 금이 가기 시작했다.

　새로운 동식물의 발견으로 고대 동물학과 식물학에도 지리학과 비슷한 권위의 손상이 가해졌다. 정교하고도 상세한 그림으로 뒷받침된 1543년 베살리우스(Vesalius)의 해부학 연구를 통해 갈레노스의 의학에 근본적 실수가 있었다는 사실도 밝혀졌다. 16세기에는 자연 현상의 관찰과 수집에 열광하는 경향이 일어났다. 점점 더 새로운 사건들이 보고되었기 때문이다. 1572년과 1604년에 초신성이 유럽의 하늘에 나타났다. 중국이나 아랍의 천문학자들은 이미 수 세기 전부터 "객성(客星, guest star)"의 출현을 기록해오고 있었지만, 유럽인에게는 이 또한 새로운 현상이었다. 더욱이 아리스토텔레스의 우주론에 따라 천체는 완벽하며 변화가 없는 존재라고 알고 있던 유럽인에게 객성은 전혀 예상치 못한 일이었다. 튀코 브라헤(Tycho Brahe)와 요하네스 케플러(Johannes Kepler)는 새로운 별들에 대한 연구 성과를 발표했고, 브라헤는 1577년 혜성의 경로를 분석한 결과를 출간했다. 그에 따르면 혜성의 경로는 달의 궤도보다 훨씬 뒤에 있었다. 이는 수정 구슬 같은 천체가 겹겹이 지구를 둘러싸고 있다는 아리스토텔레스의 수정천(the ninth crystalline sphere) 이론을 여지없이 깨버렸다.

　교회에서 해석한 성서 우주론의 기본이자 아리스토텔레스 이론을 바탕으로 한 지구의 중심성(centrality)과 부동성(immobility)조차 도전에 직면했다. 일찍이 1543년에 코페르니쿠스(Copernicus)는 지구를 포함한 여러 행성의 궤도가 태양을 중심으로 회전한다는 수학적 가설을 발표했다. 이는 하나의 강력한 가설로서, 입장에 따라 받아들일 수도 있고 거부할 수도 있었다. 그러나 브라헤와 케플러의 관찰 성과와 다른 사람들의 열망에 힘입어, 유럽인은 이미 13세기부터 안경 제작용으로 쓰인 렌즈를 여러 개 겹쳐 만든 망원경으로 천체를 관찰하기 시작했다. 1608년과 1609년, 잉글랜드의 토머스 해리엇(Thomas Harriott)과 이탈리아의 갈릴레오(Galileo)는 망원경으로 달을 관찰한 결과를 기록했다. 망원경으로 확대해서 본 달의 겉모습은 지구와 매우 비슷했다. 이 또한 "완벽한" 천체와 지구를 대비시킨 고전 이론의 구분을 무너뜨리는 심각한 도전이었다. 또한 1609년 요하네스 케플러는 화성의 궤도를 보여주었는데, 이는 천문학자들에게 심각한 고민거리를 안겨주었다. 케플러가 보여준 궤도는 완벽한 타원형으로, 프톨레마이오스와 아리스토텔레스가 주장한 원형 궤도가 전혀 아니었기 때문이다.

그 이듬해 갈릴레오는 망원경을 이용해서 달처럼 매일 변하는 금성의 모양을 기록했고, 이로써 금성이 태양의 주변을 공전한다는 사실을 증명했다. 또한 목성의 주위를 돌고 있는 위성들도 추가로 확인했다. 이는 결국 모든 천체 운동의 중심이 지구가 아니라는 사실을 실증적으로 증명한 것이었다. 갈릴레오는 코페르니쿠스가 말한 지동설과 태양 중심의 공전 체계가 물리학적으로 옳다고 가르치기 시작했다. 그러나 이는 가톨릭교회가 도저히 인내할 수 없는 내용이었다. 교회는 갈릴레오의 교육과 태양 중심설을 금지했다.

고대 학자들의 가르침과 모순되는 새롭고도 매우 강력한 증거들이 축적되면서 프랜시스 베이컨(Francis Bacon)이나 르네 데카르트(René Descartes) 같은 철학자들은 자연을 이해하려면 근본적으로 새로운 접근 방식이 필요하다는 주장을 제기했다. 베이컨은 경험적 관찰의 축적과 비교에 근거를 두어야 한다고 생각했고, 데카르트는 이전의 모든 접근 방식을 버리고 수학과 논리적 추론을 바탕으로 완전히 새로 시작해야 한다고 주장했다. 1500년대 후기에 이르러, 자연(인체에서부터 대류과 천체에 이르기까지)을 일련의 기계적 결합으로 간주하고, 이를 면밀히 조사하고 분석하고 설명해야 할 대상으로 보는 유럽인이 점차 늘어났다.

사실 베이컨이나 데카르트 혹은 16~17세기의 다른 철학자들은 중세 학자들의 유산으로부터 자신의 연구를 시작하여, 중세 학자들의 업적과 고대 텍스트 비판을 나름대로 재구성하는 방향으로 나아갔다. 그러나 경험적 관찰의 새로운 성과는 그들을 더욱 멀리 나아가게 만들었고, 결국 자연에 대한 고전적 이해의 가치와 정확성을 통째로 의심하기에 이르렀다. 1600년의 맥락에서 볼 때 그들의 행보는 가히 혁명적이었다. 유럽의 통치자들은 경전과 고대 학문의 권위를 패키지처럼 하나로 긴밀하게 엮어서, 성장하는 왕권의 정통성을 더욱 강화하는 근거로 사용하고자 했다. 고대의 텍스트가 근본적 오류로 가득 차 있어서 신뢰하기 어렵다는 주장은, 그러한 패키지에 대한 위협을 의미했다. 마침 프로테스탄트는 전혀 다른 차원이었지만 가톨릭교회의 이기심, 부패, 죄악을 비판하면서 교황의 권위를 부정하고, 가톨릭 통치자들에 대항하여 반란의 깃발을 들어 올리던 참이었다. 당시 다른 문명권에서도 반란과 이단의 시비가 끊이지 않았지만, 유독 유럽에서는 그것이 대륙 전반에 걸쳐 새로운 연구 프로그램과 결합함으로써 기존에 존경받던 고전 텍스트의 허구성을 실증적으로 확인하는 결과를 낳았다.

17세기는 흑사병을 비롯하여 혼란의 시기였고 젊은 아이작 뉴턴(Isaac Newton)도 케임브리지를 떠나야 했지만, 1600년대 이후로 많은 분야에서 발전이 계속되었다. 1614년 존 네이피어(John Napier)는 최초로 방대한 상용로그표(tables of logarithms)를 발표했고, 1628년 윌리엄 하비(William Harvey)는 혈액이 갈레노스의 이론처럼 만들어졌다가 소멸하는 것이 아니라 신체를 지속적으로 순환한다는 사실을 밝혀냈다. 1638년 갈릴레오는 운동의 상대성(relative motion) 연구를 발표하면서, 발사체가 포물선 운동을 한다는 사실을 보여주었다. 이는 다시 한 번 아리스토텔레스의 명성을 깨트리는 이론이었다(아리스토텔레스는 직선 운동은 설명했지만, 포물선 운동, 즉 수직과 수평 방향의 힘이 동시에 작용하는 운동 법칙은 설명하지 못했다. - 옮긴이). 이는 심오한 발견이었을 뿐만 아니라 대포에 관한 수학적 접근을 개선함으로써 더 정확하게 조준하고 발사할 수 있게 하는 실용적 결과로 이어졌다.

17세기 초엽 네덜란드와 스웨덴의 개혁가들에 의해 군사 기술이 더욱 정교하게 발달했다. 그들은 머스킷 총의 장전과 발사 동작을 분리하여 이를 별도로 숙달함으로써 소총수들이 명확한 협조 체계를 따르도록 했다. 이러한 기술은 무장 보병의 효율을 매우 높여주었다. 그러나 머스킷 총은 화승총 방식이어서 여전히 발사하기가 어렵고 속도도 느렸다. 그래서 수발총(燧發銃, flint lock) 방식의 기술이 새로 나와서 1700년 이후 널리 적용되었다. 그것이 유럽식 훈련 방식과 결합하자 보병의 전투력은 훨씬 더 치명적으로 발전했다. 구식 화승총에 의존하는 효율적이지 못한 군대와 전장에서 마주쳤을 때 유럽의 보병은 월등한 전력을 과시했다. 수발총과 유럽식 군사 훈련의 결합은 18세기 영국이 인도와 싸울 때 특히 효과를 발휘했다.

다시 순수 과학의 문제로 돌아가보자. 1640년대 블레즈 파스칼

(Blaise Pascal)과 에반젤리스타 토리첼리(Evangelista Torricelli)는 기압계를 발명했고, 공기압의 존재를 입증했다. 파스칼은 진공에 대한 논문을 써서, 자연에서 진공이 존재할 수 없다는 아리스토텔레스의 이론을 반박했다. 또한 최초의 계산기를 개발하고 확률론(probability theory)을 발전시켰다. 1660년대 유럽의 다른 지역에서 오토 폰 게리케(Otto von Guericke)와 로버트 보일(Robert Boyle)이 진공 실험에 성공했고, 안토니 판 레이우엔훅(Antonie van Leeuwenhoek)과 로버트 훅(Robert Hooke)은 현미경을 이용하여 새로운 발견의 성과를 내놓았다. 라이프니츠(Leibniz)와 뉴턴(Newton)은 미적분학을 창시했고, 이를 통해 운동 이론에 대한 고전적 접근 방식의 한계를 극복했다.

이와 같은 17세기의 발전은 1687년 출간된 뉴턴의 저서 《자연철학의 수학적 원리(Mathematical Principles of Natural Philosophy)》에서 정점을 찍었다. 이 책에서 뉴턴은 중력 운동의 포괄적 이론을 발표했다. 자전하는 지구의 모양, 행성 궤도의 속도와 형태, 낙하하는 물체와 발사체의 운동, 조수(潮水)의 패턴 등이 그 내용에 포함되었다. 뉴턴의 이론에서는 물체의 직접적 접촉 없이도 우주 공간에서 작동하는 중력의 신비를 가정해야 했지만, 우주의 모든 물체가 움직이는 메커니즘을 기적이나 지구 중심설에 의존하지 않더라도 충분히 설명할 수 있었다. 신의 개입이 없다는 점이나 중력의 신비한 본성 같은 이론을 꺼려하는 사람들이 없지 않았다. 그러나 정교한 시계처럼 명확한 법칙에 따라 무한하게 작동하는 규칙적 운동을 아름다운 메커니즘으로 인식하는 사람들도 있었다.

이 모든 이야기는 1500년 이후 한 세기 반 동안 유럽인이 어떻게 과학적 발견과 실용적 발명의 폭발적 성장을 경험했는지를 보여주기 위해 거론한 것이다. 이러한 흐름은 처음에는 탐험에 의해 전혀 예상치 못한 새로운 정보가 쏟아져 들어오면서 박차가 가해졌고, 그다음으로는 새로운 과학 도구(망원경, 현미경, 기압계)를 사용한 연구를 통해 유럽인이 고전적 학문의 기반에서 급속도로 이탈하게 되었다. 결국 이와 같은 발전 덕분에 유럽의 기술이 세계에서 가장 생산적인 기술로 발돋움하게 되었다. 그러나 증기기관과 철도가 유럽의 경제를 재편하기 훨씬 이전부터 이미 심오한 사상의 변화는 유럽 국가 체제의 형태에 영향을 미치고 있었다.

계몽주의와 근대 국가의 모델

17세기 위기의 여파로 세기말에 이르러 모든 주요 국가가 구조 조정을 단행했다. 일반적 패턴은 앞에서 살펴본 바와 같이 고전 텍스트의 정통성에 근거하여 국가의 권위를 강화하는 방향이었다.

유럽의 국가들도 처음에는 같은 길을 걸었다. 가톨릭 국가와 프로테스탄트 국가를 막론하고 모두 17세기 자연과학의 새로운 발견과 철학적 접근을 일정 정도 억압했다. 가톨릭 국가에서는 뉴턴의 태양계 시스템을 억압하고자 했다. 예수회는 그 대신 튀코 브라헤(Tycho Brahe)의 대안을 장려했다. 브라헤에 따르면 지구가 부동의 중심에 위치하고, 태양이 지구의 주변을 돌며, 모든 행성이 그와 함께 이동한다. 프로테스탄트 국가인 네덜란드에서도 1643년 위트레흐트대학교(Utrecht University)에서 데카르트의 이론을 죄악으로 규정했으며, 18세기 초엽에도 뉴턴의 과학은 거의 가르치지 않았다. 잉글랜드의 제임스(James) 2세는 잉글랜드의 주요 대학에서 위험한 사상을 가르친다고 생각하여, 뉴턴을 비롯한 프로테스탄트 엘리트들의 반대에도 불구하고 가톨릭 인사를 주요 대학에 임명하려 했다. 유럽의 다른 지역에서도 발사체의 운동, 유체 역학, 확률 등의 수학적 자연과학의 연구가 계속되었다. 이들을 억압하기에는 그 유용성이 너무 컸다. 그러나 교회의 가르침에 배치되는 물리학 이론은 가능한 모든 방면에서 저항에 직면했다.

이러한 지적 변화의 결과를 모두 억압할 수는 없었다. 자연철학자들이 새로운 과학을 연구하는 동안 사회철학자들 또한 비슷한 접근 방법을 개발했다. 17세기 토머스 홉스(Thomas Hobbes)와 존 로크(John Locke)는 국가 조직의 형성과 운영을 이끌어가는 자연법칙이 있다고 생각해서, 제1원리(first principles, 공리)로부터 논리적으로 그 실체를 추적했다. 《통치론(Two Treatises of Government)》(1690)에서 존 로크는 성경이 왕의 신성 권력을 뒷받침한다는 사상을 논리적으로 허물어버렸다. 그리고 시민 사회가 존재하는 유일한 이유는 시민의 안전과 재산을 보호하기 위함이며, 그래서 만약 통치자가 시민의 안전과 재산을 위협할 경우 시민은 통치자의 권위에 맞서 일어서야 할 의무가 있다고 주장했다. 로크는 이러한 견해가 위험하다는 사실을 잘 알고 있었기에 자신의 저서를 익명으로 출간했다. 그의 견해는 당시로서는 워낙 급진적이어서 이후 반세기 동안 거의 인용되지 않다가 1760년 이후에야 널리 알려졌다. 그의 주장은 순수한 이성적 추론이 정치 사상 분야에도 적용될 수 있는 방향을 제시했다는 점에서 의미가 크다.

18세기에는 자연과학의 방법론으로 정부를 연구하고자 하는 이러한 노력이 더욱 강화되었다. 비판적 추론으로 논의를 전개하며, 전통 내지는 성경에 근거한 통치 모델을 지양하고, 자연법칙과 힘의 균형 메커니즘에 기초한 모델을 개발하고자 했다.

17세기의 혼란 이후 사상가들은 자유의 연구에 초점을 맞추었다. 즉 국민의 안전을 보호하기 위한 최상의 정부 구조가 무엇인가를 밝혀내려는 노력이었다.

이런 점에서 유럽은 아시아 사회와 전혀 다른 곳에서 출발했다. 이슬람과 중국 사회의 경우, 농민이 농사를 짓고 상인이 장사를 하려면 당연히 신체와 재산의 안전이 보장되어야 한다고 믿었고, 그래서 강자로부터 약자를 보호하고, 정의의 내용을 담고 있는 코란이나 유교 원칙에 따라 법을 제정하고 집행함으로써 정의를 구현하는 것이 국가의 역할이었다. 국가의 권위는 술탄 혹은 황제에 의해 구체화되었다. 적절한 법을 제정하고 이를 공정히 집행하여 백성에게 정의를 제공하는 것이 곧 술탄 혹은 황제의 책임이었다. 통치자의 고문관이나 관리 혹은 재판관도 통치자를 보좌하며 고전과 경전 텍스트를 연구하고 법률을 발전시켰지만, 이론상으로 술탄이나 황제의 권위는 무소불위에 무제한적이었다.

그러나 유럽에서는 전통적으로 권위와 정의의 관계를 이해하는 방식이 아시아와 달랐다. 중세의 제후, 의회, 영지 등의 제도는 왕이 백성의 대표 혹은 귀족과 파트너십을 맺고 통치한다는 생각을 바탕에 두고 있었다. 그래서 왕과 귀족은 서로가 반드시 지켜야 할 상호 의무가 있었고, 법을 통과시키거나 세금을 거두려면 귀족의 동의를 얻어야 했다. 중세 철학자들은 왕과 의회를 포괄하는 "혼합형" 정부의 미덕을 이야기했으며, 오컴의 윌리엄(William of Occam)이나 니콜라우스 쿠자누스(Nicolaus Cusanus)는 만약 왕의 명령이 정의를 벗어난다면 백성의 복종을 기대할 수 없다는 글을 남겼다.

또한 유럽에는 그리스 도시국가와 로마 공화국에서 기원한 공화정의 전통도 있었다. 아리스토텔레스, 키케로, 헤로도토스를 비롯한 여러 고전 작가의 글을 통해 전해지던 공화정은 중세 및 르네상스 시기 이탈리아 도시국가에서 부활하여 시민권, 민주주의, 공화주의 사상이 발달했다. 공화정의 전통에 따르면, 자유민 성인 남성은 통치자를 선택할 수 있는 시민권을 가지며, 지도자의 권위는 임시적으로 주어진 것일 뿐 공화국의 법에 근거하며 시민 의회의 견제를 받아야 했다. 그리스 고전 사상에서는 법을 준수하는 통치자와 그렇지 않은 폭군을 구별했다. 아시아에서는 법의 권력이 통치자의 권력에서 나왔고, 통치자의 권력은 고전 텍스트에 나오는 정의와 윤리 사상을 제외하면 그 어떠한 제한도 받지 않았다. 그러나 공화정 전통에서는 통치자의 권력이 법에서 나왔고, 대중 의회는 통치자가 과연 법에 따라 통치하는지 감시하는 역할을 맡았다.

17세기에 이르러 대부분의 유럽 통치자는 다양한 전통에 기대고 있었다. 신성한 왕권을 주장하는 "존재의 대사슬(Great Chain of Being)"이라는 사상은 마치 목동이 양 떼를 돌보듯이 왕이 백성을 감독하도록, 신의 권위가 왕에게 직접적으로 전해졌다는 믿음이다. 또한 후기 로마법의 요소들을 받아들이는 경우도 있었다. 어쨌든 이러한 방식들은 모두 절대적 권위를 강화하는 것이었다. 통치자들은 의회를 소집하는 담당 관리를 임명하지 않거나 의회의 승인이 필요치 않은 재원을 구하는 등, 가능하면 의회나 귀족(성직자)들을 우회하는 경로를 찾고자 했다. 또한 법원도 통치자의 통제 아래 두고자 왕의 명령을 집행할 특별 법원을 설치했다. (러시아의 경우 비잔티움의 전통에 보다 많이 기울어 있어서 통치자의 권위를 제한해야 한다는 사상이 약하거나 없었다고 볼 수 있다.) 이 무렵 한때 공화정으로 운영되던 이탈리아의 도시국가들은 대개 귀족들의 손에 넘어가 군주정으로 바뀌었다. 공화정으로 남아 있는 경우는, 대규모 영토 국가를 운영하기에 적절치 않은 제도를 가진 예외로 간주되었다.

그러나 17세기의 위기로 유럽의 국가들이 약해졌을 때, 엘리트 계층은 주로 의회를 근거지로 삼아 반대 세력을 형성했고, 더 많은 자원을 모으고자 했던 국가적 요구에 저항했다. 그들은 단순히 불의에 저항하는 정도가 아니라, 국민의 자유가 폭압적 정치에 의해 억압되고 있다고 주장했다. 1500~1650년 세계적으로 관료주의, 권위주의, 국가 재원이 강화된 시기에 유럽은 저항 세력에 의해 공화주의 사상이 부활하는 방식으로 나아갔다.[15] 유럽에 남아 있던 중세 의회 제도와 공화주의적 지식인 전통은 16세기와 17세기의 새로운 발견 및 발명에 의해 더욱 강화되었다. 이성의 힘(power of reason)은 고대의 권위와 신성의 권위 모두를 넘어서 더욱 강화되었다.

이는 분명 기묘한 조합이었다. 즉 성경과 고대 텍스트에 대한 자연과학의 반박에서 비롯된 신성한 권위에 대한 회의, 중세의 혼합적 정치 제도, 오래도록 묻혀 있던 민주주의, 공화주의, 시민 의식 개념의 재사용 등이 뒤섞인 혼합물이었다. 더욱이 17세기 유럽의 통치자들은 대부분 성공적으로 도전을 물리쳤고, 권위를 회복했으며, 귀족(성직자)과 의회의 권력을 더욱 약화시켰고, 왕의 관료와 재원을 더욱 확장했다. 그러나 그 다음 세기에 이르러서는 기묘한 조합의 잠재력이 입증되었고, 심지어

---

15 J.G.A. Pocock, *The Machiavellian Moment: Florentine Political Thought and the Atlantic Republican Tradition* (Princeton University Press, 1975).

폭발적으로 분출되기 시작했다.

철학의 세기로 알려진 18세기에는 정부와 관련된 철학적 저작이 매우 다양하게 등장했다. 몽테스키외(Montesquieu)는《법의 정신(De l'esprit des lois)》을 통해 정치 권력을 행정부, 입법부, 사법부로 분리해야 한다고 주장했다. 또한 애덤 스미스(Adam Smith)를 비롯하여 스코틀랜드의 정치경제학파는 무역과 국부에 관한 과학적 연구를 추구했다. 이외에도 볼테르(Voltaire)는 가톨릭교회의 권위를 공격하며 뉴턴의 과학을 열정적으로 옹호했고, 장-자크 루소(Jean-Jacques Rousseau)는 전통적인 사회 불평등을 공격했다. 그들은 공통적으로 국가의 행위가 자의적이거나 억압적이지 않고 국민의 안전과 재산을 보호할 수 있기를 원했으며, 종교적 신앙이나 전통보다는 이성(reason)에 근거한 정치 조직의 이상형을 발전시켰다.

그들의 저술이 과연 현실 정치에 실질적 영향을 미쳤는지는 광범위한 논란의 대상이다. 분명 대부분의 사람은 철학적 논쟁보다 왕실의 방탕한 생활이나 생계의 직접적 위협에 더 큰 영향을 받았다. 그러나 몽테스키외나 로크가 아메리카 의회의 농민에게 결정적 영향을 미친 것만은 틀림없는 사실이다. 그들은 새로운 공화국을 설계했으며, 근대 국가 체제의 발달에 가장 중요한 한 걸음을 내디뎠다.

몽테스키외의《법의 정신》은 중세의 혼합 정부 형태와, 폭압적 통치를 방지하려는 공화주의의 목표를 결합했다. 입법부, 사법부, 행정부가 각각 독자적 권한을 행사하는 정부가, 부당한 권력을 견제하고 법의 보호를 통해 국민의 자유를 보장하는 가장 좋은 방법이라는 것이 몽테스키외의 주장이었다.

몽테스키외의 이론은 영국의 경험을 염두에 두고 만들어진 것이었다. 영국은 유럽에서는 예외적으로 의회가 강한 나라여서, 영국의 자유를 억압한다는 이유로 1640년과 1689년 두 차례에 걸쳐 국왕의 종교 및 재정 정책을 제지하는 데 성공했다. 영국에서 강력한 의회 권력의 유지는 당연한 일이 아니었다. 1689년의 일이 일어나기 이전 60년 동안 영국의 통치자들은 대개 의회를 개최하지 않으려 했으며, 의회를 국왕에 종속시키거나 혹은 국왕의 지지자들로 의회를 채워 의회의 독립성을 약화시키려 했다. 가톨릭을 신봉한 영국의 왕 제임스 2세는 프로테스탄트 지도자들의 신뢰를 워낙 크게 잃어서, 그들은 제임스 2세를 대신하여 다른 왕을 옹립하고자 했다. 그들의 계획이 현실화되려면 의회의 법령이라는 통로를 반드시 거쳐야 했는데, 그러한 과정에서 영국의 의회 권력이 그대로 유지되었고, 유럽의 다른 어느 대의기관과 비교할 수 없을 정도로 막강한 실체로 자리 잡았다. 1688년 영국의 혁명은 국가 체제의 형성이라는 측면에서 유럽 및 세계적으로 매우 중요한 사건이었다. 왕권 견제와 혼합 정부 형태는, 유럽은 물론 세계의 다른 지역에서는 이미 오래되어 빛이 바래거나 존재하지 않는 전통이었지만, 영국에서 그것이 실체를 드러내게 되었던 것이다.[16]

몽테스키외는 미국의 《연방주의자 논집(The Federalist Papers)》에서 자주 언급되는데, 이는 미국 헌법의 초안을 작성한 주역들이 자신의 작업을 설명하고 근거를 제시한 논문집이다. 여기서는 놀랍게도 통치 혹

---

16 Steven Pincus, *1688: The First Modern Revolution* (New Haven, CT: Yale University Press, 2011).

은 정치의 "과학(science)"을 언급한 경우가 10여 차례에 이른다. 〈제31번 논문(Federalist No. 31)〉에서는 통치의 과학(science of government) 원리를 수학과 비교하면서, 수학에서 비록 이해하기 어렵지만 "가장 작은 원소(element) 단위에서조차 물질의 무한한 분리 가능성(Infinite Divisibility)"이 원리로 받아들여지고 있듯이, "도덕과 정치적 지식의 원리" 또한 그와 같은 개념으로 인정되어야 한다고 주장했다. 〈제9번 논문(Federalist No. 9)〉에서는 다른 측면에서, 거대 영토를 통치할 때 공화정 형태를 만드는 것은 "체제가 공전할 궤도의 확대(Enlargement of the Orbit)"라고 표현했다.17 이처럼 뉴턴의 과학으로부터 용어를 빌려 쓴 것은 우연이 아니었다. 토머스 제퍼슨(Thomas Jefferson)은 프랜시스 베이컨, 존 로크, 아이작 뉴턴을 꼽으면서 "이들 세 사람은 결단코 인류 역사상 가장 위대한 인물"이라고 말한 적이 있다.18

영국의 식민지들이 본국에서 떨어져나가려 한 것도 무조건 당연한 일은 아니었다. 그러나 그들이 자신의 행동을 최근의 정치 및 사회 과학의 용어로 정당화하고, 과학혁명의 성과를 반영하며, 왕의 권위와 인권을 자연의 법칙과 합리적 추론에 근거하여 분석하자, 당연히 그리 어렵지 않게 신성한 왕권을 무시할 수 있게 되었다.

미국의 〈독립선언서(The Declaration of Independence)〉는 "자연의 법칙"에 따라 식민지 국가도 다른 나라와 동등한 자격을 주장할 수 있다

---

17 인용 표시는 원문을 그대로 따랐다.
18 과학적 사고의 발달이 미국 정치 발전에 근본적 역할을 했다는 주장에 관한 자세한 설명은 다음을 참조. Timothy Ferris, *The Science of Liberty: Democracy, Reason, and the Laws of Nature* (New York: Harper, 2011).

는 선언으로부터 시작한다. 이어서 조지(George) 3세가 그들에게 자행한 폭압적 행위를 열거한다. 〈독립선언서〉와 《연방주의자 논집》, 그리고 〈연방헌법〉은 모두 선출된 의회 권력, 제한된 행정부, 합리적 추론에 따른 법에 근거하여, 대규모 영토를 공화국 체제로 통치한다는 원칙을 제시하고 있다.

그러나 이러한 문서들은 식민지와 대영 제국의 관계라는 역사적 맥락에 놓여 있다. 모든 왕과 귀족이 권력과 지위를 세습하는 것이 이성에 반하는 일이라는 생각은, 토머스 페인(Thomas Paine)의 《상식론(Common Sense)》(1776)이 출간된 이후에나 가질 수 있는 급진적 사상이었다. 그래서 세계의 다른 나라에서는 미국 혁명을 예외적 사건으로 간주했다. 과연 왕이 없는 영토, 국교가 없는 국가, 선출 입법부가 주도하는 국가가 가능한 일인지, 마치 자연과학의 실험처럼 어디 한번 지켜보자는 입장이었다.

그 뒤 누구도 상상하지 못한 거대한 변화가 일어나기 시작했다. 미국에서 헌법을 제정한 1787년, 프랑스에서는 주요 인사들이 모여 군주의 세금 징수 체계 변화를 도모했다. 유럽의 전쟁(아이러니하게도 미국 식민지 독립을 돕기 위해 영국과 싸운 전쟁도 포함) 여파로 프랑스 군주는 더 많은 수입을 필요로 했다. 그러나 농민의 직접세는 한계점에 도달해 있었다. 1730년부터 다시 인구가 증가했고, 토지 임대료가 상승해서 농민의 손에는 남는 것이 없었다. 18세기 프랑스 사회의 가장 부유한 계층은 상인, 도시민, 지주, 공무원 계층이었다. 세금과 관련해 그들은 역사적으로 다양한 보호와 혜택을 받고 있었다. 더욱이 프랑스 모든 지역에서 세금이 공평하지 않았다. 관세권과 차별이 조세 통일의 발목을 잡고 있었다.

유력 인사들은 무엇이 필요한지 알았지만, 지역 혹은 계급 기반 세금 감면 혜택은 여러 가지 재산권과 결부된 "자산"으로 간주되기 때문에 개인의 자유를 침해하지 않고서는 혜택을 바꿀 수 없다고 왕에게 통보했다. 이에 좌절한 왕은 파리(Paris)의 의회에 세금 개혁안을 제정하라고 요청했지만, 의회의 답변 또한 같은 내용이었다. 의회의 동의를 얻기 위해 의회를 압박하거나, 우회하거나, 재구성하려는 시도가 1년 동안 이어졌으나 결실은 없었고, 국고는 텅 비었으며, 대출은 고갈되었다. 각료들은 삼부회(États généraux) 소집이 유일한 방책이라고 보고했다. 귀족과 성직자와 평민 대표로 구성된 삼부회는 1614년 이후 개최된 적이 없었지만, 국민의 자유를 배척하지 않고 세금과 재산 관련 법을 바꿀 수 있는 권위를 가지고 있었다. 삼부회의 소집 일정은 1789년으로 정해졌다.

이렇게 해서 연쇄적 사건의 열차가 출발했다. 논란은 삼부회에서 귀족과 평민의 역할, 국가 의회로서 왕의 동의 없이 법률을 제정할 수 있는 삼부회의 권리로까지 번져나갔다. 파리에서 반란이 일어나고, 내전과 국제전이 벌어지고, 왕과 왕비를 재판에 회부하여 처형하고, 공화국이 들어서기까지, 이 모든 사건이 불과 5년 사이에 일어났다. 많은 사람이 재앙을 예상했으나, 프랑스는 혁명을 수행하면서도 앞으로 나아갔다. 자신의 권리를 위해 싸우려는 시민이 대거 군대 징집에 참여했고, 부나 신분이 아니라 능력에 따라 장교를 선발했다. 프랑스 군대는 유럽 전역에서 승리를 거두었다. 군대를 이끈 장군 나폴레옹 보나파르트(Napoleon Bonaparte)는 로마를 모델로 하여 스스로 제1집정관(first consul)에 올랐고, 그다음에는 황제가 되었다. 혁명 정부는 새로운 법령을 제정했고, 봉건적 세습 특권을 폐지했으며, 법과 자연법칙에 따른 이상적 정부의 사상이 유럽 전역으로 확산되었다. 〈인간과 시민의 권리선언(Déclaration des droits de l'Homme et du citoyen)〉은 수천 년 동안 세계를 지배해온 정치 권력의 원칙에 반대하는 목소리를 냈다.

1. 인간은 자유롭고 평등한 권리를 가지고 태어났다.
…
6. 법은 일반 의지의 표현이다. 모든 시민은 직접 또는 대표를 통해서 법 제정에 참여할 권리를 가진다.

그러나 이와 같은 급진적 원칙은 쉽게 소화되지도 않았고, 즉시 확산되지도 못했다. 프랑스 군대는 러시아 원정에 나섰다가 겨울을 맞이하여 열에 한 명이 죽었고, 영국·프로이센·러시아 연합군을 상대로 크게 패했다. 혁명은 백지화되었고, 군주가 다시 프랑스의 왕좌에 복귀했다.

그러나 프랑스 혁명은 더 이상 억제할 수 없는 힘을 발휘했다. 가장 경쟁력 있고 효율적인 행정 인력 및 군사 장교를 선발하기 위해서 유럽의 국가들은 세습적 지위를 축소 내지 철폐하고 능력 위주로 관료를 선발했다(이는 세계의 다른 지역에서 이미 시행 중인 제도를 따라 한 것에 불과하다). 가톨릭교회의 권위는 지속적으로 약화되었다. 개인 사상의 자유와 프로테스탄트 교회의 확산, 과학의 발달과 전파가 계속되었기 때문이다. 1830년과 1848년, 유럽 전역에서 혁명이 터져나왔다. 입법권과 시민권을 요구하고 국가 권력을 견제하고자 하는 혁명이었다. 비록 혁명으로 권력을 장악하지는 못했지만, 통치자들이 대중적 공감대 없이 마음 놓고 정통성을 주장하는 절대 권력은 상당히 약화되었다. 세기말에 이르러 대부분의 유럽 국가는 입법부를 설립했고, 국민의 지지를 바탕으로 정통성을 확보하고자 노력했다.

아메리카에서도 미국의 사례는 매우 강력했다. 프랑스 혁명 전쟁으로 스페인의 힘이 약화되자 멕시코와 남아메리카의 식민지에서 혁명이 일어나 독립을 요구했고, 1820년대에 이르러 대부분의 식민 국가가 독립을 쟁취했다.

1800년대에 이르러 옛날식 제도(중세식 의회와 귀족제)와 공화주의 사상, 그리고 고전의 권위를 무너뜨린 놀라운 과학적 발견이 결합해 자연법칙과 이성에 기반한 정부와, 집행 권력을 제한하고 개인의 자유를 보호하고자 하는 이념이 유럽은 물론 아메리카의 유럽 식민지로 확산되었다. 이후 2세기 동안 그들의 이상은 세계 전역의 국가 구조를 바꾸어 놓게 되었다.

후기: 근대 국가, 근대의 문제

정치적으로 아메리카와 유럽의 기념비적 변화에도 불구하고 오스만 제국과 청 제국, 그리고 일본은 처음에 별다른 영향을 받지 않았다. 18세기 후기 인도는 영국의 지배를 받게 되었지만, 그것은 17세기 무굴 제국이 마라타 전쟁으로 심각하게 약해졌기 때문이다. 그 사건 이후로 영국은 무굴 제국의 적들과 동맹을 맺고 재정적 지원도 얻어낼 수 있었으며, 벵골 지역을 시작으로 무굴 제국의 일부를 조금씩 주워 먹었다. 영국은 뛰어난 해군을 보유하고 있었고, 현지인 병사를 조달하여 유럽식 전술과 수발총(燧發銃, flint lock)으로 훈련시켰다. 인도의 어느 지역 군주라도 단독으로는 영국군을 대적할 수가 없었다. 분열된 무굴 제국의 영토는 머지않아 영국의 수중으로 떨어졌다.

그럼에도 불구하고 오스만 제국과 청 제국, 일본은 유럽인에게 냉담했다. 청 제국과 일본은 유럽인과의 접촉을 줄곧 제한했으며, 교역 가능한 항구 몇 곳을 정해두고 있었다. 비록 예수회 선교사나 프로테스탄트 선교사가 천문, 수학, 과학 등 서양의 학문적 성과를 가져왔지만, 그것 때문에 아시아의 엘리트 계층이 근본적으로 인식을 바꾸지는 않았다. 그들의 권위나 국가관 혹은 학문의 방식에서조차 근본적 변화는 없었다. 사실 아시아에서는 의학, 토목(운하와 도로 건설), 선박 건조, 물품 제조 등에서 나름의 정교한 지식 체계가 작동하고 있었다. 19세기까지도 아시아의 지식 수준은 유럽에 못지않거나 더 나은 경우도 많았다.

그중에서 오스만 제국은 다른 아시아의 국가들보다 유럽에 더 가까이 위치했고, 그래서 유럽의 영향도 더 깊게 미쳤다. 1800년대 초엽에 이르러 자유의 이상과 국가의 주권 관념이 오스만 제국령 발칸 지역으로 침투하기 시작했고, 그것이 반란을 촉발해서 결국 1832년 그리스의 독립으로 이어졌다. 또한 1800년대 초엽 오스만의 이집트 총독 무함마드 알리(Muhammad Ali)는 근대식 군대와 산업 기반을 조성하기 시작했고, 오스만 술탄을 거역하며 자신의 영토를 확장했다(공식적으로 술탄의 종주권을 인정했지만 그것은 어디까지나 명목에 불과했다). 마침내 오스만 제국의 술탄 또한 은행, 산업, 교통, 군사 훈련 등의 분야에서 유럽식 근대화 개혁을 추구하게 되었고, 군대의 장교들은 세속적인 근대식 튀르크인의 민족 국가 수립이 미래를 좌우할 것으로 믿게 되었다. 그들의 야망은 제1차 세계대전 이후에나 실현되었다.

우리의 논의는 1800년까지, 그러니까 산업화 이전의 국가 체제 건설

(pre-industrial state-building)에 관한 이야기다. 1400~1800년의 대부분은 민족 국가와 문화적 정통성을 강화하는 이야기가 차지한다. 그러나 이야기의 마지막에 이르면, 한때 세계에서 고립되었던 조그만 서유럽 지역이 새로운 국가 형태의 조직을 발전시켰고, 마침내 그때까지 수 세기 동안 성공 가도를 달려온 훨씬 더 거대한 제국들을 뒤엎고 그 자리를 대신하는 장면이 등장한다.

그러나 이와 같은 전복과 대체의 이야기는 대부분 1800년 이후에 일어난 일이며, 산업화된 세계에서 국가 건설과 저항에 관한 내용을 담고 있다. 증기 기관, 석탄, 공장, 철도, 철제 전함은 국가의 힘을 바꾸어놓았고, 산업화의 경험에서 공산주의와 자본주의 같은 새로운 사상이 등장하여 국가 간 경쟁과 논쟁의 분야를 바꾸어놓았다. 노예제, 여성의 권리, 헌정 체제의 구조는 해결하기 어려운 문제로 남아 있었다. 새로운 정부의 형태, 예를 들면 일당 독재 국가(party-state) 등이 근대 국가 건설의 새로운 선택지로 등장했다. 또한 왜곡된 구식 관념, 즉 근대화 군사 독재 체제(modernizing military-led regime)도 또 다른 선택지가 되었다. 산업화 시대에 전쟁은 놀라울 정도로 파괴력이 커졌고, 국제 경쟁은 더욱 치열해졌다. 전통을 고수하던 국가들도 유럽식 금융, 군사, 산업, 과학, 교육, 외교 조직을 받아들여 근대화를 추진하거나 혹은 무너져갔다. 그 과정은 아직 끝나지 않았다. 그러나 2014년 기준으로, 세습 통치자와 엘리트 계층이 주도하는 거대 다국적 제국은 사라지고 없다. 오늘날 거의 모든 국가는 국가의 주권과 일정 정도의 민주주의(이상과 현실의 거리는 경우에 따라 다르지만)를 근거로 정통성을 주장하고 있고, 오늘날의 우리는 영토 기반 국민 국가 체제(territorial nation-states)의 세계에서 살아가고 있다.

더 읽어보기

Ágoston, Gábor, *Guns for the Sultan: Military Power and the Weapons Industry in the Ottoman Empire* (Cambridge University Press, 2005).

Asher, Catherine B., *India before Europe* (Cambridge University Press, 2006).

Barkey, Karen, *Empire of Difference: The Ottomans in Comparative Perspective* (Cambridge University Press, 2008).

De Vries, Jan, *European Urbanization 1500-1800* (Cambridge, MA: Harvard University Press, 1984).

Eisenstadt, Shmuel N., "Multiple Modernities," *Daedalus* 129(1) (2000), 1-30.

Elman, Benjamin, *From Philosophy to Philology: Intellectual and Social Aspects of Change in Late Imperial China* (Los Angeles, CA: UCLA Asia Institute, 2001).

_____, *On their Own Terms: Science in China, 1550-1900* (Cambridge, MA: Harvard University Press, 2005).

Elvin, Mark, *The Pattern of the Chinese Past* (Stanford University Press, 1973).

_____, *The Retreat of the Elephants: An Environmental History of China* (New Haven, CT: Yale University Press, 2004).

Ferris, Timothy, *The Science of Liberty: Democracy, Reason, and the Laws of Nature* (New York: Harper, 2011).

Goldstone, Jack A., "Efflorescences and Economic Growth in World History: Rethinking the 'Rise of the West' and the British Industrial Revolution," *Journal of World History* 13(2002), 323-89.

_____, "The Problem of the 'Early Modern' World," *Journal of the Economic and Social History of the Orient* 41(1998), 249-84.

_____, *Revolution and Rebellion in the Early Modern World* (Berkeley, CA: University of California Press, 1991).

Harkness, Deborah E., *The Jewel House: Elizabethan London and the Scientific Revolution* (New Haven, CT: Yale University Press, 2007).

Henry, John, *The Scientific Revolution and the Origins of Modern Science* (Houndmills, Basingstoke, UK: Palgrave-Macmillan, 2002).

Inalcik, Halil, Suraiya Faroqhi, Bruce McGowan, Donald Quataert and Sevket Pamuk, *An Economic and Social History of the Ottoman Empire, 1300-1914*, 2 vols. (Cambridge University Press, 1997).

Israel, Jonathan I., *Radical Enlightenment: Philosophy and the Making of Modernity 1650-1750* (New York: Oxford University Press, 2001).

Kang, David, *China before the West: Five Centuries of Trade and Tribute* (New

York: Columbia University Press, 2010).

Lee, James Z. and Wang Feng, *One Quarter of Humanity: Malthusian Mythology and Chinese Reality 1700-2000* (Cambridge, MA: Harvard University Press, 2009).

Lieberman, Victor, *Strange Parallels: Southeast Asia in Global Context c. 800-1830*, 2 vols. (Cambridge University Press, 2003/09).

Lindberg, David C., *The Beginnings of Western Science*, 2nd edn. (University of Chicago Press, 2007).

Livi-Bacci, Massimo, *The Population of Europe* (Oxford: Blackwell, 2000).

McCloskey, Deidre, *The Bourgeois Virtues* (University of Chicago Press, 2007).

Mokyr, Joel, *The Enlightened Economy* (New Haven, CT: Yale University Press, 2009).

Parker, Geoffrey, *Global Crisis: War, Climate Change, and Catastrophe in the Seventeenth Century* (New Haven, CT: Yale University Press, 2013).

Perdue, Peter, *China Marches West: The Qing Conquest of Central Eurasia* (Cambridge, MA: Harvard University Press, 2005).

Pincus, Steven, *1688: The First Modern Revolution* (New Haven, CT: Yale University Press, 2011).

Pocock, J. G. A., *The Machiavellian Moment: Florentine Political Thought and the Atlantic Republican Tradition* (Princeton University Press, 1975).

Pomeranz, Kenneth, *The Great Divergence: China, Europe, and the Making of the Modern World Economy* (Princeton University Press, 2000).

Rawski, Evelyn, *The Last Emperors: A Social History of Qing Imperial Institutions* (Berkeley, CA: University of California Press, 2001).

Richards, J. F., *The Mughal Empire* (Cambridge University Press, 1995).

Riello, Giorgio, *Cotton: The Fabric that Made the Modern World* (Cambridge University Press, 2013).

Robertson, John, *The Case for Enlightenment: Scotland and Naples 1680-1760* (Cambridge University Press, 2005).

Saliba, George, *Islamic Science and the Making of the European Renaissance* (Cambridge, MA: MIT Press, 2007).

Shapin, Steven, *The Scientific Revolution* (University of Chicago Press, 1998).

Subrahmanyan, Sanjay, *Merchant Networks in the Modern World* (Aldershot: Variorum, 1996).

Subrahmanyan, Sanjay and Muzaffar Alam (eds.), *The Mughal State 1526-1750* (Delhi: Oxford University Press, 1998).

Tilly, Charles, *Coercion, Capital, and European States AD 990-1992* (Oxford:

Blackwell, 1992).
Wong, R. Bin, *China Transformed* (Ithaca, NY: Cornell University Press, 1997).
Zagorin, Perez, *How the Idea of Religious Toleration Came to the West* (Princeton University Press, 2005).

케임브리지 세계사 12

세계화의 시대 2
세계 제국과 문명의 교차로

2024년 11월 25일 1판 1쇄

제리 벤틀리·산자이 수브라마니암·메리 위스너-행크스 편집
류충기 옮김

펴낸곳 : (주)소와당笑臥堂 | 신고 번호 : 제313-2008-5호
주소 : (03994) 서울시 마포구 연남로 13(영상빌딩 3층)
전화 : (02)325-9813
팩스 : (02)6280-9185
전자우편 : sowadang@gmail.com

저작권자와 맺은 협의에 따라 인지를 생략합니다.
값은 뒤표지에 적혀 있습니다.
잘못 만든 책은 서점에서 바꾸어 드립니다.

ISBN 978-89-6722-040-2 94900
ISBN 978-89-6722-028-0 94900 (세트)